内容简介

本书由沃森和黑德合著，最大特色是具有一定的批判性。它一方面引导读者培养工具和技术的使用能力，另一方面用简洁的方式向读者展示公司理财的核心理念和关键领域。

与一般的公司理财教学用书不同，本书在最后增加了两章——合并与收购以及风险管理。此外，书中选用了《金融时报》的文章并介绍了英国及其他国家的公司理财实践。这些内容有助于读者更好地理解和掌握公司理财的知识。

本书适合作为高等院校会计、财务管理、审计、金融专业本科生、研究生的专业课教学用书，也适合MBA、MPAcc及相关从业人员参考使用。

作者简介

登齐尔·沃森（Denzil Watson） 英国谢菲尔德哈勒姆大学谢菲尔德商学院金融学首席讲师。在谢菲尔德大学获得硕士学位。1991年加入谢菲尔德哈勒姆大学，一直讲授金融学系列课程，包括财务管理、公司理财、风险管理、微观经济学和金融市场等。

安东尼·黑德（Antony Head） 英国谢菲尔德哈勒姆大学谢菲尔德商学院财务管理首席讲师，曾任财务会计和管理会计课题组组长。

译者简介

王 静 北京物资学院会计学院副教授。1989年毕业于河南理工大学，获工学学士学位。1997年毕业于厦门大学，获MBA学位。2010年毕业于中国农业大学，获管理学博士学位。任教以来一直为本科生、研究生和MBA学员讲授公司理财、财务分析、国际财务管理、数据分析等课程。

工商管理经典译丛·会计与财务系列
BUSINESS ADMINISTRATION CLASSICS

公司理财
原理与实践

Corporate Finance:
Principles and Practice（Eighth Edition）

［英］登齐尔·沃森（Denzil Watson）
安东尼·黑德（Antony Head） 著 王 静 译

第8版

中国人民大学出版社
·北京·

译者序

当金融活动越来越深入地全面植入公司理财活动的时候，公司理财活动金融属性的一面比以往任何时候都更明显。公司理财理论脱胎于经济学和金融学理论，作为一门学科，公司理财从一开始就有它自己的理论基础，其基本原理一直存在并发展着。在最近 30 年间，公司理财的实践更是精彩纷呈，不少事例人们耳熟能详。

然而在一些时候，理论与实践彼此矛盾。而且，实践超前于理论的情况屡见不鲜。在强调教授学习工具和技术多年之后，思辨与价值判断似乎重新回归为一种重要的学习能力。实践中一些方面的显著变化，以及各界人士对公司理财精髓的理解对我们在这一领域的教学、研究都具有重要的提示作用。

在公司理财课程从本科生、研究生到 MBA 的一系列教学过程中，我们不断体会基本理论的每一种解读差异、难易程度和应用角度，体会每一种工具和技术的使用范围及其衍生与创新。事实上，适用于公司理财不同级别的入门书籍并非信手可得。

本书的两位作者来自英国谢菲尔德哈勒姆大学，书中的批判性引导读者理解和接受公司理财理论与实践，这使该书明显与众不同。它一方面指导读者掌握工具和技术的使用能力，另一方面用十分简洁的方式直接向读者展示公司理财的核心理念和关键领域。书中选用的《金融时报》文章、公司理财实践等大多来自英国，也有些来自其他国家。

本书的内容设计完全支持读者自学，并兼具优良的指导功能，契合了信息全面网络化、学习时间压缩的新环境。本书各章的自测题使读者可以检查自己对原理和技术工具的理解、掌握程度。各章后都附有讨论题，使读者能够加深对各个领域问题的独到理解。

本书适合作为高校会计、财务管理、审计、金融专业的本科生和研究生的教学用书，MBA、MPAcc 及相关从业人员也可参考使用。

前 言

■ 简 介

　　公司理财是关于公司管理层为实现公司目标所做筹资和投资决策的研究。作为一门学科，公司理财的理论基础已经演进了很多年，并且在我们写作本书的时候，这个理论基础还在继续发展。公司理财的实践涉及公司如何做出筹资和投资决策的研究。公司理财的理论和实践有时看起来相互矛盾。

　　财务管理者面临的一个基本问题是如何在可接受的最小风险下尽可能获得最大回报。这必然要求财务管理者具备一系列恰当的方法和技术。这些方法和技术能帮助他们对决策选择进行估值，并对这些选择的风险进行评价。一项决策的价值有赖于该决策对公司目标实现的贡献程度。公司理财最基本的目标一般是实现股东财富的增长。

■ 本书目标

　　本书旨在以可实现的、使用者友好的方式呈现公司理财的核心概念及主要问题。不少教科书注重理论性或数学量化方法，对于初学者来说，这些教科书可能并不友好。本书对核心概念和主要问题的讲述不会让读者承负不必要的繁文缛节和过于沉闷的理论。

■ 灵活的课程设计

　　不少本科生课程是按内容的模块或单元在一个教学周期（在英国是 12 周）内授课。为符合此类课时的要求，本书内容特别为自学及其指导而设计。在章节的最后有相关题目可以进行讨论。

　　每章都提供：

- 全面的学习要点清单，以比照理解，有助于复习。
- 自测题，以检验对原理和计算技术的综合理解。
- 讨论题，旨在加深对某一特定主题的理解。
- 参考文献。
- 推荐阅读。

■ 第8版的更新

书中"专栏"文章已全部更新，以反映公司理财不断变化的经济环境。而法规和税收的相关变化也已酌情纳入，如英国股利的税收处理。

■ 目标读者群体

本书主要是为会计、商科和金融等相关专业本科二年级或最后一年级学习公司理财课程的学生编写的，也适用于工商管理和金融专业的研究生（博士生），在这些专业中，公司理财或财务管理被列为入门级课程（以上均基于英国的学制。——译者）。本书还适合从事相关实务工作的人员使用。

目　录

第1章　公司理财的功能 ·· 1

1.1　公司理财中的两个基本概念 ··· 2

1.2　财务经理的角色 ·· 5

1.3　公司目标 ··· 7

1.4　股东财富如何实现最大化? ·· 10

1.5　代理理论 ··· 11

1.6　公司治理 ··· 17

1.7　结　论 ·· 22

第2章　资本市场、有效市场与比率分析 ·· 25

2.1　公司融资来源 ··· 26

2.2　资本市场 ··· 29

2.3　资本市场有效性 ·· 30

2.4　评估财务业绩 ··· 37

2.5　结　论 ·· 53

第3章　短期融资与营运资本管理 ··· 57

3.1　营运资本管理目标 ··· 58

3.2　营运资本政策 ··· 58

3.3　营运资本和现金周转期 ··· 62

3.4　过度交易 ··· 64

3.5　存货管理 ··· 65

3.6　现金管理 ··· 68

3.7　应收账款管理 ··· 71

3.8　结　论 ·· 76

第4章　长期融资：权益融资 ·· 80

4.1　权益融资 ··· 81

4.2　股票交易 ··· 82

4.3　股票认购权发行 ·· 87

4.4　转增股本、股份拆分、股票股利和股票回购 ······························ 92

4.5　优先股 ·· 96

2

4.6 结 论 ……………………………………… 98

第 5 章 长期融资：负债融资、混合型融资与租赁融资 ……… 102

5.1 债券、贷款票据、贷款债券和信用债券 ……… 103

5.2 银行和机构负债 ……………………………… 109

5.3 国际负债融资 ………………………………… 111

5.4 可转换债券 …………………………………… 111

5.5 认股权证 ……………………………………… 114

5.6 固定利息债券估值 …………………………… 115

5.7 可转换债券估值 ……………………………… 117

5.8 租 赁 ………………………………………… 119

5.9 融资方式财务效应的评估 …………………… 122

5.10 结 论 ……………………………………… 124

第 6 章 投资评估方法概述 ……………………… 128

6.1 回收期法 ……………………………………… 129

6.2 资本回报率法 ………………………………… 131

6.3 净现值法 ……………………………………… 133

6.4 内含报酬率 …………………………………… 136

6.5 净现值与内含报酬率的对比 ………………… 139

6.6 获利指数和资本配给 ………………………… 142

6.7 贴现回收期法 ………………………………… 145

6.8 结 论 ………………………………………… 145

第 7 章 投资评估：应用与风险 ………………… 150

7.1 项目相关现金流量 …………………………… 151

7.2 税收和资本投资决策 ………………………… 153

7.3 通货膨胀与资本投资决策 …………………… 157

7.4 投资评估和风险 ……………………………… 160

7.5 外国直接投资评估 …………………………… 165

7.6 投资评估的实证研究 ………………………… 169

7.7 结 论 ………………………………………… 172

第 8 章 证券组合理论与资本资产定价模型 …… 176

8.1 风险的计量 …………………………………… 177

8.2 分散投资的概念 ……………………………… 180

8.3 投资者对风险的态度 ………………………… 185

8.4 马科维茨的投资组合理论 …………………… 187

8.5 资本资产定价模型概述 ……………………… 189

8.6 使用 CAPM 对股票估值 …………………… 190

　　8.7　对 CAPM 的实证检验 ……………………………………… 197

　　8.8　结　论 ……………………………………………………… 199

第 9 章　资本成本与资本结构 …………………………………… 203

　　9.1　计算个别资本来源的成本 …………………………………… 204

　　9.2　计算加权平均资本成本 ……………………………………… 207

　　9.3　平均资本成本和边际资本成本 ……………………………… 210

　　9.4　CAPM 与投资评估 …………………………………………… 211

　　9.5　WACC 计算中的实际问题 …………………………………… 216

　　9.6　现实世界中的 WACC ………………………………………… 218

　　9.7　外国直接投资的资本成本 …………………………………… 219

　　9.8　杠杆比率：计算及意义 ……………………………………… 221

　　9.9　最优资本结构原理 …………………………………………… 222

　　9.10　传统资本结构理论 …………………………………………… 224

　　9.11　米勒和莫迪格里安尼（Ⅰ）：净利润观点 ………………… 225

　　9.12　米勒和莫迪格里安尼（Ⅱ）：公司税 ……………………… 227

　　9.13　市场不完美 …………………………………………………… 227

　　9.14　米勒与个人所得税 …………………………………………… 229

　　9.15　啄序理论 ……………………………………………………… 230

　　9.16　结论：最优资本结构存在吗？ ……………………………… 231

第 10 章　股利政策 ………………………………………………… 236

　　10.1　股利：经营和实务的问题 …………………………………… 237

　　10.2　股利对股东财富的影响 ……………………………………… 239

　　10.3　股利无关论 …………………………………………………… 240

　　10.4　股利相关论 …………………………………………………… 241

　　10.5　股利相关还是无关？ ………………………………………… 244

　　10.6　股利政策 ……………………………………………………… 245

　　10.7　非现金股利 …………………………………………………… 248

　　10.8　股利政策的实证 ……………………………………………… 254

　　10.9　结　论 ………………………………………………………… 256

第 11 章　合并与收购 ……………………………………………… 260

　　11.1　"合并"和"收购" …………………………………………… 261

　　11.2　收购的合理性 ………………………………………………… 262

　　11.3　收购活动的发展趋势 ………………………………………… 267

　　11.4　对目标公司估值 ……………………………………………… 269

　　11.5　收购融资 ……………………………………………………… 275

　　11.6　战略和战术问题 ……………………………………………… 278

　　11.7　剥　离 ………………………………………………………… 285

11.8 私募股权 290

11.9 收购的实证研究 293

11.10 结 论 295

第 12 章 风险管理 301

12.1 利率风险与汇率风险 302

12.2 内部风险管理 307

12.3 外部风险管理 308

12.4 期货合约 310

12.5 期 权 312

12.6 互 换 316

12.7 利率风险和汇率风险管理问题 321

12.8 政治风险 328

12.9 结 论 329

附录 现值表 333

第 1 章

公司理财的功能

■ 1.1 公司理财中的两个基本概念

■ 1.2 财务经理的角色

■ 1.3 公司目标

■ 1.4 股东财富如何实现最大化?

■ 1.5 代理理论

■ 1.6 公司治理

■ 1.7 结　论

学习目标：

通过学习本章，可以完成以下学习目标：
- 理解货币的时间价值以及风险与收益之间的关系。
- 深刻理解财务经理的三大主要决策领域。
- 理解为什么公司最基本的财务目标是股东财富最大化。
- 理解为什么作为替代目标的公司股价最大化比股东财富最大化这一目标更受青睐。
- 理解代理理论是如何分析股东与经理之间关系的，以及如何解决代理问题。
- 深刻理解机构投资者在解决代理问题中的作用。
- 深刻理解完善的公司治理如何有助于代理问题的解决。

引言

公司理财是指一个组织为实现组织目标而对该组织的财务活动进行高效率和有效果的管理。它包括规划和控制资源供给（到哪里筹资）、资源的分配（资金用到哪里），以及最终对资源的控制（资金是否得到有效利用）。财务经理的基本目标就是对公司的有限资源进行最佳配置——资金是最稀缺的资源。

公司理财经常与会计相联系。尽管财务经理确实需要牢固掌握管理会计方法（为了做出决策），并充分了解财务会计工作（以便了解财务决策及其结果是如何向外界展示的），但是，公司理财和会计在本质上是完全不同的。公司理财具有前瞻性，以现金流量为计价基础；这不同于财务会计，其关注的是利润而不是现金。公司理财关注如何筹集资金并向投资者提供回报；而管理会计则不同，主要是为公司提供内部决策信息。尽管这些学科之间存在差异，但公司理财无疑广泛地借鉴了这两个学科。在后面的章节中，我们将详细讨论财务经理面临的各种问题和任务，以及一个共同的核心问题，即财务经理需要对可行方案进行评估，这样才能做出最佳财务决策。因此，我们在研究财务经理的具体任务和目标之前，先介绍两个对于财务决策至关重要的基本概念。

1.1　公司理财中的两个基本概念

在公司理财中有两个基本概念可以帮助管理者进行可行方案评估，即**货币时间价值**（time value of money）和风险与收益的关系。这两个概念在后续各章中将经常提到，因此我们必须清晰掌握这两个概念。

1.1.1　货币时间价值

货币时间价值或许是公司金融中最重要的一个概念，与公司和投资者息息相关。在一个更广泛的背景下，它关系到一段时间后支付或收到现金的任何人。货币时间价值对公司而言尤其重要，因为公司的筹资、投资和股利分配决策都会在各个期间产生大量的现金流。简单说来，货币时间价值是指随时间的推移货币价值的变化。

假设你是一名学生，你可以选择在今天或一年后获得 4 000 英镑的助学金。面对这个选择，你应该更愿意在今天就得到这笔资助。可以问自己这样一个问题：为什么更希望在今天就得到这笔 4 000 英镑的助学金？这里主要有三个影响因素：

■ 时间：现在有钱就可以现在花。人的天性是更喜欢现在拥有而不是以后得到。或者，即使你不想现在就花掉这些钱，但依然希望现在就拿到手，因为可以拿去投资，一年后得到本金 4 000 英镑再加上赚得的投资收益。

■ 通货膨胀：现在的 4 000 英镑比一年后的 4 000 英镑能够购买到更多的商品和服务，因为随着时间流逝，通货膨胀会降低货币的购买力。当然，在通货紧缩时期情况会相反，但这样的情况不多见。

■ 风险：如果现在得到 4 000 英镑你就确实拥有了这笔财富。而一年后获得 4 000 英镑的承诺却存在着风险，因为你有可能拿不到 4 000 英镑，甚至一便士也拿不到。

在本书后面我们将讨论货币时间价值的不同应用。

□ 1.1.2　风险与收益的关系

风险与收益的关系是指，只有在获得更高回报时，投资者或公司才会去承担更多的风险。回报是指投资创造的财务收益。回报的特性取决于投资形式。投资于**非流动资产**（non-current assets）和经营性资产的公司期望以利润和现金流的形式获得回报，无论这个利润是息税前、税前还是税后的。购买**普通股**（ordinary shares）的投资者则期望以股利支付和**资本收益**（capital gains）（股价上涨）的形式获得回报。而购买**公司债券**（corporate bonds）的投资者期望以利息支付的方式获得回报。风险的含义要比回报的含义更加复杂。投资者或公司在进行投资时，会有一个特定的期望或预期回报。风险是指实际回报不同于预期回报的可能性。如果实际回报大于预期回报，这通常是人们乐于接受的情况。而投资者、公司和财务经理更关心实际回报低于预期回报的可能性。因此，有风险的投资是指实际回报与预期回报显著不同的可能性。随着实际回报与预期回报存在差异的可能性增加，投资者和公司会要求更高的预期回报。

本书中有几章都探讨了风险与收益的关系。在"投资评估：应用与风险"（第 7 章）中，我们讨论公司根据预期风险水平要求更高或更低的回报率来考虑项目的风险。在"证券组合理论和资本资产定价模型"（第 8 章）中，我们研究个人对风险与收益的取舍态度如何影响其效用曲线；我们还将研究资本资产定价模型，该模型以简单易懂的线性形式表示了风险与收益之间的关系。在"资本成本与资本结构"（第 9 章）中，我们计算不同资本来源的成本，发现资本来源的风险越高，投资者要求的回报就越高。

□ 1.1.3　复利与贴现

复利是现在确定一笔投资未来价值的一种方法。例如，在银行存款账户中，银行支付利息后，利息就留在了账户中。由于收到的利息留在了账户中，因此未来几年它还会产生利息。未来的终值（FV）取决于银行支付的利率、初始投资额和投资年限：

$$FV = C_0(1+i)^n$$

其中：FV＝终值；

　　　C_0＝现在的存款额；

　　　i＝年利率；

　　　n＝投资年限。

例如，20 英镑以 6％的年利率存入 5 年，5 年后的终值为：

$$FV = 20 \times (1.06)^5 = 26.77（英镑）$$

在公司理财中，我们用贴现的方法来考虑货币时间价值，这与复利计算相反。复利是从一项投资的当前价值沿时间线向前计算它的未来价值，而贴现是从一笔未来的现金流沿时间线向后计算它的**现值**（present value）。发生在不同时间点的现金流量不能直接比较，因为它们有不同的时间价值；贴现能够使我们通过比较现值来比较这些现金流量的大小。

假设一个投资者在现在获得 1 000 英镑和一年后获得 1 200 英镑之间做选择。投资者可以将 1 200 英镑的未来价值变为现值，再与现在的 1 000 英镑进行比较（注意，现在的 1 000 英镑已经是现值了）。用一个适当的**贴现率**（discount rate）来计算得到现值，这个贴现率反映了前面讨论的三个因素：时间、通货膨胀和风险。如果投资者最佳投资的年利率为 10％，那么我们就用这个利率作为贴现率。将上面所示复利的计算过程倒过来，可以用下面的公式求出现值：

$$PV = \frac{FV}{(1+i)^n}$$

其中：PV＝现值；

　　　FV＝终值；

　　　i＝贴现率；

　　　n＝直到发生现金流的年数。

将各个数值代入上述公式，则：

$$PV = 1\,200 / (1.1)^1 = 1\,091（英镑）$$

另外，可以将 1 000 英镑的现值计算其终值如下：

$$FV = 1\,000 \times (1.1)^1 = 1\,100（英镑）$$

无论比较现值（1 000＜1 091）还是终值（1 100＜1 200），对投资者来说，一年后的 1 200 英镑显然比现在 1 000 英镑的价值要高。

可以利用现值表计算贴现值，本书后面附录中的第一个表是复利现值系数表，用于单笔现金流量的贴现。例如，5 年后收到 100 英镑的一次付款，贴现率为 12％，现值是多少？现值系数表给出了 5 年（行）、12％（列）的现值系数 0.567。将其乘以 100 英镑，得到现值为 56.70 英镑。

附录中的第二个表是年金累计现值系数表，用来计算**年金**（annuity）的现值。年金是在一定期限内定期支付固定金额的一个系列现金流量。例如，如果未来 5 年中，每年年末都收到 100 英镑，如果我们要求的回报率为 7％，那么这一系列的现金流量的现值是多少？表中给出了贴现率为 7％（列）、5 年（行）的累计现值系数（年金现值系数）为 4.100。将其乘以

100英镑，得出现值为410英镑。

永续年金（perpetuity）的现值，是指在无限长时间内定期发生固定金额的一系列现金流量，其等于定期金额除以贴现率。贴现率为10%时，100英镑的现值为1 000英镑（即100英镑/0.1）。

贴现现金流（DCF）方法能够使我们处理比刚才的简单示例更复杂的情况。在本章稍后我们将讨论股东财富与净现值（NPV）之间的重要联系，即DCF技术在投资评估决策中的具体应用。NPV和它的姊妹DCF技术的内含报酬率（IRR）在"投资评估方法概述"（第6章）中介绍。NPV在更复杂的投资决策中的应用将在第7章中展开全面阐述。在"长期融资：负债融资、混合型融资与租赁融资"（第5章）中，DCF分析被应用于与负债相关的证券评估。

1.2 财务经理的角色

尽管每个人都会在一定程度上管理自己的资金，但是公司的财务经理在管理公司资金时要负责范围更广的业务。他们负责公司的投资决策，就资产总额、非流动资产和流动资产的构成等资金的分配以及伴随而来的风险状况提供建议。他们还负责筹集资金，从各种各样的金融机构和市场中选择，不同的资金来源有不同的成本、可用程度、期限和风险。为金融供给与金融需求提供匹配机会、促成交易的机构或机制、平台等被称为金融市场，它由短期货币市场和长期资本市场组成。一个公司主要的资金来源是内部，也就是它的业务活动产生的现金或收益，而不是外部。然而，公司的管理者必须在留存收益和向股东支付股利之间取得平衡。

财务经理的决策范围大致可以分为三个基本领域：投资决策、融资决策和股利决策。图1-1说明了财务经理在这些决策及其相关现金流量中的核心地位。

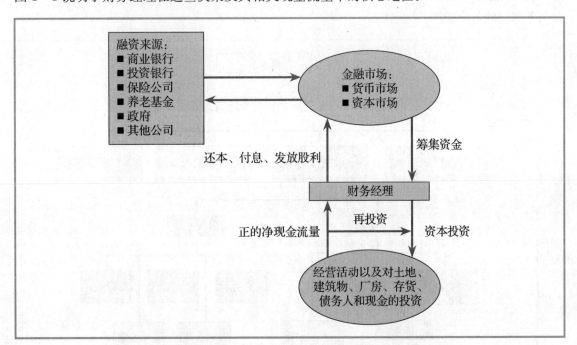

图1-1 财务经理在公司融资、投资和股利决策中的核心作用

尽管将财务经理决策领域分为三个便于讨论，但我们必须认识到它们之间存在高度的相互依赖。因此，财务经理在这三个领域中做出某一领域的决策时，应始终考虑该决策对其他两个领域的影响。图1-2举例说明了在三个领域中做出一个决策后其他两个领域可能产生的连锁反应。

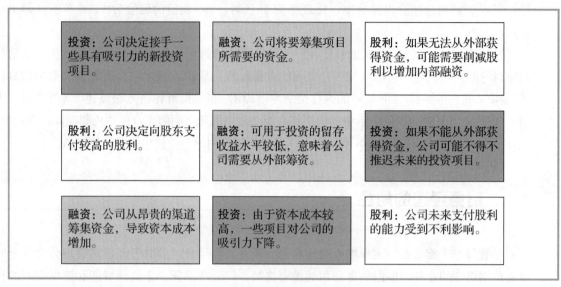

图1-2　融资、股利和投资决策之间的相互关系

在实践中是谁来做财务决策呢？大多数公司往往不是由一个人独自负责公司的财务管理。这三个决策领域中更具战略意义的那一个，往往由董事会来考虑，其中的重要贡献者是负责财务职能的财务总监。在这一级别的任何财务决策都会在与会计师、税务专家和律师进行广泛磋商后做出。公司日常现金和资金管理职责以及与银行等金融机构的联系是由公司财务主管负责。而财务总监和财务主管都有会计背景是很常见的。公司财务主管的重要责任是对冲**利率风险**（interest rate risk）和**汇率风险**（exchange rate risk）。图1-3列示了某一大公司财务部门的各项职能。

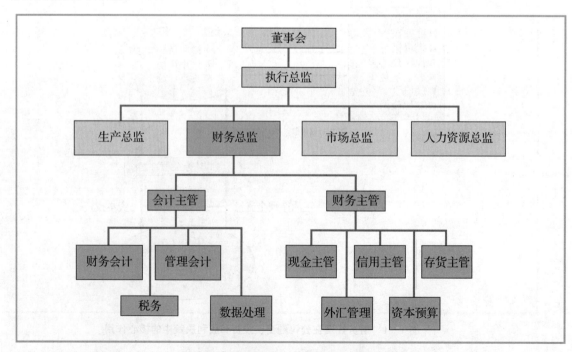

图1-3　财务职能与公司管理结构匹配图

1.3 公司目标

　　什么目标应该是公司理财的首要目标，由此应该也是财务经理的主要目标？答案是，做出为所有者实现公司价值最大化的决策。由于公司的所有者就是股东，因此公司理财的首要财务目标通常被认为是股东财富最大化。由于股东是通过股利和资本收益（股票价值的增加）获得财富的，因此，随着时间的流逝，股东财富最大化将通过股利和资本收益最大化来实现。在1.3.1小节中将讨论财务经理如何实现这一目标。

　　由于股东财富最大化的概念比较模糊和复杂，我们通常建议使用其他目标作为替代或代表。股东财富最大化的替代目标也是由于存在着与公司利益有关系的群体（**利益相关者**，stakeholders）而产生的。这些群体，例如雇员、客户、债权人和当地社区，对公司的目标都会有不同的看法。需要强调的是，尽管公司必须考虑股东以外的利益相关者的意见，并且整个公司在较短的时间内可能需要达成一个或多个替代目标，但从公司理财的角度看，这些目标只有支持股东财富最大化这一首要的长期目标才值得去追求。专栏1-1分析了美国最近出现的强烈抵制以股价作为唯一判断依据的事件。现在我们考虑一些其他可能的公司目标。

专栏1-1

抵制股东价值

拉纳·福鲁哈尔（Rana Foroohar）

　　过去，公司业绩只有一个衡量指标——股价。现在的情况不再是这样了。在当今时代，人们希望公司可以更多地涉足政治。

　　发生在佛罗里达州的一次大规模高中枪击事件使这一问题更显紧迫，资产管理公司贝莱德（BlackRock）建议将枪支制造商从指数基金中排除，而迪克（Dick's）和沃尔玛（Walmart）等零售商则将进攻型武器都下架了。

　　此前几个月，企业在从移民到性骚扰再到同性恋、双性恋和跨性别者（LGBT）权利等各种问题上都表明了立场，特朗普没有对去年8月在夏洛茨维尔举行的白人至上主义集会进行谴责，之后，默克公司首席执行官肯·弗雷泽（Ken Frazier）从总统制造业委员会辞职，由此引发激进主义浪潮。几天后，该委员会被解散。

　　一段时间以来，要求公司以股价以外的事物来评判公司的呼声一直在增加。拉里·芬克（Larry Fink）在最近给贝莱德公司股东的年度致信中，提出需要更多"目标驱动型公司"，这是反对股东价值理论的一个重要转折点，而该理论40年来一直是公司的经营指导。虽然自由派学者和政治家常年呼吁一种新的"利益相关者"资本主义，但是当世界上最大的资产管理公司这样做的时候，情况就截然不同了。

　　我在达沃斯世界经济论坛上就芬克的致信调查了一些首席执行官。尽管所有人都支持这一总原则，但大多数人也表达了一些挫折感，不是因为芬克先生不对，而是因为他不清醒。高级管理人员都知道，仅凭股票表现来评判公司是行不通的，因为这会导致短期行为——自1960年代以来，研发支出占收入的比例已经下降了，部分原因是当公司宣布此类支出时股价通常会受影响。但是它们不知道新的游戏规则是什么。

"这到底意味着什么呢？"一家大型跨国公司的首席财务官问道，"评判我们的新标准是什么？如果我们达不到要求会怎样呢？"

将股东价值作为目标，很重要的原因在于它很精确。只要股价逐季上涨就说明你做得对。同样明显的是，这个指标衡量的东西有限，可以说它迫使更少的企业冒险和创新，并且也给高级管理人员，特别是大公司的首席执行官们带来了不成比例的好处，他们因股票而获得的报酬超过一半。这激励了短期决策行为。

也许最重要的是，这种理念对千禧一代的消费者或工人的吸引力并不大，他们要求公司考虑更广泛的利益相关者群体和更复杂的政治与社会问题。全球战略集团上周发布的一项研究结果表明，三分之二的美国人认为公司有责任解决关键的社会和政治问题。研究还发现，人们对这样做了的企业相比那些没有这样做的企业具有较高的好感度。洛克希德·马丁公司（Lockheeed Martin）在夏洛茨维尔事件之后并没有说什么，也没有做什么，人们对其好感度大幅下降。

这可能部分取决于人们的政治倾向。公司激进主义在民主党人中要比在共和党人中更受欢迎。但是，不采取行动的风险似乎大于采取行动的风险。最近的研究表明，诸如苹果公司对 LGBT 权利的立场这类问题使得自由主义者更愿意购买苹果公司的产品，但并没有使反对者更不愿意购买它们。

尽管我支持首席执行官们就有关问题发表意见，但我不热衷于将激进主义做法作为衡量公司业绩的标准。这并不是说我们不需要超越股东价值神话——我们需要。但是，我自己的标准会更加量化。

除了股价外，董事会在评判公司时还可以考虑以下两点。首先，高级管理人员应该像管理资本一样管理人力资源。在一个现金充裕但人才短缺的世界里，我们开始需要将劳动力视为一种资产而不单单是成本负债（这可以通过修改税法和会计准则来改变）。其次，应该更仔细地研究企业研发支出在收入中的百分比。学术界发现，私人公司在生产性资本方面的支出是相同类型和规模的公众公司的两倍。这个数字表明声称股东价值理论的压力如何将创新扼杀在摇篮里。

显然公司需要考虑的不仅仅是投资者。消费者和工人正在要求并已经参与了美国公司更多的政治活动。但政治是有风险的。投资者们在评估公司时应坚持使用经济指标。而且公司只是需要更广泛和更好的评价指标。

FT 资料来源：Foroohar, R. (2018) 'The backlash against shareholder value', *Financial Times*, 4 March. © The Financial Times Ltd, 4 March 2018. All Rights Reserved.

问题：

1. 仅仅根据股价来判断公司业绩会有什么样的问题？
2. 如果股价不再是衡量公司业绩的合适标准，那么还应该考虑哪些因素？

☐ 1.3.1 利润最大化

哈耶克（Hayek，1960）和弗里德曼（Friedman，1970）提出了关于公司的古典经济学观点，即公司的经营方式应使其**经济利润**（economic profits）最大化。经济利润的概念与公司利润表中的会计利润不同。经济利润大致等同于现金，而会计利润则不然。在宣布高利润后不久就进入了清算，这样的公司有很多。Polly Peck 公司在 1990 年的戏剧性惨败就是这样一个例子。

　　将利润最大化作为公司的总体目标存在三个基本问题。第一个问题是与利润相关的量化困难。利润最大化作为一个财务目标，它要求对利润做出准确的定义和计算，并且要知道和考虑所有影响利润的因素。这个要求能否得到持续满足是非常令人怀疑的。如果五位审计人员进入同一家公司，可能每个人得出的利润额都不相同。

　　第二个问题是利润最大化的时间期限问题。利润应该在短期内还是在长期内达到最大化？鉴于利润是一年计算一次的，那么很可能公司的重点就放在了短期利润最大化上而放弃了长期投资，从而使公司的长期生存受到影响。

　　第三个问题是利润不反映风险，也没有预留风险准备。我们将注意力都集中在利润最大化上是不合适的，因为这个目标没有考虑到股东财富这一关键决定因素。

　　股东的股利是用现金而不是用利润支付的，股利支付的时间和相关风险是决定股东财富的重要因素。考虑到这一事实以及刚刚讨论的问题，我们可以得出结论，利润最大化不是股东财富最大化的合适的替代目标。这并不是说公司不需要关注利润的数据，因为金融市场还是把利润下降或利润警告视为财务不佳的标志。此外，利润目标在实现公司总体战略规划中的短期（经营）目标上可以起到有益的作用。

□ 1.3.2　销售最大化

　　如果一家公司把追求销售最大化（无论是销量还是价值）作为其唯一的长期目标，那么它很可能会过度交易（见本书 3.4 节"过度交易"），最终不得不走入清算。实现销售不一定能获利，如果产品定价不正确，销售目标就有可能是灾难性的。然而作为一个短期目标，销售最大化是可以产生作用的。例如，一家公司在进入一个新市场时为建立可持续的市场份额，可以采用销售最大化的政策。

□ 1.3.3　生存

　　生存不是一个令人满意的长期目标。投资者愿意投资于一家只以生存为主要目标的公司吗？答案是绝对不愿意。从长期看，公司必须展示其收益前景来吸引资本投资，而收益前景至少要与其他可比的投资机会一样好。然而，生存可能是一个关键的短期目标，尤其是在经济衰退的时候。如果公司被清算，在资产分配给**求偿级别**（creditor hierarchy）较高的利益相关者之后，可能就没有什么钱可以分配给普通股股东了。如果可能会发生清算，那么将短期生存作为目标与股东财富最大化目标是一致的。

□ 1.3.4　社会责任

　　一些公司将利他主义的社会目的作为公司目标。它们可能关注改善员工的工作条件、为客户提供健康的产品，或避免反社会行为如环境污染或不良促销。企业履行社会责任（CSR），有时就像我们所知道的那样，可以向社会各受益者捐赠商品和服务。包括阿斯利康（Astrazeneca）和葛兰素史克（GlaxoSmithKline，GSK）在内的英国药品公司每年因为企业社会责任捐赠数十亿英镑。虽然让员工和当地社区等利益相关者不感到不快很重要，但社会责任应在公司目标框架内发挥辅助作用，而不应是公司的首要目标。公司的存在并不只是为了取悦员工，但管理者也应该意识到，员工队伍缺乏动力和不愉快对公司的长期繁荣是不利的。同样，当地居民如果对公司造成的环境影响感到不满，可以通过对公司的负面宣传来减少其销售。想想2010年墨西哥湾"深水地平线"号钻井平台的爆炸对英国石油公司的企业形象造成的负面影响，该公司一半以上的市场价值在当年3月份和6月份蒸发。再比如大众汽车（Volkswagen）2015年3月的尾气排放作弊事件，该公司被发现在柴油车中安装了旨在操纵其排放细节的软件。丑闻爆发后，这家德国汽车制造公司在之后的6个月里损失了近60%的市值。

1.4 股东财富如何实现最大化？

前面提到，股东财富最大化是一个相当模糊和复杂的概念。而且，股东的财富是通过获得现金股利和股价上涨带来的资本收益而增加的。由此可见，股东财富可以通过最大化股东在一段时间内的现金股利和资本收益而获得的购买力来实现最大化。这种股东财富最大化的观点提出了三个直接影响股东财富的因素：

■ 公司累积现金流量；
■ 现金流量流入公司的时间；
■ 与公司累积现金流量相关的风险。

在确定影响股东财富的因素之后，我们考虑用什么指标来衡量股东的财富。通常采用公司的普通股价格，如专栏1-1所述，由于股价反映了未来股利支付的预期以及投资者对公司的长期前景及现金流量的预期，因此，股东财富最大化的替代目标或主要目标是使公司普通股当前市场价格最大化，从而使公司总市值最大化。图1-4说明了公司项目产生的现金流量与股东财富之间的联系。

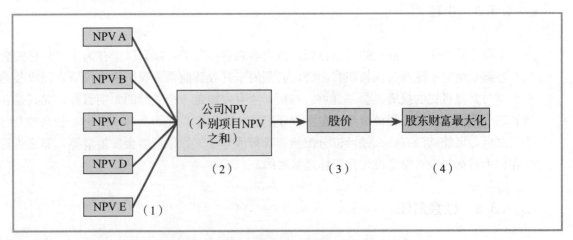

图1-4　公司的投资项目与股东财富之间的联系

在第一阶段，公司承担所有净现值为正的投资项目。用NPV评估潜在投资项目的财务可行性，要考虑影响股东财富的三个因素，即预期现金流量规模、发生时间（通过贴现）和相关风险（通过选定的贴现率）。在第二阶段，鉴于NPV可以相加，因而公司NPV应该等于它所承担项目的NPV之和。在第三阶段，公司的NPV会通过公司股价准确反映在公司市值中。

第二阶段和第三阶段之间的联系（即公司市值反映了公司的真实价值）将在很大程度上取决于股票市场的效率（第 2 章将讨论股票市场效率对公司理财的重要性），从而取决于股价变化对公司新信息的反应速度和准确性。最后，在第四阶段，股价被视为股东财富的替代品，当公司的市场价值（**市值**，market capitalization）达到最大时，股东财富最大化（SHWM）就会发生。

确定了影响股东财富的因素，并将股价最大化确定为股东财富最大化的替代目标后，就需要考虑财务经理如何实现这一目标。影响股东财富的因素在很大程度上是由财务经理控制的，尽管他们的决策结果也会受到金融市场普遍状况的影响。根据前面的讨论，如果财务经理做出"好的"投资、融资和股利决策，那么公司价值就将最大化。

站在促进股价最大化决策的角度来看，"好的"财务决策包括以下几点内容：

■ 在保持流动性需求和持有流动资产的机会成本之间取得平衡，并有效地管理公司的营运资本；

■ 使用最适当的负债和股权组合筹资，以最大限度地降低公司的**资本成本**（cost of capital）；

■ 使用 NPV 评估所有潜在的投资项目，然后接受 NPV 为正的项目；

■ 采取最合适的股利政策，基于既定的公司利润水平和用于再投资的**留存收益**（retained earnings），确定公司可支付的股利金额；

■ 考虑财务决策相关风险，并尽可能加以防范，例如对冲利率风险和汇率风险。

1.5　代理理论

□ 1.5.1　为什么会存在代理问题?

尽管管理者做出的决策应该符合股东财富最大化目标，但实际上是另外一回事。当管理者做出的决策与股东财富最大化目标不一致时，就会出现代理问题。导致上市公司存在代理问题的三个重要因素如下：

■ 所有权和控制权分离。即拥有公司的人（股东）不管理公司，而是任命代理人（管理者）代表他们管理公司。

■ 管理者（代理人）与股东（委托人）的目标不同。管理者可能会使自己的财富最大化，而不是使股东的财富最大化。

■ 代理人和委托人之间存在**信息不对称**（asymmetry of information）。由于管理者每天都在经营公司，因此可以获得管理会计数据和财务报告，而股东只能看到年度报告，而这些报告可能受到管理层的操纵。

如果把这三个因素放在一起考虑，可以很清楚地看到，管理者能够在不被公司所有者发现的情况下实现自己的财富最大化。信息的不对称使得股东难以监督管理者的决策，从而使管理者能够遵循自己的利益最大化决策。管理者的目标可能包括：

■ 使公司快速成长，或使公司规模最大化；

■ 增加管理权力；

■ 增加管理层的职业保障；

■ 增加管理层的薪酬和奖励；

■ 追求自己的社会目标或钟爱的项目。

公司管理者与股东之间潜在的代理问题并不是唯一存在的代理问题。詹森和麦克林（Jensen and Meckling，1976）认为，公司可以看作一系列不同利益集团之间的代理关系总和，如图 1-5 所示，箭头从委托人指向代理人。例如，当客户为公司的商品和服务付费时，他们是委托人，而供应商品和服务的公司是他们的代理人。公司的管理者是股东的代理人，而债权人和股东之间的关系则相反，股东通过任命和指导管理者的行为成为债权人的代理人。

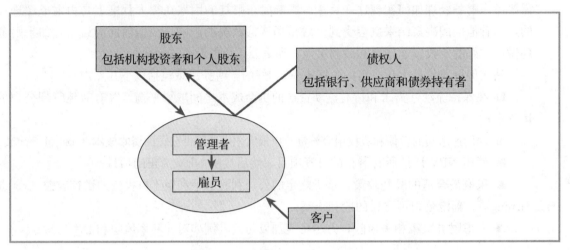

图 1-5   一个公司的各利益相关者之间存在的代理关系

从公司理财的角度来看，作为代理人的股东和作为委托人的资金提供者之间存在着重要的代理关系。其中的代理问题是，股东会倾向于将负债资金用于风险逐步增加的投资项目，因为这些项目成功的受益者是股东，而承担风险的却是债权人。

□ 1.5.2   代理在公司内部如何表现？

代理问题体现在管理者的投资决策上。管理奖励计划往往是以短期业绩为指标建立的，因此，管理者在评估项目时会倾向于使用回收期法，因为该方法强调了短期回报。在风险方面，管理者可以进行使经营业务分散化的投资，从而减少**非系统性风险**（unsystematic risk），以降低公司风险。非系统性风险（见本书 8.2 节"分散投资的概念"）是指从事特定业务活动的风险。之所以通过分散化活动来降低风险，是因为管理者希望自己的工作能稳定。但是，大多数投资者已经通过含有许多不同公司股票的投资组合分散了非系统性风险。因此，股东的财富并没有因为管理者的分散化活动而增加。如果管理者做的是低风险项目，而股东却偏爱高风险项目，就会出现另一个与风险有关的代理问题。

代理问题也可以体现在融资决策上。管理者会更倾向于使用股权融资而不是债务融资，即使股权融资比债务融资更昂贵，因为较低的利息支付意味着较低的破产风险和较高的工作保障。从股东的角度来看，这不可取，因为增加股权融资会增加公司的资本成本。

代理冲突在股东与负债持有人之间也会发生，因为股东与债权人更倾向于高风险项目。股东的回报是无限的，而他们的损失则仅限于他们的股票价值，因此他们倾向于高风险（因而也是高回报率）的项目。然而，债权人获得的回报仅限于固定利息，其不会从风险较高的项目中获得更高的回报。

□ 1.5.3 解决股东与管理者之间的代理问题

詹森和麦克林（Jensen and Meckling，1976）提出，为了鼓励股东和管理者的**目标一致**（goal congruence），有两种优化管理行为的方法。第一种方法是股东监督管理者的行为。事实上有许多监督办法，尽管这些办法会产生时间和金钱成本。这些监督办法包括使用独立审计的财务报表和额外的报告要求，跟踪高级管理人员，使用外部分析师。监督的成本必须与次优管理行为（即不以股东财富最大化为目的的管理行为）的收益相权衡。将监督用于解决代理问题的一个主要难点是**搭便车**（free riders）现象。较小的投资者使得较大的股东承担了大部分监督成本而分享了管理行为得到纠正的好处，因为较大的股东在公司中持有较多的股份进而热衷于监督管理，较小的投资者便获得了搭便车的机会。

对股东来说，监督的另一种方式是股东将目标一致的条款纳入管理合同。这些条款将约束、激励和惩罚程式化。一份最优的合同将是一份代理总成本最小化的合同。这些**代理成本**（agency costs）包括：

- 金融合约的签约成本，例如交易成本和法律成本；
- 合同化约束的机会成本；
- 管理者激励和奖金的成本；
- 监督的成本，例如财务报告和审计的费用；
- 代理人的次优行为造成的财富损失。

重要的是，管理合同应该反映公司的具体特定需求。例如，对于一些公司而言，监督可能既困难又昂贵。因此，这些公司的管理合同可以包括为改善业绩而设的奖金。由于监督管理行为的确有困难，因此激励措施可以提供更为实用的方法来鼓励目标一致。向管理者提供的两种最常见的激励措施是绩效工资（PRP）和高管**股票期权计划**（share option schemes）。然而这些方法并不是没有缺点的。

与业绩挂钩的薪酬（PRP）

这里的主要问题是找到一个准确的衡量管理业绩的标准。例如，管理者的薪酬可以与利润、**每股收益**（earnings per share）或资本回报率等业绩指标挂钩（见本书 2.4 节"评估财务业绩"）。然而，支撑这三项业绩衡量标准的会计信息却可以被那些从 PRP 中受益的管理者操纵。利润、每股收益和资本回报率可能也不是创造财富的好的度量指标，由于它们并非基于现金，因此与股东财富最大化没有直接联系。

高管股票期权计划

这与 PRP 相关，高管股票期权计划是鼓励高级管理人员和股东目标一致的另一种方法。股票期权允许管理者在规定的时间内以固定价格购买指定数量的公司股票。只有当公司股票的市场价格超过用期权购买的价格时，期权才具有价值。高管股票期权计划的目的是鼓励管理者通过股票期权成为潜在股东，让管理者最大限度地提高公司股价，使股东财富最大化。

股票期权计划并非没有问题。首先，尽管良好的公司财务管理确实能提高股价，但也有一些外部因素影响着股价。如果一个国家经济正在经历经济繁荣阶段，那么股价就会上涨（**牛市**，bull market）。管理者因股票期权价值的增加而受益，但这不一定是他们良好的财务管理活动所致。同样，如果股价普遍下跌或产生波动，股票期权计划可能不会对那些在困难条件下工作出色的管理者形成激励。自2008年金融危机以来，这一直是英国公司所面临的问题。其次，股票期权计划的问题是由于其条款而产生的。由于股票期权不被视为公司的直接成本，因此，期权条款有时可能会被设定得过于宽松（例如，可以购买的股票数量、可以购买的价格和可以购买的时间）。股票期权的成本难以量化和新的会计处理方法的引入，导致它的受欢迎程度下降。

长期激励计划（LTIP）

这类高管薪酬计划在英国很常见，通常在一个预定时间（通常为三年或更长的时间）后，只要达到规定的业绩目标，就给参与者提供免费的股份。薪酬委员会将其授予高级管理人员，也可以将其授予其他雇员。LTIP相对于股票期权计划的优势在于，即使股价下跌，免费的股票仍然有价值，而股票期权计划在"没钱"的情况下就没有激励价值。

除了使用监督和管理激励措施外，股东还可以通过其他方式使管理者约束自己，股东有权在公司的年度股东大会（AGM）上通过投票罢免董事。这是否会对管理者构成切实的威胁，在很大程度上取决于公司的所有权结构，例如，少数有影响力的大股东是否持有公司一半以上的普通股。另外，股东还可以"用脚投票"，使公司成为一个可能的收购目标。目标公司经理通常会在公司被收购后失去工作，这一事实可能会激励他们以更符合股东利益的方式经营公司。

☐ 1.5.4　债权人与股东之间的代理问题

债权人保护其投资的最简单方法是用公司的资产来担保。如果公司清算，债权人将对资产拥有优先求偿权，然后他们可以将这些资产出售以收回投资。

对债权人来说，保护自己利益并限制风险的另一种方法是使用契约。这些条款被写入债务协议，从而对公司的决策过程加以限制。它们可以阻止公司投资高风险项目或支付过高的股利，或者可能限制公司未来的负债水平。（契约将在本书5.1节"债券、贷款票据、贷款债券和信用债券"中进行讨论。）

☐ 1.5.5　机构投资者的影响

我们已经指出，股权集中度的提高可能会减少代理问题。在英国，从20世纪70年代末到90年代中期，大型机构投资者的持股量有所增加。这一趋势近年来有所逆转。其中一个显著变化是养老基金和保险公司所持股票数量的急剧下降。养老基金持股减少可以解释为英国政府1997年取消了养老基金享有免去股利所得税的税收优惠。一旦失去这一税收优惠，普通股投资就不那么吸引人了。

过去，虽然机构投资者对参与公司经营决策没有明显的兴趣，但它们对公司施加压力，即使在不利的宏观经济条件下也要坚持公司支付股利。具有讽刺意味的是，这不但没有缓解机构投资者代理问题，反而迫使公司支付难以负担的股利，从而加剧了代理问题。然而近年来，机构投资者对公司的运营和治理问题越来越感兴趣，当公司不符合治理标准时，机构投资者采取强硬态度的情况越来越多。英国财务报告委员会于2010年7月推出了新的《英国公司治理守则》（*UK Corporate Governance Code*），试图"提高公司与机构投资者之间的互动效率，进一步为股东带来长期回报"。专栏 1-2 的主题就是关于机构投资者高比例持股影响与《英国公司治理守则》的。

专栏 1-2

投资者不是积极的所有者

露丝·沙利文（Ruth Sullivan）

在《英国公司治理守则》推出后，人们对改善机构投资者与其所投资公司之间的接触抱有很大期望。但是一年多来，它在促进股东对公司管理方面取得了多少成功？负责监督该守则执行的财务报告委员会称，自守则启动以来，有 131 家资产管理公司、31 家资产所有者和 11 家服务机构提交了声明，宣布它们在多大程度上遵循了守则并行使了投票权。然而，尽管取得了这些进展，人们对该守则能在多大程度上改变投资者的行为仍然存有疑问。欧洲激进投资者 Cevian Capital 的高级合伙人哈兰·齐默尔曼（Harlan Zimmerman）说："守则并没有使投资者变成积极的所有者，至少现在还没有。"他认为，在那些披露了信息的资产管理公司当中，"远远没有那么多的公司增加了对其投资的所有权的关注"。

齐默尔曼认为，与薪酬和继任问题相比，投资者通常不太关注董事会的构成。他说："对董事会候选人的投票可能是股东最有能力影响和行使管理权的事情，但事实表明，在这一领域中股东的管理权普遍严重缺乏。"他指出，根据公司治理组织（集团）PIRC 的一项调查，在 2006 年至 2010 年期间，富时 100 指数董事会的近 2 500 名董事全部当选或连任，没有人反对。"用一只手就可以数得过来有多少家公司的股东投票否决了董事会成员，"他说，"要么是董事会的工作确实做得出色，要么对于许多投资者来说，投票就是一种橡皮图章而已。"

新闻集团——这个在美国上市的鲁伯特·默多克的媒体帝国，尽管其在英国的业务中发生了电话窃听丑闻，但它的董事会却没有做什么有意义的改变，这就是一个例子。但是，PIRC 的董事总经理艾伦·麦克杜格尔（Alan MacDougall）说，投票的力量不应该被低估。"这是参与管理的一个重要部分，在某种情况下更加重要，因为它可以使股东在年度股东大会上凝聚在一起。"他还补充道，关起门来的个人股东参与效果较差。齐默尔曼表示，长期的投资方式和更积极的参与是有必要的，但是障碍仍然存在。

障碍之一便是养老基金和保险公司，这些最终资产的所有者在很大程度上没有授权资产管理人具体参与公司的管理，只是要求"资产管理人去投票，仅此而已"。爱马仕股权服务公司（Hermes Equity Ownership Services）的首席执行官柯林·梅尔文（Colin Melvin）对此表示赞同："养老基金需要做的不仅仅是询问资产管理人是否遵守了守则，"他说，"为了使守则发挥作用，就需要在养老基金和它们所选择的资产管理人之间建立更明确的联系。"他认为，目前管理的责任落在了资产管理人身上，而这应该与受托人的信托责任联系在一起。他确信英国养老基金监管机构需要发布一个明确的声明来支持该守则。梅尔文还补充说："如果养老基金对此更有兴趣，就会带来更多对自己负责任的公司。"

梅尔文先生说，不过还是出现了某些变化的苗头，越来越多的养老基金开始调查其资产管理人是如何遵守管理守则的，而这些资产管理人包括向英国公司投资的国际公司。他补充说："规模较大的基金正在用交通信号灯系统来评估其资产管理人应用守则的情况，但仍然存在很多红灯。"

有效参与公司管理的另一个障碍是，英国股东在共同解决问题时所遇到的困难。齐默尔曼说："害怕违反一致行动人的规则常常成为一种阻碍。"但是除非股东聚集在一起，否则"董事会就能使他们相互对立"，他又补充说。该守则鼓励股东在适当的时候采取集体行动，但仍有人担心它的规则不够具体，这可能被视为共同控制公司。他认为："意大利等其他国家已经引入法律来澄清这一点，但在英国这仍然是一个灰色地带。"

但是，股东参与所投资公司管理的一些进步应该归功于该守则。机构股东服务公司（Institutional Shareholder Services）发布的一项关于投票变化趋势的报告显示，2011 年前 6 个月，欧盟各国投资者在富时 350 指数公司的股东大会上的投票率有所上升，其中英国处在领先位置，投票率为 71%，而欧洲平均水平为 63%。ISS 集团欧洲治理负责人让-尼古拉斯·卡普拉斯（Jean-Nicolas Caprasse）表示："在《英国公司治理守则》实施之后，2011 年股东参与公司会议的占比显著提高（2010 年为 68%）。"

激进的投资者认为，在参与公司管理上仍有许多的工作要做，特别是当股价在动荡的市场中一路下滑而让股东不满意的时候。Knight Vinke 公司董事总经理戴维·特伦查德（David Trenchard）说："股价剧烈波动有助于把问题提上日程。"齐默尔曼进一步认为，这是让"真正积极的所有者能把事情做好的一个好时候"。

 资料来源：Sullivan, R. (2011) 'Investors falling short as active owners', *Financial Times*, 11 September. © The Financial Times Limited 2011. All Rights Reserved.

问题：

1. 为什么机构投资者积极参与所投资公司的管理很重要？
2. 你认为《英国公司治理守则》在促进股东参与公司管理方面取得成功了吗？

美国的一项重要进展是，从公司业绩和问责两个方面来看，股东联盟对公司的压力越来越大，例如机构投资者委员会（CII）、加利福尼亚州公共雇员养老基金（CalPERS），后者是美国最大的养老基金，2018 年 3 月，其控制的资产为 3 550 亿美元。这些组织曾发布过一个"重点排名"，列示出它们认为因为管理不善而表现不佳的公司。公布这些名单是一种策略，能迫使这些公司采取措施来改善未来的表现。CalPERS 在 2011 年停止发布该名单，转而选择直接与表现不佳的公司合作。尽管这种股东的"警戒意识"还没有在英国扎根，但 CalPERS 正在积极寻求增加在欧洲的投资，而像（英国）爱马仕投资管理公司（Hermes Investment Management）这样的大型投资公司在参与与其所投资公司的管理时，通常既坚决果断又直言不讳。

□ 1.5.6　国际投资者的影响

在过去的 15 年里，英国的股票所有权模式见证了海外投资者所持股份比例的稳步增长。现在，外国投资者持有的股份占英国上市股票的 53.9%，是 1997 年的两倍。并且，外国投资者的英国股票所有权的增加主要来自国际基金管理集团（如贝莱德（BlackRock）和资本国际（Capital International））、国际合并、海外公司在英国设立的新的子公司，以及将总部迁至英国的公司。这种增长使得国内养老基金、保险公司和个人投资者也试图在国际上实现股权分散这一目标。英国股票所有权的这种变化使得公司更难识别和理解股东是谁，并使公司需要考虑更广泛的股东目标。

1.6 公司治理

到目前为止，我们已经考虑了个别公司解决代理问题的办法。然而，近年来针对公司治理的一个更为全面的解决方案是自我监管。这种方法试图影响所有者管理经理人的机制架构和性质，以促进实现公平、负责和透明的公司管理。

1.6.1 英国的公司治理

许多大公司的倒闭凸显了公司治理标准的重要性，包括 1990 年英国的波利佩克公司（Polly Peck）倒闭和 1991 年英国的麦克斯韦尔通信公司（Maxwell Communications Corporation）倒闭，还有 2002 年美国的安然公司（Enron）和世界通信公司（WorldCom）倒闭。2007 年的全球银行业危机及其对英国金融服务业的影响，引发了人们对英国公司治理有效性以及高级管理人员薪酬方案确定方式的关注。

英国的公司治理体系历来强调内部控制的重要性以及财务报告和问责制的作用，注重以市场为基础的自我监管过程。这与美国采用的方法刚好相反，美国公司面对着大量的外部立法（见本书 1.6.2 节）。1992 年，由阿德里安·卡德伯里（Adrian Cadbury）爵士主持的吉百利委员会（Cadbury Committee）第一次讨论了英国的公司治理问题。由此产生的《吉百利报告》推荐了一个自愿的最佳行为守则，随后，伦敦证券交易所（LSE）要求会员公司遵守该守则。上市公司必须在公司财务报告中说明是否遵守了"吉百利最佳行为守则"，如果不遵守，则需解释原因。该守则的制定目的不是成为一套僵化的规则，而是为董事会的活动提供指导。该守则经由 1995 年《格林伯里报告》（Greenbury Report）和 1998 年汉佩尔委员会（Hampel Committee）修订和加强之后，形成了《联合守则》。后者将自身的建议和前两个委员会的结论共同建构成一个"超级守则"，同样由伦敦证券交易所监督——继续将遵守守则的规定列入上市要求。本节后面部分提供了《联合守则》主要条款的摘要。

2000 年，根据《特恩布尔报告》（Turnbull Report）（1999 年 9 月发布）的调查结论，《联合守则》得到了进一步完善，该报告侧重于内部控制系统和公司需要控制的类型多样的重大风险。此外，在 2002 年安然公司和世界通信公司倒闭后，英国政府决定调查**非执行董事**（non-executive directors，NEDs）的有效性和英国公司内部审计委员会的独立性。2003 年的《希格斯报告》（Higgs Report）处理了这两个问题中的第一个问题，并提出了旨在加强非执行董事的独立性和有效性的建议。同年的《泰森报告》（Tyson Report）进一步调查公司招募具有不同背景和技能的非执行董事来提高董事会的效率。同年的《史密斯报告》（Smith Report）研究了审计委员会的作用，虽没有建议定期轮换审计师（如每五年一次），但对审计委员会的运作和组织结构提供了权威性指导。《希格斯报告》和《史密斯报告》的建议被纳入 2003 年 7 月《联合守则》的扩展版本。自 2005 年以来，财务报告委员会（FRC）已经对《联合守则》进行了七次审查和修订。在撰写本书时，《联合守则》的现行版本是 2016 年 6 月生效的《英国公司治理守则》，2018 年 7 月发布的最新版本于 2019 年 1 月生效。

2016 年版的《英国公司治理守则》就公司董事会、董事会取得的报酬、董事会的问责、审计委员会，以及公司与包括机构投资者在内的股东的关系提出了建议。以下列示了该守则中的主要条款的摘要。

领导力

- 董事会应该是有效的，应该对公司的长期成功负有集体责任。
- 首席执行官和董事长这两个在公司内部最有权力的职位不应该由同一个人担任。
- 首席执行官不应兼任同一家公司的董事长。
- 要有一名独立非执行董事被任命为高级独立董事。

实效性

- 董事会应该在经验、技能和知识方面取得适当的平衡，以便能够有效地履行其职责。
- 董事会的一半人员（不包括董事长）应该是具有足够能力的独立非执行董事。
- 董事会新董事的选举应该是正式、严格和透明的。提名委员会的大多数成员应该是独立非执行董事。
- 提名委员会的工作应在年度报告中详细说明，包括公司的多元化政策。
- 所有董事都必须有足够的时间来履行其职责。
- 所有董事在加入公司时都应该接受入职培训，并在入职后不断发展和更新其技能。
- 必须及时、适当地向董事会提供信息。
- 董事会应该每三年一次由外部机构协助进行正式、严格的业绩评估。
- 富时 350 指数公司的所有董事每年都应该进行重新选举。非执行董事在任职九年后，应每年重选。

问责制

- 董事会应该对公司的业绩和未来前景做出平衡、公正和可理解的评估。
- 董事会应确定那些为了实现战略目标而准备承担风险的性质和程度，然后通过年度审查保持健全的内部控制和风险管理体系。
- 董事会应建立一个至少由三名独立非执行董事组成的审计委员会，负责监督财务报表的完整性并审查内部财务控制。
- 审核委员会还应该监督内部审核委员会和外部审计师的独立性，并负责审计师的聘任、重新聘任和罢免。
- 应全面披露董事的薪酬，包括退休金和股票期权。

薪酬

- 董事长和所有执行董事的薪酬应该由一个至少含有三名独立非执行董事的薪酬委员会确定。
- 董事的任期或合同期限应该不超过一年。
- 薪酬旨在实现长期成功。任何与业绩相关的因素都应该是弹性和透明的，并且不应该奖励不良业绩。

董事会和股东的关系

- 董事会应在相互理解的基础上与股东对话。

■ 董事会应通过股东大会与投资者进行沟通，并积极鼓励他们一起参与事务。

2007 年底的金融危机引发了人们对《英国公司治理守则》有效性的大量辩论，在随后的经济衰退中辩论继续进行，最近出现了令人鼓舞的消息。根据 Grant Thornton 会计师事务所（2018）的数据，72％的富时 350 指数公司的声明完全合规（比 2017 年高 66％）。尽管方向是正确的，但还有相当长的一段路要走（只有 27％的公司详细说明了如何应用了这些原则）。最大的违规领域在于董事和董事长的独立性。此外，股东参与也是一个值得关注的领域，只有 31％的富时 350 指数公司明确解释了它们是如何与股东合作和互动的。如前所述，2018 年 7 月，财务报告委员会（FRC）公布了修订建议，以创建一个内容更简洁、清晰的《英国公司治理守则》，新的守则在 2019 年 1 月生效。建议修改的五个关键领域为：利益相关者参与、董事会组成、多样化、薪酬以及公司如何回应重大的反决议投票。其中董事会任期的提议变更就是专栏 1 - 3 的主题。

专栏 1 - 3

《英国公司治理守则》变化，数十家公司的董事长中招

麦迪逊·马里奇（Madison Marriage）

英国最大的 60 多家上市公司的董事长有可能违反了拟议中的公司治理改革规定，而这些改革旨在终止陈旧和孤立的董事会。

《英国公司治理守则》的修订建议中曾规定，董事长在董事会任职 9 年后应卸任，其中包括以前任职非执行董事的时间。

这一变化将使 67 家上市公司的董事长受到影响，其中 19 家是富时 100 指数公司，包括约翰·麦克亚当（John McAdam），他是 Rentokil Initial 公司和 United Utilities 公司的董事长，还有商业地产开发商 Land Securities 公司的阿利索·卡恩沃（Alison Carnwath）。

这两个人都已经在职场中工作了 9 年以上，对此股东表示不满，但此前负责监督该守则的财务报告委员会并没有正式劝阻这种行为。

该守则不是强制性的，但大多数英国上市公司选择遵守，而不是向股东解释为什么不遵守。

任期时间的提议对富时 100 指数公司的董事长来说尤其具有争议性，因为他们在现任职务上没有满 9 年，但加上以前担任的非执行董事职务使总任期超过了这个时间限制。

其中包括能源供应商 SSE 公司的理查德·吉林沃特（Richard Gillingwater）和财富管理机构 SJP 公司的莎拉·贝茨（Sarah Bates）。吉林沃特在 2017 年前被任命为 SSE 公司的董事长，但在 2007 年他首次被任命为董事会的非执行董事。贝茨在 2014 年被任命为 SJP 公司的董事长，这个时间距离她首次被任命为非执行董事已有 10 年。

一位不愿透露姓名的公司治理专家说，这些提议很可能会让董事会和股东们感到震惊。他说：“这项规定可能会遭到公司和投资者的强烈反对。关注董事长任期的问题是正确的，但我认为不应该如此机械化。

“如果已经在董事会任职 5 年，而且是下一任董事长的人选，很难想象他只能担任 4 年董事长。”

根据英国《金融时报》和研究公司 Manifest 对英国最大上市公司董事会任期的分析，富时 250 指数公司有 48 名董事长将受到影响。

其中有布莱恩·马汀利（Brian Mattingley），他在 18 个月前成为 888 博彩公司的董事长之前，曾担任了 11 年的非执行董事。

受到影响的一位富时 250 指数公司董事长私下里表示这些规定过于刻板，特别是非执行董事与公司日常运作没有密切关系。

然而，英国最大的基金公司之一 Old Mutual Global Investors 首席执行官理查德·巴克斯顿（Richard Buxton）说，财务报告委员会限制董事长的总任期是一个"积极"的举动。

他表示对在董事会任职超过 9 年的董事长数量感到"惊讶"，因为"9 年任期之后，你真的不能被认为是独立的"。

对守则修改的公众咨询将持续到 2 月份，预计 6 月份之前完稿。

 资料来源：Marriage, M. （2017）'UK corporate governance code changes to hit dozens of chairmen', *Financial Times*, 10 June.

问题：

你认为将公司董事会成员最长任期定为九年有哪些利弊？

董事薪水的增长速度一直是有争议的，2017 年英国最大公司的老板们平均涨薪 20%，这使该问题再次成为人们关注的焦点。因此，2018 年 5 月出台了新法规，要求公司证明首席执行官与员工之间的工资差距是合理的，这也正是专栏 1-4 的主题。

专栏 1-4

英国将强制公司解释首席执行官与员工之间的薪酬差距

汤姆·贝尔杰（Tom Belger）

根据周一提交给议会的新法规，英国将要求大型上市公司自 2020 年起公布首席执行官与员工之间的薪酬差距并说明理由。

在商业、能源和工业战略部（BEIS）公布的公司治理全面改革方案中，上市公司被要求说明股价上涨对高管薪酬产生的影响。

法律将要求大型公共和私人公司说明董事是如何考虑员工及投资者的利益的，并报告所负责的业务。

在英国，拥有 250 名以上雇员的上市公司不仅必须披露首席执行官的年薪与雇员平均年薪的比率，而且还必须解释其差异。

英国工业联合会（CBI）的首席英国政策官员马修·费尔（Matthew Fell）对这些措施表示欢迎。"以平庸或不佳的业绩获得高薪是不被允许的。这项法规可以帮助董事会与员工开展更好的对话，讨论公司目标和愿景，以及通过确定薪酬来实现这一共同愿景。

"比较部门和公司的比率就像比较苹果和橘子一样毫无意义。最重要的是，所有企业都要朝着薪酬公平和相称的方向迈进。"

董事协会（Institute of Directors）的公司治理分析师詹姆斯·贾维斯（James Jarvis）说："比率是一个非常简单直接的工具，它有很大的作用，但不一定能在高管薪酬问题方面解决多少问题。

"然而，鉴于那些我们所看到的不透明长期激励计划的丰厚薪酬，大公司也许不应该对它们所受到的这种额外政治压力感到不公。"

新措施是政府为解决 Carillion 公司和 BHS 公司倒闭后公众对公司行为的愤怒所做努力的一部分，也反映了特蕾莎·梅（Theresa May）成为首相前不久所呼吁的"负责任的资本主义"理念。

新法规将在 2019 年初生效，公司将在 2020 年开始报告薪酬比率。

英国商务大臣格雷格·克拉克（Greg Clark）说："英国在全球经济竞争中最大的资产之一是我们可靠、自信的商业环境所享有的声誉。大多数英国公司的商业行为是正确的，但我们理解当老板们的薪酬与公司业绩脱钩时工人和股东的愤怒。"

英国工会（TUC）秘书长弗朗西斯·欧格雷迪（Frances O'Grady）说："公布和解释薪酬比率是第一步，接下来需要做的还有很多。大老板们都是自我辩解和化解公众对抗的高手。我们需要制定新规则来保证他们有所改变。例如我们需要保证工人代表在董事会薪酬委员会的席位。这将为董事会批准薪酬框架的决策带来一些共识和公正。"

FT 资料来源：Belger, T.（2018）'UK to force companies to justify pay gap between CEOs and staff', *Financial Times*, 10 June.

问题：

你是否认为上述建议是一项能够缩小高管薪酬与普通员工薪酬差距的有效机制？

1.6.2　美国的公司治理

与英国"遵循或解释"的理念相比，美国的公司治理方法传统上更多地是由立法驱动的。自 2002 年以来，安然和世界通信等公司的倒闭震动社会，到现在情况更是如此。在 2002 年，美国对这些公司的倒闭和重大公司丑闻的应对就是通过了《萨班斯-奥克斯利法案》（又称"SOX 法案"）。这一影响深远的法案分为 11 个部分，全面修订了现有财务报告标准，并建立了新的标准。该法案为所有审计师设立了监督机构——上市公司会计监督委员会（the Public Company Accounting Oversight Board），确立了审计师的独立性以限制利益冲突，约束了审计公司为其审计客户提供咨询服务。根据该法案第 302 条的规定，高级管理人员对公司财务报告的准确性和完整性承担个人责任。而该法案第 404 条对金融交易和内部控制提出了更高的披露要求，以确保财务报告和披露的准确性。2002 年 SOX 法案引入《公司和刑事欺诈法》和《公司欺诈责任法》，对金融欺诈行为施以严厉的刑事处分。

支持者认为，SOX 法案已经使人们恢复了对美国公司和金融市场及美国公司会计框架的信心。反对者则认为，它将一个过于复杂的监管环境引入了美国金融市场，使公司在时间和金钱上都产生了巨大的执行成本，从而侵蚀了美国的国际竞争优势。毫无疑问，执行成本是直接的，也易于量化，而收益在本质上则是间接的。巴特勒和莱布斯坦（Butler and Rib-stein，2006）认为，通过个人投资者分散投资来降低投资风险，比通过公司花费大量时间和金钱遵守 SOX 法案来降低风险更为有效。与许多美国立法一样，该法案具有治外法权的影响，因为它影响到了美国以外的所有美国子公司。一些评论家认为，SOX 法案驱使许多非美国公司从纽约迁往伦敦。皮尔托斯基和斯里尼瓦桑（Piotroski and Srinivasan，2008）发现，有证据表明，SOX 法案通过之后，小型外国公司选择了英国的选择性投资市场（AIM）而不是美国的纳斯达克交易所。这一发现与普遍的观点一致，即 SOX 法案对小企业的影响更大。执行 SOX 法案的固定成本巨大，对于第 404 条（公司管理层和外部审计师共同对内部控制进行评估）来说尤其如此。

关于 SOX 法案是否为美国带来了净收益的争论仍在继续，但可以肯定的是，该法案将继续发挥作用。自从 SOX 法案出台以来，美国公司治理的一项重要发展是奥巴马于 2010 年 7 月签署了《多德-弗兰克华尔街改革和消费者保护法案》，该法案要求美国上市公司每三年让股东对高级管理人员的薪酬"发言"。自 2011 年 1 月该法案通过以来，只有 2% 的公司（如惠普）的高级管理人员薪酬方案被股东拒绝。

1.7 结 论

在本章中，我们介绍了公司理财中的两个关键概念，即货币时间价值以及风险与收益的关系。我们学习了货币时间价值下的复利和终值、贴现和现值，明确了上市公司财务管理者的任务，并确定了他们的主要目标应该是使公司股东财富最大化。其他常常被引用的目标则多是次要的，如利润最大化、生存和社会责任等。股东财富最大化依赖于财务管理者制定合理的投资、融资和股利决策，并考虑未来公司现金流量的金额、时间和风险，这些变量是实现股东财富的关键。

遗憾的是，管理者往往使自己的财富最大化，而不是使股东的财富最大化。代理问题可以从内部和外部两个方面来解决。在内部，两种最常见的方法是为管理者提供与业绩相关的薪酬或高管股票期权计划。当然这些都不是完美的解决方案。对外，高级管理人员薪酬的条件和情况以及公司治理热点问题已经成为多个委员会的报告主题，包括吉百利、格林伯里、汉佩尔、特恩布尔和希格斯等。这些委员会的建议是建立在"遵守或解释"基本原则的基础上的，与美国的立场大不相同。尽管公司治理的要求无疑有助于减少英国的代理问题，但管理者薪酬仍然是一个有争议的问题。如果人类的本性没有重大变化，媒体上的"大老板"头条新闻就不可能成为过去时。

最后说说英国脱欧是如何影响未来几年公司治理的。许多评论者认为，英国脱欧对英国公司治理的影响相对较小。英国的治理体系被认为是健全的，处在全球前列。但是，如果英国要保持其领先地位，就需要不断发展和变化，以应对英国脱欧的任何新要求。

学习要点

1. 公司理财中的两个关键概念是货币时间价值以及风险与收益的关系。

2. 用复利来计算初始投资的终值。用贴现计算终值的现值。用贴现还可以计算年金现值和永续年金的现值。

3. 虽然会计在公司理财中具有重要作用，但公司理财要解决的基本问题是如何分配好稀缺的现金。

4. 财务管理者负责做出筹集资金（融资）、分配资金（投资）和向股东分配资金（股利政策）的决策。

5. 虽然利润最大化、社会责任和生存等目标也是重要的目标，但公司的首要目标是股东财富最大化。

6. 股价最大化是股东财富最大化的替代目标。

7. 财务管理者可以通过制定与股东财富最大化相一致的投资、融资和股利政策来最大化公司的市值。

8. 管理者并不总是为了股东的最大利益而行事，从而产生了代理问题。

9. 当所有权和控制权分离时，若管理者的目标与股东的目标不同，又存在信息不对称，就可能会出现代理问题。

10. 公司代理问题的一个例子是，管理者将非系统性风险分散化来减少公司的风险，从而增加他们的工作保障程度。

11. 监督与激励措施，可能是优化管理行为、鼓励与股东目标相一致的两种方式。

12. 由于监督有困难，与业绩挂钩的薪酬和高管股票期权等激励措施是鼓励目标相一致的更实用的方法。

13. 拥有约29%英国普通股的英国机构股东，已经对不遵守公司治理标准的公司产生了压力。

14. 由于一些知名公司倒闭和自以为是的高管薪酬方案的公开，公司治理问题受到了广泛关注。

15. 传统上英国的公司治理体系强调的是内部控制和财务报告，而不是外部立法。

16. 在英国，公司治理对应着《联合守则》；在美国，公司治理则对应着《萨班斯-奥克斯利法案》。

自测题

1. 解释货币时间价值是如何帮助财务管理者在两个投资机会之间做出决定的。

2. 假设贴现率为12%，计算以下价值：

(a) 500英镑复利5年；

(b) 5年后获得的500英镑的现值；

(c) 无限期每年获得500英镑的现值；

(d) 在未来5年每年收到500英镑的现值。

3. 财务管理者的职能和责任领域是什么？

4. 举例说明公司理财决策之间高度的相互依存关系。

5. 从以下的公司目标中选择财务管理者的主要目标，并给出合理解释：

(a) 利润最大化；

(b) 销售最大化；

(c) 雇员和社区利益最大化；

(d) 所有者财富最大化。

6. 解释财务管理者在实践中是如何使股东的财富最大化的。

7. 在上市公司中，"代理问题"的含义是什么？如何减少公司中的代理问题？

8. 以下哪项不会减少股东所遇到的代理问题？

(a) 加强股东对公司的监督；

(b) 根据财务表现给董事发放奖金；

(c) 给予董事股票期权激励；

(d) 在债券契约中做约定；

(e) 签订短期管理合约。

9. 除了股东财富最大化之外，管理者还可能会追求哪些目标？

10. 你认为英国上市公司有代理问题吗？

讨论题

1. 讨论公司的股东是如何鼓励其管理者做出与股东财富最大化目标相一致的行为的。

2. 公司理财的主要目标通常被认为是股东财富的最大化。讨论哪些其他目标对上市公司可能也很重要，以及这些目标是否与股东财富最大化的主要目标相一致。

3. 讨论英国最近在公司治理方面的举措是否有助于减轻英国上市公司的代理问题。

4. 批判性地评价美国和英国政府为解决公司治理体系的缺陷而采取的不同方法。

参考文献和推荐阅读

第2章

资本市场、有效市场与比率分析

■ 2.1 公司融资来源

■ 2.2 资本市场

■ 2.3 资本市场有效性

■ 2.4 评估财务业绩

■ 2.5 结　论

学习目标：

通过学习本章，可以完成以下学习目标：

- 了解公司可获得的内部和外部资金来源，以及影响内部和外部融资占比的因素。
- 理解资本市场对公司的重要性。
- 理解有效市场假设对公司融资的重要性，并能够解释各种有效市场类型的差异。
- 了解确定资本市场有效程度的实证研究。
- 能够根据公司财务报表计算关键比率，并理解其在公司理财中的意义。
- 了解财务比率的计算及解释这些比率的困难。
- 了解经济利润和经济增加值的概念及其与股东财富之间的关系。

引 言

资本市场为需要长期融资的公司与提供融资的投资者提供了一个平台。这种融资既可能是新发行普通股的股权融资，也可能是从各种贷款和债券中所选择的负债融资。资本市场也是投资者买卖公司证券和政府证券的场所。投资者的交易策略反映了财务报表和财务分析所得出的公司业绩、公司发布的股利宣告、市场对未来利率和通货膨胀水平的预期，以及公司所做出的投资决策等各种信息。

公司和投资者都希望资本市场能提供公平的价格来进行证券交易。用公司理财的语言来说，公司和投资者都希望资本市场是有效的。有效资本市场的特征可通过市场价格与市场信息之间的关系进行描述。资本市场是否有效实际上多年来一直被研究，在本章第一部分我们将重点讨论有效市场假设这一关键话题。

股东要决定哪些股票应该加入或移出他们的投资组合。银行和其他金融机构决定是否向公司提供融资以及以何种价格提供。财务经理则在投资、融资和股利等关键问题上做出决策。股东、投资者和财务经理利用财务报表、财务数据库、财经新闻和互联网上的信息对公司财务业绩进行评价，从而为决策提供信息。财务报表的比率分析可以提供公司盈利能力、流动性、效率和个别公司风险的有效历史信息。经济利润和**经济增加值**（economic value added，EVA）等业绩衡量指标可以将公司业绩与股东价值和股东财富更紧密地联系在一起，关注公司怎样为股东创造更多价值。

2.1　公司融资来源

公司融资决策的关键是如何为经营活动融资。如果不能有效地筹集资金，则公司接受好项目的能力会受到不利影响，同时也对公司现有经营活动的盈利能力不利。有效的融资决策就是在公司需要资金时能够以尽可能低的成本筹集到所需的资金。很明显，公司经理所做的融资决策与公司股东财富之间存在着联系。然而，为了使融资决策更为有效，需要了解可以获取的资金来源。

□ 2.1.1　内部融资

资金来源可以分为内部融资和外部融资。所谓内部融资，是指公司创造的无须用于支付经营成本、利息、税负、现金股利或置换非流动资产的现金。这种现金一般被称为留存收益。利润表列示了公司所创造的利润，而现金流量表列示的是可用于投资的现金。资产负债表中的留存收益不代表可以投资的资金。只有现金才可以用于投资。一个资产负债表中有大量留存收益的公司，其银行账户中如果没有现金并且还有大量透支的话，是无法用留存收益作为投资进行融资的。

另一个经常被忽视的内部融资来源是更有效地管理营运资本而节约的现金。它与短期资产和短期负债相关（见本书 3.3 节"营运资本和现金周转期"）。对存货、交易性应收账款、现金和交易性应付账款的更有效管理可以减少营运资本的投资，从而减少银行透支及利息费用，或增加现金水平。

□ 2.1.2　外部融资

外部融资有很多种，大致可分为负债融资和股权融资。外部融资还可以分为短期（1 年以内）、中期（1～5 年）和长期（5 年以上），或可分为证券交易所交易（如普通股和债券）和非交易所交易（如银行贷款）等类别。图 2-1 列示了与外部融资相关的金融工具及其相互关系。在学习本章和后续章节时，你会发现该图很有用。

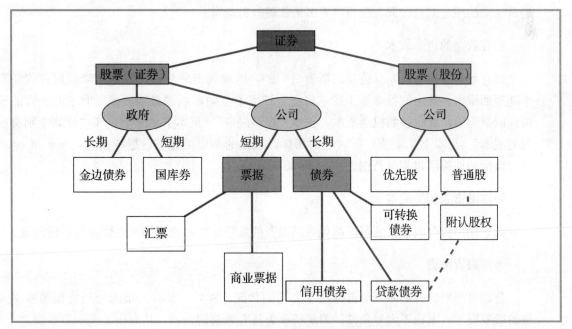

图 2-1　公司可用来融资的金融工具

在公司融资中区分股权融资和负债融资是非常重要的，因此我们将用整章篇幅讨论这些外部长期融资来源：短期融资将在第 3 章"短期融资与营运资本管理"中讨论；股权融资（普通股和**优先股**（preference shares））将在第 4 章"长期融资：权益融资"中详细讨论，负债融资（公司债券、银行债务和租赁）将在第 5 章"长期融资：负债融资、混合型融资与租赁融资"中讨论。

2.1.3 内部融资和外部融资比例

留存收益这种内部融资方式可能比外部融资更受到公司的青睐，原因有以下几点：
- 公司认为留存收益是一种现成的现金来源。
- 向股东支付多少利润（因此也决定了留存多少利润）是公司内部的决定，不需要向第三方提出融资方案。
- 留存收益没有发行成本。
- 不存在发行新股可能出现的控制权稀释。
- 不存在发行新债可能出现的经营活动限制。

有多少留存收益可用受制于经营活动现金流量的多少。因此，大多数公司在为投资项目或扩大经营活动筹集资金时，会考虑外部资金来源。关于资本投资项目所使用的内部融资和外部融资的比例，将取决于以下几个因素。

所需的资金规模

对于小规模投资，公司可能使用留存收益，例如更新非流动资产或小项目投资。较大的项目则可能需要从公司外部筹集资金。

现有经营活动的现金流量

如果现有经营活动的现金流量充裕，项目资金来源于内部的比例可能就较高。如果现有经营活动的现金流量较弱，公司将更多地依赖外部融资。

留存收益的机会成本

留存收益是属于股东（公司的所有者）的，因此属于股权融资。这意味着留存收益有一个期望回报率，这个回报率等于股东将资金投资于金融市场的最佳回报。股东可获得的这一最佳回报称为留存收益的机会成本，正如"权益融资"（见本书4.1节）和"计算个别资本来源的成本"（见本书9.1节）所讨论的那样，股权的期望回报率（**股权成本**，cost of equity）大于负债的期望回报率（**负债成本**，cost of debt）。

外部融资的相关成本

如果使用留存收益，就可以避免外部融资的发行成本，也不用偿还固定的负债利息。

外部融资渠道

公司可利用的外部融资渠道取决于公司的状况。例如，没有上市的公司将很难筹集到大量的股权资本，不得不大量负债，因此被视为具有风险的公司，从而很难进一步举债。

股利政策

公司的股利政策（本书第10章）将直接影响到用于投资的留存收益金额。如果公司持续将大部分**可分配利润**（distributable profits）用于股利支付，那么该公司的留存收益就不会太多，因此项目投资的资金中外部融资的比例会较高。

2.2 资本市场

　　资本市场是长期金融证券的交易市场。对公司来说，最重要的是普通股和长期负债类证券，后者包括有担保的债券或票据（**信用债券**，debentures）、无担保债券和**可转换债券**（convertible bonds）等，其次是优先股。欧洲债券和公共部门债券，如**国库券**（Treasury bills）和金边债券，也在资本市场上交易。

　　资本市场有两个主要功能。首先，资本市场是公司向金融机构和私人投资者等筹集长期资金的地方。在履行这一功能时，资本市场即新股票和债券发行的**一级市场**（primary markets）。其次，资本市场允许投资者在这里出售股票和债券，或重新购买股票和债券放入他们的投资组合中。在这里，资本市场是交易现有证券的**二级市场**（secondary markets）。二级市场在企业融资中起着关键作用，因为资本市场通过促进证券的买卖，增加了证券的流动性，从而提高了证券价值。投资者会为将来更方便地出售证券而愿意支付更多的费用。二级市场也是一级市场定价的一个信息来源，有助于提高一级市场对新资金的分配效率，使资金得到最佳利用。

　　伦敦证券交易所是英国主要的股票和债券市场。在这个市场上市（行市估价）的方法将在"新股发行方式"（见本书 4.2.2 节）中讨论。

　　无法在伦敦证券交易所上市的小公司可以在**选择性投资市场**（Alternative Investment Market，AIM）申请上市，该市场自 1995 年起由伦敦证券交易所运营。AIM 上市公司的平均市值约为 1.4 亿英镑。AIM 既是小公司和成长型公司股票的一级市场，也是其二级市场，这对 AIM 来说毁誉参半。与伦敦证券交易所的主板市场不同，AIM 对公司市值、交易期限和公众持股比例没有任何限定。如专栏 2-1 所示，近年来在 AIM 上市的公司有所减少，市场始终处于波动之中。是否对 AIM 或其他地方上市的公司进行投资取决于获取相关信息的情况，这也是下一节"资本市场有效性"讨论的主题之一。

专栏 2-1

市场波动下的 AIM 投资者
分析师建议重新评估风险，瞄准成熟公司

安迪·邦兹（Andy Bounds）

　　随着市场再次出现下浮波动，过去三周富时指数经历了一段艰难旅程。它的小兄弟 AIM 情况如何？在面临麻烦时投资者会倾向于率先抛售小公司，并认为跨国企业是较安全的避风港。

　　AIM Allshare 指数比富时 100 指数跌得更快、跌幅更大。其跌势从 1 月 29 日开始，并于 2 月初加速，在 2 月 6 日触底之前曾有过一次反弹。该指数从 1 076 点跌至 1 013 点，跌幅为 5.8%。此后有所回升，周五收于 1 039 点。

　　与此同时，富时 100 指数也从高峰到低谷，下跌了 4.4%。然而，由 350 家最大企业构成的富时 350 指数则下跌了 7.4%。那么这是到了抛弃小鱼转而持有大鱼的时候了吗？从事直接投资的 AJ Bell 投资总监拉斯·莫尔德（Russ Mould）表示，现在是重新评估风险的时候了——但不可太过分。在八年牛市之后，他说"这是新的开端，而非结束"。他研究 2006 年

和 1996 年的市场信号后得出结论，这两个年份的证券市场都是在市场平静多年后出现了波动，最终崩盘。

莫尔德预计，如果没有突如其来的经济冲击，那么市场表现会逐步下滑。在卡利隆公司（Carillion）清算之后到去年为止，外包商一直还在赚钱并支付股利。他警告说，其他大公司会有意想不到的坏结果。

"人们自然会倾向于有利可图的现金收益型股票，但你真的急着要拿到更多的钱吗？"

莫尔德指出，加里福德·特里（Galliford Try）这家建筑集团已经成为卡利隆公司崩溃后其资产负债表的支撑者，Cineworld 这家英国电影运营商正在融资收购竞争对手美国君豪娱乐公司（Regal）。"将会有更多的现金要约。许多财务总监都在想：如果冬天来临了，我们可能需要更多的安全保障。"

莫尔德建议要关注那些盈利并发放股利的 AIM 上市公司，例如胶带制造商 Scapa、零售商 Hotel Chocolat 和酒吧公司 Young 的表现都不错。

"在 AIM 市场上，合理的价格仍然存在增长空间。"米通集团（Miton Group）的小型股票基金经理热尔韦·威廉姆斯（Gervais Williams）认为，投资者应该保持冷静。

他管理着三只基金，持有约 250 家 AIM 公司股票。他跟踪的是那些随市场而动的初创、未盈利股票（例如 AI 软件公司 Blue Prism）的业绩表现。他表示在以前的市场暴跌中，随着投资者逃离风险，这些股票的下跌速度会更快，而具有成熟商业模式的公司仍然表现良好。

有一些显而易见的例子：在线零售商 Asos 和 Boohoo 价值高达数十亿美元，但仍在 AIM 市场中。同时，在 AIM 上市的公司减少了：在 AIM 挂牌上市的公司数量在年底降至 960 家，达到 14 年来的最低点。由于缺乏新上市公司，投资者依然支持现有公司。

威廉姆斯表示："最大的意外是次级债券的活跃性。"1 月份有 166 家公司通过次级债券筹集了 2.78 亿英镑。去年 12 月有 196 家公司筹集了 7.55 亿英镑，其中仅 Smart Metering Systems 公司就筹集了 1.5 亿英镑。去年 1 月，136 家公司筹集到了 1.61 亿英镑的资金。

总的来说，2017 年是自 2010 年以来 AIM 市场融资情况最好的一年，总额为 64 亿英镑，其中 48 亿英镑是二次发行融资。

威廉姆斯说，在 AIM 市场上许多股票价格很低，交易冷清、表现平平，从而使很多公司不愿在此上市，主要是成熟公司来这里筹集资金，这个监管不严的市场看起来越来越像它的老大哥了。

 资料来源：Bounds, A. (2018) 'Aim investors should hold their nerve despite volatility', *Financial Times*, 18 February.

问题：

选择性投资市场（AIM）是成功的吗？

2.3　资本市场有效性

伦敦证券交易所主板市场和 AIM 的理想特点是什么？狄克逊和霍姆斯（Dixon and Holmes，1992）认为交易成本应尽可能低，所以要减少资本市场的交易壁垒并提高运营效率。一级市场应该把资金引导至最有效益的地方，以使资本市场有效分配资金。这就要求二级市场能够提供公允价格，因此一级市场活动对二级市场的价格影响很小。也就是说必须提高市场的定价效率，即证券价格应该反映所有可获得的相关信息。相关的信息门槛应该较低，能让所有人可免费获得，这强调了信息的有效性。

□ 2.3.1　完美市场和有效市场

公司理财理论中有许多关于完美市场和有效市场的文献。麦金森（Megginson，1997）认为，完美市场具有以下特征：

- 不存在对买卖交易不利的因素，例如税收和交易成本；
- 所有参与者对资产价格、利率和其他经济因素的预期一致；
- 进入和退出市场都是免费的；
- 信息没有成本，所有市场参与者均可免费获取；
- 市场上存在众多的买方和卖方，没有谁能控制市场。

显然，世界上没有哪个地方的股票市场是完美市场。但是，公司和投资者并不需要资本市场完美，相反，他们需要资本市场是有效的并能提供公允价格，以便能够做出合理的投资和融资决策。因此，根据前面的讨论，我们期望有效的资本市场应该具有以下特征：

- 有效运营：市场交易成本应尽可能低，并快速完成任何交易。
- 有效定价：资本市场证券价格，例如股票和债券，应该充分、公允地反映过去以及市场预期的未来所有事件的全部信息。证券价格因此被称为公允价格。
- 有效配置：通过有效定价机制，资本市场将资金分配到最有用的地方。

有效市场假设针对的是资本市场证券价格的确立，并认为证券价格应充分、公允地反映所有相关的可用信息（Fama，1970）。因此，市场有效性是指价格对新信息的响应速度和质量（即方向和幅度）。市场有效性检验使人们认识到有三种不同形式的有效市场。

□ 2.3.2　有效市场的不同形式

由于缺少有效分配和有效运营的检验数据，因此资本市场有效性实证检验研究的是股价（证券价格）反映相关信息（即有效定价）的程度。有许多研究针对投资者获得超额收益的可能程度，即超额收益大于预期收益或大于股利增长模型（见本书 10.4.3 节"股利增长模型"）和资本资产定价模型（见本书第 8 章）等估值方法预测收益。

弱式有效

如果当前股价可以反映所有历史信息，例如过去的股价波动，则资本市场为弱势有效。这意味着在弱势有效市场中，不能通过采用**技术分析方法**（technical analysis）研究过去股价走势而获得超额收益。实证研究强烈支持资本市场弱式有效的观点。

半强式有效

如果当前股价可以反映所有历史信息和所有公开信息，并且股价能够迅速、准确地吸收任何新获取的信息，则资本市场为半强式有效。这意味着在半强式有效市场中，无法通过研究公司公开信息或**基本面分析**（fundamental analysis）而获得超额收益。实证研究支持以下观点：发达的资本市场是半强式有效市场。

强式有效

如果股价能反映所有信息，包括非公开信息，则认为资本市场是强式有效的。在强式有效市场中，没有人能够从股票交易中获得超额收益，即使依据"内部信息"行事的投资者亦是如此。资本市场显然不能满足强式有效市场所要求的所有条件，因为一些投资者确实通过内幕交易获得了超额收益，时常见诸报道的对这一行径的起诉表明了这一点。但是，这种交易的次数与整个资本市场交易量相比起来就微不足道了。

□ 2.3.3 对有效市场的实证检验

弱式有效检验

如果资本市场弱式有效，那么股价完全反映了所有的历史信息，投资者将无法通过研究过去的股价走势预测未来的股价。随着新信息的出现，股价将发生变化，由于新信息是随机出现的，因此股价波动也是随机的（Samuelson，1965）。许多实证研究都支持这样的观点，即股价随时间的推移呈现随机游走的状态。这个**随机游走假说**（random walk hypothesis）认为，如果我们知道的是某一时期期末的股价，则无法准确预测下期期末的股价。尽管尚未达成共识，但是很多研究都完全支持这样的观点，即发达资本市场上不同时期的股价是随机变化的（Shamshir and Mustafa，2014），可以说，研究结果完全支持以下观点：发达资本市场是弱式有效市场。

弱式有效市场的实证研究采用了序列相关性检验、游程检验和过滤检验。最早的序列相关性检验研究了不同时间点上的证券价格变化的相关性（Kendall，1953）。这项研究和其他研究的证据都倾向于支持随机游走假说。游程检验（例如 Fama，1965）通过研究同一标的连续价格变化的时间长度，确定价格变化的方向是否具有某些意义。经验证据表明，价格的日变动方向是彼此独立的。人们发现变动方向的分布是完全随机的，从而进一步支持了资本市场弱式有效的假设。过滤检验试图通过滤除短期价格变动来识别证券价格走势中任何重要的长期关系。一项早期研究发现，与简单的买入持有策略相比较，过滤检验可以提供超额收益，但在考虑了交易成本时，这些超额收益可能就被抵消了（Alexander，1961）。

最近的研究中有微弱证据表明，在收益长期低于平均水平后，会有一段时期出现高于平均水平的情况（均值回归），但是弱式有效市场假说仍然得到了广泛支持（Beechey et al.，2000；Hudson et al.，1996；Megginson，1997；Timmerman and Granger，2004）。从内部人的角度也有人认为，异常的交易策略不会产生超额收益（Roll，1994）。

最近的研究表明，新兴资本市场可能不能达到弱式有效（Gupta and Basu，2007；Magnus，2008；Shamshir and Mustafa，2014；Worthington and Higgs，2006），此类市场的流动性和换手率较低则被认为是其成因。

半强式有效检验

半强式有效检验着眼于股价对新信息的响应速度和准确性（事件研究法）。通常，事件研究法支持资本市场半强式有效的观点。

通过检验股价对股票拆分信息（见本书 4.4.1 节 "转增股本和股份拆分"）的反应发现，从该信息中获利是不可行的，因为市场似乎有效整合了该信息（Fama et al.，1969）。对收益（Ball and Brown，1968）和兼并（Keown and Pinkerton，1981）公告的研究也发现了类似证据。研究发现，实际上资本市场可以在公告前三个月内就能预测到兼并的潜在收益（Franks et al.，1977）。事件研究法虽然支持了半强式有效市场假设，但它也提供了相反的证据，例如在观察到正面（或负面）信息发布后相当长的一段时间内，股价仍持续上涨（或下跌）（Beechey et al.，2000）。研究还发现，股票交易越频繁，吸收新信息后价格回归的时间越短（Manganelli，2002）。

强式有效检验

如果某些人可以比其他投资者先获得信息而取得超额收益，那么可以说，资本市场不具有强式有效性。研究者无法调查内幕信息的利用情况而直接检验强式有效性，因为根据定义，该信息是未知的。因此，对强式有效性的检验应该是间接的：比较信息专业人士的标准指标（例如，股票市场指数或平均市场回报率）。

基金经理拥有更多的资源来发现、分析信息，可能会获得超额收益。如果他们的基金经常取得高于平均水平的业绩，则证明资本市场并非强式有效。对 115 家共同基金的一项经典研究发现，考虑到管理成本，大多数基金的收益都没有高于平均水平；实际上，它们的表现不如被动买入和持有策略（Jensen，1968）。研究还表明，在考虑了管理成本之后，主动管理型基金的表现不及市场整体水平，并且在许多情况下，不考虑管理成本的结果也是如此（Beechey et al.，2000；Megginson，1997）。股票指数、管理成本和基金经理业绩之间的相互关系是专栏 2-2 的主题。

专栏 2-2

指数不仅可以衡量市场，还可以提高业绩
对未来收益降低的预期使人们关注主动型基金的收费情况

约翰·奥瑟兹（John Authers）

指数不只衡量着市场，还推动着市场。

多年来，这种情况越来越明显，因为个人储蓄和大型机构都将资金从主动型基金经理人手中抽走，他们试图通过正确的选股来跑赢市场，并将资金投入被动型基金，后者只是跟随基准指数而行。"主动"和"被动"在很多时候都是一种错误的叫法，它们之间的分界线不再清晰，但这些术语保存了下来，因此我还会用到它们。

本周，指数界出现了三大进展。并且，通常情况下指数的变化都会影响市场，反之则不然。周二有消息称，通用电气将被移出道琼斯工业平均指数。通用电气作为道琼斯指数成员的时间已超过一个世纪，它的离开意味着道琼斯指数不再拥有任何原始成员。

道琼斯工业指数只是一个历史奇迹。尽管其被广泛引用，但只有大约 295 亿美元的基金是以它为基准的。超过其 300 倍的资金追踪标准普尔 500 指数，通用电气是该指数的成份公司。投资者在看到连锁药店沃尔格林联盟（Walgreens Boots Alliance）取代了通用电气时感到非常兴奋，以至于在周三将其股票价格推高了 3%。

周三，摩根士丹利资本国际公司（MSCI）对各国公司进行了年度重新分类，实际上该指

数集团控制着哪些国家属于"新兴市场"的划定。它重新将阿根廷列入新兴市场，并首次授予沙特阿拉伯新兴市场的地位，这可是件重要的事。阿根廷的 Merval 指数在周四上涨了 6%。

周五迎来了"罗素对决"（Russell Recon），在这一天，富时罗素指数（FTSE Russell）中的罗素指数（Russell）在小盘股和大盘股指数之间进行洗牌，一些公司降级，而另外一些公司升级。每年这一天都是纽约证券交易所交易量最大的一天。在周五交易开始之前，预计将有大约570亿美元的资金易手，因为基金对进出罗素 2000 指数的小型股指数成份公司进行了调整。

根据纽约 KBW 的梅利莎·罗伯茨（Melissa Roberts）的说法，约有 8.5 兆美元直接以罗素指数为基准，还有 1 兆美元为被动跟随，因此指数变化的影响会很大。由于罗素指数的选择方法极为透明（不像道琼斯指数或 MSCI 指数那样需要更多的判断力），因此投资者可以在指数成份股变动之前提前交易——这意味着，在指数重构的当天，新进指数的股票交易量平均为正常交易量的 45 倍。通常，在指数重构最初几天里，罗素 2000 指数的新入股票都能够轻而易举地击败市场。

如果指数明显推动了市场，那么没有什么能阻止它的推动。不断有证据表明，随着时间推移，主动型基金往往会落后于其基准，这主要是因为它们需要收取费用来支付要击败市场所需的大量成本。

对于像养老基金这样的大型机构来说，风险调整回报率是最重要的——不仅在于基金期末的表现，还在于过程中的波动幅度。主动型基金管理人有一种观点，即尽管可能牺牲一点回报，他们也会进行主动的风险管理，确保一个更平稳的发展。而指数基金别无选择，只能跟随市场轨迹而行，因此，主动型基金在大幅波动时可以表现得更出色。

标准普尔 SPIVA 项目将主动型基金的业绩与其基准进行比较，发现长期以来只有不到10% 的基金表现优异。现在已经产生了一种风险调整回报率——用指数和主动型基金的回报率分别除以各自的标准差，这是计算波动性的一个标准方法。

结果发现，基金风险调整回报率超过基准的可能性并不大。扣除费用后，95% 的美国大盘股基金落后于标准普尔 500 指数。即使不计费用，也有 84% 的基金落后。超过 80% 的全球基金在扣除费用后落后于基准。也有一些例外情况，包括贷款参与基金，在过去五年中，扣除费用后只有 28% 的基金落后于基准。但是这项工作证实了即使在风险调整的基础上，基准指数也很难被击败，而且这种尝试超越基准的成本往往注定了尝试是要失败的。

这并不意味着近年来一直在购买被动型基金的大型养老基金对被动投资的传统理念深信不疑。Create-Research 的阿明·拉詹（Amin Rajan）就此问题采访了 25 个国家的 153 位养老基金经理，发现许多人预计会进一步加强对被动型基金的使用。

这主要是出于一种务实的信念，即当央行政策等宏观因素推动市场时（十年来一直如此）配置资产远比选择股票更重要。即使情况发生了变化，投资者也有可能选择主动型基金，因为总回报率会低很多，所以收费会更多。正如一位经理所说："收费已成为投资的指南针。"

指数正在引领和扭曲市场，其方式让许多购买被动型基金的投资者感到担忧，而且没有理由指望这种情况会改变。

 资料来源：Authers, J. (2018) 'Indices don't just measure markets — they drive performance', *Financial Times*, 23 June.

© The Financial Times Limited 2018. All Rights Reserved.

问题：

1. 现金向被动型基金流动是否表明"买入并持有"是最好的策略？

2. 如果为了跑赢指数而支付成本往往注定会失败，我们能说市场是强式有效吗？

也有研究表明，由于市场将新信息纳入股价的速度太快，因此投资者无法从理财专家的投资建议中获益（Firth，1972）。

□ 2.3.4 有效市场假设的意义

股票市场有效对投资者来说意味着什么？
■ 为投资研究支付的费用不会产生高于平均水平的收益。
■ 公开的会计信息和投资建议不会产生高于平均水平的收益。
■ 在股市上找不到便宜货（低价股票）。

对于公司及其管理者来说，股票市场有效意味着：
■ 股价公平地反映了公司价值和市场对公司未来业绩及收益的期望。因此，财务经理应专注于做出好的财务决策，增加股东财富，因为市场会正确解读这些决策，股价也会相应调整。
■ 对会计信息的修饰性操作，无论是粉饰财务报表还是修饰每股收益，都不会误导市场。
■ 新股发行的时机并不重要，因为股票的价格永远不会错定。

□ 2.3.5 技术分析和基本面分析

有效市场假设认为，投资者无法通过研究过去的价格来预测未来价格，正如我们所看到的，大量的证据支持了这种观点。尽管有这些证据，但基于研究过去股价或分析已发布的诸如财务报表等信息的投资策略还是普遍存在的，因此，许多金融分析师认为资本市场并非有效。

技术分析是指利用**图表**（chartism）和其他技术预测未来股价和股价走势，这显然意味着过去的股价和未来的价格之间存在关系。要想让技术分析经常性地带来超额收益，资本市场就不能是弱式有效。基本面分析是利用公开信息计算出股票的基本价值，然后通过比较基本价值与当前市场价格提出投资建议。如果资本市场是半强式有效，则不可能从基本面分析中获得超额收益，因为所有公开可用的信息都已经反映在了股价中。

需要注意的是，无论是技术分析还是基本面分析，都是在寻求超额收益，但是它们都加快了股票价格吸收新信息并达到均衡的速度，因此反而阻止了超额收益的实现。

□ 2.3.6 股价行为异常

人们普遍认为股价能够快速准确地响应新信息，但我们已经注意到，市场有效性研究已经发现了股价行为异常的证据。在寻求理解股价行为的过程中，有许多关于股价行为异常现象的报道和调查（Fama，1998），列举如下。

日历效应

有报道说在一天中的特定时段进行交易会导致或负或正的收益。例如，在周一最开始的45 分钟内进行的交易会产生负收益（"周末效应"），而在交易的最后 15 分钟内股价往往会上涨。虽然有这样的报道，但是对此没有令人满意的解释。一种观点认为，投资者在周末评估他们的投资组合，并在周一早上卖出，而经纪人在一周内定期地做出购买决定。然而，一项研究（Brusa et al.，2005）结果显示了"反向"周末效应，结论是周末效应与公司规模和周五交易性质有关。

在特定月份，例如英国的 4 月份和美国的 1 月份，也会有高收益。这些高收益可能是那些抛售策略所带来的，卖出是出于税收目的，将资本损失具体化，因为 4 月初是英国税收年度的结束月。股价在 4 月初会因为这些出售而被压制，但随着新的计税年度开始，股价又将恢复。在 4 月初买入并在月底卖出的交易策略在英国可能会带来高收益。

规模异常

从长远来看，投资小公司获得的收益高于所有公司平均收益。例如，有研究发现，小公司的年度业绩比大公司高出 6%（Dimson and Marsh，1986）。有人提出，小公司高于平均水平的收益可以补偿其较大的风险，例如财务困境的风险（Beechey et al.，2000）。小公司的成长前景可能会更好，因为它们的起点较低。但是，需要注意的是，在主要证券交易所的股权交易中，小公司只占很小的比例，因此，研究小公司效应对宏观经济意义不大（Fama，1991）。

价值效应

投资于高价值的股票显然可以获得高于平均水平的收益，高价值股票是指那些相对于当前股价而言具有较高的收益、现金流量或有形资源的股票，也就是像比奇等人（Beechey et al.，2000）总结的那样，对市盈率低的股票进行投资。也有研究表明，对过去收益不佳的股票进行投资可以获得超额收益（De Bondt and Thaler，1985）。

□ 2.3.7　行为金融学

行为金融学认为，投资者在实践中似乎不能始终如一地做出以自身财富最大化为目标的决策。这可能是因为他们无法准确地更新信息（Small and Smith，2007），或者是因为他们没有做出效用最大化的决策。行为金融学旨在理解投资者决策的心理因素对市场的影响，并为金融市场活动的有效市场假设提供另一种看法。研究表明，投资者的非理性行为可能会对股价波动产生重大而持久的影响。尽管行为金融学还没有提供统一的投资者行为理论，但它已经成功地解释了股价波动的一些异常现象，例如对过去股价变动的过度反应。行为金融学的详细讨论超出了本书的范围，感兴趣的读者可以参阅施莱弗（Shleifer，2000）和豪根（Haugen，2009）的优秀著作，以及巴尔贝里斯和泰勒（Barberis and Thaler，2002）的研究报告。

□ 2.3.8　总结

股价波动异常表明存在股价不公平的现象。在 1980 年之前，有效市场假设几乎是共识。此后，人们认为该理论不能充分解释股价的波动，而行为金融学对有效市场假设提出了越来越大的挑战。

研究表明，英国和美国的股市以及许多世界一流的股市都能够快速、准确地反映新的信息，投资者只有通过内部交易才能获得超额收益。与交易活动的总量相比，内部交易非常少，并且法律规定内部交易是违法行为，因此发达的资本市场很可能至少是半强式有效市场。然而，有证据表明，新兴的资本市场达不到弱式有效。持续存在的股价波动异常也不能被忽视，尽管有人认为当研究方法合理改变后，一些异常现象会消失（Fama，1998）。

2.4　评估财务业绩

在本章引言中我们提到，股东、投资者和财务经理可以从公司财务报表、财务数据库、财经新闻和互联网中获得关于公司的大量信息。在本节中我们讲述的比率分析将财务报表及类似数据用于评估公司财务业绩。"经济利润和经济增加值（EVA）"（见本书 2.4.10 节）则着眼于财务业绩的评估方法，这些都与股东财富最大化密切相关。

财务业绩分析可以为众多的人群或利益相关者提供有用的财务信息。

股东

股东能够借助财务业绩分析做出购买或出售的决策，将自己投资的公司业绩与同类公司进行比较，还可以评估作为代理人的管理者是否增加了股东财富（见本书 1.5 节"代理理论"）。

投资人

银行和其他金融机构等投资人可以利用财务业绩分析决定是否接受公司负债融资的请求，并附加融资的条款和条件。

公司管理者

管理者可以利用财务业绩分析来评估和比较不同部门的业绩以及公司的整体业绩。他们可以比较当前业绩与以往业绩，也可以与竞争对手进行比较。

财务业绩分析的信息来源

财务业绩分析的信息最初是从公司财务报表（会计项目）中得到的，而现在这些数据很容易在各种媒体上获得。财务数据库通常是公司财务信息的来源，例如 Datastream、Fame、Bloomberg 和 LexisNexis。使用这些数据库的一个好处就是软件本身可以进行比率分析，前提是用户必须非常谨慎，以确保他们熟悉比率的定义。在公司网站和互联网上也可以找到有用的公司信息。许多在伦敦证券交易所上市的公司的财务报表可以在互联网上免费获得。

财务报表

表 2-1 列示了 Boater 公司的两个财务报表：利润表和资产负债表。计算和理解会计比率的能力取决于对财务报表及其含义的理解。

利润表报告的是一个会计期间内的财务业绩，会计期间通常是一年，以资产负债表给出的日期为会计期末。利润表从销售收入（销售额或营业额）开始，减去销售商品或提供服务过程中所发生的成本（销售成本）得到毛利润。用毛利润再减去管理和销售费用等辅助活动所产生的成本，得到经营利润，也称为息税前利润。这是扣除所有经营性成本之后的利润，因此被称为"经营利润"。

表 2-1 Boater 公司的财务报表　　　　　　　　　　　　　　　　　单位：千英镑

年度利润表（1 月 1 日至 12 月 31 日）		
	第 2 年	第 1 年
收入	5 700	5 300
销售成本	4 330	4 000
毛利润	1 370	1 300
管理费用	735	620
息税前利润	635	680
利息费用	220	190
税前利润	415	490
税金	125	147
税后利润	290	343
普通股股利	230	230
留存收益	60	113

资产负债表（12 月 31 日）				
	第 2 年		第 1 年	
非流动资产		5 405		4 880
流动资产：				
存货	900		880	
应收账款	460		460	
现金	55		60	
		1 415		1 400
资产总额		6 820		6 280
所有者权益：				
普通股（每股面值 1 英镑）	1 500		1 500	
留存收益	1 410	2 910	1 350	2 850
长期负债：				
银行借款	2 000		1 000	
应付债券	1 100	3 100	1 100	2 100
流动负债：				
应付账款	425		190	
银行透支			800	
应交税费	155		110	
应付股利	230	810	230	1 330
负债总额		6 820		6 820

年度折旧额：410 000 英镑（第 2 年）、380 000 英镑（第 1 年）
债券市场价格：每 100 英镑债券的价格为 102 英镑（第 2 年）、98 英镑（第 1 年）
普通股每股价格：1.35 英镑（第 2 年）、2.20 英镑（第 1 年）

　　经营利润减利息支付等财务费用，得出税前利润，再减去年度税负，得到税后利润（PAT）。收益是指普通股股东可以分配的利润（可分配利润）。若没有优先股，收益就等于税后利润；如果发行了优先股，收益是指税后利润减去优先股股利之后的利润。

利润表反映了公司在一个会计期间的财务业绩，而资产负债表反映的是公司在会计期末的财务状况。资产负债表记录了公司的资产和负债。资产分为非流动资产和流动资产，前者可以在若干个会计期间内为公司带来财务利益，后者（见本书 3.2.3 节）则会在一个会计期间内消耗或出售。这些资产等于流动（短期）负债如应付账款和短期银行借款，非流动负债如长期债务，以及普通股和优先股。普通股股东的资金包括股本（普通股）和股本溢价，前者记录了已发行股票的面值或**账面价值**（face value），后者则记录了已发行股份的面值与出售股票筹集到的金额之差。留存收益即累积的收益，依据利润表中留存于企业的利润而逐年增加。如果对土地和建筑物进行重新估值，则任何价值损益均记录在重置价值变动损益的项目中。

公司编制的另一项财务报表是现金流量表（未在表 2-1 中列示），它正式报告了会计期间内的现金来源和使用情况。作为公司会计项目的一部分，财务报表每年至少发布一次。

利润、息税折旧摊销前利润和现金

在评价财务业绩时，重要的是看公司收益的质量。尽管公司财务报表显示的利润额（不管是税前还是税后）提供了有用信息，但公司财务往往更关注现金流量。会计利润与现金流量有着本质区别，因为会计利润是采用权责发生制和会计政策编制的。这里举个例子来说明权责发生制的含义：会计利润中包括了信贷销售额，而信贷销售额只有在应收账款结清时才变为现金流量。会计政策的含义在于，现金流量相似的公司，如果采用了不同的会计政策，则它们报告的会计利润也会不同。

为了弥补会计利润的不足，公司和分析师普遍越来越关注**息税折旧摊销前利润**（EBIT-DA）。由于 EBITDA 表示经营利润，它没有扣减折旧和摊销（注销商誉等无形资产的等额减值准备）等非现金支出，因此近似于不计算营运资本变化的经营活动产生的现金流量。作为财务业绩的衡量指标，EBITDA 消除了融资和资本支出的影响，因此其可以衡量可持续盈利能力。EBITDA 可以与资本支出进行比较，也可以表示可用于支付利息的现金流量。也有人认为，EBITDA 可以与权益和负债的市场价值总额减去营运资本的差值进行比较（Rutterford，1998）。

将 EBITDA 作为现金流量的衡量指标可能会受到质疑，因为它没有考虑到收益或者收入并不是现金流量的事实。它仅将利息、折旧和摊销加回并不能将收益转化为现金。EBITDA 也不计算营运资本变化对现金流量的贡献。

专栏 2-3 举例说明了应该仔细研究公司提供的财务信息。

专栏 2-3

财务数据相对化越走越远
公司修饰的不只是季度报告数据
亚历山德拉·斯卡格斯（Alexandra Scaggs）

分析师和撰稿人长期以来一直对公司收益报告中的财务指标相对化表示担忧。其实，与其担心估值所用的数据，倒不如去关心交易的基础文件。

桑福德·C. 伯恩斯坦（Sanford C. Bernstein）的全球量化战略团队最近对公司盈利发声

表示焦虑，它在一份说明中抨击大众媒体使事实与观点之间的界限愈加模糊。

由伊尼戈·弗雷泽-詹金斯（Inigo Fraser-Jenkins）领导的战略团队指出："'事实'和'证据'这两个词的使用频率似乎已经下降了。"

更具体地说，它们的目标是那些被越来越多使用的不符合美国通用会计准则（GAAP）的利润指标。

"公司采用非通用会计准则出具收益报告以及投资者的欣然接受，着实令人担忧，因为这正是观点大于事实的一个例子，本文的主题也正在于此。"

笔者的印象是，社交媒体和不断变化的社会态度形成了一种有害的相对化，这种相对化已经深入金融和商业领域。然而，那些关注财务报告和会计趋势的人知道，公司一直是这种信息游戏的先锋，而且战场已经从每股收益转移到了债券文件和代理委托声明上。

早在当选官员使用"假新闻"这个词之前，金融分析师和撰稿人就开始担忧公司的利润报告。2015年底，Audit Analytics的研究人员发现，88%的公司在财务报告中采用了非GAAP项目。研究发现，在采用非GAAP报告收入的公司中，82%的公司收入高于其他报告的收入。

美国证券交易委员会在2016年发布了指导意见，有效限制了公司以误导方式使用非GAAP报告的能力。而监管机构似乎也在以其他方式反对误导，如通用电气公司已经针对其会计做法做了调查并发布了调查报告。

但是，市场流传的故事并不限于公司财务报告中的数字。高管们也可以，并且经常这样做——对投资者和分析师的预期进行管理。在所谓的"指导游戏"中，公司管理团队向华尔街提供关于未来业绩的保守估计，来改善市场对自身业绩的预期。这种做法的受欢迎程度体现在数字上：根据FactSet的数据，在过去5年中平均有70%的公司季度盈利都超过了华尔街分析师的估计。

但是，财务指标相对化最麻烦的并不是季度报告中的数字。公司经常对用来设定执行标准和目标，以及兼并和收购条款的披露信息进行不透明的调整。这些文件并不总是要求使用GAAP指标，也不必向投资者报告所选指标的匹配情况。即使它们的计算与GAAP相一致，在债券文件和类似产品中，公司仍然可以采用"加回"的办法提高杠杆的数字。

举一个例子，办公空间运营商WeWork的债券发行要约条款中对基于EBITDA的指标都有"非同寻常"的加回算法。独立信用研究公司Covenant Review的分析师认为，契约的目的应是限制公司在某些情况下的借款能力。

根据标准普尔全球市场情报公司（S&P Global Market Intelligence）的数据，采用了EBITDA"加回"政策的公司显得更可信，在一季度采用这种会计政策的交易数量占比达到数十年来的最高点，约为25%。这种做法意味着公司的实际负债率可能比报告的高。今年初创纪录的并购交易量印证了这一点，这些并购交易在很大程度上是负债推动的。瑞银分析师称，考虑到EBITDA的"加回"计算，保守估计3月份交易的总杠杆率是EBITDA的6.2倍，而不是报告中的5倍。

在最近的一份报告中，基石研究咨询公司（Cornerstone Research）发现，2017年关于并购会计的集体诉讼是上一年的4倍。该公司发现，所有这些诉讼案中均称交易文件不包括GAAP与非GAAP的数据对照，尽管法律不要求披露此类信息。

Audit Analytics发现，采用非GAAP方法作代理人陈述的比例从2012年不到20%上升到2016年的60%。这一情况很重要，这样处理则代理人陈述部分所设定的高管业绩目标就不需要遵守 GAAP 原则，也不要求与 GAAP 进行比对。

当然，交易和交易本身需要董事会、交易方和投资者的共同参与。因此，随着融资成本和利率的上升，这些利益相关者可能会向管理团队提出更多的要求。否则，高管们在提高杠杆水平的同时也削弱了自己的信誉，这样的矛盾才是真正令人担忧的。

资料来源：Scaggs, A. (2018) 'Financial reporting relativism is running deeper and deeper', *Financial Times*, 4 May.

问题：

1. 经理采用非 GAAP 原则编制财务报表能获得什么？
2. 为什么制定财务报表的标准很重要？

□ 2.4.1 评价标准

在分析财务业绩时，我们必须认识到，单独计算业绩指标和财务比率的意义不大。要明确业绩指标和比率的含义，必须将它们与适当的评价标准进行比较，举例如下：

- 公司战略设定的财务目标，例如资本支出的目标回报率或每股收益目标；
- 同类业务公司的业绩指标和财务比率；
- 公司经营的平均业绩指标和财务比率，即行业平均值；
- 以前年度公司的业绩指标和财务比率，可以在必要时进行通货膨胀调整。

评价标准的选择将取决于分析目的。将计算出的业绩指标或财务比率与适当的标准进行比较本身并不是目的，因为判断或解释两者间的任何差异仍然是一件困难的事情。

□ 2.4.2 财务比率分类

在使用财务比率分析业绩时，需要使用某种分析框架来辅助计算并进行解释。我们将比率按照关注领域分为几类。尽管同一类别的比率可能有不同叫法，但对于每一类中包含的主要比率，大家都有着广泛的共识。

- 盈利比率：资本回报率、净利润率、总资产周转率、毛利率等。
- 营运比率：应收账款周转天数、应付账款周转天数、库存周转天数、销售收入/净流动资产额等。这些比率对于营运资本的管理非常重要。
- 流动性比率：**流动比率**（current ratio）、速动比率等。
- 杠杆比率：**资本负债**（capital gearing）率、负债/权益比率、利息保障倍数等。这些比率用于衡量**财务风险**（financial risk）（见本书 9.8 节"杠杆比率：计算及意义"）。
- 投资者比率：所有者权益回报率、每股股利、每股收益、**股利支付保障倍数**（dividend cover）、市盈率、股利支付率、**股利收益率**（dividend yield）、**收益率**（earnings yield）等。

关于比率分析的详细介绍可以参阅埃利奥特和埃利奥特（Elliott and Elliott，2017）的著作。由于一些比率可以用不同的方式来定义，因此在进行比较分析时，应确保这些比率的计算基础是一致的，这一点非常重要。黄金法则只做同类比较。

以下各节讨论的比率是根据表 2-1 Boater 公司的财务报表计算得出的。

2.4.3 盈利比率

盈利比率表明公司管理者创造利润的能力。通常认为资本回报率是主要比率。

资本回报率（ROCE）

$$\frac{息税前利润}{资本} \times 100\%$$

该比率将公司的整体盈利能力与创造盈利的资金联系起来。它也是净利润率和总资产周转率的乘积：

$$ROCE = 净利润率 \times 总资产周转率$$

息税前利润通常被称为经营利润。这里的资本总额是指总资产减去流动负债（或权益加非流动负债，两者含义一致）。资本总额的另一个含义相同的定义是，非流动资产加净营运资本。该比率显然对非流动资产投资、非流动资产的使用年限（因为较旧资产已经计提的折旧费用与较新资产相比更多）以及资产最后一次重估时间都很敏感。ROCE 与**会计收益率**（accounting rate of return，ARR）之间联系紧密（见本书 6.2 节"资本回报率法"）。对于 Boater 公司来说：

$$资本(第 1 年) = 6\ 280 - 1\ 330 = 4\ 950(英镑)$$
$$资本(第 2 年) = 6\ 820 - 810 = 6\ 010(英镑)$$
$$ROCE(第 1 年) = 100\% \times (680/4\ 950) = 13.7\%$$
$$ROCE(第 2 年) = 100\% \times (635/6\ 010) = 10.6\%$$

净利润率

$$\frac{息税前利润}{收入} \times 100\%$$

该比率也被称为经营利润率，表示收入产生盈利过程中的成本的效率。该比率不区分运营成本、管理费用和销售费用。ROCE 下降时，其原因可能是利润率下降，则需要进一步确定是因为成本增加还是因为利润率下降。对于 Boater 公司：

$$净利润率(第 1 年) = 100\% \times (680/5\ 300) = 12.8\%$$
$$净利润率(第 2 年) = 100\% \times (635/5\ 700) = 11.1\%$$

总资产周转率

$$\frac{收入}{资本总额}$$

这里的资本总额的定义与 ROCE 相同，即总资产减去流动负债，因此总资产周转率也对非流动资产的价值变化敏感。该比率可以衡量生产效率，即运用资产创造收入的能力。ROCE 下降可能是由于总资产周转率下降而不是利润率下降。对于 Boater 公司：

$$总资产周转率(第 1 年) = 5\ 300/4\ 950 = 1.07(次)$$

总资产周转率（第 2 年）＝5 700/6 010＝0.95（次）

毛利率

$$\frac{毛利润}{收入}\times 100\%$$

该比率表明了生产成本的控制程度，不包括销售费用和管理费用。对于 Boater 公司：

毛利率（第 1 年）＝100%×（1 300/5 300）＝24.5%
毛利率（第 2 年）＝100%×（1 370/5 700）＝24.0%

息税折旧摊销前利润回报率

$$\frac{EBITDA}{资本总额}\times 100\%$$

该比率把 EBITDA 与创造了它的权益和负债融资额相关联。其中资本总额的含义与 ROCE 相同，即总资产减去流动负债。对于 Boater 公司：

EBITDA（第 1 年）＝680＋380＝1 060 000（英镑）
EBITDA（第 2 年）＝635＋410＝1 045 000（英镑）
EBITDA/资本总额（第 1 年）＝100%×（1 060/4 950）＝21.4%
EBITDA/资本总额（第 2 年）＝100%×（1 045/6 010）＝17.4%

□ 2.4.4 营运比率

营运比率表明公司管理短期的资产与负债（即营运资本）的效率，它与流动性比率密切相关。计算每一个比率都应使用年度平均值（例如，应该用平均应收账款计算应收账款周转率），但是进行比较时通常使用期末值计算。由于计算基础必须保持一致，因此在整个分析过程中应该始终使用期末值或平均值。

应收账款周转天数或应收账款周转率

$$\frac{应收账款\times 365}{赊销额}$$

赊销额的数字往往无法获得，通常用收入或营业额来代替。应收账款周转天数计算了客户的平均信用期。如果将其与公司允许的信用期进行比较，则表明应收账款管理的效率（见本书 3.7 节"应收账款管理"）。对于 Boater 公司：

应收账款周转天数（第 1 年）＝365×（460/5 300）＝32（天）
应收账款周转天数（第 2 年）＝365×（460/5 700）＝29（天）

应付账款周转天数或应付账款周转率

$$\frac{应付账款\times 365}{销售成本}$$

应付账款应该与赊购额相比较，但是由于赊购额往往不容易获得，因此通常用销售成本计算。应付账款周转天数计算了向商品和服务供应商付款的平均时间。对于 Boater 公司：

$$应付账款周转天数（第 1 年）=365×(190/4\ 000)=17（天）$$
$$应付账款周转天数（第 2 年）=365×(425/4\ 330)=36（天）$$

存货周转天数或存货周转率

$$\frac{存货×365}{销售成本}$$

该比率计算了了公司将其存货转化为销售所需的时间。也可以将存货的总额分解为几个组成部分，即原材料、在产品和产成品，还可以计算出其他几个比率（见本书 3.3 节"营运资本和现金周转期"）。存货周转天数越少，公司持有存货的成本就越低。该值在很大程度上取决于对存货的需求，因此会依公司业务性质产生很大的区别（见本书 3.5 节"存货管理"）。对于 Boater 公司：

$$存货周转天数（第 1 年）=365×(880/4\ 000)=80（天）$$
$$存货周转天数（第 2 年）=365×(900/4\ 330)=76（天）$$

现金周转期

存货周转天数加上应收账款周转天数，然后减去应付账款周转天数，就是现金周转期（也称为经营周期或营运资本周转期）。它表示营运资本融资的时间长短。现金周转期越长，营运资本所需要的投资越多。对于 Boater 公司：

$$现金周转期（第 1 年）=32+80-17=95（天）$$
$$现金周转期（第 2 年）=29+76-36=69（天）$$

非流动资产周转率

总资产周转率（见上文）是基于资本投资额计算的，也可以将非流动资产从资本投资额中分离出来计算。

$$\frac{收入}{非流动资产}$$

非流动资产周转率表示公司非流动资产创造的收入。与 ROCE 一样，它对非流动资产的购置、使用年限和估值都很敏感。对于 Boater 公司：

$$非流动资产周转率（第 1 年）=5\ 300/4\ 880=1.09$$
$$非流动资产周转率（第 2 年）=5\ 700/5\ 405=1.05$$

净营运资本周转率

与非流动资产周转率相对的比率是净营运资本（净流动资产）周转率。

$$\frac{收入}{净流动资产}$$

该比率显示支持销售的营运资本水平。如果要避免资本不足（过度交易），那么营运资本必须与销售额同步增加（见本书 3.4 节"过度交易"），因此在预测财务报表时，该比率可用于预测给定销售额下需要的营运资本。对于 Boater 公司：

$$净营运资本周转率（第 1 年）＝5\,300/(880＋460－190)＝4.6$$
$$净营运资本周转率（第 2 年）＝5\,700/(900＋460－425)＝6.1$$

2.4.5 流动性比率

流动比率

$$\frac{流动资产}{流动负债}$$

该比率用于衡量一个公司履行到期融资义务的能力。一般来说，流动比率应该在 2 左右，但正常情况下，该比率实际上会因行业而异，行业平均水平比经验法则更适合作为衡量指标。对于 Boater 公司：

$$流动比率（第 1 年）＝1\,400/1\,330＝1.1$$
$$流动比率（第 2 年）＝1\,415/810＝1.8$$

速动比率

$$\frac{流动资产－存货}{流动负债}$$

人们认为，流动比率可能高估了履行到期融资义务的能力，因为它在分子中包括了存货。如果存货变为销售额所需要的时间比较长的话，这种观点就是有道理的。但是如果存货周转很快，销售主要以现金或近似现金的方式实现，例如食品零售行业，那么这种观点就不成立。速动比率将流动资产与短期负债进行比较。虽然通常经验法则是速动比率应该接近 1，但实践中应以行业平均值为比较依据。对于 Boater 公司：

$$速动比率（第 1 年）＝(1\,400－880)/1\,330＝0.4$$
$$速动比率（第 2 年）＝(1\,415－900)/810＝0.6$$

2.4.6 杠杆比率

杠杆比率涉及公司的负债及所有者权益的融资方式，可用于评估由于债务增加而产生的财务风险（见本书 9.8 节"杠杆比率：计算及意义"）。

资本负债率

$$\frac{长期负债}{资本总额}×100\%$$

该比率反映了公司使用的长期负债的比例。在与标准比率进行比较时，必须确认两者的计算方法相同，因为该比率还有其他定义方法。另一种算法是用优先权资本（优先股加长期负债）作分子，而不是仅仅用长期负债来计算。

如果用负债和所有者权益的账面价值计算的资本负债率大于 50%，可以认为该公司的负债率较高，但这只是一个经验值。对于 Boater 公司：

$$资本负债率（第 1 年）=100\% \times (2\,100/4\,950)=42.4\%$$
$$资本负债率（第 2 年）=100\% \times (3\,100/6\,010)=51.6\%$$

在公司财务中，通常使用负债和所有者权益的市场价值来计算杠杆比率。在计算所有者权益的市场价值时，不包括留存收益。还要注意，负债的总价值是债券的市场价值与银行贷款账面价值之和，因为银行贷款没有市场价值。对于 Boater 公司：

$$所有者权益的市场价值（第 1 年）=1\,500\,000 \times 2.20=3\,300\,000（英镑）$$
$$所有者权益的市场价值（第 2 年）=1\,500\,000 \times 1.35=2\,025\,000（英镑）$$
$$债券的市场价值（第 1 年）=1\,100\,000 \times 98/100=1\,078\,000（英镑）$$
$$债券的市场价值（第 2 年）=1\,100\,000 \times 102/100=1\,122\,000（英镑）$$
$$负债的市场价值（第 1 年）=1\,078\,000+1\,000\,000=2\,078\,000（英镑）$$
$$负债的市场价值（第 2 年）=1\,122\,000+2\,000\,000=3\,122\,000（英镑）$$
$$资本负债率（第 1 年）=100\% \times [2\,078/(2\,078+3\,300)]=38.6\%$$
$$资本负债率（第 2 年）=100\% \times [3\,122/(3\,122+2\,025)]=60.7\%$$

负债/权益比率

$$\frac{长期负债}{股本＋留存收益} \times 100\%$$

这一比率的作用类似于资本负债率。如果按账面价值计算，一家公司的负债/权益比率大于 100%，就可以说该公司的负债率很高，但这也只是经验法则。对于 Boater 公司：

$$负债/权益比率（第 1 年）=100\% \times (2\,100/2\,850)=73.7\%$$
$$负债/权益比率（第 2 年）=100\% \times (3\,100/2\,910)=106.5\%$$

使用市场价值：

$$负债/权益比率（第 1 年）=100\% \times (2\,078/3\,300)=63.0\%$$
$$负债/权益比率（第 2 年）=100\% \times (3\,122/2\,025)=154.2\%$$

利息保障倍数和利息费用利润率

$$\frac{息税前利润}{利息费用}$$

利息保障倍数表示一家公司的当期利润是当期利息（财务费用）支付额的多少倍，并表示公司偿还负债是否会有问题。利息保障倍数超过 7 倍通常被认为是安全的，超过 3 倍也是可以接受的。然而，这些只是经验法则，在利率较低且稳定时，较低的利息保障倍数可能也被认为是可以接受的。利息保障倍数比资本负债率或负债/权益比率能更清楚地表明财务困境情况，因为无论资本负债率水平如何，无法支付利息都会导致公司破产。对于 Boater 公司：

利息保障倍数(第 1 年)＝680/190＝3.6(倍)

利息保障倍数(第 2 年)＝635/220＝2.9(倍)

利息保障倍数的倒数被称为利息费用利润率，一些分析师更倾向于使用这一指标而非利息保障倍数。对于 Boater 公司：

利息费用利润率(第 1 年)＝100％×(190/680)＝27.9％

利息费用利润率(第 2 年)＝100％×(220/635)＝34.7％

□ 2.4.7　投资者比率

投资者比率在公司财务中有多种用途，包括在收购中对目标公司进行估值（例如，市盈率的使用，见本书 11.4.3 节"基于利润的估值方法"）、股利政策分析（例如，使用股利支付比率，见本书 10.6 节"股利政策"）、预测认股权发行的结果（例如，使用收益比率，见本书 4.3.4 节"股票认购权发行后的市价"），并评估拟议融资的效果（即每股收益，见本书 5.9 节"融资方式财务效应的评估"）。

所有者权益回报率

$$\frac{税收及优先股股利支付后利润}{所有者资金}\times100\%$$

ROCE 关注的是所有资金提供者的整体回报，而所有者权益回报率则是将普通股股东应得的收益与他们在企业中的投资账面价值进行比较。所有者资金等于普通股股本加上留存收益，但不包括优先股资本。对于 Boater 公司：

所有者权益回报率(第 1 年)＝100％×(343/2 850)＝12.0％

所有者权益回报率(第 2 年)＝100％×(290/2 910)＝10.0％

每股股利

$$\frac{普通股股利支付总额}{已发行普通股股份数}$$

虽然每年支付的股利总额可能会发生变化，但个人股东不希望每股股利下降（见本书 10.5 节"股利相关还是无关?"）。对于 Boater 公司：

每股股利(第 1 年)＝100×(230/1 500)＝15.3(便士)

每股股利(第 2 年)＝100×(230/1 500)＝15.3(便士)

每股收益

$$\frac{税收及优先股股利支付后利润}{已发行普通股股份数}$$

每股收益被股市投资者视为一个关键比率。在公司财务报告中查看此比率时要注意，因为它的计算方法有好几种。这些复杂的问题超出了本书的讨论范围，进一步的讨论可参见埃利奥特和埃利奥特（Elliott and Elliott，2017）的著作。我们仅仅使用属于普通股股东的收益来计算每股收益，因此，对于 Boater 公司：

$$每股收益（第1年）=100×（343/1\,500）=22.9（便士）$$
$$每股收益（第2年）=100×（290/1\,500）=19.3（便士）$$

股利支付保障倍数

$$\frac{每股收益}{每股股利}$$

股利支付保障倍数通过计算当前收益对股利的倍数来表示公司股利支付的安全性。股利支付保障倍数越高，公司维持或增加未来股利的可能性就越大。对于 Boater 公司：

$$股利支付保障倍数（第1年）=22.9/15.3=1.5（倍）$$
$$股利支付保障倍数（第2年）=19.3/15.3=1.3（倍）$$

市盈率

$$\frac{每股市价}{每股收益}$$

与每股收益一样，市盈率（P/E）被股市投资者认为是一个关键比率。它显示了在当期每股收益（EPS）情况下，投资者打算支付多少钱购买公司的股票。因此，该比率可以表明投资者对公司未来业绩的信心：相对于其他公司而言，公司的市盈率越高，市场对其未来收益增长的信心就越大。不过需要注意的是：市盈率高可能是由于每股收益低，也可能是源于损益表中某个一次性发生的成本。市盈率也可以用于确定公司价值，这将在本书 11.4.3 节"基于收入的估值方法"中讨论。对于 Boater 公司：

$$市盈率（第1年）=220/22.9=9.6（倍）$$
$$市盈率（第2年）=135/19.3=7.0（倍）$$

股利支付率

$$\frac{普通股股利支付总额}{税收及优先股股利支付后利润}×100\%$$

在分析股利政策时经常使用股利支付率。例如，一些公司可能选择每年支付利润额的一个固定比例，而留存收益不能满足的任何投资需求则从外部融资获得。对于 Boater 公司：

$$股利支付率（第1年）=100\%×（230/343）=67.1\%$$
$$股利支付率（第2年）=100\%×（230/290）=79.3\%$$

股利收益率

$$\frac{每股股利}{每股市价}×100\%$$

股利收益率是衡量投资者买入某只股票后期望能获得多少收益的指标，其中，不考虑任何可能产生的资本收益。在财经媒体上，它通常以毛值（税前）计算。对于 Boater 公司，以净值（税后）计算：

$$股利净收益率（第 1 年）＝100\%×(15.3/220)＝7.0\%$$
$$股利净收益率（第 2 年）＝100\%×(15.3/135)＝11.3\%$$

股利总收益率是由基于所得税率的股利净收益率换算得出的。假设税率为 20%，对于 Boater 公司而言，按照税前总值计算：

$$股利总收益率（第 1 年）＝7.0×(100/80)×100\%＝8.8\%$$
$$股利总收益率（第 2 年）＝11.3×(100/80)×100\%＝14.1\%$$

收益率

$$\frac{每股收益}{每股市价}×100\%$$

收益率是衡量股东购买某一股票后预期得到的潜在回报，它是市盈率的倒数。由于很少有公司将全部收益都作为股利支付出去，因此收益率是一个潜在的回报。收益率可以作为贴现率，利用未来收益计算公司价值，如“基于利润的估值方法”所述（见本书 11.4.3 节）。对于 Boater 公司：

$$收益率（第 1 年）＝100\%×(22.9/220)＝10.4\%$$
$$收益率（第 2 年）＝100\%×(19.3/135)＝14.3\%$$

☐ 2.4.8 理解 Boater 公司的财务比率

表 2-2 列出了 Boater 公司的财务比率。假如要做重点分析，则只需计算部分比率。例如，如果分析的重点是营运资本管理，那么计算投资者比率就没有什么意义。通过 Boater 公司的比率，如何对其财务业绩做出总体评价？以下是结合表 2-2 的数据对各类比率所涉及问题的指导性讨论。

表 2-2　Boater 公司的可比财务比率

	第 2 年	第 1 年
资本回报率（%）	10.6	13.7
净利润率（%）	11.1	12.8
总资产周转率（次）	0.95	1.07
毛利率（%）	24.0	24.5
息税折旧摊销前利润回报率（%）	17.4	21.4
应收账款周转天数（天）	29	32
应付账款周转天数（天）	36	17
存货周转天数（天）	76	80

续表

	第 2 年	第 1 年
现金周转期（天）	69	95
非流动资产周转率（次）	1.05	1.09
净营运资本周转率（次）	6.1	4.6
流动比率	1.8	1.1
速动比率	0.6	0.4
资本负债率（面值）（%）	51.6	42.4
资本负债率（市值）（%）	60.7	38.6
负债/权益比率（面值）（%）	106.5	73.7
负债/权益比率（市值）（%）	154.2	63.0
利息保障倍数（倍）	2.9	3.6
利息费用利润率（%）	34.7	27.9
所有者权益回报率（%）	10.0	12.0
每股股利（便士）	15.3	15.3
每股收益（便士）	19.3	22.9
股利支付保障倍数（倍）	1.3	1.5
市盈率（倍）	7.0	9.6
股利支付率（%）	79.3	67.1
股利净收益率（%）	11.3	7.0
股利总收益率（%）	14.1	8.8
收益率（%）	10.4	14.3

盈利能力

Boater 公司的整体盈利能力有所下降，这既是由于相对于资本运用而言收入下降，也是由于利润率下降。尽管收入的绝对值增加了，但利润率还是下降了，部分原因是管理费用的大幅增加。ROCE 和息税折旧摊销前利润回报率的下降也与长期银行贷款代替了银行透支，以及大量投资非流动资产等有关。

营运能力和流动性

银行透支换成了银行的长期贷款后，流动比率和速动比率都有所提高，但现金储备有所减少。应收账款周转天数或存货周转天数变化不大，但应付账款周转天数增加了一倍多。虽然 Boater 公司的营运资本对银行透支的依赖程度降低了，但对应付账款这样的短期资金来源依赖程度有所提高。

负债与风险

新增长期银行贷款大幅增加了资本负债率，现在看来，无论使用账面价值还是市场价值，资本负债率都存在风险。由于营业利润下降和利息支出上升，利息保障倍数看起来很低。

投资者权益

即使收益下降，但股利仍得以维持，由于股价下跌，股利收益率却因此提高。市盈率的下降可能表明投资者认为公司未来不会出现转机。

2.4.9　比率分析的问题

出于一些原因，当比率分析用于财务业绩评估时，必须谨慎对待分析结果。其中一个问题是，资产负债表仅反映了公司在一年中某一天的状况。如果资产负债表是三个月前编制的，情况可能会有所不同，关键财务比率的值可能也会不同。例如，流动负债中如果没有应交税额和应付股利，流动比率会看起来更健康。在计算营运资本的比率时，我们是否应该排除这些临时项目？

要找到一家类似的公司进行公司之间比较可能很困难。没有两家公司在所有方面都是相同的，因此必须考虑到商业活动的差异，至少应该考虑会计政策的差异。

在财务业绩分析中，比率分析的可靠性自然取决于其所依据的会计信息的可靠性。随着财务报表变得越来越复杂，很难确定是否发生了**会计造假**（creative accounting）。我们必须注意识别任何可能扭曲公司真实财务状况的复杂财务工具。正如那些偶尔出现的著名公司倒闭事件所显示的那样，识别一家公司的财务状况可能非常困难，甚至对专家而言也同样困难。

总之，比率分析只能作为财务业绩分析的开始，它主要是能够提出一些问题，而这些问题需要更深入地调查才能理解。股东、投资者和公司管理者仅仅将比率分析作为决策信息来源之一。

2.4.10　经济利润和经济增加值（EVA）

人们早就认识到，会计收益并不能完全衡量公司的业绩，因为收益为正不能保证公司在增加股东财富。会计收益中缺少了企业运用的那些资本的机会成本，因为一个公司要为股东创造增值，就必须从所用资本中至少获得平均的期望回报率。解决会计收益不足的业绩指标是经济利润，经济利润可以定义为税后经营利润减去已动用资本的资本成本：

$$经济利润＝[经营利润 \times (1-t)]-(K_0 \times CE)$$

其中：t＝公司税税率；

　　　K_0＝投资者平均期望回报率；

　　　CE＝所用资本的账面价值。

管理会计师大都熟悉一个概念，即剩余利润，定义为可控利润减去可控投资资本成本（Drury，2015），不过这里的利润指税前利润。

上文所定义的经济利润纠正了未考虑已动用资本成本的收益的缺陷，但它仍依赖于会计数据，而会计数据在编制过程中存在主观调整和操纵的可能。此外，还有一个问题是，已动用资本的账面价值不能准确反映公司投入的资本。例如，研究与开发费用可以在几年后为公司带来效益，却被当作年度费用看待，而非资产负债表中的资产。我们不能指望资产负债表准确计量公司的有形资产和无形资本。从财务报表中提取投入资本公允价值的困难，可以通过称为经济增加值（EVA）的业绩指标来解决。

EVA 是由 Stern Stewart 公司在 20 世纪 90 年代提出和注册的，旨在提供一个全面衡量公司业绩的标准，使管理人员专注于为股东创造财富。EVA 完善和修正了计算经济利润时使用的信息，使这两个术语在很大程度上成为同义词（Hawawini and Viallet，2002）。事实上，EVA 可以看作人们要计算公司经济利润而非计算会计利润的一种尝试（Keown et al.，2003）。EVA 按照规则将所用资本的账面价值调整为已投入资本价值。例如，它将市场费用和研发费用资本化，将这些费用支出视为资产，并将其成本分摊到受益期间。EVA 还通过对已投入资本价值的补充变动来计算调整后的经营利润值。例如，把计入会计利润的研发费用改为计入已投资的资本额。经过改变了的已投资资本额和税后经营利润，使 EVA 修正了会计方法忽略的、公司为股东创造价值的影响。EVA 可以定义为：

$$EVA=[AOP\times(1-t)]-(WACC\times AVIC)$$

其中：AOP＝调整后经营利润；

　　　t＝公司税税率；

　WACC＝加权平均资本成本（见本书 9.2 节"计算加权平均资本成本"）；

　　AVIC＝调整后的已投入资本额。

或者：

$$EVA=(RAVIC-WACC)\times AVIC$$

其中：RAVIC＝调整后的已投入资本额税后期望回报率；

　　　WACC＝加权平均资本成本；

　　　AVIC＝调整后的已投入资本额。

尽管 EVA 对会计信息主观性的调整受到了人们的批评，但许多大型组织已经采用了EVA，并表示 EVA 作为衡量业绩的标准取得了一些积极结果（Leahy，2000）。然而有人提出，市场价值的增长与 EVA 之间的经验相关性很低（Fernandez，2003），可以将 EVA 用作一系列业绩指标之一，包括传统的基于会计的业绩指标（Kumar and Low，2002）。在理想的情况下，业绩评价应该以预期未来现金流量的现值为基础，而 EVA 是一个着眼于当前数据的短期概念（Johnson and Bamber，2007）。

EVA 的作用在于引导人们主动关注股东价值创造。反思 EVA 的定义我们可以看出公司管理者可以通过若干途径寻求股东价值的创造。由此引出的更广泛的价值管理话题不在本书的讨论范围。简而言之，管理者能够施加影响的价值动因如以下几个价值创造策略所示：

- 在不增加公司资本投入的情况下，寻找增加税后经营净利润的途径。
- 对预期收益大于公司资金成本的项目进行投资。
- 采取措施降低公司投入资本的机会成本，既可以降低资本成本，也可以减少投入资本的数量。

你会发现，思考在实践中如何应用这些创造价值策略的例子是有用的。例如，去掉不必要的成本可以增加经营税后净利润。采用净现值（NPV）和内含报酬率（IRR）作为投资评估方法，可以找到回报率大于公司资本成本的项目（见本书 6.3 节"净现值法"和 6.4 节"内含报酬率"）。合理使用负债可以降低公司的资本成本（见本书 9.15 节"啄序理论"）。处置不需要的资产和股票回购计划都可以将不需要的现金返还给股东，可以减少资本的投资额（见本书 10.7.2 节"股票回购"）。

■ 2.5 结 论

在这一章中，我们研究了公司融资决策的一些关键内容——内部融资和外部融资的平衡、公司可获得的不同资金来源、资本市场的重要性，并详细讨论了资本市场有效性这一关键话题。关于资本市场有效性的争论一直持续不断，因而，在后续学习的过程中，我们应仔细考虑资本市场有效性对公司理财理论的影响。

财务业绩分析是为广泛的用户群体提供财务信息的一项重要工作，我们既探讨了比率分析，也探讨了目前热门的业绩衡量指标——经济增加值（EVA）。对于关键比率在后面的章节中会有更详细的讨论，特别是与营运资本和负债率有关的比率。

学习要点

1. 高效的融资决策能在规定时间内以最低成本筹集到需要的资金。

2. 内部融资或留存收益不能与留存利润混为一谈，因为只有现金才能进行投资。留存收益是投资的主要资金来源。

3. 内部融资和外部资金的组合取决于所需的资金规模、现有经营活动的现金流量、留存收益的机会成本、外部融资的相关成本、外部融资渠道、股利政策。

4. 公司外部融资有很多种类，包括普通股、优先股、债券（长期债券、借款股和可转换债券）和银行贷款。

5. 新发行股票和债券是在一级市场完成的。已发行证券则在二级市场上交易，二级市场是定价信息的来源。

6. 未准备好在主要资本市场上市的小公司可以在选择性投资市场（AIM）寻求上市机会。

7. 一个完美市场要求不存在抑制买卖的因素，市场参与者的预期相同，能自由进入和退出市场，信息可以随时免费获取，存在大量买家和卖家，没有谁能够占据主导地位。

8. 有效运营指交易成本低，执行销售的速度快。有效定价是指股价充分、公平地反映了所有相关信息，因此而成为公允价格。有效配置是指资本市场能将资金分配到最有用的地方。

9. 如果股价反映了过去的价格变动，那么市场为弱式有效。在这样的市场中，研究过去的股价变动不能获得超额收益。研究表明，发达的资本市场是弱式有效市场。

10. 随机游走假说认为，连续多个时期的股价变动之间没有联系。大量的研究支持了这一观点。弱式有效检验包括序列相关性检验、游程检验和过滤检验。

11. 如果股价反映了所有过去的信息和所有公开的信息，那么市场为半强式有效。在这样的市场中，研究现有的公司信息不能获得超额收益。研究表明，发达的资本市场在很大程度上是半强式有效市场。

12. 半强式有效检验是看股价对新信息的响应速度和准确性（事件研究法）。

13. 如果股价反映了所有信息，那么市场为强式有效。在强式有效市场中，没有人能够获得超额收益。虽然发达的资本市场并不是完全的强式有效市场，但研究表明，这些股票市场是非常有效的。

14. 强式有效市场只能被间接检验，比如调查基金经理是否能定期获得超额收益。

15. 资本市场有效对投资者来说意味着股价研究没有意义，也不存在便宜的资产。

16. 资本市场有效对公司来说意味着股价对公司的估值是正确的，新股票的发行时间是不受影响的，操纵会计项目是没有意义的。

17. 技术分析师试图通过研究历史走势来预测股价，而基本面分析师则是在寻找股票的基本价值。理论上，在一个半强式有效市场中，这两种做法都是没有意义的。

18. 有大量关于股价行为异常的研究，如日历效应、公司规模异常和价值效应。

19. 行为金融学试图了解投资者决策的心理因素对市场的影响，并在一定程度上成功解释了股价行为异常现象。

20. 股东、投资者和财务管理者都可以通过财务业绩分析来做出决策。

21. 为了弥补人们对会计利润的认知不足，报告 EBITDA（息税折旧摊销前利润）已变得越来越普遍。

22. 孤立看待业绩指标和财务比率的意义不大，它们必须与基准进行对比，如财务目标、同类公司的业绩指标和比率、行业平均值、以前年度的业绩和比率等。

23. 系统的比率分析方法可以研究盈利能力、流动性、负债率和投资相关的比率。

24. 比率分析法存在以下问题：资产负债表中的数字是一个时点值；很难找到同类公司进行比较；公司之间的会计政策可能不同；会计造假可能会使财务报表失真；复杂的融资方法可能使会计项目难以解释。

25. "经济利润"和"经济增加值"（EVA）这两个术语具有类似的含义。EVA 是指税后经营利润与投资资本的资本成本之差。许多大公司都使用 EVA。

26. EVA 关注的是股东价值创造的驱动力。财务管理者应着力于增加经营活动的净利润，执行回报率高于资本成本的项目，降低机会成本和资本投资额。

自测题

1. 描述影响资本投资中使用内部和外部融资比例的因素。

2. 有效市场假说对财务经理有什么影响？

3. 以下关于资本市场有效性的陈述中哪些是不正确的？

（1）如果股票市场弱式有效，那么通过分析数据图表不能获得超额收益。

（2）如果股票市场强式有效，那么只有掌握内幕信息的人才能获得超额收益。

（3）在半强式有效市场中，基本面分析不会带来超额收益。

（4）如果股票市场半强式有效，那么过去和现在的所有公开信息都已经反映在股价中。

（5）如果股票市场弱式有效，那么关于股票的所有历史信息都应经反映在当前市价中。

4. 解释以下术语的含义：分配效率、定价效率和经营效率。

5. 为什么很难检验强式有效市场？

6. 描述三个股价行为异常现象。

7. 描述在评估财务业绩时可以使用的参考标准。

8. 描述财务比率的五个分类并给出定义，在不参考本章内容的情况下，计算 Boater 公司的每一个比率。

9. 使用财务比率来评估公司的财务健康状况和经营业绩有哪些潜在问题。

10. 解释经济增加值（EVA）的含义，并描述 EVA 如何帮助财务经理为股东创造价值。

讨论题

1. 戴顿向你寻求关于投资组合的建议。他正在考虑购买在选择性投资市场上市的公司股票。戴顿的朋友格林告诉他应该在有效的资本市场上投资股票，否则无法确定价格是否公平。戴顿说他不确定什么是"有效的"资本市场。

（1）向戴顿解释有效的资本市场通常具备哪些特征。

（2）讨论选择性投资市场是否是有效市场。

（3）讨论研究证明的资本市场有效程度。

2. 批判性地讨论以下股票市场效率的陈述：

（1）有效市场假设中的弱式有效意味着投资者可以通过分析过去股价变化来创造超额收益。

（2）有效市场假设的半强式有效意味着投资者可以通过研究公司账目、报纸和投资杂志，或购买市场分析师的投资报告来获得丰厚的回报。

（3）有效市场假设的强式有效表明由于股价反映了所有信息，因此投资者无法获得超额收益。

3. 讨论有效市场假设对下列人群的重要性：

（1）关心自身财富最大化的股东。

（2）进行资本投资决策的公司财务经理。

（3）分析上市公司年度报告的投资者。

4. Tor 股份有限公司是一家在伦敦证券交易所上市的大公司。公司的年度报告列出了该公司本年度和未来几年的目标：

（1）最大化股东财富。

（2）向股东提供每年 15% 的回报率。

（3）股利支付每年增加 4%。

Tor 股份有限公司的股权结构如下所示：

首席执行官	17%
执行董事	6%
其他董事	4%
英国机构投资者	44%
海外机构投资者	10%
小股东	19%
合计	100%

Tor 股份有限公司近期的业绩相关信息如下所示：

	年度				
	1	2	3	4	5
收入（百万英镑）	144	147	175	183	218
每股收益（便士）	46.8	50.7	53.3	53.7	63.7
每股股利（便士）	18.7	20.0	21.4	22.9	24.5
年度通货膨胀率（%）		2.5	2.7	3.1	2.9
市盈率（倍）	8	8	10	13	15

Tor 股份有限公司所在行业的 5 年平均值：

股利收益率 4.2%

所有者权益总回报率 35%

市盈率 14 倍

（1）使用上述信息，评价 Tor 股份有限公司近期的业绩，并讨论该公司在多大程度上实现了财务目标。

（2）批判性地讨论如何减少伦敦证券交易所上市公司的代理问题，结合本题提供的信息说明你的观点。

参考文献和推荐阅读

第 3 章

短期融资与营运资本管理

- 3.1 营运资本管理目标
- 3.2 营运资本政策
- 3.3 营运资本和现金周转期
- 3.4 过度交易
- 3.5 存货管理
- 3.6 现金管理
- 3.7 应收账款管理
- 3.8 结 论

学习目标：

通过学习本章，可以完成以下学习目标：

● 认识到营运资本管理在确保公司盈利能力和流动性方面的重要性。
● 能够描述现金周转期并解释其对营运资本管理的意义。
● 理解营运资本管理政策对流动资产投资的要求，以及积极的、适中的和保守的营运资本投资政策的含义。
● 理解公司可获得的短期融资来源与营运资本政策下流动资产融资的联系。
● 能够描述和讨论存货、现金、应收账款和应付账款等的管理方法。
● 能够初步评估营运资本政策变动的成本和收益。
● 了解保理和发票贴现在营运资本管理中的作用。

引　言

长期投资和融资决策都会在未来产生现金流量，如果将它们按照一个适当的资本成本贴现，就能确定一家公司的市场价值。然而，只有同时关注流动资产和流动负债的短期决策，才能预测那些长期决策为公司带来的收益。流动资产和流动负债，即一年以内到期的资产和负债，是需要谨慎管理的。流动资产和流动负债之间的差额被定义为净营运资本。流动资产包括存货（原材料、在产品和产成品）、应收账款、短期投资和现金，而流动负债包括应付账款、银行透支和短期贷款。

流动资产水平是决定一家公司流动性状况的一个关键因素。一家持续经营的公司必须拥有或能够产生足够的现金来满足公司的短期需要。因此，营运资本管理是公司长期运营成功的关键因素：没有营运资本的"油"，非流动资产的"发动机"就无法工作。根据公司流动资产的属性，流动资产超过流动负债的程度越大，公司的偿债能力或流动性可能就越强。

3.1　营运资本管理目标

为了实现营运资本的有效管理，必须明确其管理目标。营运资本管理有两大主要目标：一是提高公司的盈利能力；二是确保公司有足够的流动资金支付到期的短期债务，从而实现持续经营（Pass and Pike, 1984）。盈利能力与股东财富最大化目标是联系在一起的，所有只有那些可以带来可接受回报的流动资产，公司才应该对其进行投资。持续经营需要保持资产的流动性，而公司出于预防或投机的原因会持有比经营或交易所需的更多的现金。盈利能力和流动性这两个目标往往会彼此矛盾，因为流动性强的资产，其回报率低。例如，存放在保险箱中的现金是没有收益的，而六个月的银行存款就可以产生利息，代价是在六个月内无法使用它们。

3.2　营运资本政策

营运资本管理如此重要，以至于公司需要针对营运资本的各个环节制定明确的政策。主要政策包括确定既定经营水平下的营运资本投资水平，以及银行透支等营运资本的短期融资范围。

一个公司应该制定关于存货、应收账款、现金和短期投资等营运资本政策，尽量减少管理者做出不符合公司最佳利益决策的可能性。比如，一些次优决策包括向不可能付款的客户提供信用额度、订购不需要的原材料等。合理的营运资本政策能够反映公司总体的流动资产投资需求，也就是总体投资水平；各项流动资产的投资额，也就是流动资产的组合；各项流动资产的融资方式。

营运资本政策应该反映公司业务的性质，因为不同的商业活动会有不同的营运资本需要。制造公司可能会大量投资于零部件产品，并被客户欠下大量资金。而食品零售商会有大量的待销售存货，但应收账款很少。制造公司明显需要一个经过深思熟虑的应收账款管理政策，而食品零售商可能不会授予客户任何信用额度。

营运资本政策也需要应对公司主要竞争对手的信用政策，因为如果由于不利的付款政策而失去客户，就太不明智了。还应该考虑到商品和服务的供给或需求的预期变动，如商业活动的季节性变化、制造周期对流动资产的影响。

☐ 3.2.1　营运资本投资政策

积极的营运资本投资政策是指公司以较低的存货、应收账款和现金来经营一定水平的活动或销售。一个积极的政策将提高利润率，因为流动资产不占用更多现金，但会增加风险，增加现金短缺或存货耗尽的可能性。在销售不变的情况下，一个保守的政策则要求持有更多的现金余额，甚至可能会投资短期证券、向客户提供更宽松的信用条件、持有更多存货等。这样的政策能够减少财务问题或存货问题的风险，但其代价是降低了利润率。适中的政策则是介于积极和保守政策之间。图 3-1 列示了这三种营运资本投资政策。

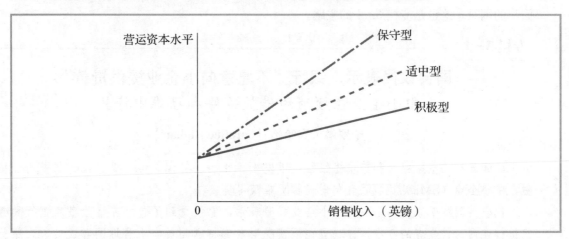

图 3-1　营运资本投资政策

应该注意的是，只有通过同类公司之间的比较才能划分积极、保守和适度的营运资本投资政策。虽然没有绝对的标准来衡量什么是积极的政策、什么是保守的政策，但是这种分类有助于描述各个公司在处理营运资本投资问题上的不同方式。

□ 3.2.2　短期融资

短期融资来源包括银行透支、短期银行贷款和商业信用。

银行透支是指银行允许公司不需要进一步谈判的借款限额协议。公司以透支额度为上限，需要多少就借多少，银行对未偿还的债务按日浮动利率计息。银行还可能要求公司提供担保或抵押品以防止其不付款。银行透支是一种灵活的资金来源，在公司有需要的时候才会用到它。银行透支是要按要求偿还的，否则银行会发出有意撤销已商定透支协议的警告。

短期银行贷款是指公司从银行借入固定数额的负债融资，在一年或更短的时间内偿还。公司按固定利率或浮动利率（可变利率）定期支付贷款利息，例如，每季度支付一次。短期银行贷款不如银行透支灵活，公司必须在贷款期间借入贷款金额，也须承诺支付这一金额的利息，而银行透支的利息只按借入金额支付而非协议额度支付。与银行透支一样，这些短期银行贷款可能需要提供担保。

商业信用是一种把商品和劳务的付款推迟到比采购公司收到日期（交货日期）更晚时间（结算日期）的协议。在商业交易中，一个月、两个月甚至三个月的信用期是很常见的，而商业信用是大多数公司短期融资的一个主要来源。

短期融资通常比长期融资成本更低、更灵活。短期利率通常低于长期利率，例如，银行透支比每年需要支付固定利息的长期贷款更加灵活。但是从借款人的角度来看，短期融资的风险更大，因为短期融资不能延期（银行透支是要按要求偿还的），或者延期的条件不那么有利（例如，短期利率已经上升）。此外，短期利率比长期利率更不稳定，如果短期负债是以浮动利率计息（如银行透支），则这种风险会更复杂。公司必须明确地在收益与风险之间做平衡，以便其就流动资产和非流动资产如何进行长期融资和短期融资做出决策。

沙纳汉（Shanahan，2013）强调了中小企业（SME）在获得短期融资或其他方面融资所面临的困难，这也是专栏3-1的主题。

专栏3-1

国会议员表示，银行"不愿意向小企业提供贷款"
中小企业在烦琐的借款条件和刁难中挣扎

卡罗琳·宾哈姆（Caroline Binham）

尽管苏格兰皇家银行和劳埃德银行最近发生了小企业丑闻，但已提交议会调查的证据表明，中小企业（SME）比以往任何时候都更难获得贷款。

代表英国数千家中小企业的中小企业联盟表示，它们受到了包括苏格兰皇家银行和劳埃德银行在内的贷款者的刁难，该联盟在下议院财政部特别委员会上告诉国会议员，大银行更不愿贷款给它们，然而挑战者银行正在回归经典的商业模式。

该联盟还声称，银行的法律团队能够拖延中小企业的索赔和投诉直至超过六年时效期。

这些投诉是在周五提交给特别委员会的书面证据中提出的，作为是否采取了足够的保护措施使中小企业免受不公平待遇所做调查的一部分。

"商业贷款还是不受监管，除了大额罚款外，我们看不到什么变化——也许事实是，贷款者似乎更不愿意借钱，甚至更加热衷于确保贷款条件烦琐并向他们自己倾斜。"中小企业联盟表示。

中小企业数量占英国私人企业总数的 99%，营业额和就业人数占比达一半以上。

根据银行业游说团体 UK Finance 的最新数据，2017 年对中小企业的贷款仍然相当稳定，第四季度新贷款额为 56 亿英镑，与 2016 年同期相比下降了约 11%。

UK Finance 声称这是由于中小企业需求不振，而不是银行采取了强硬措施。该组织还表示，80% 的贷款申请都会获得批准，出口商和规模较大的中小企业贷款批准率更高。

苏格兰皇家银行全球重组集团（RBS Global Restructuring Group）的丑闻发生后，特别委员会上个月开始调查中小企业是否被骗，该集团被指责在金融危机后"广泛且不适当地对待"数千家它们本应帮助的中小企业。英国金融行为监管局对此事的调查还在继续。

去年有六人因 2002—2007 年苏格兰哈里法克斯银行（HBOS）雷丁办事处的欺诈行为而入狱，刑期共计 47 年，当时陷入困境的小企业被转给一家破产咨询公司，随后背负了巨额的债务。劳埃德银行在 2009 年收购了 HBOS。英国金融行为监管局正在调查 HBOS 高级管理人员是否知道当时的欺诈行为。

中小企业联盟还呼吁对银行迫使中小企业主提供个人担保——如房屋——作为贷款的先决条件的做法进行监管，并已要求特别委员会审查这些规定。

UK Finance 已经启动了中小企业调查，认为这将是对争端解决方式的实证评估。

 资料来源：Binham, C. (2018) ' Banks "reluctant to lend" to small businesses, MPs told', *Financial Times*, 30 March.

问题：
为什么中小企业融资如此困难？

3.2.3　营运资本融资

营运资本投资政策中风险与收益的权衡对资产负债表不同期间的融资决策十分重要，这些融资决策主要是营运资本融资的短期和长期资金选择。为了分析营运资本融资政策，可以将公司的资产分为三种不同类型：非流动资产、永久性流动资产和浮动性流动资产（Cheatham，1989）。非流动资产（NCA）是指能够使公司在几个会计期间获得利益的长期资产，例如厂房和生产设备。**永久性流动资产**（permanent current assets，PCA）是指维持正常经营或交易活动所需要的核心投资，如对存货的投资和对公司平均应收账款的投资。**浮动性流动资产**（fluctuating current assets，FCA）是指正常商业活动中不断变动的流动资产。

适中的营运资本融资政策是用短期资金为浮动性流动资产提供资金，并用长期资金为永久性流动资产和非流动资产提供资金。资金期限与类型各异的资产期限大致匹配。保守的营运资本融资政策下的长期资金不仅为非流动资产和永久性流动资产提供资金，而且还为一部分浮动性流动资产提供资金。由于减少了对短期资金的依赖，这种政策的风险较低，但长期融资成本较高，这也意味着盈利能力也会降低。积极的营运资本融资政策下的短期资金不仅为浮动性流动资产提供资金，还为一些永久性流动资产提供资金。这种政策的破产风险最大，但同时也带来了最大的盈利能力并能增加股东价值。这三种营运资本融资政策如图 3-2 所示。

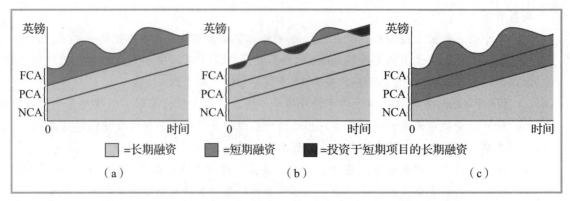

图 3-2 适中的（a）、保守的（b）和积极的（c）营运资本融资政策

3.3 营运资本和现金周转期

静态地看，营运资本是流动资产和流动负债之差，例如，将资产负债表中的存货、应收账款、现金和应付账款进行比较。动态地看，营运资本是公司销售和采购活动之间的差额（Pass and Pike，1984）。按照这种看法，营运资本与现金周转期密切相关（见本书 2.4.4 节"营运比率"）。

现金周转期代表了公司内部营运资本各组成部分与公司现金流之间的相互联系，可以用来确定任何销售水平下需要的现金量。它是指从购买原材料的现金支出到产成品销售的现金流入之间的时间，是企业经营中需要融资的天数。现金周转期越长，营运资金所需的投资额越大。现金周转期的长短取决于：

- 存货周转期；
- 应收账款收款期；
- 应付账款延迟期。

存货周转期是指使用原材料耗尽的平均时间，加上原材料转化为产成品的平均时间，再加上产成品销售给客户的平均时间。对于机械公司或制造业公司来说，存货周转期可能是几个月，但对于服务公司来说，存货周转期可以忽略不计。应收账款收款期是信用客户结清账款的平均时间。应付账款延迟期是指公司支付应付账款，即向供应商付款的平均时间。如果我们用存货周转天数、应收账款周转天数和应付账款周转天数（见本书 2.4.4 节"营运比率"）来近似计算这三个时间，则现金周转期（CCC）为：

CCC＝存货周转天数＋应收账款周转天数－应付账款周转天数

例题 **计算营运资本的资金需求量**

公司营运资本所需的资金可以根据营运资本投入和产出的相关信息，如原材料价格和商业信用，以及现金周转期各组成部分的时间进行估算。假设 Carmed 公司预计下年度的赊销额为 1 800 万英镑，生产成本预算如下：

	（百万英镑）
原材料	4
直接人工	5
制造费用	3
生产成本总额	12

在存货中，原材料周转平均为 3 周，产成品周转平均为 4 周。所有原材料都是在生产过程开始时一次性加入的，时间需要 5 周，其间的人工成本和制造费用按固定比例发生。原材料供应商授予公司 4 周的信用期，而公司提供给客户 12 周的付款期。如果公司生产在一年 52 周中均匀进行，那么需要多少营运资本？

参考答案：

	（百万英镑）	（英镑）	（英镑）
原材料	$4 \times (3/52) =$		230 769
在产品			
原材料	$4 \times (5/52) =$	384 615	
人工成本	$5 \times (5/52) \times 0.5 =$	240 385	
制造费用	$3 \times (5/52) \times 0.5 =$	144 231	
			769 231
产成品	$12 \times (4/52) =$		923 077
应收账款	$18 \times (12/52) =$		4 153 846
应付账款	$4 \times (4/52) =$		（307 692）
所需的营运资本			5 769 231

人工成本和制造费用在生产过程中以固定比例发生，因此在产品如果是半成品的平均值，则人工成本和制造费用应该乘以 0.5，因为在产品中只有这些成本的一半。

根据以上资料计算，Carmed 公司营运资本约为 577 万英镑。其中长期融资和短期融资的比例将取决于该公司的营运资本政策。注意，Carmed 公司的现金周转期为 20 周 [（3＋5＋4）＋12－4]。

□ 3.3.1 现金周转期和营运资本需求

如果净营运资本和销售额之间存在某种关系，则可以根据销售额预测来估计营运资本的需求。这种关系可以通过"营运比率"（见本书 2.4.4 节）中描述的销售额/净营运资本比率进行量化，并通过营运资本投资政策（见本书 3.2.1 节）显示出来。然而，即使制定了这样的政策，销售收入和营运资本之间的关系也不可能随着业务水平和经济活动的变化而保持不变。由于生产预算是以预测销售额为基础的，因此在经济活动减少的时期，必须保证原材料、在产品和产成品的存货没有过度投资。虽然所需要的**营运资本**（working capital）总额可以根据销售预算和现金周转期进行估算，但预算和实际活动还是会存在差异的。

现金周转期还表明，如果管理者想减少流动资产对现金的占用，则应该注意哪些问题。除了减少销售量和降低单位销售成本外，还可以通过减少投资于流动资产的现金缩短现金周转期（Cheatham，1989）。通过减少存货周转期（存货周转天数）、应收账款收款期（应收账款周转天数），或增加应付账款延迟期（应付账款周转天数），可以实现上述目的。

降低存货周转期可以通过缩短生产周期实现，例如制订更有效的生产计划，或将一部分生产程序外包。使用**零库存**（just-in-time，JIT）（见下文）或以销定产的方法，可以减少在产品的存货量。

缩短应收账款收款期有以下方式：鼓励客户提前付款（如提前结算折扣）、缩短提供给客户的信用期限、追讨付款缓慢或延迟的客户，以及更严格地评估客户信用情况，筛选出付款缓慢的客户。最短的应收账款收款期可能是竞争对手所提供的信用期。

应付账款延迟支付的灵活性较差，因为它在很大程度上是由供应商决定的。如果一家公司将应付账款的支付时间延至到期日之后，就会面临支付逾期付款利息、失去供应商或将来被拒绝贷款的风险。

3.4 过度交易

如果公司想用少量的营运资本来支持太大的交易量，就会出现过度交易的情况（也称为资本不足）。其结果是，资金供应不能满足内部资金需求，它强调了充分的营运资本投入是必要的。即使一个公司的经营是盈利的，过度交易也会导致流动性危机，公司无法偿还到期负债，因为现金已经被不断增长的非流动资产、存货和应收账款占用了。因此，过度交易会给公司带来严重的、有时甚至是致命的问题。

过度交易的原因可能是由一次成功的营销活动带来销售额快速增长，而资金却没有到位，没有对非流动资产和流动资产进行必要的相关投资。如果一家新公司开始时资金不足，那么也会出现过度交易。这可能是由于错误地认为可以从交易利润中产生足够的资本并将其投入到经营中，而实际上早期的经营往往是困难的。过度交易也可能是由于公司的资本基础受到侵蚀，也可能是其偿还长期贷款之后没有得到补充资金。

有一些策略可应对过度交易：

■ 引入新资本：很可能是股权融资而不是负债，因为过度交易造成了流动性压力，管理者更希望避免增加利息支付而造成现金流的进一步紧张。

■ 改善营运资本管理：可以通过更好地控制和管理营运资本来解决过度交易问题，例如，追讨逾期应收账款。由于采取积极的融资政策更易出现过度交易，因此采取适中的或更宽松的融资方式会更恰当。

■ 减少业务活动：作为最后的手段，公司可以减少其计划的业务活动来稳定交易状态，并通过留存收益的积累建立资本基础。

比率分析可以评估一家公司是否出现了过度交易，过度交易的迹象包括：

■ 短期内销售收入飙升；

■ 流动资产及一些非流动资产快速增长；

■ 存货周转天数和应收账款收款期恶化；

■ 用商业信用为流动资产增加提供资金（即应收账款收款期增加）；

■ 流动性下降，如速动比率下降；

■ 盈利能力下降，或使用现金折扣来增加销售收入；

■ 现金和短期投资减少，或者银行透支迅速增加。

3.5　存货管理

大量的营运资本可以投入原材料、在产品和产成品的存货中。原材料和在产品的存货可以作为生产过程不同阶段之间的缓冲，来保证生产平稳运行。产成品存货要使销售部门能够满足客户的需求，而不会出现不合理的销售延误和潜在的销售损失。在确定最佳存货量时，公司必须权衡这些存货的收益及成本。持有存货可能产生的成本包括：

- 持有成本，例如保险费、租金和设备费用；
- 重置成本，包括过时存货的成本；
- 存货的采购成本；
- 存货中现金投资的机会成本。

3.5.1　经济订货量

这种经典的存货管理模型通过计算存货成本和新订购成本来确定最佳订货量。最佳订货量是最低成本政策的一个基础。经济订货量模型假定，在一定时期内（通常为一年），成本和需求是不变的，并且是已知的确定常数。该模型也称为确定性模型，因为它设定了这些静态的假设，也不考虑**安全存货**（buffer inventory）问题。

假设存货的需求不变，则持有成本将随着平均存货量和存货订购量的增加而增加，订购量增加导致订购次数的减少，从而降低订购成本。年度总成本是年度持有成本和年度订购成本之和。因此，年度总成本公式为：

年度总成本＝年度持有成本＋年度订购成本

其代数式如下：

$$TC = \frac{Q \times H}{2} + \frac{S \times F}{Q}$$

其中：Q＝单次订购量；
　　　H＝年度单位持有成本；
　　　S＝年度订购量；
　　　F＝单次订购成本。

年度持有成本是平均存货量（$Q/2$）乘以年度单位持有成本（H）。年度订购成本是每年的订购数量（S/Q）乘以单次订购成本（F）。具体关系如图 3-3 所示。

最低总成本发生在持有成本和订购成本相等时的订购量（将总成本计算公式对 Q 求偏导数并令导数为 0 来计算）。使持有成本等于订购成本，将公式进行整理可得：

$$Q = \sqrt{\frac{2 \times S \times F}{H}}$$

Q 是目前的经济订货量，它使持有成本和订购成本之和最小。该公式称为经济订货量（EOQ）模型。

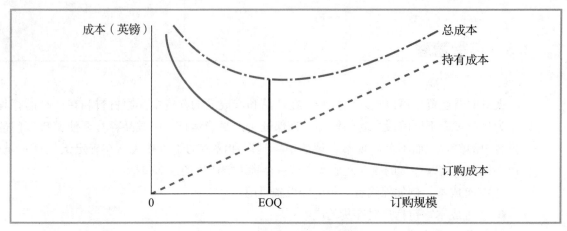

图 3-3　存货成本和经济订货量模型

例题　EOQ 模型的应用

Oleum 股份公司销售一种叫作 Fragro 的香皂，1 000 块一盒，单次订购成本为 5 英镑。公司每年的销售量为 200 000 块，持有成本为每年每 1 000 块 2.22 英镑。这种香皂的经济订货量和平均存货是多少？

参考答案：

F＝5 英镑/单

S＝200 000 块/年

H＝2.22 英镑/1 000 块

因此：

$$Q =[2×200\,000×5/(2.22/1\,000)]^{1/2}$$
$$=30\,015（块）（或大约 30 盒）$$
$$平均存货量＝Q/2＝30\,000/2＝15\,000（块）$$

另外，还有更复杂的存货管理模型，这些模型放宽了经典模型的一些假设，而现代存货管理方法，如零库存管理（见下文）和物料需求计划（MRP）等，对是否需要持有存货提出了质疑。

3.5.2　缓冲存货和交货期

存货从订购到交付之间通常会有一个期间，称为**交货期**（lead time）。假设存货需求量和交货期不变，那么当现有的存货消耗交货期内的需求量时，就应该去订购新的存货。例如，如果存货需求量为每年 10 400 件，交货期为 2 周，则交货期内存货的需求量为：

$$10\,400×(2/52)＝400（件）$$

当存货量降至 400 件时，就一定要重新订购存货。如果存货需求量或交货期不能确定或处于变动的状态，公司应该有缓冲存货以减少或消除缺货的可能性。在持有成本和存货短缺成本之间，我们可以找到一个最优缓冲存货量。当然，EOQ 模型仍可用来确定最佳订货量。

图 3-4 显示了公司将缓冲存货设为 OB 时存货持有量的变动情况。根据年均需求量来确定

正常经济订货量 BQ。已知交货期等于 ab，所以，当存货水平下降到 OR 时就应该下新订单。在交货期内如果出现计划以外的存货需求，公司可以用缓冲存货来满足之。平均存货量为：

$$缓冲存货＋正常经济订货量的一半＝OB＋(BQ/2)$$

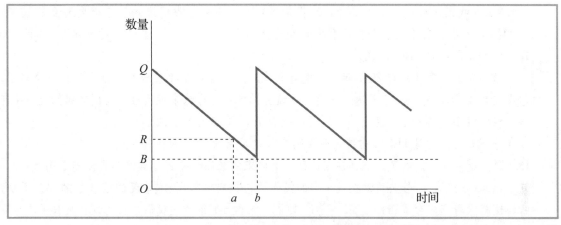

图 3 - 4　平均存货量、订购量与缓冲存货

这种方法也可以用来计算年度预期存货持有成本。

□ 3.5.3　零库存存货管理

近年来，许多公司通过最大限度地减少存货量来降低存货的成本。零库存存货管理的主要目的是尽量减少或消除存货从在途到使用之间的时间。这种政策已广泛应用到了商业经营中，它要求供应方和采购方之间在原材料和零部件方面建立密切的关系。采购方要求供应方保证存货的质量和交货可靠性，以免影响生产的正常运行。作为回报，供应方则可以从长期采购协议中受益，因为采用零库存订货方法的公司更愿意与能够在规定时间内提供符合质量要求商品的供应商打交道。由于原材料在收货后会直接移至生产线上，存货的持有成本、订购成本和处理成本都大大降低，因此采购方受益匪浅。

零库存生产政策的主要目的是尽量减少生产过程中的缓冲存货量。除了与供应商建立更紧密的关系外，公司还可以改变工厂布局以缩短在产品的队列、缩小单批次生产规模等。要想成功实施零库存生产政策，良好的生产计划也是必不可少的。

专栏 3 - 2 的主题是时尚业充满挑战的存货管理。

专栏 3 - 2

H&M 艰难前行，上半年利润跳水
全球第二大时装零售商存货太多

卡米拉·霍奇森（Camilla Hodgson），理查德·米尔恩（Richard Milne）

周四，瑞典零售商表示，快销时装连锁公司 H&M 的存货销售问题使其利润在本会计年度的前 6 个月下降了 1/3。

H&M 表示，截至 5 月 31 日，扣除财务费用后的利润为 730 万瑞典克朗（702 000 欧元），3—5月底为600万瑞典克朗，而集团上半年的税后利润从去年的840万瑞典克朗降至600万瑞典克朗，下降了近1/3。

在此期间，这个全球第二大的时装零售商的销售额大致保持不变，年初表现不佳的交易量被第二季度2%的增长率拉升，而该季度的税前利润也与去年同期持平。

"正如我们之前所暗示的那样，这将是艰难的上半年。我们进入第二季度时存货过多，并且H&M类别仍存在一些失衡，我们正在逐步纠正这一状况。"首席执行官卡尔-约翰·佩尔森（Karl-Johan Persson）说。

该公司的年度业绩与2017年相比没有好转，使一些人怀疑它是否发出了盈利预警暗示。佩尔森在新闻发布会上说："要达到全年的业绩目标已经变得越来越困难，而所剩时间还有半年。"

H&M股价在最初下跌了4.6%后有所回升，周四上午上涨了0.5%。

分析师关注的是H&M在持续两年高存货之后愈加严重的存货问题。期末存货占销售额的18.2%，比一年前提高了2个百分点，是有史以来的最高水平，尽管佩尔森立志于削减存货。

H&M表示，尽管公司对在线平台的投资"初见成效"，但本季度的销售总额"并不令人满意，这意味着期末存货仍然过高"。总的来说，今年上半年"比我们最初的预计更具挑战性"。

投资者关系主管尼尔斯·文格（Nils Vinge）表示，存货相比收入金额过高，很大程度上是由于高端产品出货不畅。"业务增长缓慢已经有很长一段时间了。当然，这是个问题。我们正在努力解决。"

但他补充说，在推出新产品和降低销量不佳的产品价格之间，存在着"艰难的平衡"。他说："我们需要的是原价服装销量的强劲增长。"

佩尔森说，今年第二季度物流系统更新影响了销售和利润，特别是在美国、法国、意大利和比利时等主要的市场。

由于H&M开设的店铺数量巨大，因此特别容易受到客户购物习惯变化和网购热潮的影响，H&M周四表示，它正在"经历转型期"。

H&M 2月份的报告就提示2018年的销售额可能会令人失望，而3月份的报告显示第一季度利润下降了60%，较大的降价幅度损害了利润率和销售额。受此消息影响，H&M的股价跌至10年来的新低。

FT 资料来源：Hodgson, C. and Milne, R. (2018) 'H&M profits dive in "tough" first half of the year', *Financial Times*, 28 June.

问题：

1. 为什么持续的高存货会导致财务问题？
2. 哪些原因会导致企业高存货量？

3.6 现金管理

现金管理是更广泛的资金管理的一部分，它涉及优化现金持有量，最大限度地利用暂时闲置的资金赚取利息，并减少转换资金的损失。公司为满足短期需要而持有现金，其机会成本等于将现金进行投资或用于生产而获得的收益。然而，用少量现金从事经营活动来降低这种机会成本，会增加无法偿还到期债务的风险，因此公司应该设定一个最佳的现金余额。

□ 3.6.1 现金需求

公司持有现金有三个原因。

交易动机

由于短期现金流入和流出不能完全匹配，因此公司需要储备一定的现金来平衡短期现金需求。这叫作持有现金的交易动机。通过预测现金流入和流出、编制现金预算，就可以估计出大致的现金保有量。除了日常经营所需的现金储备，还可以将现金积累起来以应对预期大额现金流出，例如投资新项目或偿还债务所需要的现金流出。

预防动机

由于对未来的预测具有不确定性，因此公司有可能会出现意外的现金需求。这就产生了持有现金的预防动机。出于预防的原因，可以将储备的现金以流动性短期投资的形式持有，下文将讨论此类投资。

投机动机

公司可以用现金储备从事那些具有吸引力的投资，例如进行兼并和收购。持有这些现金是为了投机。如果公司有大量投机性现金储备，却看不到有利的投资机会，那么可以考虑将这些现金返给股东，如通过股票回购或特别现金股利的方式来提高股东的价值。（见本书 10.7节"非现金股利"）。

□ 3.6.2 最佳现金持有量

由于公司对现金的需求多种多样，因此持有现金的原因也各不相同，最佳现金持有量会随时间和公司的不同而有所不同。一家公司的最佳现金持有量取决于以下因素：
- 预测公司未来的现金流入和流出；
- 公司现金流量的管理效率；
- 公司可获得的流动资产；
- 公司的借贷能力；
- 可获得的短期融资及其成本；
- 公司的风险承受能力（风险偏好）。

□ 3.6.3 现金流量问题

因为一些原因公司可能存在现金流量问题。例如，公司处在亏损的状态。尽管亏损在短期内不是什么大问题，但经常性的亏损会导致严重的现金流问题，甚至可能被清算或收购。通货膨胀也可能是一个原因，因为之前的利润可能不能提供必要的资金进行资产置换。正如我们在过度交易中所讨论的，公司维持增长要对非流动资产和营运资本进行投资，如果投资所需的资金不到位，现金流就会严重紧张。如果经营活动呈现季节性，则现金管理会尤为困难，因为周期性销售使现金流变得很不稳定。最后，一次性支出的大额项目也会引起现金流问题，如债务偿还或投资非流动资产。公司可以建立一个偿债基金来安排债务偿还，定期存入的现金和累积的利息可以产生所需要的现金，当然，用新的负债进行再融资更为常见。

当面临现金流量短缺时，公司可以选择一种或多种措施进行补救。推迟不必要的资本支出，也可以加快经营现金流入的速度，如给提前付款的客户提供现金折扣，追讨逾期款项，或降价处理不想要的存货。再者，如果公司之前用多余现金进行了投资，那么可以将其出售以产生现金流入。此外，也许还能找到减少或推迟现金流出的方法，例如，延长向供应商付款的时间或重新制订贷款偿还计划等。还有一个办法，即减少或不支付股利，尽管这会被资本市场视为财务疲软的信号（见本书 10.4.1 节"股利是向投资者发出的信号"）。

□ 3.6.4　现金预算

现金预算是现金管理的核心，它显示了在预算期内所预期的现金流入和流出，并表明预期的现金盈余和短缺。编制现金预算可以帮助管理者安排借款和投资计划，并控制支出。管理者可以使用电子表格进行"假设分析"，预测可能出现的现金流困难，研究未来可能发生的情况。为使现金预算更为实用，可以采用滚动现金预算系统，将估计值与实际结果进行比较，定期更新现金预算结果。对于计划中出现的重大数据偏差，必须不断进行查对。

□ 3.6.5　现金流量管理

现金流量必须得到有效管理。这意味着应该按照商定的信用条件收回债务，并快速将现金存入银行。这将减少未偿还透支的利息支付，或者增加现金存款的利息收入。应充分使用供应商给予的付款信用，并且越晚付款越好，这比提早付款折扣更有好处。

到账期是指从客户开始付款到公司银行账户收到现金为止的时间。到账期可能有好几天的时间，它包括：

■ 传送延迟：货款从付款人到达收款人的时间；

■ 入账延迟：银行将收到的货款入账的时间；

■ 结算延迟：银行处理已列示付款指令的时间。

可以通过最大限度减少入账延迟（例如使用电子支付方式），简化和加快现金结算来缩短现金到账期。良好的现金管理会尽可能缩短到账期。

□ 3.6.6　投资闲余现金

如上所述，公司有若干原因持有流动资金或类似流动现金。将暂时闲置不用的现金进行短期投资应该可以获得收益。这些投资不应承担任何损失，因为它们是为支持公司持续营运而持有的。为了降低损失风险，大公司必须限制自身在各个银行的存款额度，因为银行可能、也确实存在倒闭的情况。

在选择适当的现金短期投资方式时，应该考虑以下因素：

■ 闲置现金的规模，因为有些投资方式有最低限额；

■ 投资变现的难易程度；

■ 投资到期的时间；

- 投资风险和收益；
- 提前结算的任何可能罚款。

针对公司流动性管理的短期方式包括货币市场存款、英镑存款证、国库券和金边政府证券。

货币市场存款

现金可以存入银行来赚取利息，利率大小取决于存款规模、到期日和取款要求。为了实现最大收益，公司存入资金之前应该先取得多家银行的报价，因为各家银行的利率不一。在现金需求高度可预测时，**货币市场**（money market）存款是适宜的。

在英国，大公司可以以接近伦敦银行同业拆借利率（LIBOR）的利率直接投资于同业拆借市场。规模较小的公司通过货币市场存款间接投资于同业拆借市场。

英镑存款证

英镑存款证是银行和建房互助协会发行的债券，最低金额为 100 000 英镑，期限从 28 天到 5 年不等，而大多数存款证的期限都少于 6 个月。到期时，有息英镑存款证的持有人有权收取本金和利息。零息存款证也可以用打折方式发行。

由于存款证可以在到期之前出售，比货币市场存款更具流动性，因此利率较低。如果公司现金流量的可预测程度不足以进行货币市场存款，那么存款证是适宜的。

国库券

短期国库券是由英国政府的英国债务管理办公室以贴现方式发行的零息债券，期限为 1 个月、3 个月、6 个月和 12 个月。这些国库券在贴现市场（货币市场的一部分）上交易。由于政府借款的**违约风险**（default risk）较低，因此国库券的收益率低于其他货币市场工具的收益率。实际上，国库券收益率通常被近似地看作无风险收益率（见本书 8.6.2 节）。

金边政府证券

金边政府证券（金边债券）是英国债务管理办公室代表英国财政部发行的长期计息债券，期限为 5 年、10 年、30 年和 50 年。短期的闲置现金不适合投资于新发行的金边债券，因为其到期日长，市场价格对利率变化很敏感，短期资本损失风险可能很高。不过，接近到期日的金边政府证券被视为流动资产，可以作为短期投资来购买。

3.7 应收账款管理

公司的信用管理政策应有助于公司实现预期利润最大化。信用政策需要反映公司当前和期望的现金状况及其满足期望需求的能力。为了顺利执行信用管理政策，需要对管理者和员工进行培训，或者招募新员工。

影响应收账款水平的关键变量是公司经营活动的销售条件，以及对销售条件的配套和服务能力。应收账款的多少与公司的定价政策也有关系，例如，保持较高的销售价格，同时提供有吸引力的提前付款条件。应收账款跟踪程序的有效性也会影响应收账款的整体水平和发生坏账的可能性。

高级管理者制定的应收账款管理政策还应考虑到收账的管理成本、实施方式，以及放宽信用的成本和效益。并且应该在向客户提供信用而获得的收益与提供信用的成本之间权衡取舍。较长的信用期可能会提高销售量，但也会增加坏账风险。增加的坏账成本和营运资本成本应该小于销售增加所产生的新增利润额。为实现应收账款管理，公司需要建立信用分析系统、信用控制系统和应收账款收账系统。

3.7.1　信用分析系统

要想理智地做出是否与一家公司进行交易的决定，就需要了解它的相关信息。在向新客户授予信用之前仔细评估它的信用程度，并且定期审查现有客户的信用，将坏账风险降到最低。相关信息可以从多种渠道获得。公司可以要求新客户提供银行资料以确认其财务状况，提供交易资料以表明其从事商业行为的能力。公开信息，如已经审计的年度报告和潜在客户清单，也可能提供有用的信用信息。同类公司的经验以及集团内其他公司的经验也有助于形成对目标公司信用程度的看法。

公司还可以向信用服务机构，如益博睿（Experian）、艾可飞（Equifax）或Callcredit付费来获取信用报告。信用报告可以包括公司简介、近期报表、财务比率、行业比较、历史交易分析、付款趋势、借款类型、以往的财务问题和信用额度。

考虑到信用评估的成本，正常的销售量也可以作为信用分析的参考。

3.7.2　信用控制系统

一旦评估了信用程度并商议了信用额度，公司就应该采取措施确保客户遵守信用额度和交易条件。客户账户应不超出商议的信用限额，并定期审查授予的信用，以确保其仍然适用。为了鼓励及时付款，公司应仔细检查发票，核对账单信息的准确性，并及时寄出。在任何情况下，都不能给超过信用额度的客户发货。

3.7.3　应收账款收款系统

向客户提供信用的目的是最大限度地提高利润，因此，收款成本不能超过收回的现金额。公司应定期编制应收账款账龄分析表，并采取措施追讨逾期付款。公司应明确制定追讨逾期付款的程序，列出信用管理人员可以提醒并启动法律程序的情况，还可以根据客户的反应，对逾期账户收取利息，以鼓励及时付款。专栏3-3说明了延迟付款的问题以及大公司如何向供应商施加压力，而专栏3-4则提供了一个关于延迟付款的国际视角。

专栏3-3

英国大公司被指"供应链霸凌"

金融稳定委员会敦促富时100指数公司解决延迟付款的问题

萨拉·戈登（Sarah Gordon）

英国一家领先的小企业集团负责人呼吁富时100指数公司改变其与供应商打交道的方式，

特别要解决延迟付款的难题。

小型企业联合会主席迈克·彻里（Mike Cherry）在给所有富时 100 指数公司的董事长和首席执行官的信中说："许多大公司似乎都在利用商业关系中竞争力的差异来压榨它们的供应商，延迟付款以改善它们自己的现金流量，这是供应链的霸凌，纯粹而简单。"

1 月份建筑公司 Carillion 的倒闭反映了大集团向供应商施加压力。

彻里说，他在去年 7 月得知付款期限被延长到 120 天后，曾写信给 Carillion，表明该公司延迟付款的行为不止一次。

金融稳定委员会（FSB）在信中说，Carillion 的倒闭显示了及时付款准则的"脆弱性"。这个由 2 174 家公司签署的政府支持准则承诺其会员在最多 60 天内应向供应商付款，并"努力"以 30 天为标准。

彻里呼吁英国最大公司的负责人"自己点亮一盏灯"，明确自己公司的做法，如是否定期报告它们自己的付款条件。

FSB 表示，付款期限在整个英国经济中普遍延长，常见的做法包括追溯性贴现，即公司的支付款小于应付总金额，但延迟时间较短。

FSB 说，在 165 000 名会员中，有 4/5 以上的会员报告说薪水被延付，1/3 以上的会员认为在过去两年中付款条件有所恶化，只有 4% 的会员认为情况有所改善。

在所有应付款中有将近 1/3 的公司逾期支付，平均金额为 6 142 英镑，并且每年约有50 000 家英国公司因对方付款方式不当而倒闭。

英国政府已经采取了一些措施来解决延迟付款问题，但收效甚微。

英国商会总干事亚当·马歇尔（Adam Marshall）说，他听说很多供应商都遭遇过不公平的付款条件。他说："从上游到下游都需要改变，这不是政府通过实施什么政策就可以在一夜之间解决的问题。"

银监会副总干事乔什·哈迪（Josh Hardie）表示，公平的付款条件是强大的供应链伙伴关系的重要组成部分，这对大小公司来说是至关重要的。

FT 资料来源：Gordon，S.（2018）'Large UK companies accused of "supply chain bullying"'，*Financial Times*，29 May.

问题：

1. 讨论延迟付款对小公司财务的影响。

2. 讨论大公司将供应商作为资金来源的问题。

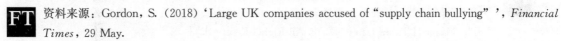

专栏 3-4

客户付款期限延长引发企业担忧

研究发现，随着全球经济放缓，破产风险呈上升趋势

奥利弗·拉尔夫（Oliver Ralph）

世界各地的公司正在花更长的时间从客户那里收到付款，这导致它们在全球经济放缓时期面临的风险越来越大。

安联商业信用保险公司（Euler Hermes，以下简称安联）的研究显示，与十年前相比，公司收到客户付款的时间要长很多。

全球应收账款平均回收天数，即供应商收到商品或服务的付款所需天数，自 2008 年以来增加了 1/10，为 66 天，这个数字今年可能还会增加。

安联的首席经济学家卢多维奇·苏布兰（Ludovic Subran）说："这一趋势增加了破产风险，这是经济复苏的一个阴暗面。公司在客户付款方式上给予越来越多的信任——这是一种放松规则的行为。"

苏布兰补充说："你等待的时间越长，客户的风险就越大。当出现周期性低迷时，收款期限越长的公司将越先受到冲击。"他还说，每四家破产企业中就有一家是因为从客户那里得不到付款。

去年，全球应收账款平均回收天数增加了 2 天，而此现象非常普遍，每三个国家中就有两个国家如此，每三个行业中就有两个行业是这样的。

美国、中国和欧元区的应收账款平均回收天数增幅最大，其中西班牙、葡萄牙、希腊和荷兰的应收账款平均回收天数的增加最为突出。

安联对 36 个国家和地区的 25 000 家上市公司进行了调查。研究结果显示，世界各地的支付行为差异很大。

中国的公司平均要等待 92 天才能得到客户的付款，土耳其和希腊的公司等待的天数也很多。新西兰的公司平均只需要等待 43 天，与此相似，南非、丹麦和奥地利的公司等待的天数也较少。

"公司正在使用这种'隐形银行'作为自己融资的一种方式，"苏布兰说，"在某些行业，每个公司都接受延迟付款；而在另一些行业，公司则希望缩短付款时间，例如消费行业，因为利润微薄，它们需要钱来购买更多的商品。"

在英国，应收账款平均回收天数低于平均水平，为 53 天，英国政府已经承诺要解决所谓的"付款延迟文化"。

在 3 月份的春季声明中，财政部长菲利普·哈蒙德（Philip Hammond）呼吁各方提供"关于我们如何能够消除持续的逾期付款的祸害——来自小公司的一个主要诉求"的证据。

FT 资料来源：Ralph, O.（2018）'Longer customer payment terms spark corporate fears', *Financial Times*, 3 May.

☐ 3.7.4 坏账保险

对坏账风险进行担保是可行的，其可以通过经纪人或中介机构办理。全部营业额保险将覆盖任何不超过协议金额的负债来应对不付款的风险。特定账户保险可以保障公司主要的账户避免违约，其可用于主要客户。

☐ 3.7.5 提前付款的现金折扣

现金折扣可能会鼓励客户提前付款，但这一折扣应该小于应收账款减少所产生的融资成本节约额、应收账款周转期缩短产生的管理费用或财务费用节约额，以及坏账减少带来的收益。

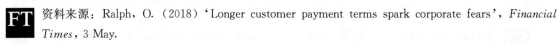
例题 评价应收账款政策的变化

Mine 股份有限公司每年的信用销售额为 1 500 万英镑，信用期为 90 天。该公司正在考虑对 15 天内的付款给予 2% 的折扣,并将信用期缩短至 60 天。它估计 60% 的客户会使用折扣,而销售量不会受到影响。该公司采用银行透支为营运资本提供资金,透支成本为 10%。这个应收账款政策值得实施吗?

参考答案:

	(千英镑)	(千英镑)
目前的应收账款余额:15 000×(90/365)=		3 699
提议的应收账款余额:		
15 000×(60/365)×40%=	986	
15 000×(15/365)×60%=	370	
		1 356
应收账款减少额		2 343

	(英镑)
融资成本减少额:2 343 000×0.10=	234 300
折扣成本:15 000 000×2%×60%=	180 000
政策变动净收益	54 300

新政策在财务上是有吸引力的。然而在决定是否引入新政策时公司应该明白,新政策的效用其实很难准确预测。

3.7.6　保理

保理公司可以提供一系列的销售管理服务,并从应收账款管理中收取服务费。保理公司可以接管客户的销售发票和会计工作,同时收取到期的应收账款,并追讨延迟支付的款项。保理公司可以以应收账款抵押为提前为公司提供现金,使公司在信用销售期间随时获得现金。保理公司在收取服务费之后将承担因不付款而产生的任何坏账。这就是所谓的**无追索权保理**(non-recourse factoring),如果付款方不付款,保理公司不能向公司**追索赔偿**(recourse)。

保理公司要预支一笔 100% 的应收账款金额,然而它将对预支的金额收取利息。因此,公司为了加速收账需要支付利息,这可以与短期借款的成本相比较。这项支出不包括在服务费之内,服务费通常为每年收入总额的 0.5%～3%。不过,公司的管理成本还是会减少的,同时还享有保理公司的信用分析和信用控制专业服务。

保理业务为公司提供的优势包括以下几点:

- 向供应商迅速发出支付款,也许会有提前付款的现金折扣;
- 减少应收账款对营运资本的占用;
- 通过销售实现融资增长;
- 节省销售管理成本;
- 从收账代理公司的信用分析和信用控制经验中受益。

3.7.7　票据贴现

票据贴现是指将选定的票据出售给第三方,同时完全保留销售收入的控制权。这是保理公司经常提供的一项服务。票据贴现的主要成本是与银行基准利率相挂钩的贴现费，通常是收入的 0.2%～0.5%。由于票据贴现可以改善公司的现金流量，因而可为公司所用。

参照之前的讨论，评估保理和票据贴现的成本和收益，类似于提前付款现金折扣的评估。

例题   保理的成本收益分析

Trebod 股份有限公司一年的信用销售额为 450 万英镑，信用期为 30 天，然而由于应收账款管理不善，使得平均收款期达到 50 天，而销售收入的 0.4% 成为坏账。保理公司为该公司提供负债管理和信用核查服务，每年收取的服务费为信用销售额的 1%。Trebod 估计，这样能够每年节省 35 000 英镑的管理成本，坏账将会消失，而且平均收账期会降至 30 天。保理公司应该可以以 11% 的年利率预先支付应付票据的 80%。目前 Trebod 投资于应收账款上的资金来自年利率为 10% 的银行透支。

如果 Trebod 的信用销售能够在一年中顺利进行，请确定是否应该接受这项保理服务。

参考答案：

	（英镑）
目前应收账款余额为 4 500 000 英镑×(50/365)=	616 438
保理后应收账款降至 4 500 000 英镑×(30/365)=	369 863

目前收账政策的成本如下：

	（英镑）
目前应收账款的融资成本：616 438 英镑×10%=	61 644
坏账成本：4 500 000 英镑×0.4%=	18 000
当前收账政策的成本：	79 644

保理下的成本如下：

	（英镑）
保理后应收账款的融资成本：	
(369 863 英镑×0.8×0.11) + (369 863 英镑×0.2×0.10) =	39 945
一年的保理服务费：4 500 000 英镑×0.01=	45 000
管理成本节约额：	(35 000)
保理净成本：	49 945

成本收益分析表明，保理服务可以每年为 Trebod 节约 29 699 英镑。从财务的角度看，保理服务是可以接受的。

3.8 结 论

有效地管理营运资本是一家公司成功的核心要素，它在增加股东财富和实现资本投资收益这两个方面起着关键作用。实际上，营运资本管理不善是企业失败的常见原因之一。公司管理者必须了解这一公司理财活动的关键领域。

学习要点

1. 营运资本管理的主要目标是盈利能力和流动性。

2. 短期融资来源包括银行透支、短期银行贷款和商业信用。

3. 公司可以采用积极的、适中的或保守的营运资本投资政策和营运资本融资政策。

4. 现金周转期可用来确定一家公司营运资本的需求，还可以帮助管理者找到减少流动资产现金投资额的办法。

5. 过度交易可能导致经营失败，如果发现这种情况，则必须予以纠正。纠正措施包括引入新资本、改善运营资本管理和减少业务活动。

6. 由于大量现金可能被投资于原材料、在产品和产成品的存货，所以必须对存货量和持有时间进行管理。

7. 经济订货量模型可确定最佳订货量，并引导人们关注持有和订购存货的成本。公司越来越倾向于减少存货量。

8. 持有现金的原因包括交易动机、预防动机和投机动机，公司应根据各自的需要优化现金持有量。

9. 现金流量的问题可以通过预测现金需求的方式得以预见，例如，采用现金流量预测和现金预算技术。

10. 闲置的现金应该投资于合适的短期工具以赚取一定的回报。

11. 应收账款的有效管理需要评估客户的信用状况、控制授予的信用，并进行有效收账。保理和票据贴现可以帮助公司有效管理应收款项。

自测题

1. 解释公司可能采用哪些营运资本融资政策。

2. 描述现金周转期，并解释其在确定公司营运资本中的重要性。

3. 描述公司短期融资的主要来源。

4. 描述公司在处理过度交易问题时可以遵循的策略。

5. 讨论公司现金流量问题的可能原因，并提出相应的缓解方法。

6. 解释公司选择持有现金储备的原因。

7. 讨论公司将闲置现金进行短期投资的方式，并简要解释做出选择的影响因素。

8. 如何检查新客户的信用程度？

9. 为应收账款设置提前付款的现金折扣以鼓励客户及时付款，这样做是否值得？

10. 解释保理和票据贴现之间的区别。

讨论题

1. Stenigot 公司的财务总监对公司松散的应收账款管理表示担忧。公司的信用期限为 30 天，但平均来说客户 60 天才支付货款。此外，在每年 2 000 万英镑的信用销售总额当中，坏账达200 000 英镑。Stenigot 公司用年利率为 8% 的银行透支来满足营运资本融资需求。财务总监正在考虑以下两个方案：

方案 1：如果 30 天内付款客户可享受 1% 的折扣，预计 35% 的客户将会接受这个现金折扣，而其余客户的平均付款时间将保持不变。付款政策变化的结果是，坏账将每年减少 60 000 英镑，管理费用每年将减少 20 000 英镑。

方案 2：将债务管理和信用控制交给保理公司管理。保理公司每年收取的服务费为销售额的 1.75％。Stenigot 公司每年可以节约 160 000 英镑的管理成本，坏账将减少 80％。保理公司会将 Stenigot 公司的平均应收账款天数减少到 30 天，并以 12％的利率预付该公司 80％的票据金额款项。

（1）分别计算这两个方案对 Stenigot 公司带来的收益（如果有的话），并向财务总监提出合适的建议。

（2）批判性地讨论公司优化营运资本状况的可能性，应包括以下讨论内容：

①破产风险；

②资产回报；

③流动资产的规模、组合和融资方式。

2. Saltfleet 公司是一家供应商公司，在英国各地经营着商店和仓库。其子公司 Irby 是脚手架和安全围栏的制造商。Saltfleet 的财务总监一直在审视公司的营运资本管理，并正在考虑以下几个建议，他希望这些建议能提高营运资本的效率和效益：

■ 任命一个信用主管，监督商店和仓库的信用管理；

■ 选择一家保理公司管理 Irby 公司的销售和应收款项；

■ 将短期闲置现金投资于伦敦证券交易所，购买由一家投资杂志最近推荐的一只小公司股票。

（1）批判性地讨论信用管理对 Saltfleet 这样一家公司的重要性，解释信用管理政策所涉及的内容。

（2）区分保理和票据贴现，阐释 Irby 公司可以从保理公司获得的收益。

（3）讨论 Saltfleet 公司是否应该将短期闲置现金投资于伦敦证券交易所。

3. 以下信息摘自 Rowett 公司的财务报表：

利润表摘要

	（千英镑）	（千英镑）
收入		12 000
销售成本：		
原材料	5 800	
人工成本	3 060	
		8 860
毛利润		3 140
管理费用/销售费用		1 680
息税前利润		1 460

资产负债表摘要

	（千英镑）	（千英镑）
流动资产：		
原材料存货	1 634	
产成品存货	2 018	
应收账款	1 538	
现金和银行存款	500	5 690
流动负债：		
应付账款	1 092	
银行透支	300	
其他开支	76	1 468

保理公司 Powell 提出以无追索权方式接管 Rowett 公司的债务管理和信用控制，每年的服务费为销售额的 2％。这样可以使 Rowett 公司每年节省 160 000 英镑的管理费用，并将坏账从销售额的 0.5％减少到 0。Powell 公司可以把应收账款天数减少到 40 天，并以 10％的利率预付 75％的票据金额款项。Rowett 公司为营运资本融资的银行透支年利率为 8％。

（1）计算 Rowett 公司的现金周转期，并讨论其对公司的重要性。

（2）讨论 Rowett 公司可以采用哪些方法改善应收账款的管理。

（3）利用所给信息评估 Rowett 公司是否应该接受 Powell 公司提供的保理服务，以及 Rowett 公司应如何利用保理公司提供的资金。

4. Menendez 公司的财务总监正试图改善公司松散的营运资本管理。尽管 Menendez 公司的交易信用条件要求在 30 天内付款，但客户们平均 45 天才付款。此外，每年 1 500 万英镑的信用销售总额中，会产生 235 000 英镑的坏账。

有人建议，如果设置提前付款的现金折扣可以缩短平均收账期，财务总监正在考虑为 30 天的付款减少 1.5％的支付额，预期有 40％的客户会使用这一折扣，其余客户的平均付款时间不会受到影响。如果采用新的信用条件，则可以预期坏账每年将减少 60 000 英镑，管理费用每年将减少 15 000 英镑。

（1）如果销售总额不变，营运资本由年利率 9％的银行透支提供，则新的信用条件对 Menendez 公司是否有益？

（2）讨论 Menendez 公司是否应该通过银行透支进行营运资本融资。

（3）Menendez 公司的总经理建议，优化公司整体营运资本规模的方法是尽量减少现金周转期。批判性地讨论财务总监是否应该采纳这一建议。

（4）简要讨论 Menendez 公司将应收账款作为资金来源的方法。

参考文献和推荐阅读

第 4 章

长期融资：权益融资

4.1 权益融资

4.2 股票交易

4.3 股票认购权发行

4.4 转增股本、股份拆分、股票股利和股票回购

4.5 优先股

4.6 结 论

✏ **学习目标：**

通过学习本章，可以完成以下学习目标：

- 认识权益融资的主要特性。
- 理解公司发行新股融资的不同方式，以及如何看待股市行情和走势。
- 理解股票认购权及其对公司的重要性和对股东财富的影响。
- 能够从理论上估算认购权对股票价格的影响。
- 理解股票分割、股票股利、现金股利和股票回购的区别，以及它们对公司的重要性。
- 理解优先股是一种公司资金来源。

引 言

普通股股本或权益融资是公司融资架构的基础，是公司长期融资的主要来源。由于公司为普通股股东所拥有，因此，通过发行新普通股的方式来融资会影响公司的所有权和控制权，对此需要仔细斟酌。

在本章中，我们将探讨有关普通股的几个主要内容，例如发行新股筹集资金的不同方式以及公司受股票上市的影响；还将讨论股票认购权（向现有股东发行新股）以及它对股东财富的影响。我们将探讨公司增加或减少普通股流通数量的一些方式，以及这些方式对公司和投资者的影响；还将讨论具有权益和负债双重特征的优先股，并探讨普通股和优先股的相对优缺点。

■ 4.1 权益融资

权益融资是指向投资者出售普通股。它是向新的所有者出售股票——既可以通过股票市场首次公开发行股票，也可以通过配股向现有股东出售股票。普通股股票在世界各地的证券交易所进行买卖，普通股股东作为公司的所有者希望获得令人满意的投资回报。无论是股票的初始购买者还是在证券交易所购买已发行股票的投资者，都是如此。

公司普通股都有一个法律上的名义价值（面值），且发行价格不能低于面值。普通股的面值通常为 1 便士、5 便士、10 便士、25 便士、50 便士或 1 英镑，面值与市价没有关系，一只面值为 25 便士的普通股，它的市价可能为几英镑。新股几乎总是以超面值溢价发行，不论是在公司成立时还是在成立之后。公司发行的股票面值反映在资产负债表的普通股账户。股票发行价格中超过面值的资金计入股本溢价账户。这意味着在资产负债表的资产中列示的出售股票所筹集的资金与负债和权益中的股东投入的资金相等。

☐ 4.1.1 普通股股东权益

普通股所有权赋予普通股股东个人和全体股东权益。从公司财务的角度看，股东最重要的权益包括：

- ■ 参加公司股东大会；

- 对公司任命董事进行投票；
- 对审计师的任命、薪酬和解聘进行投票；
- 收到公司年度会计报告和审计师报告；
- 获得已分配的股利；
- 对公司重要事项进行表决，例如，批准公司回购股票、用股票进行收购或者变更**法定股本**（authorised share capital）；
- 获得公司清算的剩余资产；
- 参加公司新股发行（**优先购买权**，pre-emptive right）。

虽然股东个人对公司管理者具有影响力，也可以对与其股份相关的决策发表意见，但股东很少整体行使权力。其中部分原因是小股东和机构股东之间的分歧，部分原因是股东之间真正的意见分歧，还有部分原因是股东不关注。有证据表明，近年来股东参与越来越积极（见本书 1.5.5 节"机构投资者的影响"）。

□ 4.1.2　权益融资、风险和回报

普通股股东是公司商业活动风险的最终承担者。这是因为在公司倒闭清算时收益的分配需要遵循一个既定的先后顺序。清算时具有第一求偿权的是有担保的债权人，例如债券持有人和银行，他们有权全额获得未付利息和未偿还资本或本金。接下来是无担保债权人，例如商品和服务的供应商。然后是优先股股东，当有担保和无担保债权人的债权全部满足后，如果还剩下可以分配的，则优先考虑优先股股东的求偿权。在有担保和无担保债权人、优先股股东得到全部清偿之前，普通股股东没有清算求偿的权力。普通股股东求偿权等级在最底层（见图 9 - 1），这意味着他们从清算中无所得或所得甚少的风险很大。特别是人们认识到公司处于长期无盈利交易状态而且很可能发生清算时，情况更加如此。不过，也有可能普通股股东从清算中获得巨大收益，一旦债权人和优先股股东的固定债权得到清偿，那么他们就有权获得剩余的全部。

由于普通股股东承担着长期融资的最大风险，因此他们期望得到最高的回报作为补偿。就资本回报来说，这意味着普通股股东期望其资本收益和股利收益高于利息或优先股股利。就资本成本而言（见本书第 9 章"资本成本与资本结构"），这意味着权益的成本始终高于负债成本或优先股成本。

4.2　股票交易

金融证券的买卖在证券交易所进行。许多英国大型公司的普通股在伦敦证券交易所交易。公司每年支付年费，使其普通股在证券交易所上市（报价），在获准上市前需接受严格的财务评估。伦敦证券交易所不仅是普通股市场，也是债券和存托凭证市场。债券，如贷款债券和信用债券将在"债券、贷款票据、贷款债券和信用债券"（见本书 5.1 节）中讨论。存托凭证是指代表某一公司股票所有权的证书，可以独立上市和交易，在本书中不予讨论。

证券交易所的股票交易受到法定监管以保证交易公平。伦敦证券交易所的证券交易由英国金融行为监管局（FCA）根据修订的《2000 年金融服务与市场法》授予的权力进行监管。在执行市场监管职责时，它被称为英国上市监管局（UKLA）。UKLA 的职责包括：

- 批准上市；
- 管理上市公司名单（official list）；
- 监管保荐人（见本书 4.2.1 节）；
- 强制发行公司履行义务；
- 必要时暂停和取消上市。

4.2.1 新股发行市场

准备发行新股的公司需要顾问来指导整个过程。在伦敦证券交易所或选择性投资市场寻求上市的公司需要任用一系列的顾问，包括保荐人、会计师、经纪人或账簿管理人、律师。保荐人可以帮助上市公司达到并遵守所有相关法规，主要负责发布招股说明书，负责上市流程管理，并与英国法律协会和伦敦证券交易所保持联络。经纪人会就适当的发行价格提出建议，并向机构投资者和其他投资者发行新股票。实际上，保荐人和账簿管理人同属一家公司。保荐人由英国法律协会监管。

4.2.2 新股发行方式

公司可以通过若干种方法在伦敦证券交易所、选择性投资市场及其他证券交易所发行股票，获得上市资格。以发行股票上市的方式称为**首次公开募股**（initial public offering，IPO）。专栏 4-1 讲的就是欧洲科技公司通过 IPO 筹集资金的故事。

专栏 4-1

欧洲科技公司 IPO 可与美国巨头相媲美
荷兰集团 Adyen 首次亮相硅谷，其估值令人羡慕

阿莉娅·拉姆（Aliya Ram），理查德·沃特斯（Richard Waters）

就在本周荷兰金融科技集团 Adyen 上市的前一天，其联合创始人皮耶特·冯·德·多斯（Pieter van der Dos）向员工发出了这样一条信息：“明天我们既不会敲钟，也不会鸣锣。庆祝成功确实是重要的，但投资者的流动性不是我们要庆祝的内容。”

然而他没能阻止这个不速之客前来聚会。在周三的首度亮相中，Adyen 的股票价格飙升超过 90%。该集团的市场价值近 140 亿欧元，股票支付额令大多数硅谷公司羡慕不已：是收入的 12 倍还多，是利润的 170 倍。

这是欧洲科技公司受到追捧的最新事件。长期以来，这些欧洲科技公司被美国巨头的光环所掩盖。在 Adyen 上市一个月之前，五大科技股之一的捷克网络安全公司 Avast 在伦敦证券交易所上市。就在 Adyen 上市的前两天，欧洲最大的金融技术公司——瑞典支付公司 iZettle 首次公开募股计划失败。

瑞典音乐流媒体集团 Spotify 于 4 月份在纽约上市后，这些公告被认为是欧洲科技行业已经成熟的标志，它们可以更好地获得后期资本，已经进入上市机制架构中。

据几位熟悉这些公司计划的人士透露，奢侈品购物平台 Farfetch 公司和点对点贷款公司 Funding Circle 的融资也即将开始。Dealogic 的数据显示，在过去 4 年中，总部设在欧洲的科

技公司 IPO 数量每年都超过了美国，去年激增 34%，达到 59 家。

但就在 iZettle 即将在斯德哥尔摩上市之前，美国支付巨头 PayPal 突然介入，以两倍于 IPO 的价格将其收购。这家创业公司的所有者，就像许多欧洲的其他公司一样，在公开上市的过程中换取了一张更大额的支票，而且其之后得到了硅谷的支持。

对于关注欧洲投资者和渴望建造下一个谷歌、苹果或腾讯的政治家来说，iZettle 的出售重新引发了对欧洲大陆私营科技公司独立发展壮大和开发可持续商业模式能力的担忧。在过去的十年中，一系列开拓性欧洲科技公司被美国同行收购，包括 Skype 和 Mojang（微软）、DeepMind（谷歌）和 Shazam（苹果）。

Bird & Bird 律师事务所的罗盛（Shing Lo）为科技公司交易和融资提供咨询，他说："卖给战略伙伴，你可以得到更高的价格。创业公司正在考虑上市……但它们更多的实际上是在做销售的工作。"

Adyen 的股价在首次公开交易中几乎翻倍，这表明欧洲公开市场对科技公司的巨大需求尚未得到满足。曾参与谷歌 2004 年上市的 IPO 顾问利斯·拜尔（Lise Buyer）说，欧洲投资者发现他们很难在美国股市 IPO 中获得大量的股票，且处于这个火热市场的边缘。她说，这使得投资需求被压抑，可能加剧了 Adyen 股价的飙升。

Index Ventures 的联合创始人尼尔·里默（Neil Rimer）是 iZettle、Adyen、Farfetch 和 Funding Circle 的早期支持者，他指出，"巨大的市场需求、技术平台与'云'工具的一场邂逅，能够使这种需求以一种无法抗拒且可以升级的方式得到满足"。

自从世纪之交的互联网热潮达到顶峰以来，在美国最活跃的科技 IPO 市场背景下，欧洲公司 IPO 的数量不断增加。今年有 20 家科技公司在美国上市，其中包括云存储公司 Dropbox。

据知情人士透露，Farfetch 计划今年在纽约上市，目标估值最高为 50 亿美元，而 Funding Circle 将在伦敦上市，估值高达 20 亿英镑。由风险投资支持的欧洲公司上市活动，将为 Index Ventures 和 General Atlantic 等机构投资者带来意外收获，而且会使早期资金更有信心找到轻松退出的机会。

尽管购买 IPO 的愿望强劲回升，但是相比互联网繁荣时期，投资者确实谨慎很多，特别是在最动荡的股票市场进行的投资。华尔街 IPO 浪潮的主导者是软件服务公司，这些公司按月收取技术使用费，这使其财务业绩具有很高的可预测性。Adyen 与客户的交易合同一签就是好几年，它收取此类经常性收入。

机构投资者提醒那些并不总是能在公开市场上市成功的公司，尤其是风险投资者要利用上市来卸去超过投资期限公司的包袱，这一投资时间通常是七年。自从去年在赫尔辛基上市以来，芬兰移动游戏公司 Rovio 的市值几乎缩水一半。

Allianz Technology Trust 的基金经理沃尔特·普莱斯（Walter Price）说："我们正在审查 IPO，试图建立一个长期、理性的公司估值数据。IPO 市场的问题在于，在那些对股票有最初需求的人群中，很大一部分人只是想炒股，这通常会导致初始发售的估值被放大。"

FT 资料来源：Ram, A. and Waters, R. (2018) 'European tech IPOs begin to rival US successes', *Financial Times*, 14 June.

问题：

1. 为什么企业主可能更倾向于出售业务而不是 IPO？

2. 为什么相比互联网繁荣时期投资者变得更加谨慎？

配售

在英国发行普通股的主要方法有两种，最常用的一种被称为配售。即股票以固定价格发行给几家机构投资者，发行前由经纪人与这些机构投资者取得联系。配售由发行公司保荐人承保，这种方式几乎没有风险，因为它实际上是将公司股票分销给了机构投资者，并且与其他发行方式相比，其成本很低。

公开发行

另一种通过股票筹集资金的主要方法是以固定价格发行，我们将其称为公开发行或公开要约。它通常适用于公司首次进入市场（寻求上市）的大规模股票发行，保荐人和账簿管理人帮助公司向公众发售股票，决定股票发行价格。发行价格要足够低以吸引潜在的投资者，但又要足够高以便公司不必发行多余的股票就可以筹集到所需的资金。这种发售方式又称作承销，承销商通常是机构投资者，保证公司通过出售股票获得所需要的资金。承销商必须以约定的价格买下未承购的发行（要约）股份。

介绍上市

还有一种股票上市的方法叫介绍上市。这种上市方法是指已经广泛被公众持有的现有普通股被授予上市交易的资格，它不需要发行任何新股，也不筹集新的资金。公司选择介绍上市可以增加股票的流动性，获得进入资本市场的机会，或者仅仅用于确定其股票的价值。

4.2.3　上市规则

新发行的未挂牌普通股依据《2000 年金融服务和市场法》以及《2017 年招股说明书条例》进行管理，要求公司发布符合法律条例要求的招股说明书。证券正式挂牌名单由金融服务管理局下属的英国上市管理局批准，再由伦敦证券交易所根据准入和披露标准允许证券上市交易。英国上市管理局的上市规则包含了寻求上市的公司必须满足的要求，其中部分要求如下：

- 具有上市前三年的已审计财务信息。
- 股票开始交易时，必须至少有 25% 的股份为公众持有（自由流通的要求）。
- 公司必须能够独立于任何控股股东开展其经营活动。
- 公司必须公布招股说明书，其中包含业绩预测和其他详细信息，以帮助投资者评估其前景。
- 公司最低市值为 700 000 英镑。

4.2.4　配售和公开发行的相对重要性

公开发行是目前伦敦证券交易所的主市场最常见的筹集现金的方式，尽管更多的现金是通过配售来筹集的。公开发行和配售的相对重要性因市场而异。本质上，较小的规模会更多地使用配售，其筹集的金额通常无法应付公开发行所需的额外费用（如市场费用、广告费和承销费用）。

4.2.5　承销

在宣告新股票发行和完成发行之间，可能会出现股价不利波动导致发行不成功。股票发行不成功是指公司未能筹集到它所需要的资金，或者剩下了投资者不愿意购买的股票。公司希望避免股票发行失败，因为其声誉可能因此受到损害。一次不成功的股票发行也会使以后的股权融资成本更加昂贵。基于这些原因，公司会使用承销方式来降低新股发行不成功的可能性。

每次发行新股都会指定一个或多个主承销商，承销商还会指定几个分承销商来进一步分散风险。主承销商通常是为股票发行提供建议的发行公司或商业银行，然而大多数承销商是金融机构，如保险公司和养老基金公司。承销商将收取 2%～3% 的新股票发行收益，它们将按各自收取的发行收益的比例接收未被市场接受的股票。因此，公司通过承销肯定能筹集到它所需要的资金。

4.2.6　在证券交易所上市的优势

公司在证券交易所上市，可以享受到一些好处，其中的任何一项都会鼓励公司董事决定寻求上市。概括地说，这些好处包括进入市场筹集资金、获得资本，以及股票上市的其他好处。

进入市场筹集资金

当私人公司所有者决定寻求上市时，他们在这个过程中可以出售其部分股份从而变现他们对公司所做的投资。因为风险资本注入而快速成长的未上市公司寻求股票上市，可以为风险资本家提供一个投资退出的途径，在管理层收购中这一点体现得尤为明显（见本书 11.7.3 节"管理层收购"）。在以上两种情况下出售股票所筹集资金的部分或大部分都流向了第三方而不是上市公司。但公司还是决定上市主要是为了给自己筹集资金，例如，为扩大业务活动而融资。

获得资本

通过在公认的证券交易所上市，公司更容易获得外部股权资本，包括发行新股或发行认股权证，因为上市公司对机构投资者会更具吸引力。这意味着上市公司更容易获得成长所需要的长期股权资金。相比之下，非上市公司会发现它们的成长机会受到了限制，因为难以筹集到所需的资金。而风险资本家在一定程度上填补了这一空白，他们对所投资的公司注入了股权资本。就负债融资而言，贷款者更看好上市公司，因为上市提高了公司信用和声誉，提升了公司安全性，降低了预知风险。这些都使得公司债务成本降低。

股票上市的其他好处

接管其他公司可能是实现公司成长的一种相对简单的方式，而发行新股则是收购融资的一种常见方式。与私人公司相比，上市公司的股票更有可能被目标公司股东接受以替代其现有股票。部分原因是上市公司的股票更容易出售，因为一个现成的市场已经存在，为了符合上市规则，有至少 25% 的股份必须由公众持有。而非上市公司的股票可能没有现成的市场。市场化也增加了股票价值，从而增加了公司价值。第 11 章 "合并与收购" 将进一步讨论股票作为收购的支付方式。

□ 4.2.7　在证券交易所上市的劣势

辩证地看，上市有利有弊，因而必须考虑上市的不利影响。毕竟还有不少其他方式获得资金或建立声誉，所以股票上市并非所有公司的最佳选择。

上市的成本

获准上市和维护上市的费用是非常昂贵的。为上市而支出的成本将从发行新股票的融资额中减去。首次上市的费用包括申请费（通常在 9 000～500 000 英镑）、保荐人费用、律师费用和会计师审计费用。公司还必须缴付上市所要求的年费（通常在 7 000～75 000 英镑）。成本还包括要求披露更多财务信息所带来的成本，证券交易所信息披露要求比相应的公司法还要高。另外，上市还要接受公众对公司及其业绩的监督。

股东的期望

非上市公司的董事通常习惯于只关注自己的需要，而公司一旦上市，他们就需要考虑新进股东的期望。其中就包括机构股东，它们对短期盈利能力和股利收入会有所关注。如果公司未能达到股东的期望，则被接管的可能性就会增加，因为没被满足的股东可能更愿意将其股份出售给收购竞标公司。因此证券交易所被视为公司管理者的市场，这意味着上市公司的不佳表现可以通过接管来变更管理者而得以改善。证券交易所要求公司定期编制报告以增加财务透明度，这使竞标公司更容易对潜在的目标公司做出选择，然后在公开市场上收购这些目标公司的股份。

4.3　股票认购权发行

如果公司要发行新股，法律规定首先出售给现有股东，除非这些股东已经在公司会议上同意在一段时期内放弃这一权利。由于现有股东在其他投资者之前拥有了获得新股票的法律权利，因此这种新股发行方式被称为股票认购权发行。出于保留现有所有权和控制权模式的目的，股票认购权是按比例发行的，例如每四股现有股份认购一股新股（称为 1:4 附加比例）。

作为筹集资金的一种方式，股票认购权的发行成本比公开发售新股要低。此外，即使认购权被全部认购，也不会稀释现有的所有权和控制权。但是，如果融资金额较大，则不适合采用认购权方式，因为个人股东的可用资金是有限的。

通过股票认购权发行的股票通常以低于市场价格的 15%～20% 折价发行，新股的这个价格对股东而言更具吸引力，因为这使得股东可不受发行前不利价格波动的影响。这时的市场价格通常是不含股利的，这意味着股票无权获得股利（见本书 10.1 节）。发行之后股票价格可能会上涨，以反映折价购买新股票的权利的价值，该价格被称为**含股票认购权价格**（cum rights price）。当股东名单被锁定而在公开市场不再赋予买方股票认购的权利时，股票不再附着认购权，股价会下跌。

4.3.1　理论除权价格

发行之后，原有股票和新股票均按理论除权价交易，即含股票认购权价格与股票认购权发行价格的加权平均价格。公式如下：

$$P_e = P_P \frac{N_O}{N} + P_N \frac{N_N}{N}$$

其中：P_e＝理论除权价格；

　　P_P＝含股票认购权价格；

　　P_N＝股票认购权发行价格；

　　N_O＝原有股票数；

　　N_N＝现有股票数；

　　N＝总股票数。

4.3.2　认购权的价值

普通股股东可以将认购权从其股份中分离出来出售给其他投资者。活跃的认购权市场的价格被金融媒体定期报道。认购权的价值即买方准备为其支付的最高价格，这将是买方可获得收益的理论值。认购权的价值是理论除权价与股票认购权发行价的差额。对于 Nolig 公司来说（见下文例题），4 股股票所附权利的价值为 2.05－1.85＝0.20 英镑或 20 便士。这是投资者准备为 4 股所附权利所支付的金额。可以支付 1.85 英镑购买股票市场上价值 2.05 英镑的股票。认购权的价值也可以表示为每股现有股份 20/4＝5 便士。

例题　**计算理论除权价格**

Nolig 公司发行了 200 万股面值为 1.00 英镑的普通股，目前交易价格为每股 2.20 英镑。该公司决定向现有股东发售每 4 股以 1.85 英镑的价格购买一股新股的股票认购权来筹集新的股权资金。在发行公告后，普通股价格跌至 2.10 英镑，这种情况一直持续到股票认购权发行之时。那么理论除权价格是多少？

参考答案：

　　P_P＝2.10 英镑

　　P_N＝1.85 英镑

　　N_O＝200 万股

　　N_N＝200 万股/4＝50 万股

　　N＝250 万股

因此：

$$P_e = \frac{(200 \times 2.10) + (50 \times 1.85)}{250} = 2.05 （英镑）$$

也可以根据 1∶4 附加比例计算：

$$P_e = \frac{(4 \times 2.10) + (1 \times 1.85)}{5} = 2.05 (英镑)$$

4.3.3　股票认购权发行与股东财富

如果我们将股东银行账户中的现金等价于它们可以买到的普通股，那么股票认购权发行不会影响股东的财富。假设股东行使了全部的新股认购权利，或者将手中股票所附的权利全部出售（或者两种选择的任何组合），他们的财富将保持不变。然而，如果他们什么都没做，任由自己的权利失效，那么他们的财富就会减少。我们可以用一个简单的例子来说明这一点。

例题　股票认购权发行对股东财富的影响

Nolig 公司已发行 200 万股面值为 1.00 英镑的普通股。该公司决定以每股 1.85 英镑的价格发行 1∶4 附加比例的股票认购权，含股票认购权的股价为 2.10 英镑。理论除权价格为 2.05 英镑，而股票认购权的价值为现有股票每股 5 便士。如果股东 Rose 拥有 Nolig 公司 1 000 股普通股，有权认购 250 股新股，那么目前她所持股票的价值为 2 100 英镑（1 000 × 2.10 英镑）。在以下不同的情况下，Rose 的财富将受到怎样的影响？

1. Rose 认购 250 股新股。

2. Rose 将股票认购权全部出售。

3. Rose 对股票认购权发行没有任务反应。

参考答案：

1. Rose 认购 250 股新股。

　　1 000 股含股票认购权股份：1 000 × 每股 2.10 英镑 = 2 100.00 英镑

　　现金：250 股新股 × 每股 1.85 英镑 = <u>462.50</u> 英镑

　　1 250 股除权普通股：1 250 × 每股 2.05 英镑 = 2 562.50 英镑

如果 Rose 认购全部新股，那么她的财富总值不会有什么变化，只是在形式上从现金转变为普通股。

2. Rose 将股票认购权全部出售。

　　1 000 股除权普通股：1 000 × 每股 2.05 英镑 = 2 050.00 英镑

　　出售认购权 1 000 份：1 000 × 每股 5 便士 = <u>50.00</u> 英镑

　　股票认购权发行后的总财富：2 100.00 英镑

即使 Rose 将股票认购权全部出售，其财富总值也没有什么变化，只是形式上从现金转变为普通股。

3. Rose 对股票认购权发行没有任何反应。

　　初始财富：1 000 股普通股 × 每股 2.10 英镑 = 2 100.00 英镑

　　最终财富：1 000 股普通股 × 每股 2.05 英镑 = <u>2 050.00</u> 英镑

　　什么都没做，财富下降：50.00 英镑

Rose 的财富减少了，因为股票价格从含权价变成了除权价。

如例题中所示，既不选择认购已发行的新股，也不选择出售现有股份附带的权利将导致股东财富的减少。然而，如果采取适当的行动，股东财富受到的影响至少在理论上是中性的。无论新股的折扣有多大都对股东没有实际影响。

□ 4.3.4 股票认购权发行后的市价

实际的除权价格很可能与理论预测的价格不同。这主要是由于投资者的不同预期影响了他们的买卖偏好，从而影响到了市场价格。投资者对未来经济状况会有各种预期，例如，利率上升、通货膨胀，或者经济下滑。投资者也会对公司新资金的使用形成各种看法。如果这些看法是积极的，则股价将相应上涨。

就收益而言，如果可以预期新股发行后收益不变或增加，那么即便增加了流通股份数，股价也会不变甚至会上涨。这就需要考虑拟议的认购权发行对收益率（见本书 2.4.7 节"投资者比率"）及每股收益的影响。如果现有资金的收益率不变，那么影响除权价格的关键变量将是所融资金的预期收益率。

我们可以把之前的理论除权价格（P_e）公式修正为新募集资金预期收益率（γ_N）与现有资本收益率（γ_O）之比。公式如下：

$$P_e = P_P \frac{N_O}{N} + P_N \frac{N_N \gamma_N}{N \gamma_O}$$

其中：P_P＝含股票认购权价格；

P_N＝股票认购权发行价格；

N_O＝原有股票数；

N_N＝现有股票数；

N＝总股票数；

$\dfrac{\gamma_N}{\gamma_O}$＝新资本收益率与现有资本收益率之比。

如果 $\dfrac{\gamma_N}{\gamma_O}$ 大于 1，则表示投资者对股票认购权发行的预期收益增加，即为除权价格高于之前的简单加权平均预测价格。如果 $\dfrac{\gamma_N}{\gamma_O}$ 小于 1，则表示投资者预期收益下降，那么除权价格将低于简单加权平均值。

回到之前 Nolig 公司的例子，其中的理论除权价格为 2.05 英镑。假设当前的资本收益率为 18%，而新筹到资金的收益率预计为 25%，则有：

$$P_e = \frac{200 \times 2.10}{250} + \frac{(50 \times 1.85) \times 25\%}{250 \times 18\%} = 2.19(\text{英镑})$$

收益率的增加将导致更高的除权价格。

除权价格也会受预期股利的影响。如果预期股利下降，那么股价也会下跌。而新投资的收益需要一些时间才能产生，但派发多少股利的决定权在于公司董事。为了让认购的股东们放心，那些涉及预期股利的公告可能会与股票认购发行的公告一起发布。

经验证据表明，市场认为公司能够维持股利支付水平，并且理论除权价格公式可以理性、准确地反映现实世界。

□ 4.3.5　承销和大幅度折扣股票认购权发行

理论上，股票认购权发行股票不会影响股东财富，因为认购权的价值等于所持有的原有股票价值与理论除权价格之差。我们还提到，以低于当前市场价格进行股票认购权发行的原因之一在于其对现有股东具有吸引力，因而有助于保证成功发行。既然如此，为什么公司通常还要采用承销方式进一步保证认购权发行成功？由于折扣程度无关紧要，那么可以通过减少承销费用、增加折扣程度来保证股票认购权发行成功，即以当前股价大幅折价发行新股。

专栏 4-2 的主题是发行股票认购权帮助公司进行重组。

专栏 4-2

Mothercare 公司将关闭更多门店，寻求筹资 3 250 万英镑

挣扎的零售商希望偿还债务，并且计划关闭门店数量增加到 60 个

凯蒂·马丁（Katie Martin），娜奥米·诺维克（Naomi Rovnick），乔纳森·埃利（Jonathan Eley）

婴儿用品零售商 Mothercare 正在从现有股东那里寻求筹集 3 250 万英镑，并关闭更多门店，它正在努力适应英国传统商业街面临的挑战。

它所筹集的资金超过了最初计划，每股为 19 便士，已远低于上周五的收盘价 28.6 便士，所得款项将用于偿还债务。

Mothercare 在伦敦开盘时下跌 9% 至 26 便士。该公司表示，重组"可能会对我们的业务运营产生短期影响"，这会使 60 家英国门店关闭，而此前的目标是 50 家。

该公司的增长部分来自拥有 22 家门店的子公司 Childrens World。Mothercare 计划把 13 家 Childrens World 的门店转移到公司的其他业务部分。

在今年 5 月，该集团宣布，截至 3 月 24 日，其年度亏损达 7 300 万英镑，主要原因是重组费用、门店关闭和高昂的租赁费用。

该公司表示，重组将有助于每年节省 1 000 万英镑的支出。它正在彻底审查业务活动，试图每年再节省 900 万英镑。此外，由于公司与店主和其他无担保债权人自动达成和解，Mothercare 能够更快地关闭门店。"基本上我们可以在一年内完成三年的工作。"首席执行官马克·牛顿-琼斯（Mark Newton-Jones）说。

Mothercare 是加入 CVAs 的几家零售商之一，这引发了许多店主的不满并关闭了门店。采用这种做法的其他公司包括地板专家公司 Carpetright、百货公司运营商 House of Fraser 和快销时尚连锁店 New Look。

牛顿-琼斯在 Mothercare 突然将他罢免一个月之后于 5 月份被重新任命为公司高层。他预计市场仍将充满挑战，客户会去购买婴儿推车和汽车座椅等更便宜的产品。

但他还说，中期前景更好一些："我们的客户群非比寻常，每年都有新一代的购物者。"大约有 4/5 的准父母访问 Mothercare 商店或该集团网站。

Peel Hun 的股票分析师约翰·史蒂文森（John Stevenson）表示，Mothercare 与其他处于困境的商业街公司不同，它的海外业务有盈利并可以带来现金，创造了集团 2/3 的收入和

全部的营业利润。"他们只需要让英国商店恢复盈亏平衡。"他还补充道，商店每平方英尺的销售额很低，而租金占收入的比例高于平均水平。

关键指标是销售额从关闭店面转移到零售地或网站所占的百分比。

"十年前我们在英国有 425 家门店。我在这里的这段时间（从 2014 年开始），已经关闭了 100 多家门店，但销售总额几乎没有下降，"牛顿-琼斯说，"这次我们走得更快。"到 2021 财年结束时，Mothercare 将继续经营仅存的 73 家英国商店，它们主要位于零售园区而不是市中心，还提供 B 超服务和孕妇文胸等用品。

此次融资将保持 DC Thomson 和 Evolution 前首席执行官理查德·格里菲思（Richard Griffiths）等重要股东的持股比例，这尚需获得股东批准。他们警告说，融资活动如果没有经过他们同意，那么他们可能会在 10 月份进入公司管理层。

 资料来源：Martin, K., Rovnick, N. and Eley, J. (2018) 'Mothercare to close more stores as it seeks to raise £32.5m', *Financial Times*, 9 July.

问题：

讨论为什么 Mothercare 更喜欢采用股票认购权发行股票而不是发行新债务。

4.4 转增股本、股份拆分、股票股利和股票回购

4.4.1 转增股本和股份拆分

转增股本（scrip issues）和股份拆分是公司增加流通股数量而未筹集任何额外资金的两种方式。转增股本（或红利发行）是将现有资本公积或留存收益转换为股份，然后按比例分配给现有股东。这实际上是将留存收益转入资产负债表中的普通股账户。**股份拆分**（share split）（也称股票分割）则在降低每股面值的同时增加流通股数量，从而使资产负债表中的股票价值不变。例如，某公司拥有 100 万股面值为 50 便士的股票，股份拆分后，就变为 200 万股面值为 25 便士的普通股。

对股份拆分有几种解释。一种解释认为，股份拆分使得普通股的价格更容易接受，从而让股票交易更为便利。有观点认为，更多投资者愿意购买价格为 5 英镑的股票，而不是 10 英镑的股票。根据这一理论，股份拆分可以增加流动性。然而，科普兰（Copeland，1979）的研究表明，股份拆分后流动性会下降，因为交易量按比例减少，而交易成本按比例提高。

对股份拆分的另一种解释是，它以某种无法解释的方式对股东财富产生了积极影响。股份拆分对股东财富的影响一直是许多研究的主题，但结果尚无定论。一些研究人员，例如弗斯（Firth，1973）发现，股价变动不会使股份拆分具有任何有益的影响。其他研究人员，如格林布莱特等人（Grinblatt et al.，1984）发现，股份拆分对股东财富具有积极的影响，认为投资者可能将股份拆分公告理解为公司未来现金流量的积极信号。格林布莱特等人（Grinblatt et al.，1984）还发现，转增股本公告对股东财富同样产生了积极影响。

专栏 4-3 的主题是任天堂公司在面临压力时将股份拆分作为改善公司治理的方式。

专栏 4-3

任天堂面对拆分股份进而改善公司治理的呼声

Switch 游戏机获得成功后，集团股价高出大多数散户投资者的可承受范围

利奥·刘易斯（Leo Lewis），稻垣佳奈（Kana Inagaki）

Switch 游戏机在全球范围的成功再次引发人们对日本公司治理的关注，任天堂面临着投资者要求拆分其股份并扩大股东基数的呼声。

压力已经产生了，任天堂股票价格已超过每股 45 000 日元——将近 10 年来的最高点。由于最低交易规模为 100 股，因此普通散户投资者已无力承受这么高的价格。

推动股份拆分的投资者表示，更大的股东基数能够提高公司的透明度。麦格理（Macquarie）分析师大卫·吉布森（David Gibson）将此举描述为"迈出了良好的第一步"。

任天堂是日本最富有的公司之一，据估计，该公司拥有近 1 万亿日元（94 亿美元）的现金储备。自去年 3 月份推出 Switch 游戏机以来，已售出超过 1 200 万台。

这一产品的成功扭转了人们对其前身游戏机 Wii U 的失望情绪，增加了全年利润预测额，并使人们意识到任天堂能够为人们带来惊喜。

但是，尽管创造了马力欧、碧姬公主和咚奇刚的任天堂把自己说成是多样化的终极家庭友好型公司，依然不能突破其董事会成员全是男性的传统。

一位曾与该公司直接合作的人士说，该公司对公司治理改革的热情一直很低，而市场再次显示对公司股票的喜爱可能会使公司产生一种自满情绪，从而进一步降低这种热情。

大和研究所（DIR）的公司治理专家铃木丰（Yutaka Suzuki）提醒说，在企业盈利能力强劲的时期，公司治理的改善意愿通常会减弱。

以任天堂为例，股价在过去一年几乎翻了一番，投资者几乎没有理由抱怨董事会结构或信息披露状况。

"即使公司治理结构完善，如果股价低的话股东也不会满意。同理，即使公司治理很糟糕，可是如果股价高，他们也会满足。"铃木说。

随着金融厅准备修订 2015 年公司治理准则，人们愈发担忧日本公司对准则采取更广泛的抵制行为。

日本最重要的改革倡导者之一、工业增长平台的首席执行官富山和彦（Kazuhiko Toyama）上周表示，那些声称执行准则太麻烦的公司"应该退市或者不要上市"。

任天堂经常被许多投资者当作典型，尽管其在公司治理改革方面落后，但还是取得了惊人的成功。

该公司在董事会中引入了三名外部成员，未能给批评者留下深刻印象。包括麦格理的吉布森在内的众多分析师指出，这三人以前都曾担任过公司的审计师。

日本 22% 的上市公司已转向新的公司治理结构，可以自己任命法定审计师作为外部董事。任天堂就是其中之一。

批评者表示，2015 年引入的公司治理结构使这些集团更容易解决任命独立董事的压力，而没有从行动上赋予它们对薪酬和提名首席执行官的权力等关键问题的影响力。

铃木说："公司希望外部董事积极履行职责的程度是值得怀疑的。"

普华永道的国际顾问田中正明（Massaaki Tanaka）上周告诉金融服务管理局（FSA）的

委员会应该修订公司治理准则，如负责提名首席执行官的独立委员会应该完全由公司外部人员组成，并指出几乎所有卷入了丑闻的公司都是一直采用审计委员会形式的公司。

经验丰富的资产经理表明，改革阻力在任天堂的总部京都尤为顽固。一位投资者说，京都的一些公司认为"这里没有太多现金，也没有为股东所有的概念"。

但是，至少有三名大股东已经提出或正在计划对任天堂进行股份拆分，预计在6月份的年度会议之前这一要求会更为强烈。

任天堂的企业性质有时很古怪，观察家会用不寻常的指标来表示某些正在发生的变化。12月份，家乐氏公司（Kellogg's）宣布一项与任天堂签订的协议，推出"超级马力欧早餐麦片"。

东京游戏行业分析师塞尔坎·托托（Serkan Toto）说，与这家美国集团的合作许可是一系列信号之一，表明这家曾经被人诟病的公司对知识产权的保护变得更为开放。它还与英伟达公司达成协议，在中国发行任天堂游戏以及制作一部马力欧动画电影。

然而，他提醒道，不透明是任天堂不太可能摆脱的一系列治理缺陷之一。

他说："当你从外部看任天堂时，会明显感觉到它更加开放……它现在的做法在过去根本是不可能的。但是在内部，我没有看到任何真正变化的迹象。任天堂缺乏透明度是其DNA的一部分。"

任天堂表示，它一直在采取措施与投资者沟通，立场没有改变。

 资料来源：Lewis, L. and Inagaki, K. (2018) 'Nintendo faces calls to split stock to aid governance', *Financial Times*, 19 February.

问题：
讨论股份拆分可能有助于改善公司治理的原因。

与股份拆分相反的是股份合并或反向股份拆分，即在股票面值增加的同时流通股数量减少，因而资产负债表的股票价值不变。

4.4.2　股票股利

另一种发行新股权而不筹集新资金的方法是**股票股利**（scrip dividend）（也称为股票红利）。发行股票股利时，股东接受更多的公司普通股，全部或部分替代现金股利（见本书10.7.1节"股票股利"）。

发放股票股利对于公司来说有现金流方面的好处，因为如果投资者接受股票股利，那么公司发股利时可以减少现金支付。另一个更大的好处是，由于股权增加，资产负债率会小幅下降（见本书2.4.6节"杠杆比率"）。由于股票股利取代了必须支付现金的现金股利，因此在一个有效的资本市场中，股票股利没有理由会导致股价下跌。

如果普通股股东希望增加所持股票，那么股票股利是一个很好的选择，因为它不产生交易成本。对于要纳税的普通股股东而言，在英国股票股利和现金股利没有什么区别，因为股票股利需要缴纳与收入一样的税费。然而，对于免税普通股股东来说，情况有所不同。如果是现金股利，免税股东可以要求收回公司对已分配的利润所支付的税款。如果是股票股利，则没有这种好处，因为发放股票股利时不产生相应的公司税负。根据相关规定，公司发放现金股利和任何形式的股票股利，其价值是相似的，因此免税的普通股股东接受股票股利在财务上是不利的。

□ 4.4.3 股票回购

股票回购是向普通股股东返还现金的一种方式。英国公司如果在公司股东大会上获得股东的许可，可以回购自己公司的股票。不过，为了保护债权人和其他股东的利益，股票回购会受到严格的监管。

公司将多余资本返还给股东有如下几个原因：一个原因是股东可以比公司更有效地投资现金。另一个原因是在回购股票后，余下的股票价值将得到提升。虽然公司的投资资本会因回购股票而减少，但是资本回报率（见本书2.4.3节"盈利比率"）将会提升。股票数量减少，会使每股收益增加。虽然股票回购也会提高杠杆比率，但有人认为，任何财务风险的增加都可以忽略不计，因此，如果股票成本不变，股票价值和公司价值都会增加。然而，当信用紧张且流动资金不充足时，股票回购是不明智的。

正如专栏4-4所讲述的，除了向股东返还现金以外，还有其他原因也可能会引发股票回购。

专栏4-4

嘉能可公司启动10亿美元股票回购
采矿及其商品交易公司在回应司法部传唤后股价下跌

尼尔·休姆（Neil Hume）

在美国监管机构发出传票后，嘉能可公司对其股价大幅下跌做出回应，宣布了高达10亿美元的股票回购计划。

这家由亿万富翁伊凡·格拉森伯格（Ivan Glasenberg）经营的在伦敦上市的矿业及商品交易公司表示，股票回购计划将立即开始并持续到年底。

回购将分为两个阶段。在8月初公布半年业绩之前，花旗集团将代表该公司购买3.5亿英镑的股票。此后的回购将按照嘉能可的指示进行。嘉能可公司上次宣布股票回购是在2014年8月份，当时的股价为359便士。

分析师表示，此次回购表明管理层对公司基本业务和股票价值充满信心。

加拿大皇家银行资本市场部的泰勒·布罗达（Tyler Broda）说："这向市场传达了一个信息，即管理层认为股票目前是有价值的，此时外界不确定性很高，监管机构传票的影响很难判断。"

周二，嘉能可的股价跌至12个月的新低，此前有消息称，公司可能面临美国政府对贿赂和腐败的广泛调查，因为联邦检察官要求公司提供它在一些国家的商业交易细节。

美国司法部已命令嘉能可提交公司遵守美国洗钱法和《反海外腐败法》（FCPA）的相关记录，包括嘉能可自2007年以来在尼日利亚、刚果民主共和国和委内瑞拉的业务。

今年嘉能可的股价下跌了18%，市场表现落后于包括英美资源集团、必和必拓和力拓在内的同行，它一直在解决这些问题，而问题主要是关于刚果民主共和国的业务。

这个中非国家是嘉能可几个大型铜矿和钴矿资产增长最重要的地方。然而，由于与刚果民主共和国国有矿业公司Gécamines和受到美国制裁的前商业伙伴Dan Gertler的法律纠纷，这些业务的前景暗淡。刚果民主共和国还通过了一项新采矿法，提高了特许经营费和税收。

高盛集团的分析师尤金·金（Eugene King）说："迄今为止，嘉能可的股价下跌了18%，而行业平均股价同期上涨了5%～6%，尽管嘉能可的基本商品篮子仍然相对具有弹性。"

"由于股价继续表现不佳，最近与我们谈过的投资者对回购的预期有所增加，但大多数人预计将在8月份公布上半年业绩后宣布回购。"

虽然投资者一直关注嘉能可公司在刚果民主共和国面临的问题，以及美国司法部对其调查的前景，但其基本业务一直表现良好。

银行家们表示，目前嘉能可的动力煤业务将产生巨大的利润，亚洲的化石燃料价格处于6年来的高位，约为每吨115美元。

在金属方面，由于矿业公司多年来资金短缺造成投资不足，而全球强劲的需求增长和供应限制为嘉能可的贸易业务创造了套利机会。

格拉森伯格今年一直致力于解决嘉能可和其他采矿企业价值被低估的问题。在会议上他告诉投资者，与更广泛的市场相比，该行业价值从未如此被低估，新的股利支付和资本回报政策将确保他们在未来获得更大的收益额。

Numis Securities 的分析师表示："我们预计额外的资本回报会引起积极的反应，这表明嘉能可的资产负债表去杠杆化计划取得了成功。

"然而，该公司仍面临着重大的监管和地缘政治问题，包括最近美国司法部的传票、刚果民主共和国新颁布的采矿法，以及几起在刚果民主共和国业务的诉讼。"

周四上午，嘉能可的股价上涨了4%，报至332便士，是富时100指数中涨幅最大的股票。

 资料来源：Hume, N. (2018) 'Glencore launches \$1bn share buyback', *Financial Times*, 5 July. © The Financial Times Limited 2018. All Rights Reserved.

问题：

1. 股票回购要约的目的是什么？
2. 讨论一下接受股票回购或者继续保持所持股份能否增加股东财富。

4.5 优先股

优先股与普通股不同，它使持有人拥有获取年度利润额的优先权利。除非所有到期的优先股股利都已全部支付，否则不会支付普通股股利。优先股在债权人等级的顺位也高于普通股，并且在公司清算时有处置资产的优先权。因此，优先股的风险比普通股要小，尽管在法律上也属于股本。与普通股一样，优先股通常是永久性投资（即不可赎回），但不同的是，优先股通常没有投票权。然而，优先股的风险高于负债，原因如下：

- 与负债不同，优先股没有公司资产做担保。
- 在偿付负债利息之前，不能支付优先股股利。
- 清算时，在债权人的求偿得到满足之前，优先股股东不会得到任何清偿。

在计算资产负债率时，优先股和债务都被视为"优先求偿资本"（见本书2.4.6节"杠杆比率"）。伦敦证券交易所允许优先股作为股权或债务上市。

优先股可以分为不可累积优先股和累积优先股，与普通股一样，优先股对税后利润进行分配，而非支付利息。不可累积优先股是指如果可供分配的利润不足以支付优先股红利，则没有股利；而累积优先股则是指如果可供分配的利润不足以支付优先股红利，则获得股利的权利可以结转，未付优先股红利必须在以后年度支付普通股股利之前结清。如果是不可参与优先股，则股利是股票持有者的唯一回报，无论公司的盈利增长如何。而参与优先股除了获得固定的优先股股利支付之外，如果当年利润超过协议金额，还有权获得额外的股利。

☐ 4.5.1　可变股利优先股

优先股通常以固定的股利率向投资者支付，但近年来支付可变股利率的优先股变得更加普遍。有两种定期重置优先股股利率的方法。第一种方法是将股利率设定为浮动或可调整股利率，在市场利率如**伦敦同业拆借利率**（London Interbank Offered Rate，LIBOR）的基础上增加一个固定的百分比来确定。第二种方法是定期将优先股股利率调整到一个可使优先股以固定市值进行交易的比率。符合第二种方法的重置股利率的例子是**拍卖市场优先股**（auction market preferred stock，AMPS）。

☐ 4.5.2　可转换优先股

在优先股中加入其他特征，可以使优先股具有吸引力或满足公司的融资需求。例如，可转换优先股给予持有人在规定情况下按规定条件将其转换为普通股的选择。

☐ 4.5.3　优先股的普及

相对于负债，优先股的成本劣势导致其在英国的受欢迎程度下降。由于这两种证券的风险不同，优先股的股利率不太可能低于负债的税后利息成本。然而，可转换、可赎回优先股一直是风险资本提供者的流行融资方式。由风险融资支持的公司如果表现良好，优先股可以转换为普通股，从而获得更高的回报。如果公司经营得不好，那么优先股可以赎回。20 世纪80 年代，优先股在银行发行人中越来越受欢迎，而直到 90 年代，AMPS 才被证明对公司发行人具有吸引力。2008 年 2 月，AMPS 市场崩溃，承销商拒绝从投资者手中回购股票，尽管后来一些投资者得到了损失赔偿。

☐ 4.5.4　优先股的优点和缺点

与负债相比，优先股带给公司的主要好处之一是——普通股亦是如此——如果利润不足以支付优先股股利，则无须支付。对于累积优先股股东来说，这不是什么问题（尽管未支付的优先股股利的实际价值会下降），但不可累积优先股的持有人会对收不到股利感到沮丧。因此，不可累积优先股股东会要求更高的回报。优先股还会给公司带来以下好处：
- 由于没有投票权，因此不会稀释所有权和控制权。
- 保全了公司的负债能力，不需要担保。
- 未支付优先股股利时，优先股股东不具备指定接管人的权利。

对公司来说，优先股的主要缺点是成本相对于债券来说较高。由于优先股风险较高，例如，当债券利率为 7% 时，股利率可能为 10%。如果考虑负债的节税效应，这种成本差异会更大。假设某公司仍为征税状态，如果公司税率为 30%，利率为 7%，则负债的税后成本为 7×（1−30%），即为 4.9%。由此可见，公司应该选择债务融资而不是优先股。

不可赎回优先股也许不是不可赎回，具体内容见专栏 4-5。

专栏 4 - 5

英杰华集团放弃了优先股取消计划

保险公司在遭到投资者强烈反对后放弃想法

奥利弗·拉尔夫（Oliver Ralph），凯蒂·马丁（Katie Martin）

在投资者和政界人士的强烈抗议以及监管机构的调查中，英杰华集团放弃了一项有争议的优先股取消计划。

这家保险公司在本月初提出可能取消优先股，这使得它的股价暴跌近 1/3。4.5 亿英镑的优先股，票面利率为 8%～9%，且股利优先级别高于普通股，其对英杰华来说是一种昂贵的融资方式。

周五，英杰华集团表示"收到了强烈的反馈和批评"，因此"决定对取消优先股计划不采取任何行动"。

优先股股东代表马克·泰伯（Mark Taber）表示，英杰华放弃了这个想法是"做了正确的事"。他补充说，"这首先是一个考虑不周的计划"。

英杰华希望在今年支出 30 亿英镑的过剩现金，计划用其中的一部分注销股份。但此举遭到了投资者的强烈反对。在本周，两个股东团体在给《金融时报》的信中写道："个别股东对英杰华不计后果的公告深感不安和震惊。"

他们认为，这些股票是不可赎回的，公司不应该试图利用"一个隐晦的漏洞"来取消它们。

财政部特别委员会主席妮基·摩根（Nicky Morgan）议员要求金融行为监管局调查最初是如何向散户投资者出售优先股的。

金融行为监管局已经表示，它正在了解该公司采取这一行动的依据。

首席执行官马克·威尔逊（Mark Wilson）在宣布放弃取消计划的决定时表示："我非常清楚，英杰华在我们的客户和投资者中是受到信任的。为了保持这种信任，我们必须倾听反馈意见并采取行动……我希望我们今天的决定能在一定程度上恢复这种信任。"

包括 M&G、Invesco、GAM 和 BlackRock 在内的投资机构负责人在周三与英杰华的董事长阿德里安·蒙塔古（Adrian Montague）爵士会面，他们持有 29% 的优先股和 15% 的普通股。

周五，一家投资者集团表示："英杰华今天的声明很大程度上解除了我们的担忧，感谢阿德里安爵士和董事会与我们进行了建设性接触，并愿意改变他们的计划。"

泰伯先生现在希望监管机构能够审查《公司法》中能够使英杰华取消优先股的漏洞。"他们不应该这样做，"他说，"英杰华可以做一些其他事情来重建信任。"

FT 资料来源：Ralph, O. and Martin, K. (2018) 'Aviva drops plan to cancel preference shares', *Financial Times*, 23 March.

问题：
讨论股东对优先股取消计划的反应是否与股东财富最大化的目标一致。

▎4.6　结　论

在本章中，我们讨论了与股权融资和优先股有关的一些重要问题。由于股权融资是真正的永久资本，通常不需要偿还，因此它可以为公司提供坚实的资本基础。普通股股东作为公司的所有者和最大的风险承担者，期望获得最高的回报。他们作为所有者的地位和权利受到政府和股票市场法规的保护，并且任何新股发行都必须考虑到这些因素。

学习要点

1. 普通股有面值，与市场价值不同，通常溢价发行。普通股赋予拥有股票的个人和机构以权利。

2. 普通股股东处于权益层级的最底层，是风险的最终承担者，在公司清算中他们可能会失去一切。因此他们期望获得最大的回报。

3. 公司会雇用一名保荐人，帮助公司通过新股票发行规定的审核，并就上市程序提供建议。

4. 私募资金是指以固定价格向机构投资者发售新股，这是一种风险很小的低成本的发行方式。

5. 公开发售股票通常用于大规模新股发行，通过承销商或发起银行向公众发售股票。

6. 介绍上市是将公司现有股票上市，不涉及新股发行。

7. 英国上市管理局制定的上市规章旨在对投资者实施保护并对寻求上市的公司进行筛选。

8. 承销是公司为了避免新股发行失败的一种方式。主承销商通常是发行证券公司，大多数承销商是金融机构。

9. 上市的好处是通过首次公开发行股票筹集资金，更容易获得权益资本和其他资本，而且股票有很多用途，包括在收购要约中用股票付款。

10. 上市的缺点包括获得上市和维持上市需要支付费用、需要满足股东的期望。

11. 股票认购权发行是指按现有股东的现有持股比例向现有股东发行新股。它可以保留现有的所有权和控制权模式，并且比公开发售新股成本更低，但不适合筹集大量资金。

12. 股票认购权的发行价格通常比当前市场价格低 $15\%\sim20\%$，这个价格对股东而言具有吸引力，并且不受股价不利变动的影响。

13. 股票认购权发行之后，股票按理论除权价进行交易。

14. 认购权可以向投资者出售。认购权的价值是理论除权价格与发行价格之差。如果股东购买了股票或出售了认购权，那么他们的财富不会受到股票认购权发行的影响。

15. 由于存在市场预期，受新资金预期收益的影响，实际除权价格可能与理论除权价格不同。

16. 转增股本（红利发行）将现有的资本公积转换为股份。股份拆分（股票分割）减少股票面值，同时增加发行数量，股票的总面值不变。

17. 有人认为股票分割增加了流动性，但研究结果并不支持这种观点。也有人认为股票分割会增加股东财富，但证据尚无定论。

18. 股票股利是以普通股替代现金股利。这对公司来说可以改善现金流量。

19. 股票回购是一种向股东返还现金的方式。为保护债权人的权利，股票回购会受到严格的监管。

20. 优先股股东有权在普通股股东之前获得股利，但利润较低时可以不向其支付股利。

21. 优先股的风险低于普通股、高于负债。优先股不具有投票权，没有资产担保。它不影响公司负债的能力，没有节税效应。

22. 优先股的股利可以是可累积的或者是不可累积的。优先股还包括可变股利优先股和可转换优先股。

23. 在实践中，一般的优先股往往不如债务融资有吸引力。

自测题

1. 解释为什么普通股股东要求的回报不同于债券持有人要求的回报。

2. 简要介绍普通股股东的一些重要权利。

3. 简要解释公司普通股在伦敦证券交易所上市的各种方式。

4. 概述在证券交易所上市的有利和不利之处。

5. 简述优先认购权的定义，并解释为什么它对股东很重要。

6. 讨论股票认购权发行对公司的优势和劣势。

7. XTC 公司正在计划以当前市场价格 2.50 英镑的 20% 折扣进行 1∶4 的股票认购权发行。假设投资者希望出售他们现有股份的认购权利，那么应该以多少钱出售？

(1) 10 便士；

(2) 20 便士；

(3) 30 便士；

(4) 40 便士；

(5) 50 便士。

8. 将现有的资本公积转换为普通股，然后按比例分配给现有股东。这句话很好地定义了下列哪些行为？

(1) 股票股利；

(2) 股票认购权发行；

(3) 红利债券；

(4) 转增股本；

(5) 股份拆分。

9. 解释为什么优先股作为公司的融资来源却不受欢迎。

10. 以下哪项是累积优先股？

(1) 它有权在未来的某一天被转换为普通股。

(2) 它使股东有权获得剩余利润的分享权。

(3) 它有权将未付红利结转到下一年度。

(4) 它使股东获得固定的股利率。

(5) 它赋予持有人公司年度大会的投票权。

讨论题

1. Hanging Valley 公司拥有已发行股本 200 万股的普通股，面值为 1.00 英镑。该公司董事会决定筹集 100 万英镑（扣除发行成本）为一个新产品提供资金，并建议采用 1∶4 的股票认购权发行。发行价格为目前市场价格 2.75 英镑的 8 折，发行费用为 50 000 英镑。

计算以下各项：

(1) 每股的理论除权价格；

(2) 筹集的净现金；

(3) 认购权的价值。

2. Brag 公司正在通过股票认购权发行进行融资，目前其股票的除息价格为 3.00 英镑。发行方式为 1∶6 的股票认购权发行，新股将以当前市场价格的 20% 折扣发售。

（1）讨论以下新股权融资方式的相对优势：

①私募资金；

②公开发行。

（2）解释为什么一般情况下股票认购权发行的价格与股票现行市场价格相比有折扣。

（3）利用上述信息计算 Brag 公司的理论除权股价和每股认购权价格。

（4）讨论导致实际除权股价不同于理论除权股价的影响因素。

3. Mansun 公司是一家上市公司，其资本结构如下所示：

	（千英镑）
普通股，每股 1 英镑	20 000
留存收益	10 000
年利率为 8% 的无担保债券（可在 7 年内赎回）	2 000
年利率为 13% 的债券（可在 2 年内赎回）	16 000
合计	48 000

Mansun 公司 13% 的债券在到期前任何时候都可以向债券持有人以市场价格全部赎回债券。无担保债券则刚刚发行，其成本反映了当前融资市场状况。Mansun 公司目前股价是 4.27 英镑，目前 13% 的债券 100 英镑面值的市场价格是 105 英镑。这些年来，Mansun 公司每年税后利润为 1 000 万英镑，并以 30% 支付公司税。

在最近的一次董事会会议上，财务总监建议以股票认购权发行的方式筹集 400 万股新股票，价格比公司目前股价折价 15%，筹到资金用来赎回已发行的 13% 债券的一部分。发行成本预计为 66 万英镑。但总经理坚持认为，认购权证发行募集到的资金应该投资于一个税前回报率为 22% 的项目。

董事会同意，无论选择哪种方案，公司的市盈率都不会改变，并同意认购权发行。一周后，公司宣布了发行计划并解释了资金用途。

（1）如果资本市场是半强式有效的，请分别确定这两个备选方案下宣布认购权发行的预期股价。

（2）借助必要辅助计算，讨论认购权发行是否符合 Mansun 公司股东的最佳利益。

4. Freeze 是一家上市公司，其拟议的 1∶4 股票认购权发行的普通股是在目前股票价格 4.20 英镑基础上折价 15% 发行的，拟议发行 300 万英镑，用于扩大现有经营活动。

（1）Tundra 先生是一个小投资者，有 10 000 股 Freeze 公司的股票。使用所提供的信息，讨论拟议的股票认购权发行对 Tundra 先生个人财富的影响。

（2）批判性地讨论 Freeze 公司在使用认购权发行普通股时，作为筹集新股权的融资方式需要考虑的因素。你的讨论应该包括以下几个要点：

①实际和理论除权价格之间的差异。

②Freeze 公司筹集新股权资本的其他方式。

参考文献和推荐阅读

第 5 章

长期融资：负债融资、混合型融资与租赁融资

- 5.1　债券、贷款票据、贷款债券和信用债券
- 5.2　银行和机构负债
- 5.3　国际负债融资
- 5.4　可转换债券
- 5.5　认股权证
- 5.6　固定利息债券估值
- 5.7　可转换债券估值
- 5.8　租　赁
- 5.9　融资方式财务效应的评估
- 5.10　结　论

学习目标：

通过学习本章，可以完成以下学习目标：

● 了解长期融资的主要特点。

● 了解公司长期负债融资的种类，包括银行借款、贷款票据、普通债券、贷款债券、高折扣债券、零息债券、可转换债券和欧洲债券。

● 了解可赎回债券、不可赎回债券、可转换债券和认股权证。

● 理解不同种类的长期负债融资对公司的相对吸引力，了解负债融资和股权融资的相对吸引力。

● 掌握租赁和借款作为公司融资来源的不同之处，了解融资决策是如何与投资决策相互影响的。

● 理解租赁作为一种资金来源受到欢迎的原因。

引　言

长期负债融资与权益融资有很大不同，例如银行借款，或债券这样的固定利息证券。长期负债融资所支付的利息可以在税前扣除，支付给普通股和优先股股东的股利则不能在税前扣除，股利本身实际上是税后利润的一部分。公司必须向负债融资提供者支付利息，但是否向股东支付股利只有董事会才能决定。在清算时，债权持有人的求偿优先于股东，因为他们在求偿权等级中排名更靠前。因此，在清算中，股东可能只能收回部分投资，甚至在某些情况下血本无归。因此，对投资者来说长期负债融资的风险低于权益融资，并反映为较低的收益。债券等负债类证券的未来利息支付和本金偿还额可以按照债权人的期望回报率进行贴现，以估计证券的公允价格。

负债可以按照发行公司和投资者的要求进行调整。例如，在每张债券上附加认股权证可以使新发行的债券更具投资吸引力，使债券持有者有权在以后用更优惠价格认购普通股。或者，债券在以后某一日期可以转换为普通股，这种债券在转换后可以获得更高的资本回报和股利，因此在这种情况下债券的利率一般较低。

还有一个融资来源是租赁，这是一种取得各种资产的常见方法。本章将租赁与借款购买资产进行比较，并讨论租赁融资的新趋势。

5.1　债券、贷款票据、贷款债券和信用债券

贷款票据、贷款债券和信用债券都属于长期债券或负债证券，其票面价值在英国通常为100英镑，而市场价格由债券市场交易决定。票面利率基于票面价值计算，通常每年支付一次或两次利息。例如，固定利率10％的债券，每年将向持有人支付10英镑的利息，也可能每年支付两次5英镑的利息。利息属于应税利润的扣除额，因此公司负债的实际成本低于利息支付（或票面利率）。例如，对于固定利率10％且公司税税率为20％的债券，实际成本降到每年8％[10×(1－20％)×100％]。在企业财务中，这种现象被称为负债的税收效应。如果债

券是可赎回的，则本金（面值）需要在赎回日偿还。

贷款票据是债券的另一种叫法。而信用债券和贷款票据这两个术语可以互换使用，由于信用债券是指对负债的文书确认，因此信用债券通常是以公司资产为担保的信托契约债券，而贷款债券通常被认为是无担保债券。信用债券信托契约内容全面涵盖发行公司（证券）资产抵押情况、利息支付方式、债券赎回程序、发行公司定期报告情况、受托人指定接管人的权利，以及任何旨在保护负债融资投资者的限制性条款，等等。

信用债券以公司资产作为固定或变动抵押。**固定抵押担保**（fixed charge security）针对特定的非流动资产，抵押资产在债务未清偿期间无法处置。如果抵押物是土地和建筑物等资产，则称为抵押债券。**变动抵押担保**（floating charge security）指的是资产类别，例如流动资产，且部分资产是允许处置的。如果发生违约的情况，例如不支付利息等，变动抵押物将具体化为特定资产类别的固定抵押物。

5.1.1　契约

将限制性（或银行）契约附加在债券上，是长期负债融资提供者限制公司管理层行为的一种方式。契约的目的是防止公司的风险发生任何重大变化，即债券发行时已经存在的风险。在发行时，风险状况已反映在债务成本（即期望回报率）之中。例如，契约可能会限制公司负债的规模，或者要求公司维持目标资产负债率（见本书 2.4.6 节）。为防止破产和流动性困难，在契约中可以指定流动比率的范围（见本书 2.4.5 节），以鼓励良好的营运资金管理。如果违反契约中约定的条款，可能需要进行资产处置以满足债券持有人的要求，尽管如此，违约后事情的处理过程可以通过协商确定。

5.1.2　赎回和再融资

债券赎回意味着公司对现金流的重大需求以及谨慎的财务规划。由于赎回需要大量资金，一些公司可能选择设立一个定期投资的基金，该基金的唯一目的是为赎回提供现金。这种**偿债基金**（sinking fund）中的投资金额加上应计利息，将足以使公司在不对流动资金造成过度压力的情况下赎回债券。

另外，公司也可以用新发行的长期负债或新发行的权益资本来取代到期债券。这种再融资的好处是可以让公司维持长期资产与长期负债的对等关系，即坚持匹配原则（见本书 3.2.3 节）。专栏 5 - 1 说明了再融资可能出现的问题。

专栏 5 - 1

弗雷泽之家寻求融资来源
困境中百货商店集团表示目前谈判无进展

舍赫拉查德·达内什库（Scheherazade Daneshkhu），贾维尔·埃斯皮诺萨（Javier Espinoza）

陷入困境的百货商店集团弗雷泽之家已经与总部位于伦敦的转型专业公司 Alteri Investors 进行了再融资谈判，该迹象表明这家拥有 169 年历史的百货商店集团目前正面临着财务压力。

据《星期日泰晤士报》报道，谈判已经结束，但谈判正值该百货商店集团寻求对 2019 年 7 月到期的 2.24 亿英镑的债务再融资或延期之际，该债务在英国"脱欧"4 个月后到期。

这家百货商店集团于 2014 年被中国三胞集团（Sanpower）收购，后者承诺在该国扩大品牌。周日，为打消人们的顾虑，该百货商店集团表示："弗雷泽之家是一家私营企业，我们得到了股东全力支持。"

英国零售商们今年的开局令人沮丧——这是自 2013 年以来最糟糕的一年——它们正在努力应对不断上涨的商业税率和其他成本，同时努力让越来越多的顾客在网上商店购物。

电子产品零售商 Maplin 和 Toys R Us 的英国业务都被接管，而 Mothercare、Carpetright 和 New Look 正与店主或贷款方重新谈判条款。

弗雷泽之家的圣诞节交易也很艰难，截止到 12 月 23 日的 6 周内，其销售额比 2016 年同期下降了 2.9%。它承诺将今年 1 600 万英镑的成本削减至去年 1 000 万英镑的水平。该集团还在一直寻求从一些房东那里减少租金。

Alteri Investors 得到了美国收购巨头 Apollo Global Management 公司的支持，参与了 2017 年出售案，将陷入困境的 Jones Bootmaker 卖给了 Endless，并在今年早些时候参与了从 EQT 手中收购 CBR Fashion Group。

弗雷泽之家表示："正如您对当前市场的预见，资本提供者热衷于与零售商商谈。"又补充说，"基于目前银行的条件，这种商谈没有什么进展。"

其中的障碍似乎在于弗雷泽之家的大部分资产已经抵押给了目前以汇丰银行为首的贷款方。

据天空新闻周五报道，贷款方最近聘请了专业服务公司安永集团作顾问。据一位知情人士透露，该集团被邀请评估贷款方对弗雷泽之家的投资是否安全。

评级机构穆迪在 12 月将弗雷泽之家的评级从 B3 下调至 Caa1，这意味着它认为该集团的信用度已从"投机性风险"恶化至"非常高的信用风险"。

弗雷泽之家有一笔 2020 年到期的 1.75 亿英镑的债券，交易价格与面值相比折扣很大。去年年初该集团的负债净额为 2.24 亿英镑，这是最后一个公开数据。

三胞集团本月意外宣布将弗雷泽之家 51% 的股份出售给中国的无极文化旅游集团，这为该集团的未来带来了更多不确定性。

资料来源：Daneshkhu, S. and Espinoza, J.（2018）'House of Fraser on hunt for financing', *Financial Times*, 25 March.

问题：

1. 解释为什么再融资对弗雷泽之家来说如此重要。

2. 讨论为什么弗雷泽之家的负债再融资遇到了困难。

在信托契约中约定债券的赎回期限，而不是固定一个特定的日期，可以缓解现金流的压力。这个赎回期限允许公司根据当时的情况（例如利率水平）选择最佳的赎回时间。公司还可以在债券发行中附加**看涨期权**（call option）来选择何时赎回，因为其有权利而没有义务在到期前购买（即赎回）该债券。提前赎回可以通过支付高于票面价值的溢价来补偿投资者损失的利息。溢价赎回也可用于票面利率较低的债券。

不可赎回债券也有，但很少见。一些建筑协会发行的永久计息股票（PIB）和永久次级债券（PSB）就是如此。然而，正如专栏 5-2 所示，实力雄厚的公司可以发行赎回日期很长的债券。

专栏 5 - 2

巴西石油公司的世纪债券看起来比发行时有更多意义

拉尔夫·阿特金斯（Ralph Atkins）

巴西石油公司是巴西的一家国有石油公司，去年陷入了一场数十亿美元贿赂和回扣的丑闻当中。全球投资者真的会把钱借给它100年吗？是的，他们会。本周，巴西石油公司"世纪债券"的竞投价比已发行的25亿美元高出5倍多。

世纪债券并非破天荒者。过去大型的发债人还有法国EDF公用事业公司。4月份，墨西哥政府发行了100年期欧元债券。而巴西石油公司进一步扩大了公司债券市场的边界，在借贷成本历史性高涨的时代，债券市场正在迅速扩张。世纪债券使这个陷入困境的巴西能源集团把资本锁定到了2115年——届时人们可能使用从火星传来的能源。

无疑，这也让许多人困惑，不知道这一新问题对2007年危机后金融体系有何启示。一个错误的结论是投资者的行为很疯狂。确实，巴西国家石油公司和巴西经济都存在问题。然而这些债券的收益率却高达8.45%，这反而凸显了全球超低利率和量化宽松政策是如何重塑着企业的负债市场、打破债券作为权益资本安全替代品的传统角色的。

对超过正常人寿命而不能赎回的债券进行投资，似乎暗示着对发行人生存机会的鲁莽假设。然而，债券市场的数学之美意味着，只要适当考虑未来的支付款项，这些存续问题在很大程度上就无关紧要了。如果投资者在这个星期购买面值为1 000美元的巴西石油公司债券，并使用8.45%作为"贴现率"计算2115年到期时的现值，即面值1 000美元的价值——将仅为26美分。如此看，该债券最终是否被赎回几乎没有太大区别。类似的计算解释了为什么墨西哥可以发行15亿欧元的100年期债券——尽管有些人会质疑欧元是否能存在10年，更不用说一个世纪了。

相反，影响巴西石油公司债券近期表现的，是其所传递的信用程度和全球利率的趋势。后者可能会推动债券收益率上升，压低价格，但能源集团的命运却呈反向变动，较低的收益率和较高的债券价格是合理的。

巴西石油公司的世纪债券可能仍在发出警示信号。这无助于消除人们对近年来公司债券大量流入新兴市场的担忧，以及如果美国联邦储备委员会在今年晚些时候开始加息，则有可能出现破坏性的风险调整。苏格兰皇家银行信贷研究主管阿尔贝托·加洛（Alberto Gallo）提醒说："这是市场兴奋的迹象。很明显，市场已经与宏观和微观的基本规律脱节了。"

长期债券使得养老公司和保险公司能够更好地匹配它们将来的负债，但也可能会放大市场波动。研究显示：利率的微小变化会导致长期债券的价格变动成比例地扩大。

世纪债券强化了公司和政府债务进一步长期化的趋势。根据摩根大通的数据，债券期限10年以上的新发行债券比例为2007年以来最高。

在最近市场上出现的抛售中，债券看上去似乎更像股票。摩根大通资产管理欧洲首席市场策略师斯蒂芬妮·弗兰德斯（Stephanie Flanders）说："我们必须习惯于将债券视为'风险'资产，当你看到一个高收益债券时，你就要知道它会附加特定的风险。"

如果投资者的关注可以理解，那么一个更难解释的问题是，为什么巴西石油公司要发行100年期的负债。答案是：因为它可以。投资者的大量需求提供了一个机会，让它以一个亮眼的价格、充沛的信心和为以后发行更容易而设定的基准，华丽地进入资本市场。短期债可能不会便宜多少。对巴西国家石油公司来说的困难时期，从全球金融状况来看反而对其有利。

资料来源：Atkins，R.（2015）'Petrobras century bond makes more sense than first appears'，*Financial Times*，4 June.

© The Financial Times Limited 2015. All Rights Reserved.

问题：

1. 解释为什么世纪债券的资本偿还在目前来说没有什么价值。
2. 讨论投资者被世纪债券发行所吸引的原因。

☐ 5.1.3　浮动利率

虽然通常认为债券属于固定利息证券，但其利率也可能根据当前市场利率变动，例如，比 3 个月 LIBOR 高 3⅛%（300 个基点）或比银行**基准利率**（base rate）高 2%（200 个基点）。浮动利率对那些希望获得与现行市场利率一样的回报率，或希望保护自己免受意外通胀影响的投资者具有吸引力。固定利率可以保护投资者免受通货膨胀预期的影响，因为在发行时固定利率就已经设定好了。浮动利率的负债对公司也很有吸引力（见本书 12.1.1 节"利率风险"），因为当利率下降时，公司不会有高于市场利率的固定利率负担。

☐ 5.1.4　债券评级

债券的一个关键特征是债券评级，即通过考量债券现在和未来还本付息的保障程度来衡量投资风险。投资风险的级别是参照标准风险指数确定的。债券评级由穆迪投资者服务公司、标准普尔公司和惠誉集团等商业性机构提供。每项评级均以公司财务业绩预期以及专家对经济环境预测等分析为基础。机构投资者可能有一个法定或自我约束要求，即只能投资于投资级债券。因此，特定债券的等级下调至投机（或垃圾）级别可能会增加抛售压力，从而导致债券市场价格下跌和期望收益率增加（见本书 5.6 节"固定利息债券估值"）。穆迪投资者服务公司针对长期固定利息公司负债的标准等级做了说明，见表 5-1。专栏 5-3 中举例说明了负债率提高是如何影响信用等级的。

表 5-1　穆迪投资者服务公司的债券等级

Aaa	被评为 Aaa 级的债务质量最高，信用风险最低
Aa	被评为 Aa 级的债务质量很高，信用风险非常低
A	被评为 A 级的债务是中上等级，信用风险低
Baa	被评为 Baa 级的债务是中等等级，具有中等信用风险，因此可能具有一定的投机特性
Ba	被评为 Ba 级的债务是投机性的，有较高的信用风险
B	被评为 B 级的债务是投机性的，具有高信用风险
Caa	被评为 Caa 级的债务是投机性的，具有非常高的信用风险
Ca	被评为 Ca 级的债务是高度投机性的，处于或接近违约状态，可以收回一定的本金和利息
C	被评为 C 级的债务是评级最低的债务，通常处于违约状态，收回本金或利息的可能性渺茫

注：穆迪在从 Aa 到 Caa 的每个通用等级分类中都附加了数字符号 1、2 和 3，分别表示其在通用等级类别中所处的较高排名、中间排名和较低排名。

收购时代华纳后 AT&T 等级下调

亚历山德拉·斯卡格斯（Alexandra Scaggs）

在美国电信巨头 AT&T 以 800 亿美元收购时代华纳之后，周五它的信用等级被两家评级机构下调至垃圾级以上两个等级。

穆迪和标准普尔全球评级公司的分析师分别将 AT&T 等级下调一级，分别为 Baa2 和 BBB，因为此次收购给 AT&T 的资产负债表增加了大量负债。合并后公司的净负债总额将达到 1 800 亿美元，分析师估计这个数字是其息税折旧摊销前利润（EBITDA）的 3.5 倍以上。

他们表示，这笔交易使 AT&T 成为迄今为止美国最大的非金融债券发行人。标准普尔全球评级公司的信用分析师阿林·阿登（Allyn Arden）说，这一规模的风险是，债券基金经理的需求将受到影响，因为他们能够持有个别公司债券的数量受到了限制，"投资者只能对任何特定的发行人有一定的敞口，这会减少需求并对债券定价造成压力"。

阿登先生说，与时代华纳的合作预计只能每年节省 15 亿美元的成本，即便协同效应下的预期收入高达 10 亿美元也显得"微不足道"。

资料显示，合并后公司将有 20 亿美元的负债在今年到期，明年将有近 90 亿美元的负债到期。穆迪的分析师预计 AT&T 明年将保持良好的流动性，但又说它最终可能要削减现金股利，以应对新媒体和科技行业的竞争对手。

分析师在周五的降级声明中说："巨额负债使 AT&T 长期承担相当大的年度到期负债，从而使该公司受制于资本市场的健康状况。"

作为现金与股权融资收购的一部分，AT&T 将接受时代华纳总计超过 150 亿美元的负债。分析师表示，为了提高当前等级，除了削减股利，公司还可以采取其他行动，其中包括出售资产、推迟或减少资本支出或发行更多股权。

下调等级是在美国司法部决定不会为了等待可能的上诉而进一步推迟收购之后做出的。美国司法部最初因反垄断问题对该交易提出了质疑，但本周早些时候一名联邦法官批准了该交易。

FT 资料来源：Scaggs, A. (2018) 'AT&T downgraded after Time Warner deal closes', *Financial Times*, 15 June.

问题：

1. 解释 AT&T 被降级的原因。
2. 降级对 AT&T 进一步举债的能力会有什么影响？

☐ 5.1.5 深度贴现和零息债券

赎回条款、**票面利率**（coupon rate）和债券发行价格之间显然存在着一种关系。这种关系将在"固定利息债券估值"（见本书 5.6 节）中更详细地探讨，其中涉及债券的估值问题。公司有可能以远远小于其名义价值的价格发行债券，以换来较低的利率支付，并在到期时以名义价格（或名义价格溢价）赎回。这种被称为深度贴现债券的证券，对那些希望以资本收益的形式获得更高回报率而非利息收入的投资者具有吸引力。不同的个人税收情况使投资者对利息收入和资本收益的偏好不同，这也是一个影响债券投资的因素。

如果发生或预计发生现金流问题，那么深度贴现债券的较低支付成本是具有吸引力的。例如，拟将新发行债券所筹集的现金用于最初几年回报率较低的投资项目。如果深度贴现债券完全不支付利息，则投资者的回报完全以资本增值的形式出现，这就是所谓的**零息债券**（zero coupon bond）。零息债券对发行公司的吸引力与深度贴现债券相似。然而，这些好处的代价是相对于融资规模来说的高额赎回成本。

□ 5.1.6　发行新债

负债融资是通过管理银行在新发行市场（一级市场）筹集的，管理银行在发行日之前通过向客户预售订单投放大量新债券。这种发行方式被称为询价。几家银行可以联合起来组成一个银团，以分散负债融资中的风险。

■ 5.2　银行和机构负债

长期贷款可以从银行和其他金融机构获得，包括固定利率贷款和浮动利率贷款，发放贷款银行只要确信贷款目的是恰当的就可以发放贷款。银行贷款的成本通常是一个高于银行基准利率的协商的结果，具体取决于借款公司的预期风险。放贷行对银行贷款收取手续费，这些贷款通常以固定或变动抵押作担保，抵押品的性质取决于担保的资产是否是优质资产。银行和借款公司通常会商定一个还款时间表，目的是满足借款人的具体需求并符合银行的贷款政策。偿还长期银行贷款包括利息和本金。

例题　偿还贷款的利息和本金计算

一笔年利率为 10%，金额为 100 000 英镑的银行贷款，可在 5 年内按年等额分期偿还。将贷款金额除以 5 年期年利率为 10% 的累计现值系数，可以计算出每年还款额：

每年等额还款额＝100 000/3.791＝26 378.26（英镑）

每年偿还的利息，见表 5-2。每年偿还的本金等于每年还款额与利息之差。残值是由年金现值系数四舍五入得出的。

表 5-2　偿还贷款额中包含的利息　　　　　　　　　　　　　　　　　　单位：英镑

年份	期初余额	利息额	本金偿还额	期末余额
1	100 000	10 000	26 378.26	83 621.74
2	83 621.74	8 362.17	26 378.26	65 605.65
3	65 605.65	6 560.57	26 378.26	45 787.96
4	45 787.96	4 578.79	26 378.26	23 988.50
5	23 988.50	2 398.85	26 378.26	9.09

公司不能将长期银行贷款直接出售给第三方。然而，证券化的发展意味着银行、金融机构和大公司在某些情况下可以将负债打包并在证券化债务市场上出售，如专栏 5-4 所述。

专栏 5-4

巴克莱银行和太平洋投资管理公司将 53 亿英镑的英国抵押贷款证券化

投资者的强劲需求使集团能够出售"不良银行"抵押贷款债券

罗伯特·史密斯（Robert Smith）

利用投资者对结构性债务的旺盛需求，巴克莱银行和太平洋投资管理公司正在计划将从英国政府"不良银行"收购的数十亿英镑抵押贷款证券化。

2010 年英国资产处置公司（UKAR）借了 487 亿英镑处理倒闭的北岩银行（Northern Rock）和布拉德福德-宾利银行（Bradford & Bingley）贷款，周四它宣布，正在向由巴克莱银行领导的机构投资者出售 53 亿英镑的抵押贷款组合。

这些抵押贷款最初是由布拉德福德-宾利银行提供的，出售这些抵押贷款能够使 UKAR 偿还所谓金融服务补偿计划（FSCS）的最后一笔贷款，它是英国财政部在 2008 年和 2009 年为应对商业街贷款人倒闭而提供的贷款。

"这对英国政府来说是一项具有战略意义的交易，因为它可以偿还 FSCS 贷款中剩下的 47 亿英镑。"巴克莱银行资产融资解决方案主管塞西尔·希拉里（Cecile Hillary）说。

据知情人士透露，巴克莱银行和太平洋投资管理公司计划在几周后结束资产组合的出售，不久将推出抵押贷款证券化。证券化是一个过程，在这个过程中，抵押贷款被转给一个特定机构，然后该机构向基金管理人和其他投资者出售这些以资产作抵押的债券。

这些债券被分成不同的等级，根据偿还的顺序而风险不一。"优先级"债券通常具有 AAA 信用等级和相对较低的利率，而风险最高的"权益"类债券回报率更高，但更容易发生损失。

这 53 亿英镑的贷款分为买后出租和自用房两个抵押贷款组合，各自形成独立的证券化工具，分别称为多塞特住房贷款（Dorset Home Loans）和康沃尔住房贷款（Cornwall Home Loans）。

太平洋投资管理公司承担了这两笔交易中风险最高的"权益"类债券。同时，巴克莱银行将分别持有两个证券化工具的 5%，以满足"风险自留"的监管要求，这是金融危机后的一项规则，意味着资产抵押证券的卖方必须保留一定的"风险共担"余量。

由巴克莱银行、汇丰银行、劳埃德银行、Nationwide 银行、国民西敏寺银行（NatWest）和桑坦德英国银行组成的银团已承诺购买抵押贷款证券化中的投资级债券。这种一揽子融资方案被称为"合订证券"，是向所有竞标者提供负债资本的拍卖术语。

这种结构与 UKAR 在 2017 年向私募股权基金公司黑石集团（Blackstone）和英国保诚集团（Prudential）出售更多的布拉德福德-宾利银行抵押贷款时的结构非常相似。黑石集团将约 100 亿英镑证券化交易中的 55 亿英镑的优先票据卖给了同一个银团，剩下的大部分债务公开出售给了第三方投资者。高盛承担其中的风险自留部分，称为 Ripon。

一位资产支持证券投资者表示，本周早些时候当太平洋投资管理公司联盟在竞标中领先时，市场上许多人错误地认为 UKAR 的此次售卖不会引起证券化贷款的公开交易。这是因为太平洋投资管理公司是 10 月份 17 亿英镑抵押贷款证券化的银行集团中唯一的买家，这笔交易名为 Warwick Finance Three。

FT 资料来源：Smith, R. (2018) 'Barclays and Pimco to securitise £5.3bn of UK mortgages', *Financial Times*, 27 April.

小企业在筹集负债资本时面临的问题可以经由政府援助得到部分缓解，例如，英国政府的商业银行子公司英国商业金融服务公司的企业融资担保计划。该计划允许较小的公司获得银行贷款，即使它们缺乏足够的商业贷款担保，并且信用状况紧张。

5.3　国际负债融资

　　国际业务会直接影响公司的融资需求。例如，公司在国外开展经营活动可以借入当地货币以对冲汇率风险（见本书 12.2.2 节"汇率风险的内部管理"）。如果外国货币的借款利率较低，那么可以借入外币（随着时间的推移，汇率变动也可能会消除这个优势）。外币借款可以减少公司受到的货币兑换限制。获得长期外币负债资本来源的一种方式是发行欧洲债券。

　　欧洲债券是指不受计价货币国家控制的债券，由大公司和政府在不同国家同时出售。例如，欧洲美元债券是不受美国管辖的。欧洲债券的期限通常为 5～15 年，利息按总额支付（即不扣税），利率可以是固定的也可以是浮动的。欧洲债券市场不像国内资本市场那样受到严格监管，因此欧洲债券的利率往往低于国内可比债券的利率。

　　欧洲债券是不记名证券，意味着它们的所有者没有登记注册，因此吸引着匿名投资者。欧洲债券是无担保的，因此发行这些债券的公司必须是国际知名的公司且有优秀的信用等级。欧洲债券常用的发行货币有美元（Eurodollars）、日元（Euroyen）和英镑（Eurosterling）。欧洲债券的种类反映了国内市场的债券种类，例如，有固定利率、浮动利率、零息和可转换的欧洲债券。

　　欧洲债券可以为长期投资进行融资，或者作为平衡长期资产和长期负债结构的一种方式，以应对汇率风险。就投资者而言，可能会被欧洲债券所吸引，因为欧洲债券同时具有安全性和匿名性，但他们会担心能否获得足够的回报，特别是由于近年来欧洲债券二级市场一直受到流动性差的批评。

5.4　可转换债券

　　可转换债券同时具有负债和权益的特征，所以属于混合性资本来源。这种债券是固定利息债券，持有者有权在预先确定的时间按照预先确定的利率将债券转换为公司的普通股。如果持有者没有把债券转换为普通股，它们通常在转换日之后的几年被赎回。转换率可以用转换价格（可转换为一股普通股的债券面值）表示，也可以用转换率（一份债券面值可以获得的普通股数量）表示。转换条件可能会随着时间的推移而变化，转换率也会随着普通股的增值预期而减少。例如，转换条件可以是一份债券面值转换为 35 股普通股，也可以是三年后转换 30 股普通股。

　　转换价值为债券转换为普通股的市场价值，等于转换比率乘以普通股每股市价。首次发行可转换债券时，转换价值低于债券的发行价格。随着转换日期的临近，转换价值会随着普通股价格的上涨而增加，因此，转换为权益资本是投资者感兴趣的选择。**转换溢价**（conversion premium）（见本书 5.7.3 节）是可转换债券的市场价格与转换价值之间的差额。在图 5-1 中，转换溢价由 MM' 和 CM' 之间的垂直距离表示。转换溢价与转换发生前的剩余时间成正比，随着转换时间越来越近，市场价值和转换价值趋于一致，转换溢价变得可以忽略不计。转换溢价通常以每股为单位表示。可转换债券的市场价值与负债面值之间的差额称为权利溢价。在图 5-1 中，权利溢价由 MM′ 和 LR 之间的垂直距离表示。

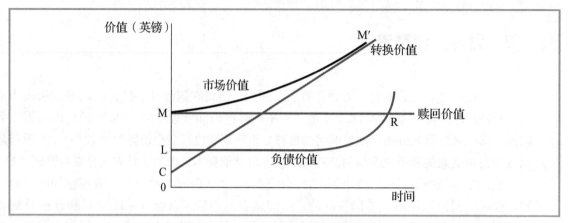

图 5-1　可转换债券市场价值影响因素

例题　**可转换债券的转换条件**

票面利率 12%、6 年后以 100 英镑的面值赎回的可转换债券，可以在未来 3 年内随时转换为 30 股普通股。该债券目前的除息交易价格为 115.50 英镑（购买债券并不获得下一次利息支付的权利），当前普通股价格为 3.20 英镑。同类风险和期限的普通债券的除息市场价格为 105.00 英镑。

　　目前的转换价值:30×3.20＝96.00(英镑)

　　目前的转化溢价:115.50－96.00＝19.50(英镑)(或每股 65 便士)

　　目前的权利溢价:115.50－105.00＝10.50(英镑)(或每股 35 便士)

由于可转换债券有使投资者转换为权益股东的价值，因此利息低于不可转换债券（也称为普通债券、香草债券或直接债券）的利息。可转换债券的最低价格（最低支付限额）等于利率、期限和风险相同的普通债券价值。可转换债券的实际市场价格将取决于:

- 当前转换价值;
- 转换的时间;
- 预期的转换价值;
- 市场预期是否实现转换。

可转换债券估值见本书 5.7 节。

5.4.1　可转换债券对公司的吸引力

公司可以将可转换债券视为延迟的权益资本。当董事会认为公司的普通股价格低迷而不能反映公司的实际价值时，发行此类负债证券是有吸引力的。或者，董事们也可以将可转换债券作为筹集资金的一种方式，因为一般来说发行新股可能导致每股收益（EPS）大幅下降，令人难以接受。

可转换债券对公司也很有吸引力，因为它与普通债券一样支付固定利息，使财务预测和计划更容易实现。此外，发行可转换债券使公司支付的利率低于相同期限的不可转换债券，从而有助于现金流状况。由于债券的利息支出可以减税，因此发行可转换债券可以降低平均资本成本。可转换债券还可以将公司的资产负债率提高到债权人通常认为可接受的水平之上，因为发生预期转换时，资产负债率也会随之降低。可转换债券的主要吸引力之一在于，发行时如果确定的转换条件是恰当的，那么转换会自我清偿，因为发行公司不需要找现金来赎回债券，而不可转换债券必须在到期时赎回或再融资。

可转换债券的劣势包括：在流通状态下会增加资产负债率，影响公司的整体风险状况；在转换时会稀释每股收益，现有股东的控制权也会被稀释；在熊市中发行可转换债券很难成功。

□ 5.4.2 可转换债券对投资者的吸引力

可转换债券在短期内需支付固定利息，在长期有转换为权益资本的选择权，这对一些投资者可能有吸引力，因为它在短期内提供了一个低风险投资，在长期有可能获得更大的收益。与不可转换债券相比，可转换债券的优势在于为投资者提供了财务上参与公司发展的机会，而不是获得固定回报。与普通股相比，可转换债券的优势在于，在决定是否通过转换成为普通股股东之前，持有人可以评估公司及其股票的表现。

然而，不能确定债券持有人是否行使转换选择权。如果转换没有吸引力，他们没有转换义务，例如，如果没有发生预期的股价增长，那么转换价值低于底线值。这种增长乏力可能完全是由于公司不可控因素造成的，例如整体经济状况普遍下滑。如果不转换，债券将坚持到期限结束，并要在到期时赎回。专栏 5 - 5 列举了可转换债券的一般情况。

专栏 5 - 5

可转换债券激增明显表示信用周期进入尾声
金融危机以来市场将迎来最大发行量

亚力山德拉·斯卡格斯（Alexandra Scaggs）

有很多迹象表明，信贷周期正在进入后期阶段，此外还有迹象表明公司正在发行更多可转换债券（兼具债券和股票的特征）以满足融资需求。

推特公司是上述公司中的最新成员。上周关于这个社交媒体平台将被纳入标准普尔 500 指数的消息引发其股价上涨近 9%，因为标准普尔 500 指数的这个基准受到了被动投资者的广泛关注。

也许是为了庆祝进入标准普尔 500 指数，该公司向市场投放 10 亿美元证券，而这些证券会稀释现有股东权益。

这些证券的收益率为 0.25%，并于 2024 年 6 月到期，所有者可以将其本金兑换为现金，或者以 57.14 美元换成推特公司的股票。该公司表示，它已经进行了对冲交易以减少稀释，但减少的程度尚不清楚。随后的一个交易日股价下跌，但看起来仍将在本周收盘时大幅上涨。

可转换债券的市场正在升温，这种债券产生于 19 世纪末美国的铁路融资热潮，它像债券一样定期支付票面利息。但同为它作为低利率的一个交易，且违约时求偿权通常在其他债券持有人之后，因而投资人可以选择以预定价格将可转换债券换成股票。

Advent Capital 投资组合经理奥德尔·兰布罗萨（Odell Lambroza）说："我们看到大量新发行。我认为公司想要赶在利率上升之前用可转换债券来增加资本。"

Dealogic 数据库显示，今年到目前为止，已发行了 62 只公司可转换债券，价值 229 亿美元，有望创下自金融危机以来市场的最高发行量。

这在一定程度上是因为美联储在提高利率，它标志着美国信用周期进入最后阶段。在利率上升期间，可转换债券对公司财务主管更具吸引力，因为较低的面值降低了利息支付成本。

事实上，Dealogic 数据库显示，上一次推特是在 2014 年可转换债券增发浪潮中发行了债券，这波浪潮是由 2013 年美联储宣布缩减量化宽松计划后利率上升所推动的。油价下滑和收益率下降导致发行量再次下降。

对于投资者来说，信用周期的最后阶段让可转换债券更有意义。首先，证券交易围绕并购活动十分活跃，因为可转换债券允许有不同的结果。监管当局对交易的处理存在一些不确定性，但对于 AT&T 拟收购时代华纳的决定可能会引发更多交易，具体情况取决于交易结果。

其次，股价提升，企业信用利差继续保持相对收窄，缩小了投资者理性配置现金的选择范围。可转换债券可以用于不依靠公司权益或负债比例的复杂交易，即所谓的套利。

根据 FactSet 的数据，推特股票估值很高，其股价是未来 12 个月预期收益的 51 倍。相比之下，标准普尔 500 指数的交易价格是预期收益的 17 倍。

尽管推特股价已连续两个季度保持增长，但投资者仍对购买股票犹豫不决——这是推特上市近 5 年来仅有的实现了正收益的两个季度。

以上就是可转换债券在推特等公司中特别受欢迎的部分原因，这些公司以高增长为目标，而且现金流量不稳定。但此类公司往往比其他发行者更具有投机性。值得注意的是，历史上可转换债券在违约情况下的收回概率很低。在科技泡沫破灭的情况下，投资者最终可能会失去财富。

迄今为止，科技行业是可转换债券的最大发行者。根据 ICE BofAML 的数据，科技行业业市场份额约为 40%，是其他行业的 2 倍。如果科技热潮持续下去将造成大量的股东权益稀释。

股东们或许可以从高盛集团（Goldman Sachs）报告的统计数据中得到启发。追溯到 2003 年利率上升期间，可转换债券的表现优于高收益债券，但不及标准普尔 500 指数。

 资料来源：Scaggs, A. (2018) 'Convertible bonds surge highlights late stage of credit cycle', *Financial Times*, 8 June.

问题：

1. 讨论为什么推特公司选择可转换债券而不是普通债券作为资金来源。
2. 2024 年可能会出现什么样的稀释现象？

5.5　认股权证

认股权证是在未来某个日期以固定的、事先确定的价格（称为**行使价格**，exercise price）购买公司新的普通股的权利。认股权证通常作为一种**权益助力工具**（equity sweetener）附加到一揽子债券发行中，使债券发行对投资者更具吸引力。然而，认股权证可以从标的债权中分离出来，并在设定的行使期间或之前交易。因此，投资于附有认股权证的买方可以单独出售认股权证，降低投资成本。

认股权证的内在价值（V_w）是当前普通股价格（P）减去行使价（E），再乘以一份认股权证可以购买的股份数（N）：

$$V_w = (P - E) \times N$$

例如，如果认股权证赋予持有者可以用 1 英镑的行权价购买 5 股普通股，而当前的普通股价格为 1.25 英镑，则认股权证的内在价值为：

$$V_w = (1.25 - 1.00) \times 5 = 1.25 (英镑)$$

由于未来股价可能上涨，实际的认股权证市场价格将高于内在价值。实际认股权证的价格与内在价值之间的差额称为时间价值，因此：

$$实际认股权证的价格 = 内在价值 + 时间价值$$

因此，即使认股权证没有内在价值，它们也有市场价格。

继续刚才的例子，假设在 6 个月内普通股的价格从 1.25 英镑涨到 2.50 英镑。认股权证的内在价值增至：

$$V_w = (2.50 - 1.00) \times 5 = 7.50 (英镑)$$

普通股的价格上升了 100%，但认股权证的价值上升了 500%。这意味着购买和持有认股权证可以比普通股获得更大的收益比率。如果在 6 个月内普通股从 1.25 英镑跌至 1.00 英镑，则认股权证的内在价值为 0。标的股票的价值下降了 20%，但认股权证的价值下降了 100%。在这种情况下，认股权证比普通股损失更大。这种按比例增加收益或损失的现象被称为认股权证的杠杆效应。当认股权证损失的绝对值为 0.25 英镑时，普通股的损失可能高达 1.00 英镑。

因此，认股权证的特点包括初始支出低、比普通股的潜在损失小、杠杆效应带来的相对较高利润的潜力，这些对投资者都有吸引力。

从公司角度来看，附加认股权证的债券利率会低于相同期限的普通债券，而附加认股权证对投资者更具吸引力。当证券不足时，认股权证甚至可以使债券成功发行。与可转换债券不同，只要股价能有满意的增长，认股权证将来就会被行使，实现认购少量的权益资金。

5.6　固定利息债券估值

5.6.1　不可赎回债券

不可赎回债券的估值很简单，它的本金或资本金永远不需偿还。求未来利息贴现值的和即可，如下所示：

$$P_0 = \frac{I}{K_d}$$

其中：P_0 ＝除息市场价值（英镑）；

$I=$ 每年利息支付（英镑）；

$K_d=$ 债券投资者的期望回报率（%）。

例题　不可赎回债券估值

票面利率为 8% 的不可赎回债券，债券投资者要求 11% 的回报。该债券的理论市场价值将为：

$$P_0=\frac{I}{K_d}=\frac{8}{0.11}=72.73(英镑)$$

债券市场价格小于面值 100 英镑的原因是，债券仅提供 8% 的年利率，而投资者的期望回报率为 11%。如果债券能提供超过 11% 的利息，那么理论价值将高于名义价值。

必须记住，这种估值模型给出了不可赎回债券的除息市场价格，因为它代表了未来现金流的现值。任何当前利息或即将支付的利息均不包括在估值中。债券投资者的期望回报率（K_d）就是负债的成本（见本书 9.1.3 节），也称为债券收益率。因此，若已知当前市场价值（P_0）和利率，该模型可以用于计算不可赎回负债的当前成本。

□ 5.6.2　可赎回债券

可赎回债券估值就是计算按债券投资者的期望回报率（K_d）贴现的未来利息支付和赎回价值的现值和。利息支付通常每年或每半年支付一次，而赎回价值通常为 100 英镑的票面价值。

$$P_0=\frac{I}{(1+K_d)}+\frac{I}{(1+K_d)^2}+\frac{I}{(1+K_d)^3}+\cdots+\frac{I+RV}{(1+K_d)^n}$$

其中：$P_0=$ 除息市场价值（英镑）；

$I=$ 每年利息支付（英镑）；

$K_d=$ 债券投资者的期望回报率（%）；

$RV=$ 赎回价值（英镑）；

$n=$ 期数（年）。

如果利息是每半年支付一次，估值模型修改为年贴现率和年利率均除以 2，对赎回价值保持不变。虽然在数学计算上并不准确，但这个近似值对于大多数使用情况来说已经足够了。

例题　每年付一次利息的可赎回债券估值

一种票面利率为 10% 的债券，在 4 年后可以 100 英镑的面值赎回。假设该债券投资者的期望回报率为 12%。由于债券以名义价值赎回，并且期望回报率大于票面利率，预计其市场价值将低于票面价值。计算理论市场价值如下：

$$P_0=10/(1.12)+10/(1.12)^2+10/(1.12)^3+(10+100)/(1.12)^4=93.93(英镑)$$

若每半年支付 5 英镑的利息，6 个月的期望回报率为 6%，重复之前的计算。理论市场价值为：

$$P_0=5/(1.06)^2+5/(1.06)^2+\cdots+5/(1.06)^8+100/(1.12)^4=94.60(英镑)$$

理论市场价值增加了，是因为能更早些收到一半的年利息，因此利息的现值更高。

5.7　可转换债券估值

由于可转换债券赋予持有者在未来某个时间将债券转换为普通股的选择权，因此其估值比对普通债券估值更为复杂。可以从两个不同的角度来看：

■ 如果看上去在确定的未来日期不能转换，可以把可转换债券作为普通债券来估值，市场价值将是未来利息支付与到期本金偿还的现值和。

■ 也可以假设可转换债券将被转换为普通股，据此估值，市场价值将是截至转换日期的利息支付与每份债券转换的股票现值之和。

用以上哪种方法估值，取决于投资者对标的普通股未来价格的预期。

5.7.1　转换价值

如果投资者预期公司股价平均每年增长足以使未来将债券转换为普通股成为有吸引力的选择，那么，可转换债券的当前市场价值主要取决于其未来转换价值。转换价值取决于转换日的股票价格，具体计算如下：

$$CV = P_0(1+g)^n R$$

其中：CV＝可转换债券 n 年后的转换价值（英镑）；

P_0＝除息市场价值（英镑）；

g＝预期普通股价格年增长率（％）；

n＝转换时间（年）；

R＝转换的股份数。

5.7.2　市场价值

如果转换可以实现，则可转换债券的理论市场价值为未来支付利息与债券转换价值的现值之和，计算如下：

$$P_0 = \frac{I}{(1+K_d)} + \frac{I}{(1+K_d)^2} + \frac{I}{(1+K_d)^3} + \cdots + \frac{I+CV}{(1+K_d)^n}$$

其中：P_0＝除息市场价值（英镑）；

I＝每年利息支付（英镑）；

K_d＝债券投资者的期望回报率（％）；

CV＝可转换债券 n 年后的转换价值（英镑）；

n＝转换时间（年）。

也可以列示如下：

$$P_0 = \sum_{i=1}^{n} \frac{I}{(1+K_d)^i} + \frac{P_0(1+g)^n R}{(1+K_d)^n}$$

例题 / 可转换债券估值

票面利率为 10% 的可转换债券可以在第 4 年转换为 25 股普通股或在同日以面值 100 英镑赎回。债券投资者的期望回报率为 11%。目前标的股票的除息市场价格为 3.35 英镑，预计股价每年增长 5%。

4 年后债券的转换价值为：

$$CV = P_0(1+g)^n R = 3.35 \times 1.05^4 \times 25 = 101.80(英镑)$$

看起来能实现转换，因为理性投资者面对 101.80 英镑的转换价值与 100 英镑名义价值的选择时，会选择转换债券。

债券的理论市场价值为预期未来现金流量的现值之和。从贴现率表中可查，11% 的 4 年期年金现值系数（CPVF）为 3.102、复利现值系数（PVF）为 0.659。计算估值模型如下：

$$
\begin{aligned}
P_0 &= (I \times CPVF_{11,4}) + (CV \times PVF_{11,4}) \\
&= (10 \times 3.102) + (101.80 \times 0.659) \\
&= 31.02 + 67.09 \\
&= 98.11(英镑)
\end{aligned}
$$

如果看上去不可能转换，赎回仍有保证，债券的理论价值为最低价值（底价）96.92 英镑 $[(10 \times 3.102) + (100 \times 0.659)]$。

▢ 5.7.3 可转换债券市场价值的影响因素

可转换债券市场价值的影响因素如图 5-1 所示。图中线 MM′ 表示市场价值。开始时可转换债券的底价为债券赎回价值。普通股价格随时间推移而上升，转换价值（CM′）将逐渐大于赎回价值成为底价。市场价值（MM′）大于转换价值（CM′），由于投资者预期未来股价会继续上涨，因此转换价值越来越大。

转换溢价是曲线 MM′ 和直线 CM′ 之间的竖直距离，权利溢价是曲线 MM′ 和 LR 之间的竖直距离。转换应该发生在 M′ 之后，因为在此之前的转换存在利润损失的隐患。

如果标的股票的价格缓慢上涨或下跌，且无转换预期，如图 5-2 所示，可转换债券只具有普通债券的价值，直到在点 R 赎回为止。在点 A 处，转换的权利已经不再有任何价值，此后可转换债券被视为普通债券进行估值。

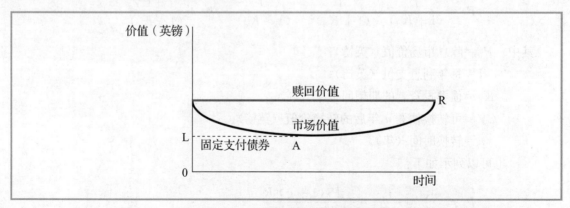

图 5-2 可转换债券的负债价值

5.8　租　赁

　　租赁是一种融资形式，其本质是根据商定的合同租用资产。租用资产的公司称为**承租者**（lessee），而拥有资产的公司称为**出租者**（lessor）。站在公司融资的角度，我们一方面关注为什么租赁是一种受欢迎的资金来源，另一方面关注如何评估租赁是负债融资的一个有吸引力的替代方案。

　　通过租赁，承租者在一段时间内获得资产的使用权，而被出租资产的合法所有权仍属于出租者。这是租赁与分期购买（租金购买）的不同之处，因为在租金购买方式下，在支付最后一笔款项时，资产的法定所有权将转移给购买者。由于历史原因，迄今为止，银行及其附属机构是最大的出租者。

☐ 5.8.1　租赁的会计报告

　　2016 年 1 月开始执行的国际财务报告准则第 16 号（IFRS 16），取消了之前的经营租赁和融资租赁的区别。承租者必须在资产负债表中将租赁列示为金融资产和相关的金融负债。资产和负债均以租赁合同约定的未来付款额的现值为计价基础，以租赁中隐含的利率为贴现率。期限少于 12 个月的租赁和低价值资产的租赁可以不受 IFRS 16 的约束。

☐ 5.8.2　租赁的税收动机

　　如果公司在决定购买资产的时候正好没有足够的应税利润，那么公司将无法立即利用**资本免税**（capital allowances）（折旧可抵减税收）的好处。此时，租赁将成为公司购买的有吸引力的替代方案，特别是出租者有充分的利润能够让承租者支付较低的租赁费享受到资本补贴的好处。

　　如果出租者和承租者的纳税状况不同，就会出现税收优惠。例如，一个纳税的出租者可以购买资产，享受资本免税额，然后将这项资产出租给非纳税的承租者，将租赁费支付方式设定在出租者和承租者都受益的水平。税收优惠也可能由年底效应产生，因为不同的会计年度的年底可能使出租者比承租者更快获得税收优惠。如果出租者拥有多个不同会计年度的子公司，这种好处就更明显。

☐ 5.8.3　租赁的其他动机

　　德鲁里和布朗德（Drury and Braund，1990）提出了公司选择租赁资产而不是直接购买的几个可能的动机。如果公司的流动性不足，那么租赁可以提供一个资金来源。如果因为缺乏优质资产作抵押而难以融资，可以用租赁的方式获取资产。由于被租赁资产的所有权仍属于出租者，被租赁资产本身就是租赁合同的担保，在租赁付款违约的情况下可以收回该资产。因此，租赁为小公司提供了一个富有吸引力的资金来源。

　　由于技术变革和发展的速度很快，一些资产可能会很快过时。租赁为此提供了一个解决方案，因为短期租赁合同可取消，资产可以被更新替代。公司可以通过租赁而不是购买，来保证它们使用的资产总是最新的。

租赁合同在设备选择和租赁费支付方式上的灵活性表明租赁已经深入人心。

□ 5.8.4 租赁评估

租赁评估涉及投资决策和融资决策。可以通过以下几种方式达成最佳的整体决策：

- 先做融资决策，再评估投资决策；
- 先做投资决策，再优化融资方式；
- 将投资和融资决策结合起来。

如果先做投资决策，投资项目可能会被拒绝，然而如果采用成本最低的融资方法，这个项目可能被接受。将投资和融资决策结合起来，涉及投资评估方法，这超出了本书的讨论范围。因此，建议采用第一种方法，即在评估投资决策之前确定融资方法。这意味着融资决策可以独立于投资决策，不需要在本节中进一步研究投资决策。

假设一个公司的负债能力有限，并且假设在租赁和借款情况下都会产生一系列定期付款的责任，租赁等同于借款，这是一种获得资产使用权的方式（Myers et al.，1976）。然后可以用现金流量贴现法来比较两种融资方案的相对成本。为了进行这种比较，首先要确定相关的现金流量，如下所示：

- 税收：如果是购买资产，购买方可获得资本性补偿（允许折旧抵减税收）；而如果是租赁资产，承租者可以将支付的租赁费在应税利润前扣减。因此，与此相关的现金流量是由资本补偿产生的税收优惠和可能拖欠一年支付的租赁费用。

- 维修费用：可以从税前利润扣除，至于是由出租者还是承租者支付，取决于租赁合同。

- 支付租赁费用：可以预付或延期支付，支付的金额和时间显然很重要。

- 购买价格和处置价值：如果资产是借款购买的，必须考虑购买价格（等于借款的现值）及其处置价值。资本补偿的余额或支付额受到资产使用年限结束时预期的任何处置价值的影响。

这些现金流量必须用一个适当的贴现率进行贴现。由于将租赁视为借款的直接替代，因此以公司借款的成本作为其贴现率是适当的，例如，公司购买资产所需贷款的税前利率。如果公司**税收抵尽**（tax-exhausted），无法利用税收优惠，那么这个利率是合适的。如果公司有盈余（即税收未抵尽），则应该使用借款的税后利率作为贴现率。

如果用净现值法对比租赁和借款购买，那么可以通过税后借款成本贴现现金流量。如果用内含报酬率（IRR）法，租赁的内部收益率可以与借款成本进行比较（Tan，1992）。在这里，我们采用净现值法。

例题 资产租赁与借款购买的评估

DDX 公司正在决定是租赁还是购买一台使用寿命为 6 年的机器。DDX 可以借入 90 000 英镑购买机器，或每年支付 20 000 英镑的年租金租用，为期 6 年，租金在每年年初支付。如果购买机器，则每年发生 1 000 英镑维护费用。如果租赁机器，则不发生这些费用。该机器残值为 0。DDX 年税率为 30%，允许申请余额递减 25% 的资本补偿（折旧）。该公司的税前借款成本为 10%。DDX 公司应该租赁还是购买机器？

参考答案：

由于租赁是借款的一种替代方式，因此可以用借款的税后成本来比较两种方案的相关现金流量，也就是 $10×(1-0.30)=7\%$。

资本补偿（折旧）计算如下：

年		（英镑）
1	$90\,000×0.25=$	22 500
2	$22\,500×0.75=$	16 875
3	$16\,875×0.75=$	12 656
4	$12\,656×0.75=$	9 492
5	$9\,492×0.75=$	7 119
6	（剩余）	21 358
		90 000

借款购买的税收优惠计算见表 5-3。请注意，维修费用可以抵减税收，这一点经常被忽视。

表 5-3　计算 DDX 公司借款购买机器的税收优惠

年	资本补偿 （折旧，英镑）	经营性费用 （英镑）	抵减税收总额 （英镑）	30%的税收减免 （英镑）	减税年份
1	22 500	1 000	23 500	7 050	2
2	16 875	1 000	17 875	5 363	3
3	12 656	1 000	13 656	4 097	4
4	9 492	1 000	10 492	3 148	5
5	7 119	1 000	8 119	2 436	6
6	21 358	1 000	22 358	6 707	7

现在可以计算租赁和借款购买的支出现值，如表 5-4 所示。从该表中可以看出，目前租赁的支出现值（75 276 英镑）略高于借款购买机器的支出现值（73 063 英镑），因此基于财务原因建议购买机器。用净现值法（见本书 6.3 节）对投资决策进行评价时，应包括购买成本。

表 5-4　DDX 公司租赁与购买支出现值分析

租赁机器的支出现值				
年	现金流量	（英镑）	7%贴现系数	现值（英镑）
0—5	支付租赁费	(20 000)	$(4.100+1.000)=5.100$	(102 000)
2—7	税收减免额	6 000	$(5.389-0.935)=4.454$	26 724
				(75 276)

续表

	借款购买机器的支出现值					
年	资本支出（英镑）	经营成本（英镑）	税收减免（英镑）	现金净流量（英镑）	7%贴现系数	现值（英镑）
0	(90 000)			(90 000)	1.000	(90 000)
1		(1 000)		(1 000)	0.935	(935)
2		(1 000)	7 050	6 050	0.873	5 282
3		(1 000)	5 363	4 363	0.816	3 560
4		(1 000)	4 097	3 097	0.763	2 363
5		(1 000)	3 148	2 148	0.713	1 532
6		(1 000)	2 436	1 436	0.666	956
7			6 707	6 707	0.623	4 179
						(73 063)

□ 5.8.5 财务收益的分配

为了使租赁合同顺利进行，租赁双方必须都受益。如果承租者和出租者的税率相同，那么从税收角度来看没有整体财务利益可以分配，租赁似乎是一个**零和游戏**（zero sum games）（Drury and Braund，1990）。要产生财务收益，承租者和出租者的各自现金流量必须存在一定差异，其部分或全部的影响因素如下：

■ 出租者和承租者不同的资本成本；

■ 出租者和承租者不同的税率；

■ 不同的资本补偿受益能力。

资本成本差异源于大型租赁公司的权益资本成本和借款成本低于那些希望获得租赁资产的小公司。由于英国的税收制度区别对待大、小公司，因此会产生税率的差异。例如，如果出租者设立多个会计年度不同的子公司，就具备了获得不同资本补偿收益的能力。非税财务收益也可能会减少租赁费，例如，出租者为了出租而大量购买资产，从而获得价格折扣。

财务收益的分配取决于租赁费的支付额和支付时间。承租者希望支付一个最低金额，而出租者则希望收取一个最高金额。实际支付额将介于两者之间，由双方相对的议价能力决定。

5.9 融资方式财务效应的评估

从公司可以选择的融资方式中进行挑选，需要对选定的融资方式进行财务评估。此类财务评估着眼于融资决策对股东财富的影响。

例题 **权益融资与负债融资的评估**

　　PXP 是一家上市公司，它向 VVM 公司提出每股 3.20 英镑的普通股收购要约。两家公司具体情况如下所示：

	PXP（千英镑）	VVM（千英镑）
普通股（面值 25 便士）	2 500	900
留存收益	1 750	1 000
	4 250	1 900
当前普通股价格	每股 5.10 英镑	每股 2.50 英镑
税后资本成本	9%	13%
当前每股收益	23 便士	19 便士

　　PXP 不确定是应该发行认股权证还是发行债券为此项要约融资。可以预计的是，收购之后可以每年节省税后运营成本 250 000 英镑。PXP 的税率为 30%。

　　如果 PXP 的市盈率保持不变，计算 PXP 在以下融资方式下完成收购后的股价，并评论对其股东财富的影响：

　　1. 以每股 4.00 英镑的发行价格发行认股权证；

　　2. 发行票面利率为 12% 的债券。

参考答案：

　　不考虑融资方式，PXP 完成收购后的市场价值如下所示：

	（百万英镑）
PXP 当前市场价值＝2.5×4×5.10＝	51.00
VVM 当前市场价值＝0.9×4×2.50＝	9.00
市场价值之和	60.00
减去购买价格＝0.9×4×3.20＝	11.52
PXP 不考虑成本节约的市值	48.48
成本节约的现值＝0.25/0.09＝	2.78
PXP 要约完成后市值	51.26

采用认股权证融资：

　　已发行的股份数＝11.52/4.0＝2.88（百万股）

　　收购后股份数＝10＋2.88＝12.88（百万股）

　　PXP 收购前收益＝0.23×10＝2.30（百万英镑）

　　VVM 收购前收益＝0.19×3.6＝0.68（百万英镑）

　　成本节约带来的收益增加额＝0.25（百万英镑）

　　收购后收益总额＝2.30＋0.68＋0.25＝3.23（百万英镑）

收购后的市场价值可以用收购后收益乘以市盈率计算：

　　收购前 P/E＝5.10/0.23＝22（倍）

　　收购后市场价值＝3.23×22＝71.06（百万英镑）

　　收购后每股价格＝71.06/12.88＝5.52（英镑）

理论除权价格＝(51＋11.52)/12.88＝4.85(英镑)

由于收购后股价大于每股理论除权价格，因此PXP股东财富每股增加了67便士。

采用债券融资：

　　普通股股票保持为1 000万股

　　不考虑债券利息的收购后收益＝323(万英镑)(见以上计算)

　　债券利息＝11.52×12％＝1.382(百万英镑)

　　节约税收＝1.382×0.3＝0.415(百万英镑)

　　因债券而收益减少＝1.382－0.415＝0.967(百万英镑)

　　收购后收益＝3.23－0.967＝2.263(百万英镑)

　　收购后市场价值＝2.263×22＝49.79(百万英镑)

　　收购后每股收益＝49.79/10＝4.98(英镑)

由于收购后的股价低于目前每股市场价格5.10英镑，因此PXP股东财富每股减少了12便士。

结论：建议发行认股权证，可以增加股东财富，不推荐发行债券。

5.10　结　论

在本章我们已经看到，普通债券、银行贷款、可转换债券（混合型融资）和租赁都可以成为公司融资的有效途径，以取得商业活动所需要的资产。每种融资方法都有优点和缺点，公司在最后做出选择之前必须仔细考虑。从理论上讲，可供选择的融资方法有很多，公司应该可以找到能够满足具体融资要求的方式。

学习要点

1. 债券或贷款票据是付息类证券，必须在到期时赎回（除不可赎回之外）。支付的利息可以抵减税收，从而减少负债融资的成本。信用债券是以公司资产为抵押的债券。

2. 限制性契约是保护负债资本提供者的一种方式，例如可以限制继续举债的数量、设定目标资产负债率或设定目标流动比率。

3. 债券赎回要做好财务规划，赎回可以覆盖一段时间而不是在一个特定日期。公司的赎回计划可以包括再融资、匹配原则或偿债基金。

4. 债券等级衡量的是公司债券的投资风险。

5. 深度折扣债券是以远远低于名义价格的发行价格换取更低支付利率的债券。它可能会吸引那些偏好资本增长而非利息收益的投资者，也会吸引偏好较低服务成本以匹配预期投资回报的公司。

6. 零息债券不支付利息，发行价格与名义价值相比很低。

7. 固定利率和浮动利率的长期贷款可从银行和其他金融机构获得，要以公司资产固定的或浮动的费用作为担保。

8. 负债融资可以用某种特定货币筹集，以对冲汇率风险、赚取利率差或规避货币流动限制。

9. 欧洲债券是不记名长期国际负债融资方式，它的固定利率或浮动利率都低于国内利率。

10. 欧洲债券可用于国际投资或对冲汇率风险，其匿名特征颇受投资者青睐。

11. 可转换债券可以在确定的日期和确定的利率下，由持有者选择转换为公司普通股。

12. 转换价值是指债券可以转换的股票的市场价值。转换溢价是指可转换债券的市场价格与转换价值之差额。权利溢价是可转换债券的市场价值与其作为一般负债的价值之差额。

13. 可转换债券的利率通常低于不可转换债券的利率。

14. 可转换债券的底价是其作为一般债券的价值。实际价值取决于它的当前转换价值、转换时间和市场预期。

15. 如果公司股价低迷，或发行新权益资本稀释每股收益是不可接受的，那么发行可转换债券就有吸引力。它还可以降低总体资本成本。可转换债券的一个主要吸引力是它可以自我清偿。

16. 可转换债券提供了一种较低风险的中期投资工具，同时又有可能获得更大的长期收益。与一般债券不同，它提供了参与公司成长的机会。

17. 认股权证是在未来某个日期以预先确定的价格购买新股票的权利。认股权证通常与债券一起发行，作为一种权益助力工具。

18. 认股权证的杠杆效应使其比普通股收益的增长率更大，初始支出也较低。

19. 附加权益助力的债券利率会低于一般债券，所附加的认股权证会使债券更容易发行。

20. 固定利率债券的理论市场价值可以用负债成本贴现利息和赎回价值进行计算。

21. 可转换债券的估值方式与一般债券相同，最终取其作为一般债券的价值与转换为权益后的价值两者中的较大者。

22. 租赁是一种融资来源，承租者在一段时间内获得资产的使用权，而资产的所有权仍归出租者所有。

23. 租赁必须在资产负债表中作为资产和相关负债报告，计价依据是合同约定的未来租赁付款额的现值。

24. 租赁的税收动机包括承租者盈利能力低，出租者和承租者的税收状况不同。

25. 租赁的其他动机包括：如果公司流动性不足，租赁可以作为一种融资来源；租赁让小公司能够获得昂贵的资产；租赁可以使公司避免资产老化；出租者的借款利率能够比承租者更低。

26. 比较租赁的现值与借款购买资产成本的现值，可以将税前或税后的负债成本作为贴现率。

27. 要使租赁产生税收优惠，承租者和出租者的现金流量必须不同，这些差异来自不同的资本成本、不同的税率或不同的获得资本补偿的能力。

自测题

1. 简要讨论债券的主要特征。

2. 解释以下与债券相关的概念：

（1）可转换债券；

（2）再融资；

（3）赎回窗口期。

3. 解释以下概念，并说明在什么情况下它们的发行对贷款方和借款方有利：

（1）深度折扣债券；

（2）零息债券；

（3）认股权证；

（4）可转换债券。

4. 对公司来说欧洲债券融资的优势和劣势是什么？

5. 解释转换溢价和权利溢价的区别。

6. 某公司发行利率为10%的债券，可以在1年到5年后赎回。公司在决定何时赎回债券时应该考虑哪些因素？

7. 概述发行可转换债券对公司的好处和坏处。

8. 什么是认股权证的杠杆效应？

9. 公司发行了利率为9%的债券，可在3年内以面值100英镑的价格赎回。投资者的期望收益率为10%。债券当前的除息市场价值是多少？如果债券不可赎回，当前的除息市场价值是多少？

10. 解释租赁这种融资方式的吸引力何在。

讨论题

1.（1）讨论可转换债券市场价格的影响因素。

（2）Marlowe 公司已发行可在3年内转换为25股普通股的债券。如果不转换，在6年后债券以面值100英镑的价格赎回。该债券每年支付9%的利息，目前的市场价格为90.01英镑。Marlowe 公司目前的股价为3.24英镑。如果 Marlowe 的负债成本是13%，计算：①若要确保债券在3年内转换，则股票价格最低年增长率是多少？②其中的转换溢价是多少？

2. Utterby 公司正在考虑购买一台新机器，新机器每年可以节约人工成本130 000英镑。如果从制造商 Fotherby 公司购买，则要花费480 000英镑。新机器每年要支付14 500英镑的维修服务费。这台机器在5年后需要更换，Utterby 可以以购买价格的2.5%将其出售。Fotherby 公司建议将机器出租给 Utterby，租金为每年98 000英镑，每年年初预付。这笔租赁费用中将包括维修服务成本，租赁合同可每年续签。Utterby 公司能够获得用于购买机器的中期银行贷款利率为11%。Utterby 的年税率为30%，年税收额支付时间延付1年，在过去2年都有微薄的税后利润。公司可以申请25%的机器设备余额递减资本补偿额。

（1）进行现值分析，在考虑享受税收优惠和不考虑税收优惠的两种情况下，判断 Utterby 公司应该购买还是租赁新机器。

（2）批判性地讨论近年来租赁成为一种流行的资金来源的原因，并用所给信息举例说明。

3. Cold 公司已决定使用当前市值为700 000英镑的设备。某银行已经提供了一笔为期5年、利率为13%的贷款，前提是它可以与 Cold 公司就保护该项投资达成协议。该设备将在5年后报废，残值忽略不计。Cold 公司还可以租用该设备，租赁费每年180 000英镑，每年年初支付。出租者负责维修设备。而如果购买设备，Cold 公司每年将花费25 000英镑的维修费用。Cold 是一家盈利的公司，年税率为30%，延迟一年交税，可以申请25%的余额递减资本补偿额。

（1）讨论银行如何保护它向 Cold 公司提供的用于购买设备的700 000英镑贷款。

（2）如果 Cold 公司决定购买新设备，计算资本补偿额产生的税收优惠的现值。

（3）判断 Cold 公司是应该租赁还是购买新设备。

（4）除财务因素外，批判性讨论哪些因素可能影响 Cold 公司的租赁或购买决定。

4. Permafrost 公司需要一个新的计算机网络，但不确定该系统是购买还是从 Slush 公司租用更合适。如果购买该系统将花费800 000英镑，而 Permafrost 公司需要借入这笔资金。关于这两个选择，提供如下信息：

选项 1：如果租赁该系统，Slush 公司将在每年年初预收 150 000 英镑的租赁费。Slush 公司将在其后 8 年的使用寿命期内免费为该系统提供维修服务。

选项 2：如果购买该系统，Permafrost 公司将每年支付 10 000 英镑的维修服务费。有三种方式可以为购买该设备提供融资：

一是发行利率为 12% 的债券，以现有非流动资产为抵押，8 年后以面值 100 英镑的价格赎回债券。

二是向银行借入一笔 8 年期浮动利率的贷款，以现有非流动资产为抵押，在整个贷款期内分期偿还。

三是发行零息债券，在 8 年内以 100 英镑的名义价值赎回。

Permafrost 公司的年税率为 30%，可以申请 25% 的余额递减资本补偿额。公司的税前负债成本为 10%，预计这一资本成本不会因新计算机网络的融资方式而改变。

（1）分别计算发行 12% 债券和零息债券的市场价值，并分析和批判性讨论以上三种负债融资方式对 Permafrost 公司的相对优劣。

（2）评估 Permafrost 公司应该租赁还是购买新的计算机网络。

参考文献和推荐阅读

第6章

投资评估方法概述

- 6.1　回收期法
- 6.2　资本回报率法
- 6.3　净现值法
- 6.4　内含报酬率
- 6.5　净现值与内含报酬率的对比
- 6.6　获利指数和资本配给
- 6.7　贴现回收期法
- 6.8　结　论

学习目标：

通过学习本章，可以完成以下学习目标：

● 理解和使用回收期法、资本回报率法、净现值法和内含报酬率法等四种主要的投资评估方法。

● 解释现金流量贴现的方法优于回收期法和资本回报率法等传统评估方法的原因。

● 解释在进行投资评估时，净现值法优于内含报酬率法的原因。

● 理解在投资资本配给下选择最优投资决策所采用的技术。

引　言

公司投资时选择能够创造财富的资产，从而实现已有经营方式的更新、扩展或替代。资本投资使公司能够持续创造现金流量，并保持已有经营活动的盈利能力。通常，资本投资项目需要在投资初期支出大量现金，继而在后续年份创造现金流入。对资本投资项目进行评估，要求谨慎详尽，因为这些项目的融资和投资金额很大，并决定着公司未来的盈利状况。

公司试图选择最好的或最能盈利的项目进行投资，使股东的回报最大，同时尽量避免那些带来负面影响的战略及业绩不好或次优的投资项目。

资本投资决策的影响长期存在，以往公司董事会和管理者做过的财务决策和投资总额都在财务报表中有所显示。

6.1　回收期法

尽管研究表明投资回收期法是最常用的投资评估方法，但它存在严重缺陷，实际上它只能作为项目初次筛选的方法。投资回收期是指投资项目产生的现金流量净额能够收回初始投资额所需的年数。在使用回收期来评估投资项目时，若回收期等于或小于预设目标年限，则接受该项目。假定现金流量在每年平均发生，则估算回收期时可以计算到小数点后几位，但回收期不能提供更多有用的信息，因此不需要很精确地计算结果，通常计算到半年或月度的值就足够了。

6.1.1　回收期法举例

假设某投资项目现金流量如表 6-1 所示。这个项目的现金流量为常规现金流量，该项目被称为常规项目。常规项目被定义为在开始时需要现金支出，然后在项目期限内产生大量现金流入的项目。表 6-1 显示，到第 3 年末，这个项目产生的现金流入合计为 400 000 英镑。到第 4 年，还有 50 000 英镑的初始投资额尚未收回，第 4 年现金流入为 100 000 英镑，假设在一年中，项目均匀产生现金流入，那么只需半年（或 6 个月）就可将未收回的 50 000 英镑全部收回。因此，回收期为 3.5 年。

绘制累计现金流量表，如表 6-2 所示，可以帮助我们确定回收期。

表 6-1　常规投资项目的一次性投资及项目期限内的一系列现金流入　　　　单位：千英镑

年	0	1	2	3	4	5
现金流入	(450)	100	200	100	100	80

表 6-2　上述常规项目累计现金流量，投资回收期为 3～4 年　　　　单位：千英镑

年	现金流量	累计现金流量
0	(450)	(450)
1	100	(350)
2	200	(150)
3	100	(50)
4	100	50
5	80	130

6.1.2　回收期法的优点

投资回收期法的优点在于简单易行，而且概念很容易理解。投资回收期的计算依据是现金流量，而不是会计利润，因此它不会受到管理层会计政策偏好的影响。假设我们可能会接受时间更长、现金流量更不确定、风险更大的项目，那么可以认为回收期法的另一个优势是它考虑了风险，因为它隐含了一个假设，那就是回收期短的项目更优。

在公司可投资资金有限的情况下，回收期法一般是一种有益的投资评估方法，因为回收现金越快，就可以越早将现金再次投资到其他项目中。当然，尽管这个认知有一定道理，但还有更好的投资评估方法进行**资本配给**（capital rationing）（见本书 6.6 节）。

6.1.3　回收期法的缺点

回收期法在进行资本投资项目评估时存在诸多困难，这些困难足以使公司融资理论将它视作一种不可靠的评估方法。回收期法的主要缺点在于其没有考虑货币的时间价值（见本书 1.1.3 节），它计算的回收期内现金流量权重均等，见表 6-1。如果第 3 年的现金流入为 400 000 英镑，那么即使在第 1 年和第 2 年没有现金流入，投资回收期仍为 3.5 年。实际上，使前 3 年的现金流入总额达到 400 000 英镑的任何组合都会有相同的回收期。

忽略货币时间价值的这个问题可以用贴现金流量的方法解决（见本书 6.7 节）。

回收期法的另一个严重缺点是它忽略了回收期以后的现金流量，没有涵盖项目的整体情况。如果对回收期超过 3 年的所有投资项目都予以拒绝，则表 6-1 中的项目将被拒绝。假设该项目在第 4 年的现金流入量为 1 000 000 英镑，如果回收期是唯一的评估方法，则第 4 年的预期现金流入量将不被考虑，项目仍被拒绝。这个方法能够确定公司财富最大化的决策吗？可以说不能！实际上，公司在确定可接受的最长回收期时是相当主观的，因为无法确定某个回收期一定比其他回收期更为可靠。那么为什么要接受回收期为 3 年的项目而拒绝回收期为 3.5 年的项目？

实践中在使用回收期法时，管理层不会对回收期以后的现金流量视而不见，而是将其作

为管理判断的一部分来考虑。这使回收期法反而更显不足，因为它不能作为衡量项目是否可接受的唯一方法。

总之，回收期法不能判定投资项目是否会增加公司价值。因此有人认为，尽管文献记载其被广泛采用，但实际上它不能够对投资项目进行评估，而是一种衡量投资项目流动性的方法。

6.2 资本回报率法

资本回报率（ROCE）也称为投资回报率（ROI）、会计收益率（ARR），它有几种不同的算法，而每一种计算方法都把会计利润与项目投资的资本金相联系。最常见的计算方法如下：

$$\text{ROCE} = \frac{\text{平均利润总额}}{\text{平均投资额}} \times 100\%$$

平均投资额应该包括回收的残值。假设采用直线折旧法计提初始投资的最终残值，则：

$$\text{平均投资额} = \frac{\text{初始投资额} + \text{回收残值}}{2}$$

ROCE（见本书 2.4.3 节"盈利比率"）另一个常见的算法如下，使用初始投资额或最终投资额，而不是平均投资额：

$$\text{ROCE} = \frac{\text{平均利润总额}}{\text{初始（最终）投资额}} \times 100\%$$

重要的是，资本回报率的计算使用了会计利润，而会计利润是减去了折旧之后的税前经营收益。会计利润不是现金流量，因为折旧是会计调整的一个项目，并不影响每年的现金流量。如果投资项目的资本回报率大于目标（或最低）回报率，则按照决策规则接受该项目。如果只能执行两个投资项目中的一个（即假设这些项目是互斥的），则应接受资本回报率较高的项目。

例题 | 计算资本回报率

Carbon 公司计划购买一台新机器，并已经找到了满足需求的两台机器。两台机器的预期寿命均为 5 年。机器 1 每年创造的现金流量（现金收入减去现金支付）为 210 000 英镑，购买机器 1 需要花费 570 000 英镑，在第 5 年末可回收残值 70 000 英镑。机器 2 每年创造的现金流量为 510 000 英镑，购买机器 2 需要花费 1 616 000 英镑，在第 5 年末可收回残值 301 000 英镑。Carbon 公司使用直线折旧法，其目标资本回报率为 20%。

计算机器 1 和机器 2 的资本回报率，建议公司应购买哪个机器，并说明原因。

参考答案：

机器 1：

现金流量合计＝210 000×5＝ 　　　　　　1 050 000 英镑

累计折旧＝570 000－70 000＝ 　　　　　　500 000 英镑

利润总额＝	550 000 英镑
平均利润额＝550 000/5＝	110 000 英镑/年
平均投资额＝（570 000＋70 000)/2＝	320 000 英镑
资本回报率＝110 000/320 000×100％＝	34.4％

机器2：

现金流量合计＝510 000×5＝	2 550 000 英镑
累计折旧＝1 616 000－301 000＝	1 315 000 英镑
利润总额＝	1 235 000 英镑
平均利润额＝1 235 000/5＝	247 000 英镑/年
平均投资额＝(1 616 000＋301 000)/2＝	958 500 英镑
资本回报率＝247 000/958 500×100％＝	25.8％

　　两台机器的资本回报率均高于目标资本回报率，因此在财务上均可接受，但是由于仅需购买一台机器，故建议选择机器1，因为其资本回报率高于机器2。

□ 6.2.1　资本回报率法的优点

　　尽管在理论上资本回报率法作为投资决策方法的可信度并不高，但它还是得到了广泛应用。因为，它计算的百分比是人们熟悉的一种相对回报率，可以与公司现有的ROCE（财务分析师评估公司业绩时使用的主要会计比率）进行比较（见本书2.4.3节"盈利比率"），它应用起来非常简单，可用于互斥项目的对比。与回收期法不同的是，它考虑投资项目整个生命周期内产生的全部现金流量，并通过与目标资本回报率的对比，例如公司目前ROCE或部门ROCE，来判定是否可以接受项目。

□ 6.2.2　资本回报率法的缺点

　　虽然资本回报率法提供了项目的有用信息，但作为一种投资评估方法它有明显不足。例如，它的计算依据不是现金，而是可以操纵的会计利润。该方法与实现股东财富最大化的基本目标并没有直接联系。

　　该方法用到的平均利润也忽略了产生利润的时间先后。表6-3所示的项目A和B的初始投资额相同，可回收残值均为零，因此它们的平均投资额相同：

45 000/2＝22 500（英镑）

两个项目的平均年利润相等：

项目A：（－250＋1 000＋1 000＋20 750)/4＝5 625（英镑）
项目B：(6 000＋6 000＋5 500＋5 000)/4＝5 625（英镑）

因此，资本回报率也是相等的：

ROCE＝5 625/22 500×100％＝25％

表6-3　资本回报率计算表，使用平均利润额，不考虑现金流量的先后时间　　单位：千英镑

	年				
	0	1	2	3	4
项目A					
现金流量	(45 000)	11 000	12 250	12 250	32 000
折旧额		11 250	11 250	11 250	11 250
利润总额		(250)	1 000	1 000	20 750
项目B					
金流量	(45 000)	17 250	17 250	16 750	16 250
折旧额		11 250	11 250	11 250	11 250
利润总额		6 000	6 000	5 500	5 000

项目B每年的收益较为平均，而项目A前三年收益很少，但最后一年收益很大。尽管它们的ROCE相同，但由于收益的时间先后不同，我们认为项目B优于项目A。

资本回报率法还有更严重的一个缺点是，没有考虑货币的时间价值，它给予不同时间的现金流量相等的权重。它也没有考虑项目期限长短，用百分比表示相对值而忽视了投资规模。因此，资本回报率法无法就项目创造财富提供明智的建议。为了找到更明智的决策依据，我们需要使用现金流量贴现法，其中被广泛接受的概念是净现值。

6.3　净现值法

净现值法（NPV）是用现金流量贴现的方法对资本投资项目进行评价，其理论基础是赫什利弗（Hirshleifer，1958）的投资消费模型。它使用资本成本（见本书第9章）或目标资本回报率将所有现金流入和流出贴现为现值（见本书1.1.3节），然后将两者进行比较。净现值为正数表示投资项目的预期回报率大于资本成本，从而增加股东财富。NPV可以用以下代数式计算：

$$\text{NPV} = -I_0 + \frac{C_1}{(1+r)} + \frac{C_2}{(1+r)^2} + \frac{C_3}{(1+r)^3} + \cdots + \frac{C_n}{(1+r)^n}$$

其中：I_0＝初始投资额；

C_1，C_2，C_3，…，C_n＝第1，2，3，…，n年的现金流量；

r＝资本成本或要求的回报率。

一般假设现金流量都发生在一段时期的期末（该假设可以避免计算连续贴现的数学问题）。初始投资额发生在第一个时期的期初。NPV法的决策规则是接受净现值为正的所有独立项目。如果两个资本投资项目不是独立的而是互斥的，只能二选一时，那么应选择净现值较高的项目。

例题　　**计算净现值**

Clement公司正在评估三个投资项目，表6-4给出了它们的预期现金流量。假设Clement的资本成本为10%，则每个项目的净现值是多少？该公司应该选择哪个项目？

表6-4　Clement公司备选投资项目的现金流量　　　　　　　　　　单位：千英镑

期数	项目A	项目B	项目C
0	(5 000)	(5 000)	(5 000)
1	1 100	800	2 000
2	1 100	900	2 000
3	1 100	1 200	2 000
4	1 100	1 400	100
5	1 100	1 600	100
6	1 100	1 300	100
7	1 100	1 100	100

参考答案：

项目A：

项目A每年的现金流入都是一样的，因此不需要逐年贴现。计算时可以用累计现值系数（CPVF）或10%的年金现值系数（$CPVF_{10,7}$），通过查阅累计现值系数（CPVF）表（见附录）可知该值为4.868。则：

　　　　　　　　　　　　　　　　　　　　　　　　　　　　　（千英镑）

初始投资额	(5 000)
现金流量的现值＝1 100×4.868＝	5 355
净现值	355

项目A的净现值为355 000英镑。

项目B：

因为项目B每年的现金流入都不一样，所以需要分别计算每年现金流量的现值。最简单的方法是使用表格，如表6-5所示。

表6-5　表格法计算项目B净现值

年份	现金流量（千英镑）	10%的现值系数	现值（千英镑）
0	(5 000)	1.000	(5 000)
1	800	0.909	727
2	900	0.826	743
3	1 200	0.751	901
4	1 400	0.683	956
5	1 600	0.621	994
6	1 300	0.564	733
7	1 100	0.513	564
		净现值	618

当需要考虑税收、通货膨胀以及一系列成本或变量等复杂现金流时，使用表格计算净现值特别有益。表格计算还有助于理清思路，使计算有条理。从表6-5中我们可以看到，项目B的净现值为618 000英镑。

项目 C：

该项目前 3 年的现金流量是一样的，可以用 3 年 10% 的累计现值系数（$CPVF_{10,3}$）贴现，查找累计现值系数（CPVF）表得到该值为 2.487。第 4~7 年的现金流量也是一样的，可用累计现值系数贴现。用 7 年 10% 的现值系数减去 3 年 10% 的现值系数，查 CPVF 表可得：

$$CPVF_{10,7} - CPVF_{10,3} = 4.868 - 2.487 = 2.381$$

	（千英镑）
初始投资额	(5 000)
现金流量的现值，第 1 至 3 年＝2 000×2.478＝	4 974
现金流量的现值，第 4 至 7 年＝100×2.381＝	238
净现值	212

项目 C 的净现值为 212 000 英镑。如表 6-7 所示，如果分别贴现每年的现金流量，则净现值为 209 000 英镑，四舍五入得出计算值存在微小差异。

选择结果：

按照净现值递减的顺序，将项目排列如下：

项目 B　净现值 618 000 英镑
项目 A　净现值 355 000 英镑
项目 C　净现值 212 000 英镑

该公司应该选择哪个项目呢？如果这些项目是互斥的，则应选择项目 B，因为它的净现值最高，将使股东财富增长最大化。如果这些项目不是互斥的，并且可投资的资金没有限制，则应同时接受这三个项目，因为它们的净现值都为正，都将增加股东财富。但是，应仔细考证项目 C 的第 4~7 年：现金流量不是很大，且对项目至关重要，因为如果没有它们，项目 C 的净现值将为负，会减少股东财富。

□ 6.3.1　净现值法的优点

净现值法是一种基于现金流量贴现的投资评估方法，考虑了货币时间价值（见本书 1.1.3 节）——公司理财的主要理论之一。净现值使用了现金流量而不是会计利润，既考虑了现金流量的大小，也考虑了现金流量发生的时间先后，还考虑了投资项目整个生命周期所有相关的现金流量。这些因素使净现值的投资评估方法成为理论上的首选。在没有资本约束的情况下，净现值的决策规则能提出合理的投资建议。

□ 6.3.2　净现值法的缺点

有人认为净现值的概念很难理解，这个批评其实并不现实。还有人说，计算净现值所需的未来现金流入和流出很难进行估算，但是预测未来现金流量存在困难是投资评估的通病，而非某一个投资评估技术所特有。更为严厉的批评则认为，只有在完美资本市场上才可以接受所有净现值为正的项目，因为只有这样的市场才对资金需要量没有限制。在现实中，资本是受限制的或需要分配的（见本书 6.6 节），因此净现值决策规则的适用性会受到限制。

在计算净现值时，假设公司的资本成本已知，且在项目的整个生命周期中保持不变。然而实际上，公司的资本成本可能难以估计（见本书9.5节），并且为投资评估选择一个合适的贴现率也不是一件容易的事（见本书9.3节和9.4节）。受公司经营所处的动态经济环境的影响，项目的整个生命周期中资本成本可能发生变化。如果能够预测到资本成本的变化，那么净现值法还是可以轻松适用的（见本书6.5.3节）。

6.4　内含报酬率

如果贴现未来现金流量的资本成本增加，则常规现金流量的投资项目净现值就会下降。随着资本成本不断增加，最终净现值将变为零，随后变为负值（如图6-1所示）。

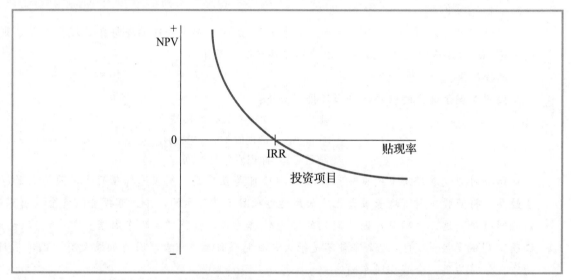

图6-1　常规项目净现值与贴现率的关系，内含报酬贴现的净现值为零

投资项目的内含报酬率（IRR）是贴现现金流量的净现值为零时的资本成本或期望回报率。通常采用线性插值法计算出项目的内含报酬率，然后与目标回报率或最低回报率进行比较。内含报酬率的决策规则是接受所有内含报酬率大于公司资本成本或目标回报率的独立投资项目。

将内含报酬率代入净现值公式，如下所示：

$$\frac{C_1}{(1+r^*)}+\frac{C_2}{(1+r^*)^2}+\frac{C_3}{(1+r^*)^3}+\cdots+\frac{C_n}{(1+r^*)^n}-I_0=0$$

其中：I_0＝初始投资额；

　　　　C_1，C_2，…，C_n＝第1，2，…，n年的现金流量；

　　　　r^*＝内含报酬率。

例题　　计算内含报酬率

Clement公司正在评估三个投资项目，其预期现金流量如表6-4所示。计算每个项目的内含报酬率。如果Clement的资本成本为10％，则该公司应选择哪个项目？

参考答案：

项目A：

在前面的例题中，我们发现：

$$(1\,100 \times \mathrm{CPVF}_{10,7}) - 5\,000 = (1\,100 \times 4.868) - 5\,000 = 355\,(千英镑)$$

若每年现金流入是一样的，则可以计算项目期限所对应的累计现值系数，再确定贴现率，即内含报酬率（r^*）。用（$\mathrm{CPVF}_{r^*,7}$）表示累计现值系数，则有：

$$(1\,100 \times \mathrm{CPVF}_{r^*,7}) - 5\,000 = 0$$

即：

$$\mathrm{CPVF}_{r^*,7} = 5\,000 / 1\,100 = 4.545$$

查阅累计现值系数（CPVF）表，沿着对应 7 年的那一行，发现此累计现值系数对应的贴现率约为 12%。因此，项目 A 的内含报酬率为 12%。

项目 B：

项目 B 每年的现金流量各不相同，因此要计算其内含报酬率必须使用线性插值法。线性插值法的理论依据是：已知直线上任意两个点的位置，则可以找到这条直线上其他任何点的位置。计算过程如下：第一次取值内含报酬率（R_1），计算净现值 NPV_1，第二次取值内含报酬率（R_2）。如果 NPV_1 为正，则 R_2 的取值应该大于 R_1；如果 NPV_1 为负，则 R_2 应小于 R_1。随后计算 R_2 下的净现值 NPV_2。将 R_1、R_2、NPV_1 和 NPV_2 的值代入以下公式：

$$\mathrm{IRR} = R_1 + \frac{(R_2 - R_1) \times \mathrm{NPV}_1}{\mathrm{NPV}_1 - \mathrm{NPV}_2}$$

我们之前计算过，当贴现率为 10% 时，项目 B 的净现值为 618 000 英镑。显然 10% 低于内含报酬率，我们可以将贴现率提高到 20% 重新计算净现值，如表 6-6 所示。表中包含之前计算的净现值以便进行比较。

表 6-6　采用线性插值法确定项目 B 的内含报酬率，以 10% 和 20% 贴现率计算净现值

年份	现金流量（千英镑）	10% 的现值系数	现值（千英镑）	20% 的现值系数	现值（千英镑）
0	(5 000)	1.000	(5 000)	1.000	(5 000)
1	800	0.909	727	0.833	666
2	900	0.826	743	0.694	625
3	1 200	0.751	901	0.579	695
4	1 400	0.683	956	0.482	675
5	1 600	0.621	994	0.402	643
6	1 300	0.564	733	0.335	436
7	1 100	0.513	<u>564</u>	0.279	<u>307</u>
			618		(953)

使用线性插值法：

$$\mathrm{IRR} = 10 + \frac{(20 - 10) \times 618}{618 - (-953)} = 10 + 3.9 = 13.9\%$$

因此，项目 B 的内含报酬率近似为 13.9%。

之所以说"近似"，是因为在使用线性插值法时，我们在两个净现值的点之间绘制了一条直线，而实际上两点之间是一条曲线。如图 6-2 所示，这条直线与横轴的交点并不在曲线上，因此，线性插值法计算的值不是内含报酬率的实际值，而是估计值（对于常规项目而言，这个估计值偏大）。R_2 的取值不同，计算出的值也不同。例如，如果 $R_1 = 10\%$、$R_2 = 15\%$，则内含报酬率的值为 13.5%。为了得到实际的内含报酬率，需要重复插值计算过程，将逐次逼近的结果反馈到计算中，直到计算结果不再出现显著变化。金融计算器或电子表格的内含报酬率公式可以轻松实现这一过程。

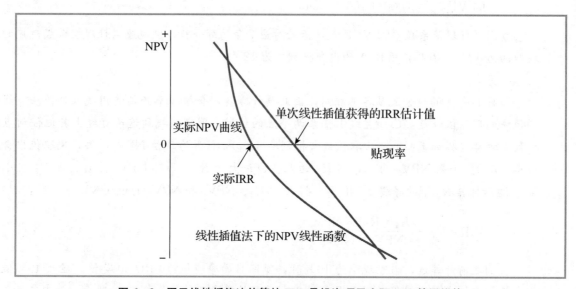

图 6-2　图示线性插值法估算的 IRR 是投资项目实际 IRR 的近似值

项目 C：

表 6-7 给出了 Clement 公司项目 C 以资本成本 10% 计算的净现值和以内含报酬率估计值 15% 计算的净现值。

表 6-7　项目 C 采用线性插值法确定的 IRR，以 10% 和 15% 贴现率计算的 NPV

年份	现金流量 （千英镑）	10%的 现值系数	现值 （千英镑）	15%的 现值系数	现值 （千英镑）
0	(5 000)	1.000	(5 000)	1.000	(5 000)
1	2 000	0.909	1 818	0.870	1 740
2	2 000	0.826	1 652	0.756	1 512
3	2 000	0.751	1 502	0.658	1 316
4	100	0.683	68	0.572	57
5	100	0.621	62	0.497	50
6	100	0.564	56	0.432	43
7	100	0.513	51	0.376	38
			209		(244)

线性插值计算如下：

$$IRR=10+\frac{(15-10)\times209}{209-(-244)}=10+2.3=12.3\%$$

项目 C 的内含报酬率约为 12.3%。

选择结果：

三个项目的计算结果汇总如下：

项目 A	IRR 为 12.0%	NPV 为 355 000 英镑
项目 B	IRR 为 13.9%	NPV 为 618 000 英镑
项目 C	IRR 为 12.3%	NPV 为 209 000 英镑

这三个项目的内含报酬率都大于 Clement 公司的资本成本 10%，因此如果没有资本限制的话，则三个项目都可以接受。但是，如果项目是互斥的，则内含报酬率法无法做出最佳选择。请注意，尽管项目 C 的内含报酬率大于项目 A，但它的净现值却较小。也就是说，使用内含报酬率的项目排序不同于净现值。互斥项目的问题在本书 6.5.1 节中讨论。

6.5　净现值与内含报酬率的对比

在对一次性投资、常规现金流量的项目进行评估时，这两种现金流量贴现方法的评估结果没有冲突。但是，净现值法在以下情况中更为适用：

- 进行互斥项目的比较；
- 非常规现金流项目；
- 贴现率在项目期限内有变动。

6.5.1　互斥项目

考虑两个互斥的项目 A 和 B，其现金流量如表 6-8 所示。净现值决策规则建议接受项目 B，当资本成本为 14% 时，它的净现值较大。而使用内含报酬率比较项目，则首选项目 A，因为它的内含报酬率较大。如果它们是独立项目，则都可以接受，排序差异不影响投资决策的结果。然而，对于互斥的项目我们应该怎样选择？

表 6-8　两个互斥项目的现金流量，14% 贴现率下的净现值和内含报酬率

	项目 A	项目 B
初始投资额（英镑）	13 000	33 000
第 1 年现金流量（英镑）	7 000	15 000
第 2 年现金流量（英镑）	6 000	15 000
第 3 年现金流量（英镑）	5 000	15 000
净现值（英镑）	+1 128	+1 830
内含报酬率（%）	19.5	17

当出现排序差异时，正确的决策是选择净现值大的项目，这符合股东财富最大化的公司理财目标，因为净现值最高的项目使公司价值的增长最大。尽管项目 A 的内含报酬率最高，

然而内含报酬率只是一个相对比值。净现值计算的是公司价值的绝对值。

为了更详细地说明这两种方法的排序差异，表 6-9 列示了不同贴现率下两个项目的净现值，图 6-3 也表明了相同的信息。从图 6-3 可以看出，项目 A 和 B 的净现值曲线倾斜程度不同。当资本成本大于两条净现值曲线的交点值时，内含报酬率约为 16%，这两种评价方法的结论是一致的，即接受项目 A。当资本成本小于交点值时，这两种方法得出的结论不同，此时应该采用净现值法。

表 6-9　不同贴现率下两个互斥项目的净现值

贴现率（%）	12	14	16	18	20	22
项目 A（英镑）	1 593	1 128	697	282	(113)	(473)
项目 B（英镑）	3 030	1 830	690	(390)	(1 410)	(2 370)

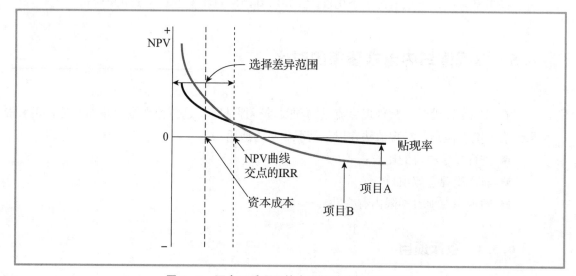

图 6-3　两个互斥项目的净现值及选择差异范围

□ 6.5.2　非常规现金流量

如果在一个连续期间内投资项目的现金流量符号发生变化（例如，一段时间的现金流入之后发生现金流出，随后又发生了现金流入），那么计算结果会得到不止一个内含报酬率。这种现金流量称为非常规现金流量，有多个内含报酬率，如果采用内含报酬率决策规则就会做出错误决策。净现值法在计算非常规现金流量时就不会出现这样的问题，如图 6-4 所示，非常规项目有两个内含报酬率 IRR_1 和 IRR_2。这类项目并不罕见。例如，矿产开采项目，初期对土地、工厂和机械方面的投资额巨大，而项目结束时，环境成本也是巨大的，很可能出现此类特征。如果使用内含报酬率法，那么应该用哪一个内含报酬率来选择项目呢？

假设资本成本为 R_A，由于 IRR_1 和 IRR_2 均大于 R_A，内含报酬率法判定项目可以接受。若使用净现值法，则项目将被拒绝，因为 R_A 下净现值为负，会减少股东财富。假设资本成本为 R_B，其净现值为正，则项目可以接受。此时，内含报酬率法无法给出明确建议，因为 R_B 处在 IRR_1 和 IRR_2 之间。

由此可以看到，无论哪一种情况，净现值法都可以给出正确的投资建议。

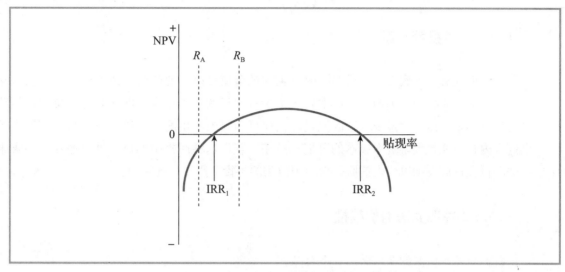

图 6-4 具有多个内含报酬率的非常规项目

□ 6.5.3 变动贴现率

净现值法适用于项目期限内资本成本发生变化的投资项目。净现值公式如下所示：

$$\text{NPV}=-I_0+\frac{C_1}{(1+r)}+\frac{C_2}{(1+r)^2}+\frac{C_3}{(1+r)^3}+\cdots+\frac{C_n}{(1+r)^n}$$

如果每年的贴现率分别是 r_1，r_2，$\cdots$，则：

$$\text{NPV}=-I_0+\frac{C_1}{(1+r_1)}+\frac{C_2}{(1+r_1)(1+r_2)}+\cdots$$

对于表 6-10 中的投资项目，第 3 年的贴现率从 10% 增加到 15%。则第 3 年的现值系数是期限为 2 年、贴现率为 10% 的现值系数乘以期限为 1 年、贴现率为 15% 的现值系数。查阅现值系数表可得：

$$\text{PVF}_{10,2}\times\text{PVF}_{15,1}=0.826\times0.870=0.719$$

表 6-10 项目期限内贴现率变动的投资项目

	年份			
	0	**1**	**2**	**3**
贴现率（%）		10	10	15
现金流量（英镑）	(13 000)	7 000	5 000	6 000
现值系数	1.000	0.909	0.826	0.719
现值（英镑）	(13 000)	6 363	4 130	4 314

该项目的净现值为 1 807 英镑，而内含报酬率约为 18.8%。但是，这个内含报酬率却无法反映第 3 年贴现率与前两年的贴现率的不同。

□ 6.5.4 再投资假设

净现值法有一个假设：项目期限内产生的现金流量以不变的资本成本进行再投资。这一假设看上去是明智的，因为资本成本代表了投资项目的机会成本，即从其他投资项目可能获得的最低回报。而内含报酬率法的假设是，项目期限内产生的现金流量以内含报酬率进行再投资。内含报酬率大于资本成本的可能性越小，获得这种回报率的可能性就越小。内含报酬率法的再投资假设难以令人信服，而净现值法的再投资假设是现实的。

□ 6.5.5 净现值法的优越性

我们对净现值法的要点做出如下总结：

(1) 净现值法可以为互斥项目选择提出正确建议。

(2) 当非常规现金流量项目用内含报酬率法可计算出多个结果时，净现值法却是适用的。

(3) 净现值法的再投资假设是现实的，但内含报酬率法的再投资假设则不太现实。

(4) 净现值法在计算中很容易改变贴现率，而内含报酬率法则无法计入。

由于这些优点，净现值法被认为在技术层面优于内含报酬率法。

然而，内含报酬率法还是被广泛接受（见本书7.6节）。它显然优于回收期法和资本回报率法等投资评估方法，它既考虑了货币时间价值，又基于现金流量考虑了项目完整性。内含报酬率有时也被称作投资收益率，是金融分析师、投资者和管理人员广泛理解的概念，它表示一个项目提供的回报率大于要求的最低水平，即安全边际。

本章认为，现金流量贴现的投资评估方法（即净现值和内含报酬率）优于简单投资评估方法（即回收期和资本回报率），并且这个看法已被广泛接受。采用贴现现金流量（DCF）进行投资评估的公司，应该比采用简单方法的公司有更好的表现。然而，关于这个问题的实证研究却得出了不同的结果，哈卡等人（Haka et al.，1985）的证据表明，采用复杂的投资评估方法不一定能提高业绩。由于现在大多数公司不止使用一种投资评估方法（见本书7.6.1节），因此很难单独分离出DCF方法产生的效用。但是这不会使净现值和内含报酬率失去学术上的优势。

6.6 获利指数和资本配给

如果公司没有足够的资金去投资所有具有正净现值的项目，那么这种情况就称作资本配给状态。我们需要找到一种方法去选择投资机会，以便最大限度地提高投资回报率，也就是说能够根据财务需求将投资项目排序。净现值法要求公司投资于净现值为正值的所有项目，以最大限度地增加股东财富，但这需要一个完美市场来提供可能需要的资金。如果资本受到限制，则不能使用净现值法对投资项目进行排序，否则可能会导致错误的投资决策。这是因为同一笔资金用于小项目的组合，可能比单个项目产生更大的净现值，尽管这些小项目的净现值排序较低。

□ 6.6.1　硬性资本配给和软性资本配给

我们可以将资本配给区分为硬性资本配给和软性资本配给。当投资资金限制的压力来自外部资本市场时，我们称之为硬性资本配给；若来自公司经理层的内部限制时，则称之为软性资本配给。

硬性资本配给

由于资本市场不景气或投资者认为公司风险太大，因此公司可能无法筹集到投资资金。比如，仅需少量融资就可以满足对资金的需要，但是发行成本却高到令人止步。由于大多数资本配给是自我推进的，因此本质上是软性的。尽管从历史上看，硬性资本配给的情况并不经常发生，然而 2008 年的"信贷紧缩"表明为资本投资寻求合适的资金更困难。硬性资本配给对于某些公司来说可能确实是个难题。

软性资本配给

管理人员限制内部投资资金的理由有很多。比如，他们可能决定不采用发行股票的方式进行融资，因为不希望稀释（减少）控制权，或者，尽量避免稀释（减少）每股收益（EPS）的任何潜在可能。也可能因为担心公司当前负债水平或财务风险增加，不愿意增加利息支付而决定不增加债务融资。如果公司规模较小或是家族企业，其管理者可能会限制投资资金，这通常是公司通过留存收益实现稳定增长而不采取快速扩张的战略的一部分。

通过培育竞争性内部资金市场，自我推进的资本配给也会淘汰边际项目，从而鼓励那些更好、更完善的投资建议。

□ 6.6.2　单期资本配给

单期资本配给是指仅在项目开始时，即第 0 年，资金受到限制。资本配给下公司需要选择净现值总值最大化的项目组合。公司可以根据不同情况用**获利指数**（profitability index）对项目排序，或者根据净现值去选择可能的项目组合。

可分割且不可延期的投资项目

为了明确获利指数的适用性，我们来区分三种不同类型的投资项目。可分割项目是指任何部分都可以分别投资的项目；不可分割项目是指如果现在不投资，以后就不能投资的项目；不可重复项目是指只能进行一次投资的项目。

如果项目是可分割、不可延期且不可重复的，且只在初始阶段进行资本配给，则绝对依照净现值排序可能会导致不正确的决策，因为如前所述，一个较大净现值的项目可能会排在净现值更大的几个较小项目组合的前面。此时，正确的做法是计算好每个项目的获利指数或收益/成本，据此排序。获利指数的含义是，基于现值的单位投资额预期未来现金流量的现值：

$$获利指数 = \frac{未来现金流量的现值}{初始投资额}$$

如果对投资资本没有限制，则应接受所有获利指数大于1的项目。这一决策规则相当于接受所有净现值为正的项目。如果有资本限制，则应选择获利指数最大的项目，然后再将资金分配给获利指数第二大的项目，然后继续选择下去，直到不再有可以投资的完整项目为止。由于项目是可分割的，剩余的资金可以按比例投资到下一个最佳项目中。这样，投资计划产生的总净现值等于完整项目净现值的和，再加上不完整投资项目的相应比例的净现值。如表6-11所示。

表6-11　按获利指数对可分割项目排序的单期资本配给下的最佳投资计划

	项目			
	A	B	C	D
初始投资（千英镑）	500	650	800	850
净现值（千英镑）	650	715	800	765
未来现金流量的现值（千英镑）	1 150	1 365	1 600	1 615
获利指数	2.3	2.1	2.0	1.9
净现值排序	4	3	1	2
获利指数排序	1	2	3	4

资本总额＝1 650 000英镑

最佳投机计划：	净现值（千英镑）	累计投资额（千英镑）
500 000英镑投资于项目A	650	500
650 000英镑投资于项目B	715	1 150
500 000英镑投资于项目C	500	1 650
1 650 000英镑投资额的净现值合计	1 865	

由表6-11可见，如果1 650 000英镑投资于可分割的项目A、B、C和D，则最佳方案是投资于项目A和B的100％以及项目C的62.5％，净现值合计为1 865 000英镑。这个方案优于对项目C和D的投资组合，尽管这两个项目的净现值最高，因为它们净现值合计仅为1 565 000英镑。如果项目A是可重复的，则最佳方案是项目A重复3.3次，净现值合计为2 145 000英镑。

获利指数也可以定义为净现值与初始投资额之比，最佳投资方案的决策过程和最优净现值是相同的，与如何定义获利指数无关。

不可分割且不可延期的投资项目

即使投资项目不可分割，获利指数仍然可以用于项目决策，只是需要计算全部备选项目的净现值的合计值才能确定要选择的项目。净现值的合计值最大的组合（投资额不超过资本总额）是最佳组合。表6-11中的项目可视为不可分割项目，其最佳投资计划是项目C和D的组合。

项目 A 和 B	NPV 合计＝1 365 000 英镑
项目 A 和 C	NPV 合计＝1 450 000 英镑
项目 A 和 D	NPV 合计＝1 415 000 英镑
项目 B 和 C	NPV 合计＝1 515 000 英镑
项目 B 和 D	NPV 合计＝1 480 000 英镑
项目 C 和 D	NPV 合计＝1 565 000 英镑

6.6.3　多期资本配给

如果在一个以上的期限内预计投资资金会受到限制，就不能按获利指数排序或选择不同的项目组合，因为这种方法不适用于未来资金限制的情况。线性规划可以解决这个复杂问题。如果只有两个变量，线性问题通过坐标图就可以解决，但是如果存在两个以上的变量，则必须使用单纯形法或计算机。本书对多期资本配给问题不做探讨，读者可以查阅相关文献（Drury，2018）。

6.7　贴现回收期法

我们可以通过考虑货币时间价值、用公司的资本成本贴现的现金流量，重新计算之前讨论的回收期法（见本书 6.1 节）。假设表 6-12 是资本成本为 15% 的公司正在评估的一个投资项目。

表 6-12　用累计净现值确定贴现回收期

年份	现金流量（英镑）	15%的现值系数	现值（英镑）	累计净现值（英镑）
0	(5 000)	1.000	(5 000)	(5 000)
1	2 300	0.870	2 001	(2 999)
2	2 500	0.756	1 890	(1 109)
3	1 200	0.658	790	(319)
4	1 000	0.572	572	253
5	1 000	0.497	497	750

贴现的投资回收期约为 3.6 年，而未贴现的投资回收期约为 2.2 年。贴现回收期法具有之前讨论过的全部优点，而且克服了未考虑货币时间价值的缺点。

6.8　结　论

本章介绍了公司投资项目评估的几种方法。尽管可以使用多种评估技术，但是净现值法得到了学术界的支持，并被认为比其他评估方法更优。

学习要点

1. 投资回收期是指资本投资项目产生的现金流量能够收回原始投资额所需要的年数。

2. 投资回收期法考虑到了风险（如果风险是指现金流量拖延的时间越长则不确定性越大），并且是一种易于应用和理解的简单方法。但是，它没有考虑货币的时间价值，也没有考虑回收期内现金流量发生的时间先后以及回收期后的现金流量。它无法判定一个项目是否是一个"好"项目。

3. 资本回报率是平均年利润与投资额之比。资本回报率法使用简单，涵盖整个投资项目，还可以用来比较互斥项目。如果一个项目的资本回报率大于目标值，则该项目可以接受。

4. 资本回报率法没有考虑货币的时间价值、现金流量的大小和时间顺序，它用的是利润而不是现金流量。

5. 净现值是指未来收益的现值与投资额现值的差额，将公司资本成本作为现金流量的贴现率。净现值法的决策规则是接受所有净现值为正的项目。

6. 净现值法考虑了货币的时间价值，以及项目期限内所有相关现金流量的金额和时间先后。

7. 净现值法适用于常规和非常规现金流量，适用于项目期限内贴现率变化的情况，最后得出绝对的而非相对的财务可行性结论。

8. 使用净现值法的难点包括估算项目未来的现金流量、贴现率，以及项目期限内贴现率的可能变化。

9. 内含报酬率法即净现值为零的贴现率。内含报酬率法的决策规则是接受所有内含报酬率大于公司目标回报率的项目。

10. 比较互斥项目时，净现值法能给出正确的投资建议，但内含报酬率法可能不行。

11. 净现值法的假设是以资本成本作为贴现率将现金流量进行再投资，而内含报酬率法的假设是以内含报酬率作为贴现率将现金流量进行再投资。只有净现值法的再投资假设才是现实的。

12. 资本配给可以是硬性的（外部压力）或软性的（内部压力）。

13. 硬性资本配给的发生可能是因为资本市场不景气或公司风险太大。

14. 软性资本配给的发生可能是因为公司希望避免稀释控制权、每股收益，或不愿承担更多固定利息的债务。公司可能希望奉行稳定的增长策略，或者相信限制资金能鼓励更好的项目投资。

15. 在单期资本配给中，可分割的、可延期的和不可重复的投资项目都可以使用获利指数排序，从而找到最佳的投资计划。获利指数是未来现金流量的现值与初始投资额的比率。

16. 使用线性规划可以解决多期资本配给问题。

自测题

1. 解释为什么回收期法不能作为公司投资项目的主要评估方法。

2. 计算下表中项目 A、B 和 C 的资本回报率（以平均投资额计算），如果目标资本回报率为 12%，假设残值均为 0，公司应该选择哪个项目？

单位：英镑

	项目 A	项目 B	项目 C
初始投资额	10 000	15 000	20 000
净现金流入：			
第1年	5 000	5 000	10 000
第2年	5 000	5 000	8 000
第3年	2 000	5 000	4 000
第4年	1 000	10 000	2 000
第5年		5 000	

3. 解释资本回报率法作为投资评估方法有哪些缺点，并解释管理者使用资本回报率法的可能原因。

4. 三个投资项目的净现金流量如下表所示。如果贴现率为12%，采用净现值法决策规则，公司应该接受哪一个项目？

单位：英镑

年	项目 A	项目 B	项目 C
0	(10 000)	(15 000)	(20 000)
1	5 000	5 000	10 000
2	5 000	5 000	10 000
3	2 000	5 000	4 000
4	1 000	10 000	2 000
5		5 000	

5. 请列出净现值法的优点。

6. 解释净现值法和内含报酬率法是如何处理非常规现金流量的。

7. 讨论净现值法和内含报酬率法是如何选择互斥项目的。

8. 用一个数值例子来说明如何运用线性插值法计算项目的内含报酬率。

9. 解释硬性资本配给与软性资本配给的区别，并概述这些情况出现的原因。

10. 在资本配给条件下，如何确定公司的最佳投资方案？

讨论题

1. Willow 公司正在评估两个互斥项目，其现金流量如下。

单位：英镑

年	项目A	项目B
0	(110 000)	(200 000)
1	45 000	50 000
2	45 000	50 000
3	30 000	50 000
4	30 000	100 000
5	20 000	55 000

Willow 公司的资本成本为 10%，上述两个投资项目的残值均为 0。该公司当前的资本回报率为 12%（以平均投资额计算），在整个项目周期内采用直线折旧。

（1）以下情况中 Willow 公司应分别对哪个项目进行投资？

①采用净现值法。

②采用内含报酬率法。

③采用资本回报率法。

（2）讨论在投资额有限时，使用净现值法会出现的问题，并说明在实践中应该如何解决这些问题。

2. RM 公司的财务总监正在考虑以下投资项目，并收集了它们的相关信息，如下所示。

单位：英镑

项目	估计初始投资额	第1年的现金流量	第2年的现金流量	第3年的现金流量
A	200 000	50 000	150 000	150 000
B	450 000	357 000	357 000	357 000
C	550 000	863 000	853 000	853 000
D	170 000	278 000	278 000	0
E	200 000	250 000	250 000	250 000
F	330 000	332 000	332 000	0

其中，项目 D 和 E 是互斥项目。在第 1 年，可用投资额不超过 100 万英镑。所有项目都是可分割的，都不得推迟或重复。RM 公司的资本成本为 15%。

（1）讨论可能会有哪些原因使得 RM 公司项目投资额受到限制。

（2）RM 公司应该选择哪些项目进行投资才能使有限的投资额获得最大收益？如果项目是可分割的，你会改变对财务总监的建议吗？

（3）批判性地讨论为什么净现值法是学者们偏爱的评估方法。内含报酬率法是否为多余的方法？

3. Wide 公司的财务经理正在评估两个资本投资项目，这项评估可能有助于公司实现其业务目标。这两个项目都需要对工厂和设备进行 500 000 英镑的初始投资，预计不需要投资其他营运资金。这两个项目的预期现金流量如下。

单位：英镑

期数	Broad 项目	Keeling 项目
1	60 000	220 000
2	90 000	220 000
3	140 000	50 000
4	210 000	50 000
5	300 000	50 000
6	140 000	50 000
7	100 000	200 000

Wide 公司的资本成本为 10%。

（1）计算 Broad 项目和 Keeling 项目的资本回报率（以平均投资额计算）、净现值和内含报酬率。

（2）如果 Broad 项目和 Keeling 项目是互斥的，那么 Wide 公司应该对哪个项目进行投资？

（3）批判性地讨论资本回报率法作为投资评估方法的利弊。

参考文献和推荐阅读

第 7 章

投资评估：应用与风险

■ 7.1　项目相关现金流量

■ 7.2　税收和资本投资决策

■ 7.3　通货膨胀与资本投资决策

■ 7.4　投资评估和风险

■ 7.5　外国直接投资评估

■ 7.6　投资评估的实证研究

■ 7.7　结　论

学习目标：

通过学习本章，可以完成以下学习目标：

- 理解税收对投资决策的影响，熟练计算税收负债和税收利益。
- 理解通货膨胀对投资决策的一般影响和特殊影响。
- 掌握通货膨胀下名义利率和实际利率的投资评估方法。
- 理解风险与不确定性的区别。
- 掌握投资项目的敏感性分析。
- 了解将风险纳入投资评估过程的方法。
- 理解国内外投资评估的差异，以及国外直接投资评估。
- 理解资本投资决策过程实证研究的一般性结论。

引 言

为了做出最佳资本投资决策，我们在投资评估过程中必须考虑税收和通货膨胀对项目现金流量和期望回报率的影响，因为这些影响必然会发生。此外，对未来现金流量的预期也有风险和不确定性。在本章中，我们学习如何将这些因素纳入投资评估过程的方法。此外，我们还要学习外国直接投资评估，这比国内投资评估更复杂，必须预测汇率并考虑不同税收制度对项目现金流量的影响。最后我们对实务中采用的投资评估方法进行评价。公司会不会采纳学者建议的最佳投资评估方法？或者公司自己有方法进行项目评估？

7.1 项目相关现金流量

在第 6 章"投资评估方法概述"中虽然强调了使用现金流量而非会计利润，但我们几乎没有考虑项目评估应包括哪些成本和收入。这里应该把握的一个关键概念是只考虑相关现金流量。检验相关性的一种方法就是回答现金流量发生是不是因为项目。如果答案为否，则该现金流量是无关的。增量现金流量概念很有用，增量现金流量是投资项目直接带来的公司总现金流量的变化。诸如初始投资、现金销售收入和直接成本等现金流量显然是递增且相关的。但是，以下这些费用需要仔细计算。

□ 7.1.1 沉没成本

投资项目开始之前发生的成本称为沉没成本，它属于项目评估无关成本，尽管现在尚未支付，但无论项目将来是否实施，这些成本都会发生。沉没成本包括市场研究支出成本、现有机器设备的历史成本以及研发支出。专栏 7-1 表明沉没成本可能非常高。

□ 7.1.2 分摊固定成本

无论项目实施与否都会发生的成本，例如摊入的固定成本（例如房租和建筑物保险）或公司总部成本，这些成本与项目评估无关，必须将其排除在外。只有因为项目实施而产生的增量成本或额外固定成本才计入项目相关的现金流量。

专栏 7-1

苏格兰皇家银行：不要介意价格了

莱克斯（Lex）

变卖东西的时候就不要在意它是曾经花了多少钱购买的。

英国政府本周经手的就是这样一桩买卖，宣布将其持有的苏格兰皇家银行（RBS）79％的股份返还给私营部门，并配售其所持皇家邮政 30％股份的一半。这时恐怕会有人说风凉话：政府出资 450 亿英镑作为自有的 RBS 的纾困金，而在市场中无竞争能力的国有皇家邮政却被卖给了私营部门。

财政大臣乔治·奥斯本（George Osborne）要出售资产来削减英国的公共债务。本周皇家邮政的配售额共计 7.5 亿英镑。皇家邮政在 2013 年曾因上市发行价格过低而受到批评；如今以价值 320 亿英镑亏本出售 RBS 也受到了类似批评。而要弥补这些亏损，RBS 股票的平均价格必须从现在的 360 便士提高到 455 便士。

争论纳税人是否应该收回全部支出额是错误的。购买时花了多少钱不应该影响卖出决策。那是沉没成本。对 RBS 投资无关利润。如果当时的财政大臣阿利斯泰尔·达林（Alistair Darling）没有出手救助 RBS、劳埃德银行集团（Lloyds Banking Group）及其他银行，那么所造成的信心崩溃的代价是不可估量的。纳税人买的是稳定。

最后，这个出售过程可能会历经数年时间。随着英国经济复苏步伐的加快以及国家所有权的减少，RBS 的价值可能会增加。英国政府在劳埃德的持股比例从 41％降至 18％已经说明了问题。流动性越强、干预越少，可投资性和投资需求就会随之增加。

RBS 已经拨出 19 亿英镑与英国监管机构就不当销售次级抵押贷款证券达成和解。RBS 在缩小业务规模时，将会产生相应的成本。但是收缩资产以及退出公民金融集团（Citizens Financial Group）将提高其已经不错的普通股一级资本比率，从而产生一年内回购股票或分红的预期。这都可能提升股票价格。抱怨之声可休矣。

□ 7.1.3 机会成本

机会成本是指将资产用于一种目的而不是另一种目的所损失的收益。如果将资产用于某个投资项目，我们应该知道失去了什么利益，因为损失的利益或机会成本是项目的相关成本。下面原材料的例子将很好地说明这一点。

假设一家公司存货中有 1 000 千克的原材料 A，于 6 个月前以 2 000 英镑现金购买。现在供应商提供原材料 A 的报价为每千克 2.20 英镑。目前的存货可在二手市场以每千克 1.90 英镑的价格出售，出现价格较低的原因是原材料存在储存毁损的情况。某项目将在 3 周后开工，需要原材料 A 2/3 的存货量。那么这个项目中原材料 A 的相关成本是多少？

由于原材料 A 已经被购买，因此 2 000 英镑的历史成本是沉没成本，是无关成本。如果原材料 A 没有其他用途，而将其用于新项目的代价就是在二手市场上的出售收益，二手价为每千克 1.90 英镑。如果原材料 A 经常用于其他生产过程，则新项目使用的任何原材料都必须重新购买，当前市场价格为每千克 2.20 英镑。

□ 7.1.4　营运资本增量

随着非流动资产投资和公司发展带来的经营活动规模的增大，公司的原材料、产成品和应收账款规模也将增加。这些增加资金的一部分将由交易活动的应付账款增加额提供。营运资本的净增量意味着公司现金流出，在投资评估中必须包括这些相关的现金流量。随着销售水平不断提高，要避免过度交易或资本不足的问题，可能需要增加营运资本的额外投资（见本书 3.4 节"过度交易"）。在项目结束时，交易活动产生的应收账款、存货和应付账款将减少（除非该项目以持续经营原则出售），营运资本投资将被收回。项目期末或项目结束后第二年收回的营运资本，将成为现金流入。

7.2　税收和资本投资决策

在本章开始时，我们就指出，税收对资本投资决策的影响不容忽视。为了确定公司从投资项目中获得的现金收益净额，必须估算公司税收所产生的收益或负债。我们现在讨论税收利益或负债的影响因素。

□ 7.2.1　折旧的税收抵减

在财务会计中，每年的折旧费用在利润表中以资本性支出列示。折旧额由管理层根据相关会计准则确定。在税收方面，资本性支出按照政府规定从应税利润中扣除，并由税务部门强制执行。在这一制度下，公司通过每年的资本免税额（也称为可抵减税收的折旧费用）扣除资本性支出。

资本免税是一项政府政策，如专栏 7-2 所示。在英国，对于总投资超过年投资免税额（撰写本书时为 20 万英镑）的工厂和机器，可抵减税收的标准折旧率为 18%。对指定项目，如购买已获批准的节能设备的英国企业还可享受第一年免税的政策。在投资项目最后一年，除了当年的资本免税扣除外，还需要进行余额调整，以确保公司在项目期间内所消耗的资本（投资额减去残值）被全额扣除，且准确计入应税收益。

在撰写本书时，不考虑利润规模，主要的英国公司税税率为 19%。尽管专栏 7-2 表明，继续降低税率可能不受欢迎，但预计税率将会进一步降低。

专栏 7-2

税务专家呼吁"重新考虑"财政预算案中的英国公司税

吉姆·皮卡德（Jim Pickard），瓦妮莎·霍德尔（Vanessa Houlder），

麦迪逊·马里奇（Madison Marriage）

税务专家敦促英国财政大臣菲利普·哈蒙德（Philip Hammond）"重新考虑"在本时代结束前将公司税税率降至 17% 的计划，以便每年能够将 50 亿英镑用于债务支出。2010 年戴维·卡梅

伦（David Cameron）任首相时，公司综合税率为 28%。哈蒙德的前任乔治·奥斯本（George Osborne）曾一再降低税率直至 19%。2016 年，奥斯本宣布计划在 2020 年 4 月将税率再降 2 个百分点至 17%。在今年 3 月份的预算案中，哈蒙德强调了他进一步降低税率的承诺，称税率降至 17% 释放了"英国商业开放的最明确信号"。但是现在一些税务专家表示，财政大臣应该重新配置用于减税的资金，以应对其他政策挑战。"我希望（财政大臣）能重新考虑，"德勤（Deloitte）首席税务政策官比尔·多德威尔（Bill Dodwell）说，"企业欢迎税率下降到 20%。但似乎没有人欢迎减税到 17%。"英国商会也敦促哈蒙德"暂停"减税，将公司税税率维持在 19% 直到英国退出欧盟。游说团体表示，由此产生的财政收入可用于企业纾困。专业服务公司 EY 的全球税收政策主管奇里斯·桑格（Chiris Sanger）表示，许多公司都在谈论推迟减税的可能性。但他表示，如果由此产生的资金不能用于帮助企业的话，将会产生负面反应。

可以预期，哈蒙德在本周的预算案中会回应人们对税率问题的担忧，将明年公司税税率的增幅从 RPI 调整为 CPI，这意味着该税率将上升 3%，而不是 3.9%。但是，财政大臣并没有意愿放弃"公司税收路径"，其担心改变减税政策会违背保守党的承诺，并需要推翻现有法律。财政部最近几周一直试图向商业领袖保证，它仍致力于削减税收。一些税务专家表示，放缓或取消减税行动是错误的，尤其是美国已计划将自己的公司税税率降至 20%。普华永道（PwC）的税务合伙人斯特拉·阿米斯（Stella Amiss）表示："人们一直在猜测他是否会控制减税程度。""我们认为他不会。减税放缓会发出负面信号。"安永会计师事务所英国金融服务税务主管杰夫·索尔（Jeff Soar）表示，公司希望从财政预算案的政策中获得"喘息之机"。他说："随着英国脱欧带来的持续的市场不确定性，保持一段时间的平稳税收环境将是可喜的。"索尔补充说，任何与减税相反的举动"将是不受欢迎的，公司将不得不重新计算其递延税，并很可能击穿公司底线"。英国智库财政研究所的数据显示，2010—2020 年期间，公司税税率从 28% 逐步降到 17%，估计在中短期内政府收入每年至少减少 165 亿英镑。其实减少的政府收入将通过公司更大的投资而获得弥补。在 2013 年英国皇家税收与关税局（HM Revenue & Customer）的一份报告提出，在 20 年之中由于投资增长和经济活动增加，财政收入减少的 45%～60% 将获得弥补。

 资料来源：Pickard, J., Houlder, V. and Marriage, M. (2017) 'Tax experts call for "rethink" of UK corporation tax in Budget', *Financial Times*, 12 July.

在计算项目的净现金流量之前，需要分别计算应税利润和应纳税款。同时计算这两个值会引起一些困惑。下例所示使这些概念更容易掌握，表 7-1 给出了按工厂和机器递减余额的 25% 计算的折旧费用，并按 20% 的公司税税率计算折旧费用产生的税收优惠。

表 7-1 一台价格成本 200 000 英镑的机器，第 0 年购入，预计使用年限为 4 年，4 年后残值为 20 000 英镑，按机器余额的 25% 计提折旧费用。公司税税率为 20%，延迟一年缴付

单位：英镑

计算折旧费用		
第 1 年：200 000×0.25＝		50 000
第 2 年：(200 000−50 000)×0.25＝		37 500
第 3 年：(200 000−50 000−37 500)×0.25＝		28 125
第 4 年：(200 000−50 000−37 500−28 125)×0.25＝		21 094

续表

原值＝	200 000	
残值＝	20 000	
使用年限 4 年内损耗价值＝	180 000	
第 4 年年底折旧费用＝	136 719	
4 年内累计折旧＝		43 281
税收节约额		180 000
第 1 年（发生在第 2 年）：50 000×0.2＝	10 000	
第 2 年（发生在第 3 年）：37 500×0.2＝	7 500	
第 3 年（发生在第 4 年）：28 125×0.2＝	5 625	
第 4 年（发生在第 5 年）：(21 094＋43 281)＝64 375×0.2＝	12 875	
合计（应等于 180 000×0.2＝36 000）	36 000	

7.2.2 可抵减税收的成本费用

投资项目创造的应税利润将产生纳税义务。计算应税利润时要从年度收入中扣除可抵减税收的支出以减少纳税责任。如前所述，从年度收入中扣除资本免税额可以减少资本性支出。税负减少是通过扣除可抵减的成本费用实现的。可以抵减的成本费用包括原材料及零部件的成本、工资和薪金、制造费用、保险、维修维护费用、租赁租金等。

7.2.3 利息支出是相关现金流量吗？

虽然计算应税利润时，负债利息支出是允许扣除的，但在国内资本投资项目评估中，将利息支出作为相关现金流量是错误的。相关现金流量不包括利息支出的原因是，投资项目使用的任何负债融资的期望回报都计入了贴现项目现金流量的资本成本。如果公司创造了足够的应税利润，利息支出的可抵减税收额可以通过税后加权平均资本成本（见本书 9.1.3 节"债券和可转换债券"）贴现税后净现金流量得以计算。

7.2.4 应纳税款和利润发生的时间点

年度应税利润低于 150 万英镑的英国公司，在相关会计年度结束后 9 个月内就应以应税利润为基础缴纳公司税。在投资评估中，各期现金流量均视为在期末发生，因此，将应纳税款支出计入应纳税利润之后一年。任何资本免税额带来的税收优惠都视作延后了一年。在投资项目评估中计算资本免税额时，纳税延后时间的确定方法多有不同。本书使用的方法如下：

- 资本投资发生在第 0 年。
- 第一次资本免税额产生的现金流量确定在第 1 年。
- 第一次资本免税额产生的收益确定在第 2 年。
- 资本免税额的期数等于项目生命周期的年数。

年度应纳税利润超过150万英镑的英国公司必须在当期会计年度内分期缴纳公司税，并缴纳当年发生应纳税款四期中的两期。因此，规模较大的英国公司在各自会计年度末之前支付其（平均）应纳税款。对于此类公司来说，应纳税款和利润视为与应税利润原值在同一年发生。

例题　涉及税收的净现值计算

Bent公司考虑购买一台价值200 000英镑的新机器，该机器生产产品的销售可以产生以下税前现金流量。

年	税前现金流量（英镑）
1	65 000
2	70 000
3	75 000
4	98 000

Bent公司每年以20％的税率延后一年支付公司税，资本免税额为资本余额的25％。4年后该机器将以20 000英镑出售。如果Bent公司的税后资本成本为10％，则购买该机器在财务上是否可以接受？

参考答案：

表7-1给出了资本免税额的计算过程。应纳税款可以这样计算：税前现金流量减去资本免税额等于应税利润，然后将应税利润乘以公司税税率得出应纳税款，如下所示：

	（英镑）
第1年（在第2年考虑）：(65 000－50 000)×0.2＝	3 000
第2年（在第3年考虑）：(70 000－37 500)×0.2＝	6 500
第3年（在第4年考虑）：(75 000－28 125)×0.2＝	9 375
第4年（在第5年考虑）：(98 000－64 375)×0.2＝	6 725

该机器投资产生的净现金流量和净现值的计算结果如表7-2所示，净现值35 886英镑为正值，所以Bent公司购买该机器在财务上是可以接受的。

表7-2　计算Bent公司净现金流量和净现值　　　　　　　单位：英镑

年	资本	经营现金流量	税负	净现金流量
0	(200 000)			(200 000)
1		65 000		65 000
2		70 000	(3 000)	67 000
3		75 000	(6 500)	68 500
4	20 000	98 000	(9 375)	108 625
5			(6 725)	(6 725)

年	净现金流量	贴现率10%	现值
0	(200 000)	1.000	(200 000)
1	65 000	0.909	59 085
2	67 000	0.826	55 342
3	68 500	0.751	51 444
4	108 625	0.683	74 191
5	(6 725)	0.621	(4 176)
		净现值	35 886

□ 7. 2. 5　可以不考虑税收吗？

如果使用净现值法发现一个投资项目可行，那么引入应纳税利润之后也不太可能改变决定，即使这些税款支出延迟一年（Scarlett，1993，1995）。但是，如果使用应纳税利润的计算结果不同于现金流量的话，就会影响项目的可行性。在评估中引入资本免税额时就会出现这种情况，尽管影响很小。在通货膨胀的情况下，这种影响会加剧，由于资本免税额是以历史投资成本为计算基础的，因此，其实际价值会在项目整个生命周期内下降。就厂房和机器而言，资本免税额的实际价值下降在一定程度上会被高估的第一年减税额所抵消。

因此，在结束对税收的讨论之前我们应该注意到，虽然在投资评估中引入税收影响会使计算更加复杂，但也会使评估更加准确，使投资决策更为完善。

7.3　通货膨胀与资本投资决策

通货膨胀会对资本投资决策产生严重影响，因为它降低了未来现金流量的实际价值，并使其更不确定。考虑到预期通货膨胀对商品和服务价格的影响，因此可据此调整未来现金流量，表示为名义值（或现金），即未来将收到或支付的实际现金金额。投资评估采用的净现值法用的是名义资本成本贴现名义现金流量。

在投资评估中除了名义值以外，处理通货膨胀的一个方法是，按照一般通货膨胀率减少名义现金流量，从而得到以实际价值表示的现金流量，即扣除通货膨胀后的现金流量。这些实际现金流量可以用实际资本成本进行贴现。无论采用名义指标还是实际指标，都必须谨慎确定正确的通货膨胀率，用其计算出正确的现金流量。

□ 7. 3. 1　实际和名义资本成本

实际资本成本由名义资本成本（或货币资本成本）消除通货膨胀的影响后得到。所以：

（1＋名义资本成本）＝（1＋实际资本成本）×（1＋通货膨胀率）

其变形为：

$$（1＋实际资本成本）＝\frac{（1＋名义资本成本）}{（1＋通货膨胀率）}$$

例如，如果名义资本成本为 15％，通货膨胀率为 9％，则实际资本成本就是 5.5％。

（1＋0.15）/（1＋0.09）＝1.055

□ 7. 3. 2　一般和个别通货膨胀

某种商品成本和价格的通胀速度可能不同，因此它们的现金流量是按照个别通货膨胀率计算的。作为投资评估过程的一部分，我们需要预测个别通货膨胀率。此外，还存在一般通货膨胀率，例如，参照**消费物价指数**（consumer price index，CPI）计算的通货膨胀率，该指数代表消费价格的平均增长。一般通货膨胀率可用于将名义资本成本调整为实际资本成本，以及将名义现金流量调整为实际现金流量。

☐ 7.3.3　通货膨胀和营运资本

在项目结束时收回的营运资本（本章 7.1.4 节）的名义价值，不同于开始时投入的营运资本的名义价值。营运资本投资的价值必须逐年增值，以保持其实际价值。如果已知适用于营运资本的通货膨胀率，那么可以在投资评估中增加相当于营运资本名义价值的年增量。在项目结束时，营运资本投资的名义价值将全部收回。

☐ 7.3.4　投资评估中处理通货膨胀的黄金法则

黄金法则是用实际资本成本贴现实际现金流量、名义资本成本贴现名义现金流量。个别或一般通货膨胀率调增后的现金流量是名义现金流量，因此应以名义资本成本贴现。如果需要的话，名义现金流量可以用一般通货膨胀率进行调整得到实际现金流量，然后用实际资本成本贴现。稍加思考我们就会发现，用实际资本成本贴现实际现金流量所得到的净现值，与用名义资本成本贴现名义现金流量的净现值相同。毕竟，实际资本成本是名义资本成本减去通货膨胀率得到的，同样，通货膨胀率也可用于将名义现金流量调减为实际现金流量。

实际上，虽然通货膨胀会影响贴现率，但它可能不是投资评估决策中的主要影响因素。

例题　／　**涉及通货膨胀的净现值的计算**

Thorne 公司计划出售一款新的电子玩具。非流动资产需要花费 700 000 英镑，其中一次性支付 500 000 英镑，余款一年后支付。此外，初期还需要投入 330 000 英镑的营运资本。Thorne 公司预计该玩具 4 年后将被淘汰，非流动资产的残值为 0。按照现价计算，该项目将使固定总成本每年增加 545 000 英镑，其中每年折旧费用 175 000 英镑。预计该玩具的年销售量为 120 000 件，每件玩具的售价为 22 英镑，可变成本为 16 英镑。由于通货膨胀，Thorne 公司预计每年的增长情况如下：

固定成本	4%
销售价格	5%
变动成本	7%
营运资本	7%
一般价格	6%

如果 Thorne 公司的实际资本成本为 7.5%，不考虑税收，那么该项目在财务上是否可以接受？

参考答案：

折旧不产生现金流量，我们必须从固定成本总额中减去折旧得到现金固定成本：

年现金固定成本＝545 000－175 000＝370 000（英镑）

以每年 4% 的增长率增加：

第1年的现金固定成本＝370 000×1.04＝384 800(英镑)

第2年的现金固定成本＝384 800×1.04＝400 192(英镑)

第3年的现金固定成本＝400 192×1.04＝416 200(英镑)

第4年的现金固定成本＝416 200×1.04＝432 848(英镑)

单位贡献为售价减去单位变动成本，并按照各自的通货膨胀率增长。那么，每年的名义经营现金流量净值为该年的贡献总额减去增长的固定成本，如表7-3所示。

表7-3 Thorne公司经营现金流量净值与净现值 单位：英镑

	第1年	第2年	第3年	第4年
单位销售价格	23.10	24.25	25.47	26.74
单位变动成本	17.12	18.32	19.60	20.97
单位贡献	5.98	5.93	5.87	5.77
年贡献总额	717 600	711 600	704 400	692 400
年固定成本	384 800	400 192	416 200	432 848
经营现金流量净值	332 800	311 408	288 200	259 552

	第0年	第1年	第2年	第3年	第4年
经营现金流量		332 800	311 408	288 200	259 552
营运资本	(330 000)	(23 100)	(24 717)	(26 447)	404 264
资本投资额	(500 000)	(200 000)			
净现金流量	(830 000)	109 700	286 691	261 753	663 816
贴现系数14%	1.000	0.877	0.769	0.675	0.592
现值	(830 000)	96 207	220 465	176 683	392 979

NPV＝96 207＋220 465＋176 683＋392 979－830 000＝56 334(英镑)

第0年营运资本投资额＝330 000英镑

营运资本投资增量：

第1年＝330 000×1.07＝353 100(英镑)，投资增量为23 100英镑

第2年＝353 100×1.07＝377 817(英镑)，投资增量为24 717英镑

第3年＝377 817×1.07＝404 264(英镑)，投资增量为26 447英镑

第4年末收回营运资本＝404 264英镑

我们可以按照通货膨胀率将名义现金流量调减为实际现金流量，然后以Thorne公司的实际资本成本作为贴现率。更为简单快捷的计算是将Thorne公司的实际资本成本换算成名义值，用于贴现名义现金流量。Thorne公司的名义资本成本为1.139 5(1.075×1.06)或14%。

表7-3列示了名义(货币)净现值的计算结果。

由于净现值为正值，因此从财务角度可以接受该项目。然而由于净现值并不是很大，因此必须确保预测和估计尽可能准确。特别是，在项目运行期间，通货膨胀率的小幅上升可能会使该项目不赚钱。为此，可以用敏感性分析(见本书7.4.1节)来确定项目成功与否所依赖的关键变量。

7.4　投资评估和风险

虽然"风险"和"不确定性"这两个词往往可以互换使用，但它们确实有不同的含义。风险指的是可以量化并可以根据过去的经验等确定概率的各种情况。不确定性则意味着不能给各种情况确定概率。在投资评估中，风险是指投资的商业风险而非财务风险，商业风险随着预期收益的变化而增加，而财务风险则反映在公司的加权平均资本成本中，因为它来自公司的资本结构（见本书9.2节）。因此，风险与不确定性是不同的，后者随着项目寿命的延长而成比例地增加。然而，区别这两个概念在实际的商业决策中意义并不大，因为管理者对未来事件的概率既非完全无知也非完全确定，尽管他们也许能够以不同的置信度来确定概率（Grayson，1967）。由于这个原因，在投资评估实务中人们通常忽略了风险和不确定性的区别。

一个有规避风险意愿的公司担心其回报可能低于预期，即存在下行风险，因此希望能够评估投资项目的风险。以下是几种评估项目风险并将风险纳入决策过程的方法。

7.4.1　敏感性分析

敏感性分析是评估投资项目风险的一种方法，用来评估投资项目的净现值对计算变量变化的反应程度。有两种方法可以计算这种敏感性。一种方法是将项目的每个变量依次变化一个设定的值，例如5%，重新计算净现值。每次只改变一个变量。由于更关注的是下行风险，所以只计算5%变化对净现值产生的不利影响。另一种方法是确定项目变量的相对变动率以使净现值为零。同样，每次只改变一个变量。

敏感性分析的这两种方法都可以确定投资项目的关键变量。关键变量是指那些较小的相对变动就会对项目净现值产生重大不利影响的变量。这些变量需要进一步审视，例如，确定这些变量值的变动范围，将有助于管理者明确他们应该关注的问题，以确保拟议投资项目能够成功运行。

这两种方法的缺点是每次只能更改一个变量，暗含着假设所有项目变量都是独立的，显然该假设是不现实的。更为根本的一个问题是，敏感性分析并不是真正意义上的投资项目风险评估。这似乎看起来有点奇怪，因为敏感性分析始终是投资评估和风险讨论中的一个内容，可是它仅仅辨识出了哪些是关键变量，并没有给出关键变量出现变化的概率，而如果要估计项目风险的话，这些信息是必需的。如果项目所涉及变量的值都是确定的，那么即使敏感性分析确定了关键变量，项目的风险也是零。然而，在这种情况下，确定关键变量仍有助于管理者对项目进行监视和控制，并确保实现预期的财务目标。

例题　**敏感性分析的应用**

Swift公司的资本成本为12%，公司计划投资700万英镑购买一台使用期限为4年的机器。生产的产品单位售价为9.20英镑，单位制造成本为6英镑，预计每年销售量为800 000件。要使净现值为0，每个变量的变动率是多少？该项目的关键变量是什么？

参考答案：

为使净现值为0，该项目每个变量的变动率可以这样计算：

$$\frac{NPV}{项目变动的现金流量现值}$$

项目净现值的计算如下：

	（英镑）
销售收入的现值＝9.20×800 000×3.037＝	22 352 320
变动成本的现值＝6.00×800 000×3.037＝	14 577 600
贡献总额的现值	7 774 720
初始投资额	7 000 000
净现值	774 720

现在我们可以计算净现值为 0 时的每个变量相应变动。

初始投资额：

如果初始投资额增加量等于净现值（774 720 英镑），即相应增加 11.1%，则净现值变为 0：

$$100\% \times (774\ 720 / 7\ 000\ 000) = 11.1\%$$

销售价格：

要使净现值为 0，单位产品销售价格的变动（下降）率就是净现值与销售收入现值之比：

$$100\% \times (774\ 720 / 22\ 352\ 320) = 3.5\%$$

单位销售价格降低 32 便士（9.20 英镑×0.035），因此，使净现值为 0 的售价为 8.88 英镑（9.20－0.32）。

变动成本：

如果销售价格减少 32 便士就使得净现值为 0，那么变动成本增加 32 便士或 5.3%，结果应该是一样的。即：

$$100\% \times (774\ 720 / 14\ 577\ 600) = 5.3\%$$

销售量：

要使净现值为 0，销售量的变动（下降）率等于净现值与贡献总额的现值之比：

$$100\% \times (774\ 720 / 7\ 774\ 720) = 10.0\%$$

销售量下降的绝对数量为 80 000 件（800 000×0.1），因此，净现值为 0 的销售量为 720 000 件（800 000－80 000）。

项目贴现率：

使净现值为 0 的复利现值系数计算如下：

$$[(9.20 - 6.00) \times 800\ 000 \times CPVF] - 7\ 000\ 000 = 0$$

所以：

$$CPVF = 7\ 000\ 000 / [(9.20 - 6.00) \times 800\ 000] = 2.734$$

用附录中的年金累计现值系数表，沿着期数为 4 年的那一行（项目期数不变）查看，发现 2.734 几乎对应着贴现率 17%。贴现率的绝对值增加了 5%，即变动（增加）率为 41.7%（100×5/12）。请注意，这也是本书 6.4 节中介绍的计算投资项目内含报酬率的方法。

表 7-4 为 Swift 公司拟投资项目的敏感性分析，该项目对销售价格、单位变动成本最为

敏感，因此它们是项目的关键变量。

表 7-4　Swift 公司拟投资项目的敏感性分析

变量	使 NPV 为 0 的变动		敏感性
	绝对数值	变动率	
单位销售成本	-32 便士	-3.5%	高
销售量	-80 000 件	-10.0%	低
单位变动成本	+32 便士	+5.3%	高
初始投资额	+774 720 英镑	+11.1%	低
项目贴现率	+5%	+41.7%	很低

□ 7.4.2　投资回收期

前面讨论的投资回收期法（见本书 6.1 节）是明确认识到资本投资决策不确定性的最早且最广泛使用的方法。这种方法所关注的未来不长远，它强调流动性，鼓励短期项目而非长期项目（风险可能更大）。毕竟投资回收期和净现值所依据的未来现金流量都只是估计值，因此，关注近期未来提供更好的建议可能是明智的。此外，投资对流动性的影响也不容忽视，尤其是对于小公司而言。然而，投资回收期法作为一种投资评估方法有严重缺陷，因此不建议将其作为风险调整的一种方法。

□ 7.4.3　保守预测

这种传统的处理投资评估风险的方法也被称为确定性等价法，"出于安全考虑"，将未来现金流量估计值降到更为"保守"的值，然后将这些保守的或无风险的现金流量按无风险收益率贴现。

本书不推荐这种方法。首先，这种估计值的降低是主观的，不同的项目之间可能没有可比性。其次，管理者可能预测到了现金流量下降，于是在项目被提交去做评估之前，会加大现金流量来进行补偿。最后，由于关注消极的（保守的）现金流量，尤其是下一步将采用风险调整方法的话，那些有吸引力的投资机会可能会被拒绝。

□ 7.4.4　风险调整贴现率

人们普遍认为，投资者需要一个高于无风险利率的收益来补偿其风险投资。这一概念被用到投资组合理论和资本资产定价模型当中（见本书第 8 章）。未来收益的风险越大，所需的**风险溢价**（risk premium）也就越大。当使用现金流量贴现（DCF）的投资评估方法时，贴现率由两部分组成（Grayson，1967）。第一部分是时间偏好或流动性偏好，这意味着投资者更喜欢现在的现金而不是以后的现金，并希望由于现在无法使用现金而得到补偿。第二部分为风险偏好，即投资者喜欢低风险而非高风险项目，并希望由于承担了较高风险项目而获得补偿（风险溢价）。然而，对于不同的投资项目来说，风险溢价的大小很难确定。

一个解决办法是将投资项目进行风险分类，然后用该分类的适用贴现率对其进行贴现。

这一解决办法在评估项目风险和确定不同风险类别的适用贴现率方面都存在问题。另一个解决办法是假设公司投资项目的平均风险与目前业务的平均风险相近。在这种情况下，可以使用一个通用的贴现率——通常是公司的加权平均资本成本。

使用风险调整贴现率，隐含着随项目寿命延长、风险不断增加的假设。这样可以准确地反映投资项目的风险状况。但是，如果该假设不恰当，可能就会导致不正确的决策。大多数情况下使用一个不变的风险补偿值应该是合适的，在这种情况下，风险调整贴现率应随时间推移而降低。推出新产品时，设定较高的初始风险溢价应该是合适的，随着产品的成熟，风险溢价水平逐渐降低。

□ 7.4.5　概率分析和期望净现值

到目前为止，我们讨论的是投资项目某一个未来现金流量的估计值。如果能够得到预期现金流量的概率分布，就可以求得平均净现值或期望净现值。通过计算最坏情况的概率和不能实现正净现值的概率，可以更具体地计算投资项目的风险。概率分析作为投资项目风险评估的一种方法越来越受欢迎（见本书7.6.3节）。

最简单的概率分布形式包括最好的、最有可能的和最坏的情况的概率估计，如下所示：

预测	概率	净现值（英镑）
最好的情况	0.2	30 000
最有可能的情况	0.7	20 000
最坏的情况	0.1	10 000

计算平均净现值或期望净现值（ENPV）：

$$(0.2\times30\ 000)+(0.7\times20\ 000)+(0.1\times10\ 000)=21\ 000(英镑)$$

我们认为这种方法比单一数值的净现值估计更有用，但应该注意的是，单一值估计是预期未来发生的状态，而 ENPV 作为一个平均数，并不代表某个预期的未来状态。下面的例子计算了最坏情况的概率以及不能实现正净现值的概率。

这里所讨论的概率是管理者根据自己获得项目数据做出的概率估计。这种估计虽然是主观的，但却不能因此拒绝它们，因为它们是正常经营过程中的专业管理者对未来可能发生事件做出的清晰的评估。

例题　**计算期望净现值**

Star 公司的资本成本为 12%，它正在评估一个项目，初始投资为 375 000 英镑。预期该项目在不同经济情况下的净现金流量及其发生的概率如表 7-5 和表 7-6 所示。

表 7-5　第 1 年的净现金流量

经济情况	概率	现金流量（英镑）
差	0.2	100 000
正常	0.5	200 000
良好	0.3	300 000

表 7-6　第 2 年的净现金流量

经济情况	概率	现金流量（英镑）
正常	0.7	250 000
良好	0.3	350 000

如果第 2 年的经济情况与第 1 年不相关，则项目的期望净现值是多少？净现值为负值的风险有多大？

参考答案：

第一步，计算每种情况下的净现值（见表 7-7）。

表 7-7　每种情况下的净现值

年	经济情况	现金流量（千英镑）	12%贴现率	现值（千英镑）
1	差	100	0.893	89.3
1	正常	200	0.893	178.6
1	良好	300	0.893	267.9
2	正常	250	0.797	199.2
2	良好	350	0.797	279.0

第二步，将两年的现值相加，计算每种情况下两年的总现值（见表 7-8）。

表 7-8　每种情况下两年的总现值

第 1 年		第 2 年		总额
经济情况	现金流量现值（千英镑）	经济情况	现金流量现值（千英镑）	现金流量总现值（千英镑）
差	89.3	正常	199.2	288.5
差	89.3	良好	279.0	368.3
正常	178.6	正常	199.2	377.8
正常	178.6	良好	279.0	457.6
良好	267.9	正常	199.2	467.1
良好	267.9	良好	279.0	546.9

每一种经济情况的现金流量总现值乘以这种情况发生的概率，再将计算结果相加，得到项目产生现金流量的期望现值（见表 7-9）。

表 7-9　现金流量的期望现值

现金流量总现值（千英镑）	第 1 年的概率	第 2 年的概率	总概率	现金流量的期望现值（千英镑）
A	B	C	D＝B×C	A×D
288.5	0.2	0.7	0.14	40.4
368.3	0.2	0.3	0.06	22.1
377.8	0.5	0.7	0.35	132.2
457.6	0.5	0.3	0.15	68.6
467.1	0.3	0.7	0.21	98.1
546.9	0.3	0.3	0.09	49.2
				410.6

	（英镑）
现金流量的期望现值	410 600
减去：初始投资额	375 000
期望净现值	35 600

该项目净现值为负的概率是指现金流总现值小于 375 000 英镑的概率。在表格中"现金流量总现值"一栏中，找到小于 375 000 英镑的数值，其发生的概率就是净现值为负的概率，为 0.20(0.14＋0.06)，即 20％。

□ 7.4.6 模拟模型

通过估计项目各个变量的概率分布，我们有可能对包括计算净现值在内的决策过程进行改进。敏感性分析每次只改变项目的一个变量，例如销售价格和市场份额，但是，它们并非独立变量。模拟模型通过重复分析，可以确定一个以上变量同时发生模拟变化时对期望净现值产生怎样的影响。该过程为每一个变量的概率分布区间分配随机数。计算机以此生成一组随机数，并使用这些随机数为每一个变量随机赋值。之后计算这组变量的净现值。计算机多次重复这个过程，并形成一个净现值的频率分布。依照这个频率分布，我们可以计算期望净现值及其标准差。利用电子表格软件实现模拟模型，这种方法在投资评估中简便易行。

这种模拟技术并不提供投资建议。从公司财务的角度来看，管理者依然必须决定是否接受这项投资，或者某个方案是否优于其互斥的另一个方案。管理者能够同时考虑投资回报（期望净现值）和投资风险（期望净现值的标准差）。理性决策（见本书 8.3 节"投资者对风险的态度"）在给定的风险水平下选择回报率最高的投资，或者风险最低的投资。

7.5 外国直接投资评估

外国直接投资是指公司对外国进行的长期投资，投资的公司对所投资的经营活动具有控制权，其主要的投资形式是新建或购买国外子公司。

□ 7.5.1 外国直接投资的显著特征

外国直接投资决策与国内投资决策在概念上没有不同，都可以采用同样的评估技术进行评估，如净现值法。但是，外国直接投资决策的以下特点使得其评估更加困难：

- 项目现金流量需要以外币估值。
- 汇率变动产生货币风险，可能需要对冲风险。
- 外国的税收制度可能与国内税收制度不同。
- 项目的现金流量和母公司现金流量有所不同。
- 项目现金流量的汇出可能会受到限制。
- 投资决策可以从多个角度进行评估。

□ 7.5.2　外国直接投资的评估方法

外国直接投资项目的财务评估有助于淘汰不良项目，确认营销假设，并指导所需融资的数量和类型。学术界倾向于采用净现值法评估外国直接投资项目，因为选择净现值为正的项目可以增加股东财富。这也说明，正是由于母公司股东财富至关重要，因此，我们应该用汇回母公司的税后现金流量净现值来判断外国直接投资项目的财务可行性。应该指出的是，从东道国角度对项目进行评估也是可以的。

□ 7.5.3　东道国视角的外国直接投资评估

外国直接投资项目可以当地标准用当地货币进行评估，例如，与东道国同类企业进行比较。这种评估不考虑可汇回母公司的现金流量，也不考虑项目带给母公司股东的总价值。外国直接投资无论是从东道国角度还是从母公司角度进行评估，都需要确定项目的当地货币现金流量。项目的现金流量可以分为以下几种类型。

初始投资

初始投资是指对土地、建筑物、厂房和机器设备等非流动资产的支出。投资额可以来自股票或债务发行，负债融资可以在当地或母公司筹集。初始投资也可能包括厂房和设备等资产的转让，这种转让资产应按母公司的机会成本估值。

营运资本投资

营运资本投资可以作为初始投资的一部分，也可能发生在项目经营活动的启动阶段。营运资本投资可以是从母公司转移部分零件或产成品存货。

当地税后现金流量

这种现金流量是销售的现金收入与当地原材料和劳动力的总经营成本之间的差额，再减去当地的所得税。在确定应税利润时，应该扣除在当地筹集的债务（如当地的银行或其他金融机构贷款）资金所产生的利息支出。如何看待母公司提供的商品是一个难题，因为当地税收机构需要明确子公司支付的价格（**转移价格**，transfer price）为公允价格。从现金流量的角度来看，这种商品转移在东道国属于一种经营成本，而对母公司来说是一种收入来源，这两个角度都存在税收问题。

项目的终值

计算项目的**终值**（terminal value），可以达到简化分析而缩短评估时间的目的，或者使母公司预测外国直接投资的权益终止日期，例如出售子公司而终止权益的日期。母公司计划期结束时的子公司预期市场价值，是一种可能的项目终值。

仅以外币（当地货币）口径计算现金流量评估出的财务可行性，以此作为投资依据可能是不正确的。母公司看待项目的净现值取决于未来子公司可汇回的现金流量。如果汇回母公司的现金流量受到限制，估值就会降低。母公司还必须考虑该项目对当前现金流量的影响，例如目前的出口销售额。

7.5.4　母公司视角的外国直接投资评估

在母公司层面，项目现金流量是以母公司本国货币计算的实际现金收支，以及母公司当前现金流量的任何增量变化。这些现金流量如下：

初始投资

初始投资包括母公司已投入的负债或股权现金，还包括按机会成本计价的转让的工厂和机器设备，还可能包括收购或兼并外国公司所支付的价格。

投资回报

母公司将收到来自项目的股利，如果提供了负债资本，则还有利息收益和本金偿还。

公司之间商品交易的收入

母公司以向项目提供商品和劳务收取现金收入。出售给项目的商品将根据商定的转移价格确定收入。也可收取专利权使用费。有经验的人员提供的服务也会收取管理费。

累积的贡献额

如果汇回的款项受到外汇管制，那么母公司收取到的现金就会累积（应计）到一个时点，这个时点也许就是项目结束的时刻。

税收

汇回母公司的现金流量将根据母国的税收制度纳税。在海外支付的税款，从母公司角度可以获得减税。

外国直接投资创造的现金流量需要兑换成母国货币，这意味着需要预测项目周期内的汇率，购买力平价理论可以用来预测母国和东道国的通货膨胀率差异（Buckley，2012）。另一个问题（见本书 9.7 节"外国直接投资的资本成本"）是要为项目确定一个适当的贴现率。

例题　外国直接投资评估

WK 股份有限公司是一家英国公司，计划在本位币为美元的小国"帕兰"新建一家制造子公司。期初需要投资 500 万美元新建厂房和机器设备。流动资金 50 万美元的投资将从当地银行贷款，年利率为 10%。5 年后，该子公司将以 1 200 万美元的价格出售，其间部分收入将用于偿还银行贷款。

若不考虑"帕兰"每年 8% 的预期通货膨胀率，则预计该子公司在 5 年期间每年创造 300 万美元的经营现金净流量。厂房及机器的初始投资额可按直线法每年计提 20% 的资本免税额。作为一个新建子公司，若不考虑英国每年 3% 的通货膨胀率，按照当前汇率计算，预计 WK 股份有限公司每年可从"帕兰"获得 8 万英镑的税后净利润。

在扣除利息和折旧费用之后，"帕兰"的利润应交 20% 的所得税。所有税后现金利润将在每年年底汇回英国。英国对本国利润征收 24% 的所得税，但根据"帕兰"和英国之间的税收

协定，在"帕兰"支付的税款可以抵扣任何英国债务。负债抵减的税款在当年即可扣减。WK
股份有限公司要求外国投资按 15％计提折现。目前的汇率为 2.5 美元/1 英镑，预计美元兑英
镑每年将贬值 5％。

　　WK 股份有限公司是否应该对"帕兰"进行投资？

　　参考答案：

"帕兰"的初始投资额		＝5 000 000 美元
每年的折旧费用	5 000 000 美元×0.2	＝1 000 000 美元
每年的利息支出	500 000 美元×0.1	＝50 000 美元

　　表 7-10 给出了子公司现金流量的计算方法。经营净现金流量每年增长 8％。请注意这里
并未进行单独的税款计算，而是从经营活动的净现金流量中扣除资本免税额，计算应税利润，
然后把资本免税额加回税后利润，得到税后现金流量。因为资本免税额不产生现金流量，所
以必须被加回。此外，由于子公司是以持续经营业务出售的，因此营运资本是不能被收回的。

表 7-10　WK 股份有限公司"帕兰"子公司现金流量计算　　　　　　　　　　单位：千美元

	第 0 年	第 1 年	第 2 年	第 3 年	第 4 年	第 5 年
经营现金流量		3 240	3 499	3 779	4 081	4 408
资本免税额		(1 000)	(1 000)	(1 000)	(1 000)	(1 000)
利息费用		(50)	(50)	(50)	(50)	(50)
税前利润		2 190	2 449	2 729	3 031	3 358
当地税收		(438)	(490)	(546)	(606)	(672)
税后利润		1 752	1 959	2 183	2 425	2 686
加回资本免税额		1 000	1 000	1 000	1 000	1 000
		2 752	2 959	3 183	3 425	3 686
初始投资额	(5 000)					
营运资本	(500)	(40)	(43)	(47)	(50)	(54)
负债资本	500					(500)
子公司售价						12 000
项目现金流量	(5 000)	2 712	2 916	3 136	3 375	15 132

　　WK 股份有限公司确定项目是否可以接受，第一步是将汇回的现金流换算成英镑。由于
预计美元对英镑每年会贬值 5％，因此汇率每年都会提高 5％。以英镑计价的英国应交税收应
按照英国税率计算的"帕兰"子公司的应交税收扣除当地税收，具体如下：

　　　　第 1 年的应税利润＝2 190 000（美元）

　　　　第 1 年的应税利润＝2 190 000/2.63＝832 700（英镑）

　　　　英国税收＝832 700×0.24＝199 848（英镑）

　　　　当地税收＝832 700×0.20＝166 540（英镑）

　　　　英国应交税收＝199 848－166 540＝33 308（英镑）

　　考虑到汇率每年变动，重复以上计算过程。将出口销售减少纳入税后现金流量进行综合

考虑后，我们就可以确定母公司的现金流量及其现值，如表 7-11 所示。

表 7-11 母公司层面的 WK 公司子公司现金流量和净现值计算

	第 0 年	第 1 年	第 2 年	第 3 年	第 4 年	第 5 年
项目现金流量（千美元）	(5 000)	2 712	2 916	3 136	3 375	15 132
汇率（美元/英镑）	2.50	2.63	2.76	2.90	3.04	3.19
英国现金流入（千英镑）	(2 000)	1 031	1 057	1 081	1 110	4 744
英国税收（千英镑）		(33)	(36)	(38)	(40)	(42)
	(2 000)	998	1 021	1 043	1 070	4 702
税后出口损失（千英镑）		(82)	(85)	(88)	(91)	(93)
母公司现金流量（千英镑）	(2 000)	916	936	955	979	4 609
15% 贴现率	1.000	0.870	0.756	0.658	0.572	0.497
现值（千英镑）	(2 000)	797	708	628	560	2 291

则：

$$NPV = -2\,000\,000 + 797\,000 + 708\,000 + 628\,000 + 560\,000 + 2\,291\,000$$
$$= 2\,984\,000（英镑）$$

站在母公司立场上，净现值远远大于 0，所以应该接受该项目。可以进行以下观察：

■ 评估中假设 5 年内的销售量和通货膨胀的变动率都是稳定的，而实际上这些变量都存在市场波动性。我们是否有可能更准确地预测这些项目变量？

■ 15% 的贴现率必须是公允的。在计算贴现率时考虑项目的风险了吗？

■ 是否有任何非财务性质或难以量化的利益未被纳入评估之中？例如，"实物期权"，可能继续生产不同的产品，而不是将业务出售给第三方。

□ 7.5.5 税收和外国直接投资

东道国和母国的税收制度可能是不同的。如果公司利润在两个国家都要交税，也就是说，存在双重征税，就会强烈地抑制投资活动。通常可以通过两国之间的条约或单边条约减免双重税收，即对在国外取得的收益减免所得税。双重税收的结果是，母公司将为外国子公司创造的利润支付当地税收和国内税收两者中的较高者。外国缴纳的税收额不会影响纳税总额，但会影响在两国间的税收支付比例。如果当地税率大于母公司国内税率，则不缴纳母公司国内税收。

为方便计算，英国的税收支付额可以根据外国子公司的应税利润计算。这比计算外国投资汇回的总流入额更容易，也可以避免计算所得税时对资本现金流量的估算错误。然后，将英国的交付税收减去在外国已经支付的税收，计算出英国的应交税收。

7.6 投资评估的实证研究

有许多研究可以帮助我们了解公司实际使用的投资评估方法（Pike，1983，1996；Mclntyre and Coulthurst，1986；Lapsley，1986；Drury et al.，1993；Arnold and Hatzopoulos，2000；Ryan and Ryan，2002；Verbeeten，2006；Burns and Walker，2009）。这些研究结果可以总结如下：

- 虽然多年来投资回收期法是最常用的投资评估方法，但近来现金流量贴现法似乎更受欢迎。
- 在大型组织中，投资回收期法与其他投资评估方法一起使用。在较小的组织中，将投资回收期法作为唯一的投资评估方法的情况持续减少。
- 在小公司中，内含报酬率法比净现值法更受欢迎，但净现值法仍是最受大公司欢迎的投资评估方法。
- 经验和定性判断是对定量方法的重要补充。
- 虽然资本回报率法是最不受欢迎的投资评估方法，但它仍在与其他方法一起使用。
- 公司倾向于不使用复杂方法考虑项目风险。
- 公司在考虑风险时，最常使用的方法是敏感性分析。
- 研究重点是资本预算编制过程中的选择阶段。

我们注意到，学术界偏好现金流量贴现法，而净现值法比内含报酬率法更受欢迎。这一研究结论根源于，现金流量贴现法既考虑了货币时间价值，又考虑了企业风险偏好。越早发生的现金流量，贴现时的折扣程度越小，同时风险较大项目可以采用较高的贴现率进行风险评估。投资回收期法和资本回报率法都存在一些缺点（第 6 章已做讨论）。

□ 7.6.1 投资评估方法的使用

德鲁里等人（Drury et al.，1993）发现，投资回收期法是最常用的投资评估方法，其次是净现值法和会计收益率法，内含报酬率法则最不受欢迎。而阿诺德和哈佐普洛斯（Arnold and Hatzopoulos，2000）则发现，净现值法和内含报酬率法总体上受欢迎程度几乎相等，两者都比投资回收期法更受欢迎，这说明在投资评估方法上，理论与实务的差距已经缩小。

在小公司和大公司投资评估方法的偏好上也可以看到类似的变化。德鲁里等人（Drury et al.，1993）发现，大公司倾向于现金流量贴现法而非投资回报率法和会计收益率法，90％的大公司至少使用一种现金流量贴现法，而只有35％的小公司才会如此；小公司更倾向于投资回报率法。阿诺德和哈佐普洛斯（Arnold and Hatzopoulos，2000）发现，小公司对现金流量贴现法的接受程度有所提高，内含报酬率法比投资回收期法更受欢迎，而大公司更喜欢内含报酬率法而非投资回收期法。

德鲁里等人（Drury et al.，1993）发现，只有14％的公司单独使用投资回报率法，建议公司在使用投资回报率法初步筛选方法选择合适的项目后，再使用净现值法或内含报酬率法对这些项目进行进一步筛选。阿诺德和哈佐普洛斯（Arnold and Hatzopoulos，2000）发现，68％的公司在使用投资回报率法的同时还使用一种或多种投资评估方法。他们还发现，90％的公司使用了两种或多种投资评估方法。

为什么大多数公司应该使用多种投资评估方法呢？一种可能的解释是，使用多种评估方法可以增强决策的合理性，并提高分析性投资评估方法的安全感或舒适感（Kennedy and Sugden，1986）。另一种可能的解释是，从多个不同的角度对投资项目进行评估，可以弥补现实中不具备净现值法某些假设的失效情况（Arnold and Hatzopoulos，2000）。美国和欧洲的资本预算实务活动似乎差别不大（Brounen et al.，2004）。

7.6.2 通货膨胀的处理

在投资评估过程中我们必须考虑到通货膨胀的问题，以防止做出非最优决策。前面讨论过了通货膨胀的处理方法：

■ 使用名义贴现率对通货膨胀调整后的预期未来名义现金流进行贴现（名义贴现率法）。

■ 使用实际贴现率对实际现金流进行贴现（实际贴现率法）。

德鲁里等人（Drury et al.，1993）发现，大多数公司使用名义贴现率贴现未调整的现金流量，总体而言，只有四分之一的公司使用理论正确的方法调整通货膨胀。这一研究结果与早些的研究结果一致，后者的结论是，大多数公司在投资评估过程中没有以适当的方式调整通货膨胀。然而阿诺德和哈佐普洛斯（Arnold and Hatzopoulos，2000）的报告则说，81％的公司在投资评估中正确调整了通货膨胀，这个数据支持了他们的结论，即资本预算的理论与实践之间的差距已经缩小。

7.6.3 风险分析

一般认为（见本书7.4节），在资本投资过程中应考虑风险，项目风险应反映在贴现率中。在20世纪70年代以前，公司通过缩短目标回收期或使用保守的现金流量进行风险考量。一些公司使用了概率分析和模拟技术。这些模型考虑了未来现金流量所附带的风险，但无法提供适当贴现率的选择方法。资本资产定价模型（见本书第8章）解决了这一问题，它提出了项目的系统风险，并将其反映在适当的贴现率之中。

德鲁里等人（Drury et al.，1993）发现，比较复杂的风险调整方法使用率非常低，63％的公司或者非常不情愿使用概率分析，或者根本就没有使用过，95％以上的公司拒绝使用模拟技术和资本资产定价模型。他们发现，最受欢迎的方法是敏感性分析，82％的受访公司采用了这种方法。阿诺德和哈佐普洛斯（Arnold and Hatzopoulos，2000）也报告了类似结果，他们发现85％的公司使用了敏感性分析，很少有公司使用资本资产定价模型。但是他们发现，31％的公司使用了概率分析方法，而且可能是因为信息技术的普及使这种技术应用增加。伯恩斯和沃克（Burns and Walker，2009）指出，需要进一步研究复杂风险分析方法的低使用率，如蒙特卡洛分析（模拟）方法。

7.6.4 外国直接投资

德米拉格和戈达德（Demirag and Goddard，1994）、金姆和乌尔弗茨（Kim and Ulferts，1996）以及巴克利（Buckley，2003）总结了关于外国投资评估的几项实证研究。证据表明，公司不止使用净现值法，而是使用一系列不同的方法来评估外国投资决策。我们将主要研究结果总结如下：

■ 大多数跨国公司采用现金流量贴现法作为评估外国投资项目的主要方法，内含报酬率法比净现值法应用得更多。

■ 近年来，现金流量贴现法的使用似乎没有增加。

■ 很多公司在评估中不以母公司的税后现金流量作为计算收益的主要指标。

■ 不少公司倾向于将负债成本作为对外投资决策的期望回报率。

■ 小公司往往采用不太复杂的投资评估方法，如资本回报率法和投资回收期法。

值得注意的是，公司采用的评估方法与评估理论的建议存在分歧。

□ 7.6.5　实证研究的结论

我们可以得出这样的结论：大多数公司联合使用了多种投资评估方法，小公司和大公司的做法不同，不过差异并不大。现在大多数公司都能正确处理通货膨胀问题，消除了现金流量贴现计算中可能的数据失真，从而做出更好的投资决策。研究发现，公司更倾向于使用敏感性分析等简单方法来处理风险问题，而不使用资本资产定价模型等理论正确的方法。外国直接投资评估的理论与实践存在着差异。

7.7　结　论

本章研究了"现实世界"投资项目评估的一些问题，包括对税收和通货膨胀影响的调整。我们考虑了在投资评估过程中调整项目风险的必要性，并研究了可以采用的几种不同方法。其中一些方法被认为比其他方法更成功。我们还考虑了评估外国直接投资时的具体困难。最后，我们提供了现实世界中公司使用投资评估方法的经验研究结果，研究表明，理论与实践之间的差距似乎正在缩小。

学习要点

1. 投资评估应该只考虑相关现金流量，也就是投资决策产生的增量现金流量。相关现金流量包括机会成本和营运资本投资的增量。

2. 不相关的现金流量，如沉没成本和分摊的固定成本，应该从投资决策中剔除。

3. 资本性支出的减税效应即资本免税额，是政府的一项政策，可抵减的税收依资产种类而不同。

4. 计算应税利润时，税收作为费用从收入中减去。税收费用可以全额扣减。

5. 税收不会改变简单项目的可行性，除非应税利润不等于项目创造的现金流量。

6. 通货膨胀降低了未来现金流量的实际价值，并使未来现金流量的不确定性增加，因此对投资决策产生了一系列影响。

7. 投资评估应该包括通货膨胀的调整，用名义资本成本贴现名义现金流量，或者用实际资本成本贴现实际现金流量。

8. 实际资本成本可以用名义资本成本减去一般通货膨胀率来计算。

9. 在投资评估中，个别和一般通货膨胀都需要考虑。

10. 风险是指未来可知事件的发生概率。不确定性是指未来未知事件的发生概率。

11. 敏感性分析研究的是项目变量的变动对净现值的影响程度。

12. 敏感性分析的一个问题是每次只能改变一个变量，然而现实中项目变量的变化不会是彼此独立的。

13. 敏感性分析可以辨识出项目的主要变量，但是无法确认变量变化的概率。因此它不是评价项目风险的方法。

14. 回收期法注重近期并鼓励选择短期项目，因此可以减少风险和不确定性。

15. 保守的预测可能会受到质疑，因为它带有主观性且不稳定，而且预期现金流可能会被低估。

16. 尽管在评估项目风险和确定风险溢价方面存在困难，但是风险调整贴现率是将风险纳入投资评估的最好方法。

17. 概率分析可以计算项目的期望净现值、最差净现值的概率，以及净现值为负值的概率。

18. 模拟技术可以产生净现值的概率分布、期望净现值，以及净现值的标准差。

19. 在母公司层面常常用净现值来评估外国直接投资项目。

20. 虽然各国税收制度可能不同，但通常可以享受双重税收减免。

21. 研究表明，现金流量贴现法是目前最常用的投资评估方法，通常与其他方法配合使用。

22. 公司倾向于使用简单的而不是复杂的方法评估风险，如敏感性分析。

23. 大多数公司在投资评估中都能正确处理通货膨胀问题。

自测题

1. 讨论投资评估计算中的相关现金流量。

2. 解释投资评估中通货膨胀的名义指标和实际指标的区别。

3. 解释投资评估中应该使用一般通货膨胀还是个别通货膨胀。

4. 解释风险和不确定性的区别。

5. 讨论敏感性分析如何帮助管理者评估投资项目的风险。

6. 为什么投资回收期法通常被当作评估投资项目风险的方法？

7. 讨论风险调整贴现率在评估投资项目中的应用。

8. 解释模拟技术在投资评估中的含义。

9. 外国直接投资决策与国内投资决策有何不同？

10. 讨论是否所有的公司都应使用同一种投资评估方法。

讨论题

1. DK 股份有限公司正在评估是否购买一台冷冻干燥机。冷冻食品一包中有 8 盒，每盒食品的信息如下：

	（英镑）
售价	9.70
包装及人工成本	2.20
食品冷冻及加工费	4.80

冷冻食品的售价和成本预计每年增长 6%，而包装和人工成本预计每年增长 5%。第 1 年开始时营运资本的投资将增加 90 000 英镑，以后每年增加 4%。冻干机的使用寿命为 5 年，处置净成本为 18 000 英镑。预计第 1 年的销售量为 80 000 盒，第 2 年及以后的销售量为 110 000 盒。

冻干机的成本为 100 万英镑，初期支付 60%，1 年后支付 40%。该公司的名义资本成本为 14%。不考虑税收问题。

（1）评估 DK 股份有限公司是否应该购买冻干机。

（2）解释上述评估中贴现率的选择。

2. R 股份有限公司计划投资一台新机器生产产品 GF。生产前两年的广告费用为每年 70 000 英镑，质量控制费用为销售收入的 3%。

产品 GF 的销售收入为每年 975 000 英镑，生产成本为每年 500 000 英镑。销售收入和生产成本都是按当前价格计算的，每年的通胀率如下所示：

销售收入通胀率	4%
生产成本通胀率	5%
一般通胀率	3%

初期投资 80 000 英镑的流动资金，这个投资将随着一般的通货膨胀而增加。4 年后，产品 GF 将停止生产。

机器初始投资的资本准备金可按 25% 的减量余额计算。用于生产产品 GF 的设备预计报废价值为 50 000 英镑。R 股份有限公司每年按 30% 的税率缴纳利得税，实际加权平均税后资本成本为 8.7%。

（1）计算投资生产产品 GF 的净现值。展示所有计算结果，并清楚地解释所做的任何假设。

（2）计算投资生产产品 GF 的净现值对销售价格变化的敏感程度。

（3）解释与投资评估有关的风险和不确定性之间的区别，并讨论敏感性分析作为评估投资项目风险的一种方法的有用性。

3. Ring 股份有限公司正在评估购买一台生产产品 MP3 的机器，该机器相关信息如下：

	(英镑/台)
售价	11.00
包装和生产	3.00
零部件	5.50

增量固定成本将是每年 25 000 英镑。该机器的成本为 850 000 英镑，使用寿命为 4 年。4 年后，预计它的废品价值为 40 000 英镑。另外，需要追加初始投资 80 000 英镑的流动资金。预计产品 MP3 的年销量为 15 万台/年。

Ring 股份有限公司的名义资本成本为 10%，实际资本成本为 7%。税收可忽略不计。

（1）计算拟议投资的净现值以及该净现值对下列项目变量变化的敏感性：

①售价。

②可变成本。

③销售量。

请评论你的发现，可忽略通货膨胀的影响。

（2）通过进一步调查发现，拟投资将受到以下具体通货膨胀率的影响：

①售价：4%。

②可变成本：4%。

③固定成本：5%。

④营运资本：4%。

请用名义（货币）法计算拟议投资的净现值。

（3）简要讨论如何改进第（2）部分的评论，以做出更好的决策。

4. GZ 股份有限公司计划在美国投资 340 万美元建立一家工厂。另外，需要额外投资 500 000 美元的流动资金，并由美国银行贷款 500 000 美元。按当前价格计算，新工厂的税前现金流量预计为每年 100 万美元。

在 GZ 股份有限公司计划投资期间，美国年税收优惠 15%，期限为 5 年。该公司可以在 25% 税基减少的基础上申请 340 万美元投资额的资本津贴。英国的年税率为 30%。英美两国有双重税收协议，在产生纳税责任的年度中，该公司在美国和英国均需纳税。目前汇率为 1.70 美元/英镑，预计美元对英镑每年贬值 5%。

GZ 股份有限公司的名义税后资本成本为 15%。在可预见的未来，美国的通货膨胀率预计为每年 3%。在其 5 年规划期结束时，GZ 股份有限公司预计美国工厂的名义市场价值为 500 万美元。

(1) 评估 GZ 股份有限公司是否应该在美国建厂。

(2) 计算并讨论 500 万美元是否是 5 年后该要素市场价值的可接受评估值。

5. 由于国内市场压力，Ice 公司决定扩大在新西兰的销售市场。公司正在评估两个备选的扩张方案。

方案 1：增加现有英国工厂的产量。需要对内部投资 75 万英镑，提供每年销售税前收入 28 万英镑。

方案 2：在新西兰建厂，投资 270 万新西兰元，工厂第一年税前收入可以达到 100 万新西兰元，预计以后每年收入都会增加，增长率随着新西兰国内经济状况而变化，预期如下：

新西兰经济状况	好	中	差
发生概率	25%	60%	15%
收入年增长率	6%	5%	4%

汇率预期

年	0	1	2	3	4	5	6	7	8
新西兰元/英镑	3.60	3.74	3.89	4.05	4.21	4.34	4.55	4.74	4.92

Ice 公司可以延迟一年支付英国公司税，年税率为 30%。为方便进行投资评估，该公司采用 7 年计划时间，忽略项目终值。公司税后加权平均资本成本为 12%。在新西兰投资的外国公司按每年 30% 的税率向新西兰政府缴纳所得税，可以延迟一年。

(1) 根据以上信息，计算 Ice 公司应采用哪一方案，并解释所做的任何假设。

(2) 批判性地讨论在 (1) 的评估过程中还需要哪些更多信息帮助 Ice 公司评估这两个投资项目。

参考文献和推荐阅读

第 8 章

证券组合理论与资本资产定价模型

■ 8.1　风险的计量

■ 8.2　分散投资的概念

■ 8.3　投资者对风险的态度

■ 8.4　马科维茨的投资组合理论

■ 8.5　资本资产定价模型概述

■ 8.6　使用 CAPM 对股票估值

■ 8.7　对 CAPM 的实证检验

■ 8.8　结　论

学习目标：

通过学习本章，可以完成以下学习目标：

- 计算投资回报率的标准偏差，计算两只股票投资组合的风险与回报率。
- 对系统性和非系统性风险以及利用组合投资分散风险的概念有深刻理解。
- 能够解释马科维茨投资组合理论，并讨论它在实际应用中的相关问题。
- 准确理解资本资产定价模型及其假设依据。
- 能够使用资本资产定价模型计算证券的预期回报率。
- 了解资本资产定价模型在实证研究中的适用性和可靠性。

引 言

无论是从公司还是从投资者的角度看，风险与回报的权衡在公司理财理论中都起着重要作用。公司面对的是项目现金流的变化，而投资者面对的是资本收益和股利的变化。风险与收益的权衡在第 7 章中表述为风险调整贴现率，稍后在第 9 章中将再次提及，不同证券的预期回报率将根据各自的风险水平而各有不同。然而，到现在为止还没有计算风险与回报的正式计算公式。

假设公司和股东是理性的，那么他们的目标将是在一定的预期回报率下将面临的风险降到最低。要做到这一点，他们需要对所面临风险的性质有深刻的了解。然后将风险量化，从而管理和控制风险。从传统上看，风险是由回报的标准差衡量的，接下来会讲解其计算。在"分散投资的概念"（见本书 8.2 节）中，我们研究投资者如何"不把所有鸡蛋放在一个篮子里"，实现在给定预期回报率的水平下降低所面临的风险。接下来（见本书 8.3 节），我们研究投资者对风险与回报的态度在效用曲线形状上的反映。最后一部分内容将投资者效用曲线引入可供投资的资产，帮助投资者明智地选择投资组合，这就是马科维茨（Markowitz）在 1952 年提出的投资组合理论的本质（见本书 8.4 节）。

在投资组合理论之后，我们研究夏普（Sharpe）在 1964 年提出的资本资产定价模型（见本书 8.5 节及后续章节），它提供了一个框架，即在分散风险的投资组合已经消除了非相关风险的情况下，根据相关风险对个别证券进行估值。

8.1 风险的计量

风险对于投资者和公司的决策来说都起着关键作用，因此量化投资相关的风险是很重要的。风险由股票回报率的标准差（σ）来衡量，可以用历史回报率或未来预期回报率计算。

8.1.1 利用概率计算风险和收益

表 8-1 列示了股票 A 和股票 B 的预期回报率及其概率，其中：

P_A＝股票 A 回报率发生的概率；

R_A＝股票 A 的预期回报率；

P_B＝股票 B 回报率发生的概率；

R_B＝股票 B 的预期回报率。

表 8-1 股票 A 和股票 B 预期回报率及其概率

股票 A		股票 B	
P_A	$R_A(\%)$	P_B	$R_B(\%)$
0.05	10	0.05	12
0.25	15	0.25	18
0.40	22	0.40	28
0.25	25	0.25	32
0.05	30	0.05	38
1.00		1.00	

两只股票回报率的平均值和标准差由以下公式给出：

$$股票回报率的平均值\overline{R}=\sum_{i=1}^{n}P_i\times R_i$$

$$股票回报率的标准差(\sigma)=\sqrt{\sum_{i=1}^{n}P_i\times(R_i-\overline{R})^2}$$

其中：P_1，…，P_n＝n 种不同结果的概率；

R_1，…，R_n＝n 种不同结果的回报率。

通过上述已知信息和计算公式，计算股票 A 和 B 预期回报率的平均值和标准差。

股票 A 回报率的平均值：

$$(0.05\times10)+(0.25\times15)+(0.40\times22)+(0.25\times25)+(0.05\times30)=20.8$$

股票 B 回报率的平均值：

$$(0.05\times12)+(0.25\times18)+(0.40\times28)+(0.25\times32)+(0.05\times38)=26.2$$

股票 A 回报率的标准差：

$$\{[0.05\times(10-20.8)^2]+[0.25\times(15-20.8)^2]+[0.40\times(22-20.8)^2]+$$
$$[0.25\times(25-20.8)^2]+[0.05\times(30-20.8)^2]\}^{1/2}=4.84$$

股票 B 回报率的标准差：

$$\{[0.05\times(12-26.2)^2]+[0.25\times(18-26.2)^2]+[0.40\times(28-26.2)^2]+$$
$$[0.25\times(32-26.2)^2]+[0.05\times(38-26.2)^2]\}^{1/2}=6.60$$

我们可以看到，虽然股票 B 与股票 A 相比具有更高的平均回报率，但风险水平也更高。

□ 8.1.2 使用历史数据计算风险和回报率

股票年回报率的平均值和标准差可以用以下公式计算。

$$回报率的平均值\overline{R}=\frac{\sum_{i=1}^{n}R_i}{n}$$

$$\text{回报率的标准差} (\sigma) = \sqrt{\frac{\sum\limits_{i=1}^{n}(R_i - \overline{R})^2}{n}}$$

此处给出的标准差计算公式适用总体中的部分历史数据。如果计算样本总体的标准差，则分母变为 $(n-1)$ 而不是 n。

表 8-2 列示了 S 和 T 这两只股票在过去 5 年历史回报率的详细数据。

表 8-2　股票 S 和 T 的历史回报率

年 (t)	S 回报率（%）	T 回报率（%）
−4	6.6	24.5
−3	5.6	−5.9
−2	−9.0	19.9
−1	12.6	−7.8
0	14.0	14.8

将历史数据代入上述公式：

股票 S 回报率的平均值：

$$[6.6 + 5.6 + (-9.0) + 12.6 + 14.0]/5 = 5.96$$

股票 T 回报率的平均值：

$$[24.5 + (-5.9) + 19.9 + (-7.8) + 14.8]/5 = 9.10$$

股票 S 回报率的标准差：

$$\{[(6.6-5.96)^2 + (5.6-5.96)^2 + (-9.0-5.96)^2 + (12.6-5.96)^2 + (14-5.96)^2]/5\}^{1/2} = 8.16$$

股票 T 回报率的标准差：

$$\{[(24.5-9.10)^2 + (-5.9-9.10)^2 + (19.9-9.10)^2 + (-7.8-9.10)^2 + (14.8-9.10)^2]/5\}^{1/2} = 13.39$$

我们可以看到，虽然 T 的平均回报率高于 S，但其标准差也更高。在图 8-1 中可以看到两只股票的历史回报率分布图。T 相对于 S 的平均回报率更高，正态分布曲线更平坦，因为它的标准差更大。

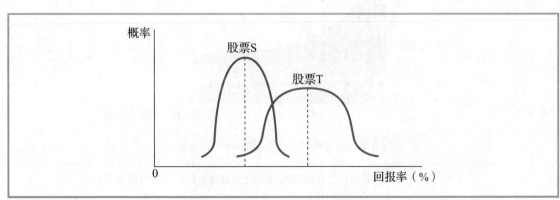

图 8-1　股票 S 和 T 回报率分布图

8.2 分散投资的概念

前面提到，投资者要控制和管理风险，了解自己所面临风险的性质很重要。投资者和企业面临的整体风险可以分为系统性风险和非系统性风险。**系统性风险**（systematic risk，也称为不可分散的、非个别的、不可避免的风险或市场风险）涉及股票的回报率如何受到系统性因素的影响，如商业周期、政府政策和利率变化。根据索尔尼克（Solnik，1974）的研究，在英国，系统性风险大约占单只股票总风险的34%。

非系统性风险（也称为**可分散的**（diversifiable）、个别的、可避免的风险或非市场风险）是指特定股票的特殊风险，即个别公司业绩不佳或进入清算的风险。在英国虽然非系统性风险约占单只股票总体风险的66%，但这种类型的风险是可以被分散的。

□ 8.2.1 分散非系统性风险：公司层面还是投资者层面？

有两种方法可以分散非系统性风险。第一，公司可以将经营活动分散到不相关的业务领域来降低非系统性风险。第二，投资者可以通过持有分散的股票投资组合来降低非系统性风险（马科维茨的投资组合理论）。由于无须在公司和投资者两个层面上同时分散非系统性风险，那么问题是：哪一种处理非系统性风险的方式最为有效？普遍接受的答案是，公司分散风险会产生一些副作用，所以最好在投资者层面分散非系统性风险。首先，如果缩小经营规模，那么会丧失**规模经济**（economies of scale）的优势。其次，分散化经营的公司将不得不在缺乏专业知识的领域中开展业务活动。最后，分散化经营可能会使公司管理复杂化并增加管理成本。因此，投资者通过持有分散化股票投资组合来分散非系统性风险是比较有效的。图8-2显示了系统性风险和非系统性风险与投资组合中的数量之间的关系。平均来说，通过投资8~12只股票（不同行业）可以分散大约90%的非系统性风险。如果使用30只左右的股票，那么这一比例可以上升到95%。专栏8-1列举了一些投资者过度分散投资组合的原因。

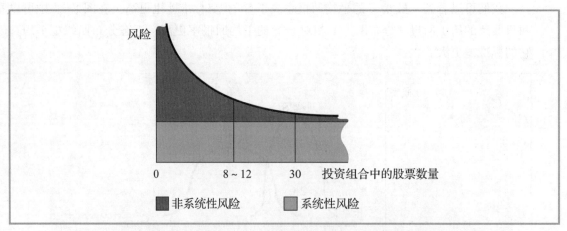

图8-2 非系统性风险通过增加投资组合中的股票数量而被分散

凌乱的投资组合和"忙碌"综合征

梅林·萨默塞特·韦伯（Merryn Somerset Webb）

　　假设你是一名小学校长。你正在寻找下一个新的工作，现在有两份备选工作。第一份工作是在一所小学校——只有 20 名学生。

　　这并不是一份轻松的工作。你要密切关注孩子们的情况，每天分析他们的一举一动，希望他们发挥自己的潜力。你还必须随时与学校理事和家长就每个孩子的情况进行联络。你还有一份管理职责，就是必须保留一份长长的候补学生名单，列出当原有学生离开学校时可以进入学校的学生。

　　第二份工作也有同样的责任、枯燥的行政工作和报告职责。不同的是，这个学校有 60 名学生——你需要随时关注数量为 3 倍的孩子，候补（或观察）名单上的人数也是 3 倍。这两份工作薪水一样，社会地位和专业地位一样，晋升机会也相同。

　　你会选择哪一个？我不需要考虑太久，我会选择第一份工作——孩子少会让我有更多的时间更好地了解每个孩子，也让我自己有更多的自由时间。然而看看基金经理的工作方式，似乎大多数人会选择第二份工作。

　　对于投资组合中应该包含的最佳数量，有大量的学术和实证研究（哈里·马科维茨的现代投资组合理论），并且研究结果非常一致。

　　研究结果告诉我们，必须使投资组合分散化。如果你只持有两只股票，其中一只股票出现重大失误，就有可能损失大部分现金。然而，研究结果也告诉我们，过于分散的投资没有意义：15～20 只股票的投资组合可以分散所有的风险，而 25 只股票的投资组合在减少风险方面基本没有更多的作用。因此，25 只股票以上的投资组合只不过是为初级基金经理和分析员设计的一个就业培训内容。

　　然而，尽管有这么多研究，而且（不同寻常的是）几乎每个人都同意以上结论，但一般来说基金经理的投资组合中都会有 40～50 只股票，有些则有 100 只以上。这意味着巨额的交易费用（基金经理平均每年转换组合中的 80%，组合中的股票越多，他交易的可能性就越大）和研究费用（所有这些公司都要事先了解）。这也意味着需要额外的工作时间：不是分析 20 只股票外加 20 多只观察名单里的股票，而是有数百只股票需要关注。

　　那么他们为什么要这样做呢？虽然多数基金管理公司高度关注利他主义和社会效益，但我不认为这是他们这样做的原因。

　　让我感到好笑的是，我们的基金经理可能都遵从了顺势投资法（投资组合越稀释，效果就越好），但我也不认为这是他们这样做的原因。

　　相反，这是一种综合结果，有些原因是技术性的。经理们担心流动性，如果他们在某只股票上有大量头寸，一旦投资者大量赎回，他们能否实现清偿？而且基金要遵守每只股票在投资组合中的占比规则。这可能是有效的——尤其是市场小盘股。但我认为，最主要的原因是心理上的而不是技术上的。

　　事实上，每个人都不喜欢出售已经上涨的股票或用新股票取代它们（旧股票是不是还要上涨呢？）。如果基金里注入了新的资金，那么基金经理会更乐于购买新股而非补充旧股。有一种"忙碌"综合征——当其他人都在购买新股的时候，你很难拿着高薪却整天坐在办公桌前什么都不做。

　　存在一种"羊群效应"（即经理人更愿意拥有其他经理人也拥有的股票），当然，还有职业风险因素。我以前写过这个问题，但对基金经理来说，即使是在短期内，跟踪股票指数（如果有 100 只股票这就几乎是不可避免的）比股票表现不佳更有益。最后，还有一个事实是，坚持较少数量的股票需要一定的忍耐力（保持无所事事并不容易）。基金经理可能认为他们所需的只是忍耐力，但有人告诉我这实在太难了。

　　那么你怎么做？你可以用一种简单的方法来解决这个问题，就是拒绝所有超过 25 只股票的基金，理由是这些基金通常管理不善，这种方法可能会以你购买优质基金 Fundsmith 而结束。但你也可以接受持有 30～40 只股票的基金，因为在一个好的基金中，只有 25 只左右是核心股票——其余的都是在建仓或卖出过程中剩余的头寸。这可能会使你购买 Troy Income 和 Growth Fund 基金。

　　最后，对于持有 50～100 只股票的基金，也许会出现例外。比如，优质的苏格兰抵押贷款投资信托基金，你会发现它持有 70 只股票。然而，前 25～30 名股票占了投资组合的 80%，所以从这个意义上说，它几乎符合要求。其余的都是以后可能会占更大比重的公司，或散落在新兴行业的公司，谁是赢家尚不明朗。这有点像接受了上面的第一份工作，但还要坚持让他管理幼儿园。

 资料来源：Somerset Webb，M.（2014）'Messy portfolios and the "be busy" syndrome'，*Financial Times*，9 May.

问题：

批判性地讨论为什么许多投资者使他们投资组合中的数量超过了投资组合理论认为的合适数量。

　　一个与支持公司国际化（或跨境）分散化经营的相对立的观点认为，分散化经营可以使公司保护自己避免过度暴露在任何一个经济体的影响之下。由于不同的经济体不太可能并行发展，因此公司可以通过在不同国家投资项目来降低现金流量波动程度。由于减少现金流量波动能够降低商业风险，因此国际分散化经营的一个结果就是降低风险。而投资者没有理由只把投资限制在英国股票上。如果投资者将世界各地主要证券交易所的股票纳入其投资组合，就可以进一步降低非系统性风险。虽然世界上的证券交易所彼此紧密相连，但许多交易所之间的相关性并不显著。对于欧洲与东南亚的证券交易所来说尤其如此。索尔尼克（Solnik，1974）估计，国际分散化投资组合将系统性风险的比例降低到了仅占总风险的 11%。

□ 8.2.2　使用两只股票投资组合分散非系统性风险

　　最简单的投资组合只包含两只股票。两只股票投资组合的非系统性风险的降低程度取决于它们回报率之间的相关性。这种相关性表示为两个回报率之间的相关系数（ρ），取值范围在 -1～1。

　　如果 $\rho_{x,y}=1$，非系统性风险不可被分散；

　　如果 $\rho_{x,y}=-1$，非系统性风险可以全部被分散；

　　如果 $\rho_{x,y}=0$，两只股票之间的回报率不相关。

　　因此，在选择两只股票的投资组合时，相关系数越接近-1，结果越为有利。然而，只要相关系数小于1，一些非系统性风险就会被分散掉。但在实践中很难找到相关系数恰好为-1的两只股票，而最常引用的例子就是雨伞制造商和冰激凌公司。

　　股票 x 和 y 的相关系数（$\rho_{x,y}$）计算公式如下：

$$\rho_{x,y} = \frac{\mathrm{Cov}_{x,y}}{\sigma_x \sigma_y}$$

　　其中：$\mathrm{Cov}_{x,y}$＝股票 x 和 y 回报率的协方差。

　　如果用预期回报率计算的话，则 $\rho_{x,y}$ 计算公式如下：

$$\rho_{x,y} = \frac{\sum_{i=1}^{n} \rho_i (R_{ix} - \overline{R}_x) \times (R_{iy} - \overline{R}_y)}{\sigma_x \sigma_y}$$

　　如果用历史数据，则计算公式如下：

$$\rho_{x,y} = \frac{\sum_{i=1}^{n} (R_{ix} - \overline{R}_x) \times (R_{iy} - \overline{R}_y)}{n \sigma_x \sigma_y}$$

　　计算两只股票的投资组合回报率与风险的公式如下所示。两只股票的投资组合的回报率是两只股票回报率的加权平均值。由于非系统性风险被分散，因此标准差公式更复杂一些。

　　两只股票的投资组合的回报率（R_p）：

$$R_\mathrm{p} = (W_x R_x) + (W_y R_y)$$

　　两只股票的投资组合的标准差（σ_p）：

$$\sigma_\mathrm{p} = \sqrt{(W_x)^2 (\sigma_x)^2 + (W_y)^2 (\sigma_y)^2 + 2 W_x W_y \sigma_x \sigma_y \rho_{x,y}}$$

　　其中：W_x＝投资于股票 x 的权重；

　　　　　W_y＝投资于股票 y 的权重；

　　　　　R_x＝股票 x 回报率的平均值（%）；

　　　　　R_y＝股票 y 回报率的平均值（%）；

　　　　　σ_x＝股票 x 回报率的标准差（%）；

　　　　　σ_y＝股票 y 回报率的标准差（%）

　　　　　$\rho_{x,y}$＝股票 x 与股票 y 回报率的相关系数（%）；

　　　　　ρ_p＝包含股票 x 和股票 y 投资组合的回报率标准差（%）。

　　使用前面例子中 S 和 T 的年回报率，我们可以计算出一系列由 S 和 T 所组成的组合回报率和标准差（风险）。首先我们计算两种回报率的相关系数：

$$\begin{aligned}
\rho_{\mathrm{S,T}} = &[(6.6-5.96) \times (24.5-9.10) + (5.6-5.96) \times (-5.9-9.10) + \\
&(-9.0-5.96) \times (19.9-9.10) + (12.6-5.96) \times (-7.8-9.10) + \\
&(14.0-5.96) \times (14.8-9.10)]/(5 \times 8.16 \times 13.39) \\
= &-0.389
\end{aligned}$$

　　80% 的 S 和 20% 的 T 组成的投资组合的回报率和风险如下：

组合的回报率＝(0.8×5.96)+(0.2×9.1)=6.59

组合的风险＝$[(0.8^2×8.16^2)+(0.2^2×13.39^2)+$

$(2×0.8×0.2×8.16×13.39×-0.389)]^{1/2}$

$=6.02$

另外一些投资计算的结果列示在表8-3中，其中：

A=80％ S+20％ T

B=60％ S+40％ T

C=40％ S+60％ T

D=20％ S+80％ T

表8-3　包含S和T投资组合的风险分散

	全部为 S	A	B	C	D	全部为 T
回报率平均值（%）	5.96	6.59	7.21	7.84	8.47	9.10
标准差（%）	8.16	6.02	5.68	7.40	10.18	13.39

这些计算结果可以用图8-3解释说明。我们可以看到，根据S和T在投资组合中的占比，投资者可以在线SABCDT上选择任何比例的组合。这条线上的各点可以为相同风险提供更高的回报率，或为相同回报率提供更低的风险，均优于S与T之间直线上的点，因为持有两只以上的股票时，非系统性风险会被分散。

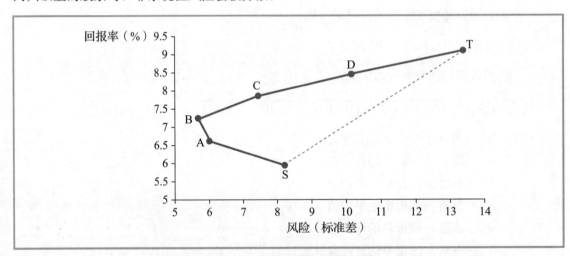

图8-3　S和T不同占比的投资组合的风险和回报率

□ 8.2.3　使用三只股票投资组合分散非系统性风险

在投资组合中引入另外一只股票后，非系统性风险的分散有了更大的空间。将另一个风险和回报率更高的股票R引入前例的组合中，如图8-4所示，其中：

ST 表示 S 和 T 的组合；

SR（虚线）表示 S 和 R 的组合；

TR 表示 T 和 R 的组合；

SR（粗线）表示 T、S 和 R 的组合。

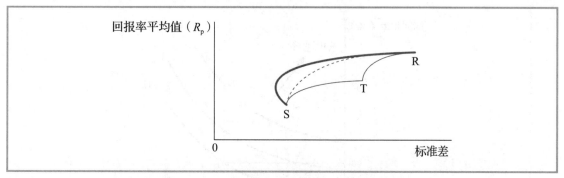

图 8-4　S、T 和 R 组成的投资组合风险和回报率

在这里我们可以看到，当三只股票组成投资组合时（即粗线 SR），最佳投资组合就实现了。这个最优边界优于仅有 S 和 T 的投资组合，因为三只股票分散非系统性风险的能力更强。随着更多的股票被添加到投资组合中，越来越多的非系统性风险将被分散掉。这一原则是马科维茨投资组合理论的基础，而投资者的投资选择不限于三项，而是包括所有可用的风险证券。在学习马科维茨的理论之前，我们先了解一下投资者对风险的态度。

8.3　投资者对风险的态度

投资者起初会接受多少风险？对这个问题的回答取决于个人投资者或公司从所承担的风险中能获得多少效用。投资者和公司对风险的态度可以概括如下：

- 风险偏好：偏好风险以换取高回报率。
- 风险中性：对风险水平没有偏好。
- 风险厌恶：偏好低风险、低回报率的投资。

虽然投资者对风险的态度可能有所不同，但我们希望投资者理性行事，在没有可能获得更高回报的情况下，避免让自己暴露在更高的风险中。人们对风险偏好的投资者经常存在一种误解，即认为他们的行为是不理性的。然而，情况并非如此，因为风险偏好的投资者只有在出现更高回报率的情况下才会愿意承担更高的风险。

投资者对不同风险和回报组合的态度可用效用曲线（**无差异曲线**（indifference curves））来描述。这源自微观经济学和效用最大化的概念，用效用曲线来分析消费者对商品和服务的组合的需求。这里的效用曲线分析将应用于投资组合而不是商品和服务，即投资者从回报率增加中获得正效用，从风险增加中获得负效用。

效用曲线类似于地图上的等高线，但效用曲线不是将等高的点连接起来，而是反映同等效用的点。如图 8-5 中的效用曲线 U_1。在 A 点，组合的预期回报率为 er_0、风险为 r_0，该点的投资者效用水平对应在效用曲线 U_1 上。如果投资者面临的风险增加到了 r_1，预期回报率也要增加（$er_1 - er_0$）才能保持原来的效用水平，对应 U_1 上的 C 点。效用曲线以越来越大的斜率向上方倾斜，因为要说服投资者承担越来越大的风险，需要越来越高的预期回报率作为补偿以保持效用不变。这就是所谓的边际替代率递增。

理性投资者总是试图在给定的风险水平下寻求最高的回报率，或在给定的回报率下寻求最低风险，来提高他们的效用水平。因此，从效用曲线 U_1 变动到 U_2（即从 C 点到 D 点）代表了投资者的效用增加。随后继续向左上方移动进一步增加投资者效用。相反，从

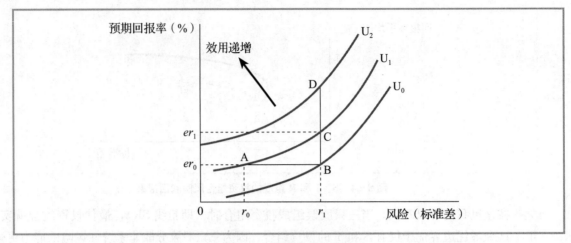

图 8-5　投资者效用曲线

C 点到 B 点的移动代表投资者效用下降，因为当投资者发现自己处在 U_0 上时，就表示效用曲线已经低于 U_1。

就像地图上的等高线随地形类型的不同而不同，效用曲线的形状也会随投资者对风险和收益的不同偏好而不同。其中的主要区别在于效用曲线的斜率。在图 8-6 中，V_0 代表风险偏好的投资者 V 的效用曲线，而 U_0 是**风险厌恶**（risk averse）的投资者 U 的效用曲线。最初，两个投资者的效用都位于 D 点，在预期回报率为 er_2 和风险为 r_2 的情况下具有同等的效用。假设，两个投资者面临的风险增加到 r_3，为了保持效用不变，投资者 V 的预期回报率要增加（$er_3 - er_2$）。然而，投资者 U 对风险厌恶，他需要更高的预期回报率增长（$er_4 - er_2$）来保持其效用不变。

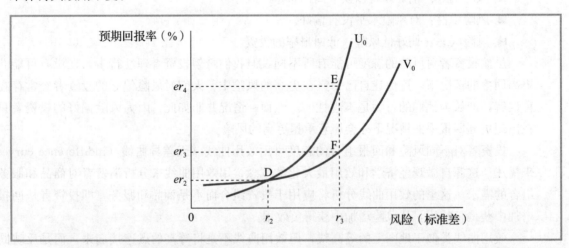

图 8-6　风险厌恶投资者的效用曲线（U_0）与风险偏好投资者的效用曲线（V_0）的比较

如图 8-7 所示，风险厌恶投资者效用曲线（U_0、U_1 和 U_2）在低风险水平下迅速变陡，而对于风险偏好投资者则相反，其效用曲线（I_0、I_1 和 I_2）更加平缓。如果把投资者不会跨过的风险称为风险饱和点的话，那么投资者 U 的风险饱和点（由垂直线 RSP_U 表示）比投资者 I（由垂直线 RSP_I 表示）低得多。

在前面已经考虑了投资者可以选用的投资组合后，现在我们可以将这些选择与它们的效用曲线结合起来，从而使投资者能够选择到满足他们的风险和回报偏好的投资组合。

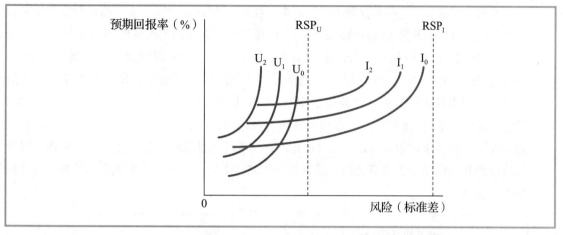

图 8 - 7　风险偏好投资者（I）与风险厌恶投资者（U）的效用曲线

8.4　马科维茨的投资组合理论

马科维茨于 1952 年提出了开创性理论，即通过持有由多只股票组成的投资组合使投资者分散非系统性风险。马科维茨因此获得了 1990 年诺贝尔经济学奖。马科维茨的出发点是构建所谓的**包络曲线**（envelope curve）。包络曲线是投资者对不同的风险资产进行投资时可以选择的一系列投资组合。在图 8 - 8 中，包络曲线表示为阴影区域 AEFCDG。在这个阴影区域内，投资者可以构建可选风险资产的任何投资组合。

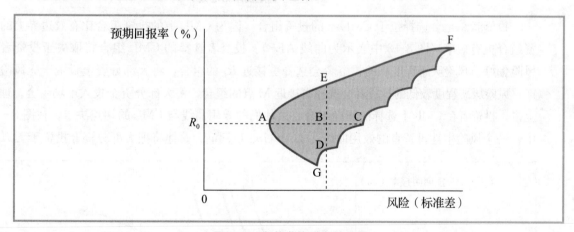

图 8 - 8　包络曲线和有效边界

虽然投资者能够选择位于包络曲线区域内的任何投资组合，但理性投资者只会对弧线 AEF 上的组合进行投资，它被称为**有效边界**（efficient frontier），因为在这个弧线上的所有投资组合都优于（即更有效于）包络曲线内的所有其他投资组合，在给定的风险水平下回报率最大，或者在给定的回报率水平下风险最小。例如，比较具有相同风险水平的投资组合 B 和 E，可以看到包络曲线边界上的投资组合 E 具有更高的回报率，而不会产生任何额外的风险，因此投资组合 E 被认为优于 B。同样，虽然投资组合 A 的预期回报率与 B 和 C 的相同，但由于 B 和 C 的风险水平较高，所以 A 是最优的。根据同样的道理，弧线 AG 上的投资组合不能被视为有效，因为弧线 AEF 上的投资组合为最优组合。

　　然而，投资者的选择不仅限于风险证券。托宾（Tobin，1958）在一篇重要文献中确认了这一点，该文进一步发展了马科维茨的理论。假设投资者既可以用**无风险回报率**（risk-free rate of return）贷款，也可以用无风险回报率借款，就可以构建出所谓的**资本市场线**（capital market line，CML），如图 8-9 中的 R_fMN。首先估计无风险资产的回报率 R_f。传统上，无风险利率近似等于国库券的回报率（到期收益率），可以认为它几乎是无风险的。如果以 R_f 为圆心，顺时针旋转从 R_f 出发的直线，直到与有效边界相切，切点为 M，就找到了在无风险资产存在的情况下最佳的**市场组合**（market portfolio）。在两只股票的投资组合中，投资者可以改变无风险资产和市场组合的投资比例，从而沿着 CML 移动。其结果就是一个风险和回报之间的直接线性选择。

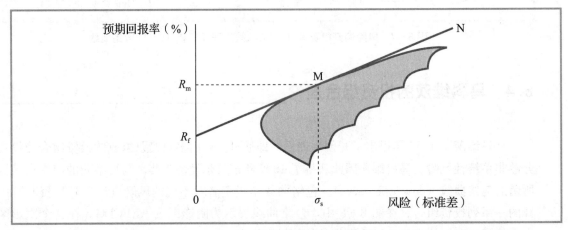

图 8-9　确定资本市场线

　　投资者总是会选择位于 CML 上的投资组合，因为 CML 上的投资组合比有效边界上的投资组合更有效率（图 8-8 中表示为曲线 AEF）。投资者选择的 CML 组合将取决于投资者的风险偏好。风险厌恶程度高的投资者会选择更接近 R_f 的组合，将大部分资金投资于无风险资产；风险厌恶程度较低的投资者会选择更接近 M 点的组合，将大部分资金投入市场组合。理论上讲，投资者在 CML 上选择的精确组合将由他们的效用曲线与 CML 的切点决定。在图 8-10 中，一个风险中性投资者的效用曲线为 U_0、U_1、U_2 和 U_3。他将把大部分资金投资于无风险

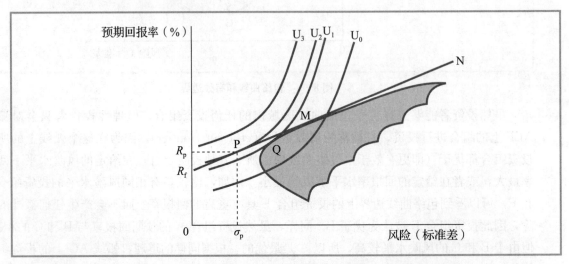

图 8-10　马科维茨理论示意图

资产，其余部分投资于市场组合，定位在 CML 上的 P 点，与效用曲线 U₂ 相切（注意，效用曲线 U₃ 不在投资者的掌握之中）。如果没有无风险资产，则 CML 不存在，投资者将在有效边界上选择投资组合 Q，与效用曲线 U₁ 相切，效用在较低水平上。

位于 R_f 和 M 点之间的 CML 上的投资组合价值不变，投资者要选择的是最大化资金效用的无风险资产和市场组合的投资比例。有风险偏好的投资者会选择 CML 上 M 点右侧的组合。他们会把自己全部资金都投入市场组合中，而且用无风险利率借款并将借款投资于市场组合。

确定市场组合（分散非系统性风险），再将这个风险资产最佳组合与无风险利率的贷款或借款（以满足个人投资者对风险和回报率的偏好）相结合的这两阶段过程，通常被称为托宾分离理论。

此外，从计算包含大量股票的投资组合风险的角度来看，要想做出最佳投资决策，无风险资产是非常重要的。投资组合风险的计算涉及可能纳入的股票两两之间的相关系数，相关系数的数量随着组合中股票数量的增长呈指数增长。无风险资产的引入极大简化了组合风险的计算，因为股票的回报率与无风险资产的回报率不相关。

□ 8.4.1 投资组合理论实际应用问题

在实践中应用投资组合理论会有一些问题，其中一些问题如下：

■ 假设投资者都能以无风险利率借款是不现实的。个人和公司并非毫无风险，因此无法以无风险利率借款；相反，他们会被收取额外的费用以反映其较高的风险水平。

■ 确定市场组合是很困难的，因为需要知道全部股票的风险和回报率，及其之间的相关系数。

■ 由于存在交易成本，市场组合的构建将是非常昂贵的。对于小投资者来说，这些成本是难以承受的。

■ 市场组合的构成随时间变化而变化。由于无风险回报率和包络曲线的变化，有效边界会因此变化。

在实践中，个人投资者很难直接应用投资组合理论，但小投资者克服上述困难的一个方法是购买大型、分散化的投资组合，例如投资信托产品或指数跟踪基金。

■ 8.5 资本资产定价模型概述

资本资产定价模型（CAPM）是在马科维茨的投资组合理论的基础上发展起来的，这个概念的建立应该归功于威廉·夏普。夏普在 1964 年发表的一篇开创性的论文中提出了这种股票估值方法。像马科维茨一样，夏普也获得了 1990 年诺贝尔经济学奖。

虽然 CAPM 是按照投资组合理论的逻辑建立的，以马科维茨理论为基础，但两者之间存在着微妙差异。规范的投资组合理论要计算投资组合总的风险和回报率，并向投资者建议投资组合，而更方便的 CAPM 用个别证券的系统性风险来确定它的公允价格。为了忽略非系统性风险对证券估值的影响，它假设投资者可以通过分散化的投资组合消除非系统性风险。

与大多数学术模型一样，CAPM 建立在一个简化的情况下，其假设条件如下：

- 投资者是理性的，并希望效用最大化；他们不会无故冒险。
- 投资者可免费获得全部的信息，解读后会得出同样的预期。
- 投资者可以以无风险利率借款和贷款。
- 投资者持有分散化的投资组合，可以消除所有的非系统性风险。
- 资本市场是完美市场。完美市场的条件是：大量的买者和卖者；没有哪一个参与者可以影响市场；没有税收和交易成本；市场没有进入、退出障碍，证券都是可分割的。
- 在一个完整的、标准化期间进行投资。

这些假设显然与现实世界不一致，但也不必认为 CAPM 不现实和不切实际。本章后面将讨论 CAPM 的适用性和实用性问题。

8.6　使用 CAPM 对股票估值

CAPM 的核心是风险和收益的线性关系。这种线性关系是由证券市场线（security market line，SML）来定义的，将证券的系统性风险来对比市场风险和回报、无风险回报率，以计算证券的期望回报率，由此计算出公允价格。SML 如图 8-11 所示。SML 的方程如下所示：

$$R_j = R_f + \beta_j (R_m - R_f)$$

其中：R_j＝公式计算出的证券 j 的期望回报率；

　　R_f＝无风险回报率；

　　β_j＝证券 j 的贝塔系数；

　　R_m＝市场回报率。

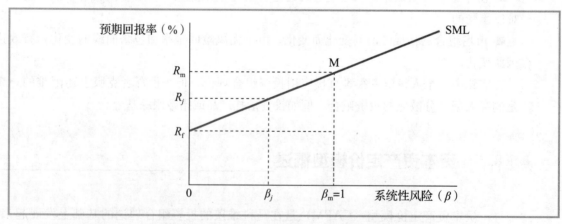

图 8-11　SML 表示系统性风险（用 β 衡量）与资本资产预期回报率之间的关系

为了用 CAPM 对股票估值，我们需要了解 SML 的组成，以及如何计算或近似计算出各自的值。首先我们来计算贝塔系数（β），它是证券系统性风险的量化值。

□ 8.6.1　贝塔系数的含义和计算

证券的贝塔系数（β）可以定义为证券回报率的变动相对于证券交易所或市场回报率变动的反应指数。根据定义，市场的贝塔系数始终为 1，并作为衡量个别证券系统性风险的基准。

个别证券的贝塔系数衡量的是个别证券的回报率相对于系统性因素变动的敏感性。例如，如果某个证券的贝塔系数为 0.8（系统性风险低于市场），当市场回报率增加 10% 时它的回报率就会增加 8%。这种证券通常被称为防御性证券，在股市下跌时对投资者最具吸引力。另一种情况是，一个贝塔系数为 1.5（系统性风险高于市场）的证券，如果市场回报率增加 10% 时，它的回报率将增加 15%；如果市场回报率下降 10%，它的回报率将下降 15%。这种证券通常被称为激进证券，在股市上涨时对投资者最具吸引力。

我们稍后将在"股权贝塔系数与资产贝塔系数"（见本书 9.4.1 节）中看到，贝塔系数可以划分为权益贝塔系数和**资产贝塔系数**（asset betas）。权益贝塔系数（又分为股权贝塔系数和负债贝塔系数，这里多指股权贝塔系数）衡量证券总体的系统性风险，也就是公司经营性质产生的风险（商业风险）和公司融资方式产生的风险（财务风险）。资产贝塔系数仅衡量系统性商业风险。以下谈及贝塔系数时，实际上是指股权贝塔系数。

某个证券的贝塔系数与证券、市场的风险和回报率之间的关系见以下公式：

$$\beta_j = \frac{\mathrm{Cov}_{j,m}}{(\sigma_m)^2} = \frac{\sigma_j \times \sigma_m \times \sigma_{j,m}}{(\sigma_m)^2} = \frac{\sigma_j \times \rho_{j,m}}{\sigma_m}$$

其中：σ_j = 证券 j 回报率标准差；

σ_m = 市场回报率标准差；

$\rho_{j,m}$ = 证券 j 回报率与市场回报率的相关系数；

$\mathrm{Cov}_{j,m}$ = 证券 j 与市场回报率之间的斜方差。

计算股票贝塔系数需要市场和目标证券的一定时期内的回报率数据。把这些数据绘制在坐标系上，纵轴为证券回报率，横轴为市场回报率。最佳拟合线或特征线的斜率就是贝塔系数（如图 8-12 所示）。这条线的斜率为正且小于 1，贝塔系数约为 0.5。也可以用回归分析确定贝塔系数。

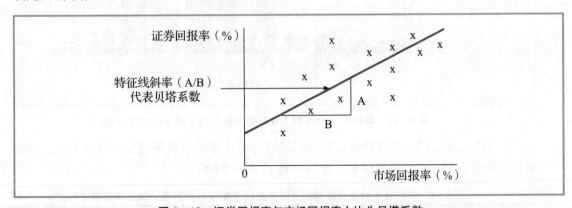

图 8-12 证券回报率与市场回报率之比为贝塔系数

如果用回归分析，变异系数（R^2）表示回归方程的边界，因此，得到的贝塔系数可以解释相关回报率的分布。换句话说，R^2 越接近 100%，证券回报的总变异性就越能被贝塔系数所解释，而非其他因素。因此，R^2 越大，CAPM 这样的单因素模型就越有效，而**套利定价理论**（arbitrage pricing theory）这样的多因素模型则相反。

要得到贝塔系数的一个更简单的方法就是将其交给专家。伦敦商学院的风险计量服务中心每季度都会出版公司股票的贝塔系数手册。它将过去五年所有主要公司的月度回报率与《金融时报》精算师全股指数的月度回报率进行回归，计算所有主要公司的贝塔系数。

贝塔系数手册不仅提供股权贝塔系数，也提供其他重要信息，包括：标准差计算的股票回报率波动性（σ_j）、标准差计算的个别因素影响的股票回报率的波动性（$\sigma_{j,sp}$）、贝塔系数的可靠性（越接近 0 越好）、股票的总回报率波动中被系统性因素（用贝塔系数衡量）解释的百分比。总波动性、系统性波动性（市场回报率的方差）和股票回报的个别波动性之间的关系表示为：

总波动性＝系统性波动性＋个别波动性

$$\sigma_j^2 = (\beta_j^2 \times \sigma_m^2) + \sigma_{j,sp}^2$$

R^2 可以表示为：

$$R^2 = \frac{\beta_j^2 \times \sigma_m^2}{\sigma_j^2}$$

富时 100 指数成份公司的贝塔系数的频率分布如图 8 - 13 所示。大多数（90%）公司的贝塔系数在 0.8 到 1.2 之间，其中 1.0 最多见。虽然从数学上讲，贝塔系数可以为负值，但在实践中这种情况非常罕见，因为很少有公司在经济不景气时回报率增加。公司的贝塔系数的最重要决定因素是所在的行业。贝塔系数大于 1 的公司往往是耐用消费品、休闲和奢侈品等行业的公司。贝塔系数小于 1 的公司通常是食品零售商、公用事业和其他必需品生产商。

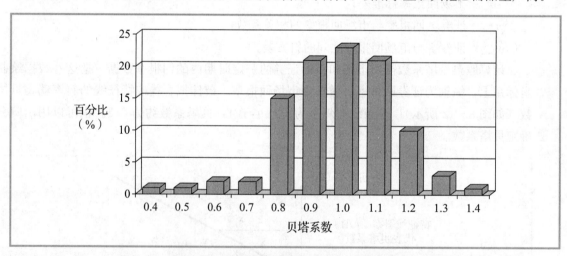

图 8 - 13　2018 年 6 月富时 100 指数成份公司贝塔系数频率分布图

股票贝塔系数的一个重要特征是它们可以用来计算股票投资组合的贝塔系数。这就可以算出整个投资组合的期望回报率。表 8 - 4 给出了一个例子。

表 8 - 4　将组合中的成份证券的贝塔系数以市场价值为权重计算组合的贝塔系数

证券	贝塔系数	权重（%）	加权贝塔系数
巴克莱公司（Barclays）	1.43	20	0.286
英国石油公司（BP）	1.49	35	0.522
翠丰集团（Kingfisher）	0.84	15	0.126
塞芬特伦特公司（Severn Trent）	0.53	20	0.106
乐购公司（Tesco）	0.94	10	0.094
投资组合的贝塔系数		100	1.134

投资组合的贝塔系数是以市场价值为权重（即股票数量乘以市场价格，再除以投资组合的总市值）将单个证券贝塔系数加权得到的。在表 8-4 的例子中，投资组合的贝塔系数是 1.134，表明该组合比市场的系统性风险大（它是一个激进的投资组合）。然而，必须指出的是，只有 5 只股票的投资组合是无法分散所有的非系统性风险的，因此这个组合的风险不只有系统性风险（见图 8-2）。

现在对贝塔系数代表什么以及如何确定有了清晰的理解，接下来可以继续考虑 CAPM 中的其他变量。

□ 8.6.2 确定无风险利率和市场回报率

无风险利率 R_f 代表投资于无风险资产所获得的回报率。资产完全无风险必须满足两个条件。首先，资产必须没有相关的违约风险。其次，资产的实际回报率必须等于预期回报率（即没有再投资风险）。虽然实际上没有哪个投资是完全无风险的，但如果证券是由政治和经济稳定的国家政府发行的，则通常被认为没有违约风险。因此，无风险利率可以近似等于短期政府债券的当前回报率或收益率。在英国就是《金融时报》定期报道的短期国库券收益率。然而，金融危机对政府债务产生了严重影响。2011 年 8 月，随着美国政府借款金额越来越大和随后美国政府的信用等级下调（从 AAA 到 AA+），美国政府债务是否可以被视为无风险的问题浮出水面。专栏 8-2 讨论了这个问题所带来的影响。

专栏 8-2

习惯于一个不存在"无风险"利率的世界

吉莲·邰蒂（Gillian Tett）

本周早些时候我在一篇专栏中指出，现在在信用衍生品市场上为美国政府提供违约保险的成本比许多大公司的还要高。更具体地说，来自 Markit 的数据显示，目前不少于 70 家美国公司的信用违约互换（CDS）利差低于国家主权合约（目前为 50 个基点）。而几年前还没有出现这种情况。

不出所料，这一现象引起了广泛关注：一些读者认为，这种模式只是表明 CDS 价格的指导作用很差；另一些人则认为，这反而表明美国政治家在国家债务方面做得很差。

然而，法国农业信贷投资银行的高级专家布鲁斯·托泽（Bruce Tozer）认为，这一波动最重要的问题是迫使投资者重新思考"无风险"利率的概念。

更具体地说，近几十年来，西方投资者和资产管理公司认为美国国库券收益率是"无风险"基准，可以用它来衡量其他资产。因此，美国国库券收益率成为他们构建投资方法的基石，例如对资本资产定价模型的使用。

但是，托泽补充说，此番 CDS 波动提出了三个问题：第一，我们今天真的可以把国库券视为适当的"无风险"利率吗？第二，"无风险"这个概念在当今世界是否合适？第三，也是最关键的，如果前两个问题的答案是"不"，那么这对投资组合理论和资本资产定价模型意味着什么？这三个问题值得依次考虑，因为它们确实是基本问题。

关于第一个问题，即美国国库券是否真的提供了一个适当的"无风险"利率，我个人认为确实需要对投资进行反思。从表面上看，认为美国政府会违约的想法目前看起来并不合理；

除了美元是世界储备货币这一事实之外，只要政治家们能够制订一个明智的、合作的财政计划，美国的财政问题并非无法解决。

但问题就在于此：今天在美国最重要的不是经济和金融波动，而是不断增强的政治波动。因此，标准普尔最近下调了美国债务等级（在我看来完全可以理解），而且这些CDS利差仍在扩大。

当然，一些观察家可能会反驳说，即使在这些困境中，美国看起来仍然比其他国家的风险要小。确实如此。毕竟，日本的债务与国内生产总值的比率超过了200%。德国的财政状况较好，但会受到欧元区动荡的影响。虽然像瑞士这样的国家现在被投资者视为安全避风港，但其债券市场规模太小，无法提供任何可替代的"无风险"基准。

而且没有适合的基准替代品。例如，我在纽约参加的一次首席投资官（CIO）会议上，一些CIO半开玩笑地说，投资界应该开始询问一些大公司（例如IBM）是否可以提供一个基准替代品。一位著名CIO提议将煤炭作为新的"无风险"资产，他认为，毕竟煤炭（与食品不同）不会随着时间的推移而贬值，它（与黄金不同）具有跨越文化的实际用途。

现实是，我们可能正在进入一个根本不存在真正"无风险"利率的世界。如果是这样，正如托泽所说，现在这个时候应该认识到，需要重新思考20世纪在金融学领域影响广泛的资本资产定价模型技术。

这是件坏事吗？有些人可能认为不是。毕竟，正如备受尊敬的金融"量化分析师"伊曼纽尔·德曼（Emanuel Derman）下个月将出版的书中所说，虽然模型对现代世界至关重要，但它们在某种程度上总是虚幻的。"无风险"基准中总是包含了一些虚构的元素。如果目前关于美国债务的争论以及CDS利差能迫使投资者清楚地认识到这一点，那么从长远来看，这可能是一件好事。

但至少在短期内，这些波动的主要影响是让许多投资者感到深深的不安，尽管他们并不总是能清楚地表达出来。毕竟没有人会在身处险境时丢掉长期珍视的指南针，风险总是令人厌恶的。

 资料来源：Tett, G. (2011) 'Get used to a world without a "risk-free" rate', *Financial Times*, 1 September. © The Financial Times Limited 2011. All Rights Reserved.

问题：

1. 批判性地讨论美国国库券收益率是否为今天的"无风险"利率提供了一个准确的估计。

2. 批判性地讨论如果政府证券不能再被视为"无风险"的，那么投资组合理论和资本资产定价模型将受到怎样的影响。

市场回报率R_m计算起来更困难。它通常用股票交易所指数，如富时100指数或富时总股指代表市场进行近似计算。为了找出市场回报率，所选指数一年内的资本收益应该加上同期指数成份股票的股利收益率。计算公式如下所示，能近似得出一年内的市场回报率：

$$R_m = \frac{P_1 - P_0}{P_0} + \text{Div}$$

其中：P_0＝期初股票交易所指数；

$\quad\ P_1$＝期末股票交易所指数；

$\quad$ Div＝同期股票交易所指数的平均股利收益率。

由于证券交易所指数有短期波动的现象，建议用时间平滑的平均值来估计市场回报率。

例如，如果计算每月数据，假设计算 3 年期间内的指数每月回报率，或者，计算年度数据，每次向后移动 1 个月来计算年度移动平均数，以此覆盖若干年。

大量的实证研究试图量化市场风险溢价或**股权风险溢价**（equity risk premium）（$R_m - R_f$），它代表市场回报率超过与无风险资产投资相关回报率的那一部分。期间选择不同，计算结果可能会有很大不同（通常在 3%～12%）：是计算几何平均值还是算术平均值（詹金森（Jenkinson，1994）发现，后者的结果往往更大）；是用金边债券还是国库券来代表无风险资产（同样，后者的结果更大）。

迪姆森和布雷利（Dimson and Brealey，1978）用 1918—1977 年英国市场的历史回报率，发现股权风险溢价平均为 9%。艾伦等人（Allan et al.，1986）在 1919—1984 年这一更长的时期内发现了类似的结果（9.1%）。迪姆森等人（Dimson et al.，2002）的一项研究得出了一系列结果，包括 1900—2001 年英国股权风险溢价的几何平均值为 4.5%，用国库券代表无风险资产；而在 1951—2001 年，这个值显著增加到 7.2%。在美国，艾伯森协会（Ibbotson Associates，2003）用 1926—2002 年的数据得出了 8.4% 的算术平均股权风险溢价。因此，虽然学术界传统上认为股权风险溢价为 8%～9%，但有人认为这个数字太大了，而 5% 左右的股权风险溢价更为合适。

如果我们研究 2001 年"9·11"事件对股票回报率的影响，则低溢价的结果得到了进一步印证。2007 年，巴克莱全球投资者公司（Barclays Global Investors）用 107 年金边债券的数据，计算出英国股权风险溢价**算术平均值**（arithmetic mean）为 4.2%（Barclays Capital，2007）。这与英国的行业监管机构如 Ofwat、Ofgem 和 Ofcom 的计算结果大体一致，这些机构过去计算加权平均资本成本（WACC）时使用的股权风险溢价为 3.5%～5%（见本书 9.6 节"现实世界中的 WACC"）。计算股权风险溢价的另一个复杂问题是，2007 年的**股票熊市**（bear market）导致股价大幅下跌，因此 2008 年英国金边债券的回报率大大超过了股票。这对股权风险溢价的影响是，如果采用较短的时间段，股权风险溢价在 20 年期的数据样本中会变为负值。

紧接着，瑞士信贷（Credit Suisse，2018）的《全球投资回报率年鉴》中估算英国 1968—2017 年的股权风险溢价为 4.8%（使用英国国库券）；在更长的 1900—2017 年，股权风险溢价略低于 4.5%；而在 2000—2017 年则更低，股权风险溢价为 2.4%。达莫达兰（Damodaran，2018）计算 1961—2017 年美国年末股权风险溢价为 5.08%。毕马威（KPMG，2018）估算的"全球"股权风险溢价为 5.5%。股权风险溢价的问题将在专栏 8-3 中进一步讨论。

专栏 8-3

发达国家的回报率将减弱

史蒂夫·约翰逊（Steve Johnson）

根据两份重量级年度报告，发达国家未来的股权和债券回报率将处在过去 110 年以来的最低水平。一年前，巴克莱资本（Barclays Capital）预测，股权风险溢价，即投资者为补偿股票市场投资风险而要求的现金超额回报率，将在未来 10 年内从历史上的 4% 上升到 5%。然而，现在这一溢价的预测值下降到只有 3%。

这个结果与伦敦商学院学者的观点基本相符，后者在今年的《瑞士信贷全球投资回报率手册》中估算，股权风险溢价将降至 3%～3.5%，大大低于他们估算的 4.5% 的长期平均值。伦敦商学院表示，"相信（股权的）未来将与过去一样是乐观的"，但是固定收益的前景可能更糟糕。"希望债券回报率能与 1982 年以来的水平一样就是一种幻想。"巴克莱资本还预测，未来债券的名义年回报率会降低，约为 3%，而英国金边债券的长期名义回报率为 5.1%。然而，鉴于通货膨胀率不高的假设，1% 的实际收益率可能不会比过去低太多。

巴克莱资本对发达国家股权市场前景的悲观预测源自人口统计数据，特别是婴儿潮一代在退休时将养老金储蓄从股权转向债券以降低风险，从而扭转了 1980—2000 年的趋势，当时 35～54 岁高储蓄率年龄组的劳动力人口激增，恰好与 20 年的股票牛市相吻合。

由埃洛伊·迪姆森（Elroy Dimson）、保罗·马尔斯（Paul Marsh）和迈克·斯汤顿（Mike Staunton）组成的伦敦商学院团队用不同的方法得出了同样的结论，历史上的 4.5% 的全球股权风险溢价在未来将无法复制。根据他们的计算，股权风险溢价的 80 多个基点来自实际股利增长，近 50 个基点来自股票的重新评级，他们认为，这两者都不能重复，特别是价格/股利的上升。马尔斯说："自 1900 年以来，股利收益率一直在下降；投资者愿意为每单位股利的收益比以前支付更多。那么我们认为这是因为股权投资的风险变小了，例如共同基金意味着更容易进行跨行业投资。如果是由于分散化投资，那么我们认为这种乘数的扩张不会走得更远。许多投资学书中仍然用 7% 这么高的数字（股权风险溢价）。而用了这些数字的投资者是会失望的。"

然而，巴克莱资本对新兴市场的权益投资依然持乐观态度，它预测外国投资者每年的实际总回报率为 10.5%（包括汇率收益），而且大宗商品的需求将超过供应。因此，巴克莱财富（Barclays Wealth）的首席经济学家迈克尔·迪克斯（Michael Dicks）表示，发达国家的股权投资者需要分散化投资，"在大多数发达市场中，一直存在着非常强烈的本土倾向。这种现状真正告诉我们的是，你必须看看世界其他地方，更多地考虑资产替代种类"。

 资料来源：Johnson, S. (2011) 'Developed world returns set to weaken', *Financial Times*, 13 February. © The Financial Times Limited 2011. All Rights Reserved.

问题：

1. 批判性地讨论股权风险溢价能否被准确地预测。
2. 经济衰退对股权风险溢价有何影响？

□ 8.6.3 CAPM 的应用：一个计算的例子

我们已经对 CAPM 的组成部分有了清晰理解，现在可以通过一个例子来说明如何使用它。数据如下所示：

> 博柏利集团的贝塔系数 $(\beta_j)=1.14$
> 国库券短期收益率 $(R_f)=1.0\%$
> 股权风险溢价 $(R_m-R_f)=4.5\%$

将数据代入计算公式 $R_j=R_f+\beta_j(R_m-R_f)$ 有：

$$R_j=1.0+1.14\times4.5=1.0+5.1=6.1$$

从提供的数据来看，用 CAPM 预测博柏利集团股东的预期回报率，也就是博柏利集团的股权成本为 6.1%。

□ 8.6.4　CAPM 含义总结

用 CAPM 为股票等证券定价，可以得出如下结论：

■ 计算证券预期回报率的投资者只需考虑相关的系统性风险，因为非系统性风险可以通过投资组合消除。

■ 平均来说，系统性风险水平较高的股票预期会产生更高的回报率。

■ 系统性风险和回报率之间应该存在着线性关系，正确定价的证券应该在证券市场线（SML）上。

这些内容都可以用图形表现出来，如图 8-14 所示。股票 B 有正确的定价，它落在 SML 上。股票 A 的价格被低估，与系统性风险相对应的投资者预期回报率相比，股票 A 的回报率更高。因此投资者会买入股票 A，进而导致其价格上涨而回报率下降，最后将移到 SML 上。股票 C 被高估，因此情况相反。如果股票用很长时间才能回归到 SML 上，则势必削弱风险与系统性回报之间的线性关系。因此我们可以看出，CAPM 做出的资本市场完美的假设非常重要，只有在这些条件下，股价才能准确快速地波动以反映股票相关的信息。

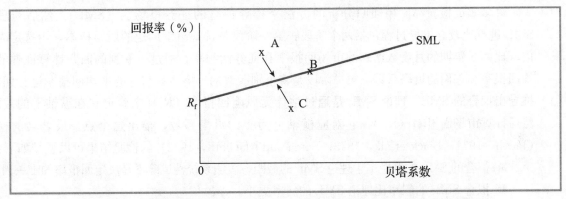

图 8-14　股价被低估（A）、高估（C）和正确定价（B）在 SML 上的表现

8.7　对 CAPM 的实证检验

前文中我们认识到，从现实世界的角度来看，CAPM 的假设是不现实的，并且注意到 CAPM 的关键假设是完美资本市场。但资本市场并不完美，因为交易成本和税收在现实中显然是存在的。然而，实证检验表明，资本市场表现出了高水平的有效性。事实上，尽管 CAPM 的假设并不完全符合现实，但现实可能与假设并没有相距太远，因而不会导致模型无效。因此，人们不应根据假设预判 CAPM 的可靠程度，而应该评估它的使用结果。

对于 CAPM 的应用和有效性已经有很多实证。这主要集中在两个方面：贝塔系数随时间变化的稳定性，以及风险和回报之间线性关系的强度和性质。

□ 8.7.1　贝塔系数稳定性检验

虽然 CAPM 是一个前瞻性的模型，但由于只能用历史数据，意味着贝塔系数是用历史的股票回报率和市场回报率计算的。因此，用历史数据计算的贝塔系数在股票定价和投资项目评估中的作用在很大程度上取决于贝塔系数在一定时期内的稳定性。夏普和库珀（Sharpe and Cooper，1972）对此进行了调查，其对 1931—1967 年美国股权贝塔系数的稳定性进行了研究。他们首先将股票样本分成 10 个风险等级，每个等级的股票数量相等，以检验期间开始时的贝塔系数为划分依据。根据经验，稳定性被定义为在 5 年内股票仍保留在现有等级中，或者仅移动了一个等级。结果表明，与贝塔系数适中的股票相比，具有较高和较低贝塔系数的股票表现出更高的稳定性。他们还发现，大约 50% 的股票的贝塔系数在 5 年内可以被认为是稳定的（根据他们早期的定义）。

虽然对于个别贝塔系数稳定性的经验证据还没有结论，但人们普遍认为，股票投资组合的贝塔系数在一段时间内表现出了更高的稳定性。对此最常见的解释是，与估计个别股票贝塔系数有关的任何误差，或者个别股票系统性风险特征的任何实际变化，在组合中都会被平均化。

□ 8.7.2　证券市场线检验

许多实证检验都使用回归分析的方法来推导拟合的证券市场线（SML），然后与理论 SML 进行比较。推导过程包括两个阶段：第一阶段是选择范围广泛的股票样本，用选定时期内（比如 5 年期的月度数据）的市场回报率和证券回报率，通过一系列的回归计算证券的平均回报率和它们的贝塔系数。第二阶段是将个别股票的贝塔系数与它的平均回报率进行回归，推导出拟合的 SML。理论 SML 是通过估计无风险回报率（R_f）来确定它在纵轴上的截距，然后计算市场回报率（R_m），它对应横轴上为 1 的贝塔系数，描出这个点。最著名的检验（Jacob，1971；Black et al.，1972；Fama and Macbeth，1973）的检验结果可以总结如下：

■ 拟合的 SML 的截距高于理论 SML 的截距，表明系统性风险不是决定回报率的唯一因素。

■ 拟合 SML 的斜率比理论 SML 的斜率更小。

■ 拟合 SML 显示了系统性风险和回报率之间显著的线性关系，尽管与理论 SML 显示的数字不同。

图 8-15 描述了这几点结论。

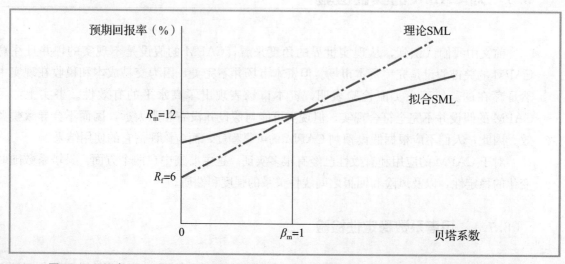

图 8-15　拟合 SML 有力印证了风险与回报率之间的线性关系，与理论 SML 相比其斜率较小

从这些检验中可以得出的一个笼统的推论是，CAMP 并没有完全解释这些观测数据的特征，尽管系统性风险在解释个别证券的预期回报率方面确实有很大的作用。最近的检验对 CAPM 的评价要低得多。布莱克（Black，1993）研究了美国 1931—1965 年和 1966—1991 年风险与回报率关系的强度。他在模拟中构建了 10 个投资组合，第一个组合包含了贝塔系数最高的 10% 的股票，最后一个组合包含贝塔系数最低的 10% 的股票。然后，计算在过去 5 年中这 10 个投资组合的回报率。这个过程逐年重复，10 个投资组合的构成发生变化以保持风险状况不变。1931—1965 年的研究结果是，10 个投资组合的曲线接近理论 SML，风险最高的投资组合产生了最高回报率，风险最低的投资组合产生了最低回报率。然而 1966—1991 年的数据却完全推翻了这种关系。法玛和弗伦奇（Fama and French，1992）的发现也与 CAPM 相对立。他们以 1963—1990 年美国公司权益回报率为研究对象，结论是，在市场贝塔系数和股票平均回报率之间找不到有意义的关系。然而，他们确实发现了股票的平均回报率与公司规模呈负相关关系，与公司的账面/市值正相关。基于欧洲主要股票市场的股票回报率的比较研究同样不支持 CAPM。

虽然最近的检验对 CAPM 的有效性提出了质疑，但罗尔（Roll，1977）认为 CAPM 很难检验，甚至几乎不可能检验。原因是用证券交易所指数的回报率作为市场回报率的替代品是糟糕的。证券交易所指数不仅没有包括所有可交易的股票，而且忽略了不可交易的股票和其他金融和非金融资产（如债券、房产、土地、古董等）。因此，罗尔得出结论，不可能创建一个真正分散化的市场投资组合以准确反映所有的风险资产，因此无法检验 CAPM 的有效性。

CAPM 毫无价值吗？学习它是在浪费时间吗？从教育的角度而非学术的角度看，这个问题的答案一定是否定的。尽管费尔南德斯（Fernandez，2015）将 CAPM 称为"一个荒谬的模型"，但我们只应该在有更好的理论或模型取代它的时候再放弃它。罗斯（Ross，1976）提出了一个替代品，即套利定价模型（APM）。到目前为止，这个多因素模型在解释股权回报率相关变量的类型和数量方面仍然定义不清，因此 APM 在取代 CAPM 之前还有一段路要走。法玛和弗伦奇（Fama and French，1992）提出了一个三因子回归模型，将公司规模和账面/市值作为自变量。后来，他们提出了一个五因子模型（Fama and French，2014），加入了盈利能力和投资，进一步改善了模型的效用。虽然 CAPM 对公司来说实际价值可能有限，但它确实提供了一个框架，可以用它量化风险，并将风险转化为易于理解的预期回报率。另外，我们还应该注意到，作为计算公司股权成本的一种方式，CAPM 优于股利增长模型（见第 9 章）。

8.8　结　论

在这一章中，我们研究了风险与回报率之间的重要关系。首先研究了如何衡量个别投资的风险和回报率，然后继续说明投资者可以通过持有充分分散的投资组合来消除他们面临的非系统性风险，这是马科维茨投资组合理论的基础。然后，当投资者可以获得无风险资产时，就可以找到最优风险投资组合（市场组合），并确定风险与回报率之间的线性关系，即资本市场线（CML）。投资者可以根据自己的风险偏好在 CML 上选择投资组合。

资本资产定价模型（CAMP）是在马科维茨投资组合理论的基础上发展起来的。这个模型确定了单只股票的回报率与贝塔系数衡量的系统性风险之间的线性关系。这种关系使投资者能够根据股票的系统性风险计算出它的预期回报率，从而确定它的价格是否合理。虽然 CAPM 的假设并不现实，但经验证据表明，系统性风险和回报率之间存在线性关系，尽管与理论所提出的线性略有不同。

学习要点

1. 风险和回报之间的关系在公司理财中具有重要的作用。一项投资的风险是由其历史回报率或预期回报率的标准差来衡量的。

2. 一项投资的风险可以分为系统性风险和非系统性风险。非系统性风险可以通过投资于一系列不同的股票来分散。

3. 最简单的分散化投资方式是两只股票的投资组合。风险能否被分散的关键因素是两只股票回报率之间的相关程度。

4. 投资组合中的股票种类越多，非系统性风险就越能被分散。

5. 马科维茨的投资组合理论提供了一个基本理念：投资者可以将风险资产与无风险资产相结合进而构建一个最有效的投资组合，满足自己的预期回报率，从而使效用最大化。

6. 对于使用投资组合理论的小投资者来说，现实中的一个困难是交易成本可能很高。然而，他们可以通过投资于分散化的投资组合，如投资信托和单位信托基金，来克服这个困难。

7. 建立在投资组合理论基础上的 CAPM 定义了证券系统性风险与预期回报率之间的线性关系。这种线性关系由证券市场线（SML）表示。

8. 系统性风险是由贝塔系数来衡量的，表明证券回报率相对于市场回报率和无风险回报率等对系统性因素的敏感性。

9. 如果证券的定价正确，那么它们应该落在证券市场线上。

10. 虽然实证检验并未有力支持 CAPM 的有效性，但该模型确实为理解系统性风险和证券预期回报率之间的关系提供了帮助。

自测题

1. 解释为什么充分分散化的投资组合中还有风险存在。

2. 讨论公司实施分散化投资能否为普通股股东带来价值。

3. 区分有效投资组合和最优投资组合。

4. 解释无风险资产对投资组合理论的重要性。

5. 在实践中我们如何能找到近似的无风险利率？现实中的资本市场线会不会是一条直线？

6. 列举投资组合理论作为辅助投资决策工具的局限性。

7. 你是否认为资本资产定价模型的假设是不符合实际的？请解释原因。

8. 解释贝塔系数衡量的是什么。

9. 分析股权风险溢价的相关问题。

10. 市场回报率为 10%，英国国库券收益率为 4%。Lime Spider 股份有限公司的股票回报率与市场回报率的协方差为 7.5，而市场回报率的方差为 4.5。Lime Spider 股份有限公司股票的预期回报率是多少？

讨论题

1. Z公司和Y公司的股票预期回报率及标准差如下所示：

	Z	Y
预期回报率（%）	15	35
标准差（%）	20	40

如果两只股票的相关系数为+0.25，计算以下投资组合的预期回报率和标准差：

(1) 100%的Z；

(2) 75%的Z和25%的Y；

(3) 50%的Z和50%的Y；

(4) 25%的Z和75%的Y；

(5) 100%的Y。

2. 马洛利刚刚阅读了一本关于投资组合理论的教科书，她希望将新知识付诸实践而投资1 000英镑。根据下表她确定了风险资产组合的有效边界：

组合	预期回报率（%）	标准差（%）
A	4.0	5.0
B	6.0	4.0
C	8.0	5.0
D	10.0	8.0
E	10.6	11.0
F	11.0	14.0

她估计短期国库券的收益率为7%，并在自己的风险偏好下确认了经典效用曲线的形状。此效用曲线上的点如下所示：

预期回报率（%）	标准差（%）	预期回报率（%）	标准差（%）
8.8	1.0	10.2	6.0
9.0	3.0	11.2	7.0
9.5	5.0		

用这些信息构建一个图表，说明马洛利应该在短期国库券和市场投资组合之间怎样分配她的投资。

3. Loring股份有限公司近年来支付的股利如下所示：

	第1年	第2年	第3年	第4年	第5年
每股股利（便士）	64	0	7	69	75

第5年的股利已支付完毕。无风险回报率为6%，市场回报率为15%。

(1) 如果Loring股份有限公司的股权贝塔系数为1.203，那么它的股票的市场价格是多少？

(2) 讨论股权贝塔系数的含义，并解释如何确定上市公司的股权贝塔系数。

4. 批判性地讨论CAPM是否使投资组合理论变得多余。

5. 关于 Super Lux 股份有限公司的股票回报率以及市场回报率的信息如下：

时间	Super Lux 的股票回报率（%）	市场回报率（%）
t_1	18	10
t_2	21	11
t_3	20	8
t_4	25	12
t_5	26	14

假设国库券收益率为 8%，Super Lux 的股票回报率与市场的相关系数为 0.83，用 CAPM 计算 Super Lux 的股票回报率。

参考文献和推荐阅读

第 9 章

资本成本与资本结构

■ 9.1 计算个别资本来源的成本

■ 9.2 计算加权平均资本成本

■ 9.3 平均资本成本和边际资本成本

■ 9.4 CAPM 与投资评估

■ 9.5 WACC 计算中的实际问题

■ 9.6 现实世界中的 WACC

■ 9.7 外国直接投资的资本成本

■ 9.8 杠杆比率：计算及意义

■ 9.9 最优资本结构原理

■ 9.10 传统资本结构理论

■ 9.11 米勒和莫迪格里安尼（Ⅰ）：净利润观点

■ 9.12 米勒和莫迪格里安尼（Ⅱ）：公司税

■ 9.13 市场不完美

■ 9.14 米勒与个人所得税

■ 9.15 啄序理论

■ 9.16 结论：最优资本结构存在吗？

学习目标：

通过学习本章，可以完成以下学习目标：
- 对如何计算公司的资本成本以及如何在投资评估过程中适当地应用资本成本有深刻的理解。
- 掌握如何计算公司不同资金来源的成本以及加权平均资本成本。
- 理解为什么在计算加权平均资本成本时最好使用市场价值而不是账面价值。
- 理解如何用资本资产定价模型计算投资评估的风险调整贴现率。
- 能够批判性地讨论一个公司是否可以采用特定的资本结构来影响资本成本。

引 言

资本成本，即投资资金的预期回报率，这个概念在公司理财理论和实践中发挥着重要作用。在使用净现值法和内含报酬率法等方法进行投资评估时，公司的资本成本被（或可能被）当作贴现率。假设一个公司是理性的，那么它希望用最便宜和最有效的方法筹集资金，从而使平均资本成本最小，这样做的结果就是增加公司项目的净现值，从而提高公司的市场价值。公司要想尽量降低平均资本成本，首先需要知道可获得的各种融资来源的相关成本。其次，公司还要知道如何组合这些不同的资金来源以达到最佳的资本结构。

公司资本结构的重要性，就像股利政策一样，一直是学术界激烈辩论的主题。与股利一样，米勒和莫迪格里安尼认为，公司的平均资本成本与资本结构无关。这个观点与当时的学术思想相悖。后来他们修改了这个观点，将负债融资的税收影响纳入考虑。再加上市场不完美，可以说资本结构确实与平均资本成本有关系。在实践中，计算公司的资本成本非常困难而且耗时，同时也很难确定或证明某个公司有一个最佳融资组合。

9.1 计算个别资本来源的成本

一个公司总体或**加权平均资本成本**（weighted average cost of capital，WACC）可以作为投资评估的贴现率，也可以作为公司业绩的衡量标准，因此计算 WACC 是公司理财的一项关键技能。计算 WACC 的第一步是找到公司使用的每个长期融资来源的资本成本。这就是本节的目的。

9.1.1 普通股

股权资本可以通过发行新普通股或使用留存收益来筹集。将股利增长模型变形（见本书10.4.3 节），可以计算股权成本（K_e）：

$$K_e = \frac{D_0(1+g)}{P_0} + g$$

其中：K_e ＝股权成本；

D_0 ＝当前股利或刚刚支付的股利；

g ＝预期股利年增长率；

P_0 ＝股票除息价格。

留存收益的资本成本等同于股权成本。一个常见的误解是将留存收益视为没有成本的资金来源。的确，留存收益没有服务费用，但有一个相当于股权成本大小的机会成本，因为如果把这些资金返还给股东个人，那么他们可以获得相当于股权成本的个人再投资的回报。

另一种更可靠的计算股权成本的方法是使用第 8 章讨论的资本资产定价模型（CAPM）。CAPM 允许股东在无风险利率和股权风险溢价的基础上确定他们的预期回报率。股权风险溢价既反映了公司的系统性风险，也反映了市场的无风险投资回报的溢价。

用 CAPM 计算，股权成本如以下线性关系所示：

$$R_j = R_f + [\beta_j \times (R_m - R_f)]$$

其中：R_j＝模型估计的股票 j 的期望回报率；

R_f＝无风险回报率；

β_j＝股票 j 的贝塔系数；

R_m＝市场回报率。

9.1.2 优先股

优先股的成本通常比普通股的成本计算起来较容易一些。这是因为优先股的股利支付通常是不变的。优先股往往不可赎回，优先股股利也不能抵减税收，它们分配的是税后利润。不可赎回优先股的成本（K_{ps}）等于应付股利除以除息市场价格，如下所示：

$$K_{ps} = \frac{应付股利}{除息市场价格}$$

在计算新筹集的优先股的成本时，可以修改上式，就像股利增长模型一样，需要把发行成本考虑在内。

9.1.3 债券和可转换债券

债券或贷款票据主要包括三种形式：不可赎回债券、可赎回债券和可转换债券。不可赎回债券的成本与不可赎回优先股的计算方法类似。两者所使用的模型都是对一个永久现金流量（永续年金）进行估值。而不可赎回债券的利息支付可以抵减税收，因此它有两个成本：税前负债成本和税后负债成本。不可赎回债券的税前成本（K_{ib}）计算如下：

$$K_{ib} = \frac{应付利率}{债券市价}$$

假设公司税税率（C_T）为常数，则很容易得到税后的负债成本：

$$K_{ib}（税后）= K_{ib} \times (1 - C_T)$$

计算可赎回债券成本需要先确定负债融资提供者整体的预期回报率，包括收入（利息）和资本（本金）两项回报率，即以下估值模型的内含报酬率（K_d）：

$$P_0 = \frac{I(1-C_T)}{(1+K_d)} + \frac{I(1-C_T)}{(1+K_d)^2} + \frac{I(1-C_T)}{(1+K_d)^3} + \cdots + \frac{I(1-C_T)+RV}{(1+K_d)^n}$$

其中：P_0=债券当前的除息市场价格；

　　　I=每年的股利支付；

　　　C_T=公司税税率；

　　　RV=可赎回价值；

　　　K_d=税后负债成本；

　　　n=可赎回的年数。

请注意，这个公式计算的是税后负债成本。如果需要计算税前成本，将 $I(1-C_T)$ 调整为 I。估算 K_d 时，还会用到线性插值法（见本书 6.4 节"内含报酬率"）。

也可以用另一种方法估算 K_d，即使用哈瓦维尼和沃拉（Hawawini and Vora，1982）提出的债券收益率近似值模型估计税前负债成本：

$$K_d=\frac{I+\left(\frac{P-NPD}{n}\right)}{P+0.6(NPD-P)}$$

其中：I=每年的利息支出；

　　　P=债券的面值（名义价值）；

　NPD=处置债券的净收益（债券的市场价格）；

　　　n=可赎回的年数。

考虑到公司税税率（C_T）可以计算税后负债成本：

$$K_d（税后）=K_d(1-C_T)$$

计算可转换债券的资本成本更难一些。首先确定债券是否可能成功转换（见本书 5.7 节"可转换债券估值"）。如果预期不会发生转换，就可以忽略转换价值，将债券视为可赎回债务，用上述线性插值法或近似值方法计算资本成本。

如果预期会发生转换，可用线性插值法和前面列示的可赎回债券估值模型修改后的公式计算可转换债务的资本成本。修改后的估值模型中，将可赎回的年数（n）改为可转换的年数，将可赎回价值（RV）替换为预期的未来转换价值（CV）（见本书 5.7.2 节"市场价值"）。

必须指出的是，税后负债成本只有当公司有盈利的状态下才有意义，即公司有应税利润来对应利息支付。

□ 9.1.4　银行借款

到目前为止，所考虑的融资来源都是可交易的证券，这些证券都有一个市场价格可以与利息支付或股利支付联系起来计算资本成本。而银行借款则不然，它没有可交易的证券形式，也没有市场价值。因此，为了近似计算银行借款的成本，应将为贷款而支付的平均利率纳入计算中来确定可抵减的税收。平均利率等于为银行借款支付的利息除以该年内平均银行借款金额。银行借款的负债成本也可以近似等于公司发行的任何债券或交易型负债的资本成本。

□ 9.1.5　不同融资来源成本之间的关系

在计算公司不同融资来源的成本时，每种融资来源的成本与其提供者所面临的风险应该存在一定的关系。股权资本的投资者面临的风险水平最高。这是由于股利支付和资本收益存在双重不确定性，并且一旦公司进入清算阶段，普通股股东的求偿权排在最后（如图 9 - 1 所示）。因此，发行新股是最昂贵的融资方式，而留存收益融资由于比新股发行节约了发行成本而略为便宜。

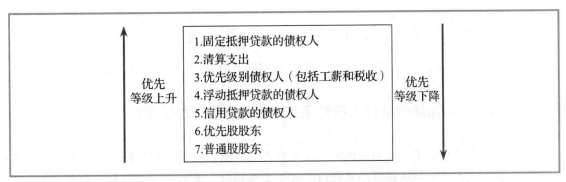

优先等级上升 ↑

1. 固定抵押贷款的债权人
2. 清算支出
3. 优先级别债权人（包括工薪和税收）
4. 浮动抵押贷款的债权人
5. 信用贷款的债权人
6. 优先股股东
7. 普通股股东

优先等级下降 ↓

图 9 - 1　求偿权优先等级和破产资产分配顺序

优先股的成本低于股权成本，原因有二。首先，优先股的股利支付先于普通股股利，因此不支付股利的风险较小。其次，优先股在求偿权等级中排在普通股之前，因此得不到清偿份额的风险较小。

除非公司宣布破产，否则负债的利息支付不存在不确定性。负债比优先股和普通股的求偿权等级更高，意味着负债融资的资本成本比两者都低。银行借款是否比债券便宜，取决于获得银行贷款相对于发行债券的成本，取决于所筹集的负债金额以及抵押担保的程度和质量。一般而言，负债的时间越长，它的资本成本越高，因为贷款方在更长的时间内放弃其购买力就需要更高的回报率。违约风险也随着时间的推移而增加。可转换债券的成本取决于转换的时间以及它们是否转换为股票。如果预计可转换债券不会转换，其成本将与类似期限的可赎回债券的成本相似。如果预计可转换债券都能得到转换，它的成本将介于可赎回债券和普通股的成本之间。距离转换的时间越长，可转换债券的成本就越接近可赎回债券的成本（反之亦然）。

在稍后的 WACC 计算示例中将说明上述关系。

9.2　计算加权平均资本成本

只要确定了公司各项融资来源的成本，就可以计算整体的 WACC。为了计算 WACC，要确定各个资金来源的金额权重，对各项成本进行加权平均。既可以计算现有资本结构（平均的）WACC，也可以计算增量融资（边际的）WACC。下一节将讨论平均资本成本与边际资本成本的问题。

一家只包含负债和股权融资的公司，WACC 的计算方法为：

$$\text{WACC} = \frac{K_e \times E}{(D+E)} + \frac{K_d(1-C_T) \times D}{(D+E)}$$

其中：K_e＝股权成本；

　　　E＝股权的金额；

　　　K_d＝税前负债成本；

C_T＝公司税税率；

D＝负债的金额。

公司融资来源越多，以上计算公式相加的项目就越多。例如，对于融资来源包括普通股、优先股以及可赎回和不可赎回债券的公司，计算公式将变成：

$$WACC = \frac{K_e \times E}{(E+P+D_i+D_r)} + \frac{K_{ps} \times P}{(E+P+D_i+D_r)} + \frac{K_{ib}(1-C_T) \times D_i}{(E+P+D_i+D_r)} + \frac{K_{rb}(1-C_T)D_r}{(E+P+D_i+D_r)}$$

其中：P、D_i 和 D_r 分别为优先股、不可赎回债券和可赎回债券的融资金额。

□ 9.2.1　以市场价值作为权重还是以账面价值作为权重？

我们现在要确定不同融资来源的成本所占的权重。权重平均地反映了公司各项资本的相对占比。我们还必须选择是用账面价值还是市场价值。账面价值很容易从公司的会计项目中得到，而市场价值可以从财经新闻和一系列金融数据库中得到。

虽然账面价值很容易获得，但不建议用它们计算 WACC。账面价值基于历史成本入账，无论是股权资本还是负债资本，几乎不能反映资金提供者当前的预期回报率。例如，普通股的账面价值通常只是它市场价值中的一小部分。在下面的例子中，一只面值为 1 英镑的普通股市场价值为 4.17 英镑。因此，使用账面价值计算权重将低估股权成本对平均资本成本的影响。股权成本总是大于负债成本，这将导致 WACC 被低估。在下面的例子中，分别计算市场价值的权重与账面价值的权重，并将两者的 WACC 进行比较，就可以看到这一点。如果 WACC 被低估，无利可图的项目就可能会被接受。正如之前所述的一些融资来源，例如银行贷款，并没有市场价值。从理论上讲，应将账面价值和市场价值结合起来使用。因此，在计算 WACC 时，建议尽可能使用市场价值。

例题　计算加权平均资本成本

Strummer 股份有限公司分别以账面价值和市场价值为基础计算当前的加权平均资本成本。相关信息如下：

年底的资产负债表

	（千英镑）	（千英镑）
非流动资产	33 344	
流动资产	15 345	48 689
普通股（面值 50 便士）	6 400	
留存收益	7 200	
7%优先股（面值 1 英镑）	9 000	22 600
长期负债		
5%债券（6 年期可赎回债券）	4 650	
9%不可赎回债券	8 500	
银行贷款	3 260	16 410
流动负债		9 679
		48 689

（1）目前股利刚完成支付，每股 23 便士。预期未来股利增长率为 5%。

（2）公司税税率为 30%。

（3）目前银行借款利率为 7%。

（4）年底的市场价格（均为除息价格）为：

普通股	4.17 英镑
优先股	89 便士
5%债券	96 英镑/100 英镑债券
9%不可赎回债券	100 英镑/100 英镑债券

参考答案：

第一步：计算各项融资来源的资本成本。

（1）股权成本：使用股利增长模型：

$$K_e = [D_0(1+g)/P_0] + g = [23 \times (1+0.05)/417] + 0.05 = 10.8\%$$

（2）优先股成本：

$$K_{ps} = \frac{8}{89} = 9.0\%$$

（3）可赎回债券（税后）成本：使用哈瓦维尼和沃拉提出的债券收益率近似值模型：

$$K_{rb} = \frac{5 + (100-96)/6}{100 + 0.6 \times (96-100)}$$

$$K_{rb}（税前）= 5.8\%$$

$$K_{rb}（税后）= 5.8\% \times (1-0.3) = 4.1\%$$

（4）银行贷款成本（税后）：

$$K_{bl}（税后）= 7\% \times (1-0.3) = 4.9\%$$

（5）不可赎回债券成本（税后）：

$$K_{ib}（税后）= 9\% \times (1-0.3)/108 = 5.8\%$$

第二步：计算各项资本来源的账面价值和市场价值。

资本来源	账面价值（千英镑）	市场价值（千英镑）
普通股	6 400+7 200=13 600	6 400×4.17×2=53 376
优先股	9 000	9 000×0.89=8 010
可赎回债券	4 650	4 650×96/100=4 464
不可赎回债券	8 500	8 500×108/100=9 180
银行贷款	3 260	3 260
合计	39 010	78 290

第三步：计算 WACC，分别采用账面价值和市场价值作为权重。

$$
\begin{aligned}
\text{WACC（账面价值）} &= (10.8\% \times 13\,300/39\,010) + (9.0\% \times 9\,000/39\,010) + \\
&\quad (4.1\% \times 4\,650/39\,010) + (4.9\% \times 3\,260/39\,010) + \\
&\quad (5.8\% \times 8\,500/39\,010) \\
&= 8.0\%
\end{aligned}
$$

$$WACC(市场价值)=(10.8\%\times 53\ 376/78\ 290)+(9.0\%\times 8\ 010/78\ 290)+$$
$$(4.1\%\times 4\ 464/78\ 290)+(4.9\%\times 3\ 260\times 78\ 290)+$$
$$(5.8\%\times 9\ 180/78\ 290)$$
$$=9.4\%$$

9.3　平均资本成本和边际资本成本

　　如前所述，可以使用两种方法计算资本成本。平均资本成本以资产负债表的账面价值或市场价值作为权重，就像上例所示，即当前的平均资本成本。这样计算的资本成本表达的是历史融资决策下的资本成本。如果计算下一次筹集资金的增量资本成本，则是边际成本资本。平均资本成本（AC）与边际资本成本（MC）之间的关系如图9-2所示。

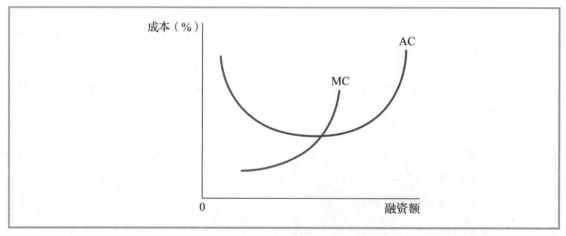

图9-2　平均资本成本与边际资本成本

　　平均资本成本和边际资本成本曲线之间的关系可以解释如下：当边际资本成本小于平均资本成本时，如果增加融资额，平均资本成本会下降。然而，一旦边际资本成本大于平均资本成本，如果增加融资额，平均资本成本就会增加，尽管平均资本成本的增长速度比边际资本成本增长的速度慢。

　　在评估投资项目时，应该使用边际资本成本还是平均资本成本？严格来说，应该使用投资项目融资的边际资本成本而不是平均资本成本。然而，计算边际资本成本的一个问题在于，通常很难把某项资金分配给某个特定项目。此外，具有目标资本结构的公司筹集边际资金的时候，往往一次只使用一种资金来源。例如，假设一家公司的目标资本结构是股权和负债金额相等。在某年，公司需要1 000万英镑，它可能更愿意以负债的方式筹集资金并支付一笔发行费用，而不是分别筹集500万英镑的负债和股权资本。到第二年，这个公司会筹集1 000万英镑的股权资本，恢复目标资本结构。这里的问题是，边际资本成本将从边际负债融资的低成本变为边际股权融资的高成本。因此可以认为，滚动平均边际资本成本比增量边际资本成本更为恰当。

　　只有在满足以下三个限制性假设的情况下，用平均资本成本作为投资评估贴现率才是恰当的：

■ 投资项目的商业风险与公司当前整体商业风险相似。

■ 增量资金按公司现有资本结构的比例筹集。

■ 投资项目无论产生协同效应、规模经济还是产生其他效应，都不会打乱资本提供者之间现有的风险/回报率关系。

如果不满足这些限制性假设，则使用边际资本成本可能更为合适。现有平均资本成本受到的任何结构性影响也都必然会反映到边际资本成本中。

9.4 CAPM 与投资评估

第 8 章我们讨论了 CAPM 在证券估值中的应用，也理解了该模型可以计算证券的预期回报率。股东的预期回报率就是公司的股权成本，因此可以用于计算公司的 WACC。CAPM 确定的股权成本计入 WACC，后者可以当作公司投资项目的预期回报率。但是，CAPM 也可以直接作为特定项目的风险所对应的预期回报率。

在实践中，一个新的投资项目的商业风险很少与公司当前业务活动的整体商业风险一致。在投资评估过程中使用 CAPM 是非常有用的，当公司在评估一个新项目时，其商业风险总是与公司业务活动的风险有很大不同。CAPM 能引导做出更好的投资决策，因为它考量的是新项目的商业风险，而不是公司现有的 WACC，后者不涉及新项目的商业风险。

9.4.1 股权贝塔系数与资产贝塔系数

用 CAPM 进行投资评估时，引入资产贝塔系数和权益贝塔系数的概念是有用的。权益贝塔系数包括股权贝塔系数和负债贝塔系数。第 8 章讨论的贝塔系数是指股权贝塔系数（也称为杠杆贝塔系数），表示公司总的系统性风险。这里所说的系统性风险包括两个组成部分：

■ 商业风险：公司现金流量对经济环境变化的敏感性，取决于公司经营所属的行业。

■ 财务风险：公司现金流量对负债的利息支付变化的敏感性。公司的财务风险随着杠杆的增加而增加。

这两种类型的风险都反映在公司的股权贝塔系数中。然而，资产贝塔系数（或称为无杠杆贝塔系数）只反映公司的商业风险。一个公司的资产贝塔系数是公司各个项目的资产贝塔系数的加权平均值。例如，公司只有两个项目，价值相等，一个项目的资产贝塔系数为 1.2，另一个项目为 0.8，那么公司的整体资产贝塔系数为 1。

公司的资产贝塔系数也是它的权益贝塔系数的加权平均值，无论是负债资本还是股权资本，反映的都是市场价值。公式如下：

$$\beta_a = \left[\beta_e \times \frac{E}{E+D(1-C_T)}\right] + \left[\beta_d \times \frac{D(1-C_T)}{E+D(1-C_T)}\right]$$

其中：β_a＝资产贝塔系数或无杠杆贝塔系数；

β_e＝股权贝塔系数或杠杆贝塔系数；

E＝股权的市场价值；

D＝负债的市场价值；

C_T＝公司税税率；

β_d＝负债贝塔系数。

从这个公式中可以看出，一个公司的股权贝塔系数总是大于资产贝塔系数，当然，除非公司是全股权融资时，它的股权贝塔系数等于资产贝塔系数。假设公司不拖欠利息支付，就可以把负债贝塔系数看作0。这样公式的最后一项消失了，剩下的公式如下所示（无杠杆公式）：

$$\beta_a = \beta_e \times \frac{E}{E+D(1-C_T)}$$

可变形为以下公式（杠杆公式）：

$$\beta_e = \beta_a \times \frac{E+D(1-C_T)}{E}$$

□ 9.4.2 应用 CAPM 计算项目贴现率

CAPM 在投资评估中的应用与在证券估值中的应用非常相似。假设公司股东自己拥有分散投资组合，因此这里只有项目的系统性风险是相关的。要在投资评估中用 CAPM 确定贴现率，就需要估计无风险利率和股权风险溢价（见本书8.6.2节），此外，还需要确定项目的贝塔系数。这三个数据的最后一个是最难确定的。以下概述用 CAPM 确定贴现率的步骤，以便在投资评估中使用：

步骤1：找出从事与被评估项目业务类型相同或相似的上市公司。这些上市公司的系统性商业风险应该与项目的风险类似，因此以它们的股权贝塔系数作为项目贝塔系数的替代是合适的。

步骤2：一旦确定了替代公司和股权贝塔系数，就要调整这些替代股权贝塔系数以消除杠杆效应（即财务风险），从而得到替代资产贝塔系数。这是由于替代公司的资产负债率（杠杆）与评估公司的不同，因此并不相关。前文已列示了股权贝塔系数的无杠杆公式（见本书9.4.1节）。

步骤3：计算替代资产贝塔系数的平均值，或选择被认为最合适的替代资产贝塔系数。然后重新调整这个贝塔系数，以便反映评估公司的财务风险。前文已经给出了重新匹配的资产贝塔系数计算公式（见本书9.4.1节）。

步骤4：重新匹配的股权贝塔系数可以反映项目的商业风险和评估公司的财务风险。这个贝塔系数现在可以代入 CAPM 来计算项目系统性风险所对应的股权资本的回报率（预期回报率）。

如果资金全部来自留存收益或新发行的股票，那么用这种方法计算的股权成本作为评估新项目的贴现率是恰当的。但是，如果项目是由负债和股权混合融资的，则需要把股权成本与新负债的资本成本结合起来，以确定项目的 WACC。

□ 9.4.3 CAPM 取代 WACC 的好处

前文提到，使用 CAPM 进行项目评估将做出更好的投资决策。图9-3可说明这一点。

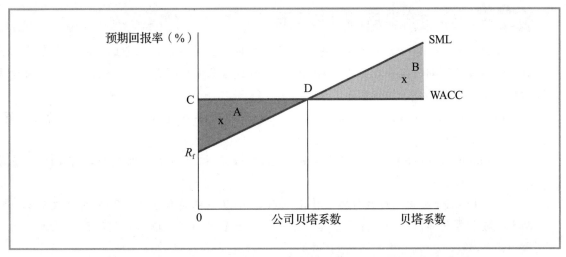

图 9－3　用 CAPM 替代 WACC 进行投资项目评估能做出更好的投资决策

图 9－3 描述了两个项目 A 和 B，x 标记了两个项目以贝塔系数衡量的系统性风险下预期回报率的位置。用 WACC 评估，将拒绝 A 项目，因为 A 的预期回报率低于公司 WACC。然而，考虑到项目较低的系统性风险，用 CAPM 评估，则 A 项目将被接受，因为 A 的预期回报率高于证券市场线。B 项目的情况正好相反，用 WACC 评估被接受，用 CAPM 评估则被拒绝。因此，采用考虑项目系统性风险的 CAPM 评估，可以在两个方面做出更好的投资决策：

■ 左侧阴影区域为低系统性风险、低回报率的项目，用 WACC 评估被拒绝，但用 CAPM 评估被接受；

■ 右侧阴影区域为高系统性风险、高回报率的项目，用 WACC 评估被接受，但用 CAPM 评估被拒绝。

□ 9.4.4　采用 CAPM 进行投资评估带来的问题

虽然采用 CAPM 可以做出更好的投资决策，但评估过程中存在许多问题，内容如下：

■ CAPM 的假设在现实世界中不适用，因此可能会削弱模型的适用性。

■ 确定相似系统性风险的替代公司是困难的。公司经营活动往往是分散化的，而不是只从事项目特指的某项活动。

■ 公司往往难以确定资本结构数据以得到替代公司无杠杆的股权贝塔系数。

■ CAPM 假设交易发生在一个期间，通常认为不超过一年。

显然，最后一条指出了一个困难，如果投资项目跨越了多个期间，则会出现两个问题。第一，用历史数据计算出来的股权贝塔系数可能不适合用于未来的决策，因为贝塔系数在长期内经常表现出不稳定性。为解决这个问题，可以多取几个替代公司的贝塔系数，计算它们的平均值计入投资组合的贝塔系数（见本书 9.4.2 节"应用 CAPM 计算项目贴现率"步骤 3）。第二，用短期政府证券的收益率近似替代无风险回报率将不再合适。所选利率需要根据具体项目的期限来确定。例如，如果项目期限为 5 年，那么 5 年内到期的金边债券的收益率可以用来近似替代无风险回报率。

例题　**CAPM 在投资评估中的应用**

Arclight 公司是一家生产高品质家用照明产品的公司，它正在考虑开展一个家具业务项目，该项目的预期回报率为 15%。Arclight 公司打算采用 CAPM 为这个项目确定一个适当的贴现率，三个替代公司的信息如下。

Furnisure 公司：完全从事家具制造业务，股权贝塔系数为 1.23，有 35% 的负债资本、65% 的股权资本。

Home Furnish 公司：完全从事家具制造业务，股权贝塔系数为 1.27，有 40% 的负债资本、60% 的股权资本。

Lux Interior 公司：股权贝塔系数为 1.46，有 30% 的负债资本、70% 的股权资本。它有两个规模相等的部门：一个生产家具，另一个生产豪华墙纸。墙纸部门的系统性风险比家具部门高 50%。

其他信息：

■ Arclight 公司一直采用 33% 负债和 67% 股权的目标资本结构，如果这个项目被接受，将完全由股权资本融资。

■ 目前国库券的收益率为 4%，股票的市场回报率为 10%。

■ 公司税税率为 30%。

■ 可以假设公司负债是无风险的。

使用上述信息，为这个项目计算一个适当的贴现率，并确定项目在财务上是否可以接受。

参考答案：

1. 替代公司的资产贝塔系数由以下公式计算：

$$\beta_a = \beta_e \times \frac{E}{E + D(1 - C_T)}$$

Furnisure 公司：

$$\beta_a = 1.23 \times 65/[65 + 35 \times (1 - 0.30)] = 0.89$$

Home Furnish 公司：

$$\beta_a = 1.27 \times 60/[60 + 40 \times (1 - 0.30)] = 0.87$$

Lux Interior 公司：

$$\beta_a = 1.47 \times 70/[70 + 30 \times (1 - 0.30)] = 1.12$$

由于 Lux Interior 公司的资产贝塔系数中包含着与新项目无关的墙纸部门的商业风险，因此还需要进一步计算。由于墙纸部门的系统性风险比家具部门高 50%，它的资产贝塔系数是家具部门资产贝塔系数的 1.5 倍。可以确定家具部门的资产贝塔系数（β_{af}）如下：

Lux Interior 公司资产贝塔系数 =（0.5×墙纸部门资产贝塔系数）
　　　　　　　　　+（0.5×家具部门资产贝塔系数）

$$1.15 = (0.5 \times 1.5 \times \beta_{af}) + (0.5 \times \beta_{af})$$

所以：

$$\beta_{af} = 1.12/1.25 = 0.90$$

2. 取三个替代公司资产贝塔系数的平均值：

替代资产贝塔系数＝(0.89＋0.87＋0.90)/3＝0.89

3. 重新匹配替代资产贝塔系数，以便能够反映 Arclight 公司的财务风险，公式如下：

$$\beta_e = \beta_a \times \frac{E + D(1 - C_T)}{E}$$

替代股权贝塔系数＝0.89×[67＋33×(1－0.30)]/67＝1.20

4. 将替代股权贝塔系数代入 CAPM，计算贴现率：

$$R_j = 0.04 + 1.20 \times (0.10 - 0.04) = 0.112 (即 11.2\%)$$

这个项目的预期回报率(15%)大于贴现率(11.2%)，因此 Arclight 公司应该接受它。

□ 9.4.5　将股权成本分解

在 8.6.3 节中我们已经理解了如何用 CAPM 计算公司的股权成本。我们可以通过公司股权贝塔系数的无杠杆化来确定资产贝塔系数，即将股权成本分解为三个决定因素：无风险回报率、商业风险和财务风险。稍后将在 9.9.1 节和图 9-1 的资本结构中讨论此问题。下面的这个例子说明了如何计算出这些决定因素。

例题　将股权成本分解

Yell 股份有限公司想确定股权成本决定因素的相对重要性，这些决定因素分别是无风险回报率、商业风险和财务风险。还可以获得以下信息：

	(千英镑)
普通股(面值1英镑)	2 300
留存收益	3 200
银行贷款	3 500
6%债券(面值100英镑)	3 000
	12 000

1. 市场回报率为每年 8.21%。

2. 目前国库券年收益率为 4.34%。

3. 公司税税率目前为 30%。

4. 公司当前的股权贝塔系数为 1.21。

5. 除息普通股价格为每股 3.98 英镑。

6. 除息债券价格为每个债券 123 英镑。

参考答案：

1. 用 CAPM 计算股权成本：

$$K_e = R_f + \beta_j (R_m - R_f)$$
$$K_e = 4.34\% + 1.21 \times (8.21\% - 4.34\%) = 9.02\%$$

2. 用股权贝塔系数无杠杆化确定资产贝塔系数。需要用到公司负债和股权资本的市场价值：

股权市场价值＝2.3×3.98＝9.15(百万英镑)

债券市场价值＝3×1.23＝3.69(百万英镑)

负债市场价值＝3.69＋3.5＝7.19(百万英镑)

用无杠杆公式：

$$\beta_a = \beta_e \times \frac{E}{E + D(1 - C_T)}$$

则：

资产贝塔系数＝1.21×9.15/[9.15＋7.19×(1－0.3)]＝0.781

3. 计算无杠杆股权成本：

$$K_e = 4.34\% + 0.781 \times (8.21\% - 4.34\%) = 7.36\%$$

4. 计算三个决定因素的相对重要性：

无风险回报率的贡献率：4.34%/9.02%＝48%

商业风险的贡献率：(7.36%－4.34%)/9.02%＝34%

财务风险的贡献率：(9.02%－7.36%)/9.02%＝18%

9.5　WACC 计算中的实际问题

在计算和应用公司 WACC 中，除了要在平均资本成本和边际资本成本之间做出选择外，还存在几个实际困难。

□ 9.5.1　计算融资来源的资本成本

计算各个融资来源的资本成本并不总是那么简单。例如，某些证券可能没有常规交易活动，因此没有市场价格。对于私人公司的普通股来说尤其如此。一个解决方法是计算类似商业活动的上市公司股权成本，然后加上一个反映私人公司较高风险的风险溢价。确定债券市场价值时可能也会遇到类似问题，即使发行公司是上市公司。一个解决方案是找到期限相似、风险和利率也相似的另一家公司发行的债券的市场价值，然后用这个市场价值作为替代。

由于可转换债券属性复杂，它的资本成本计算会非常困难。因为可转换债券开始时是负债，所以最初的资本成本与类似期限和利率的普通债券一样。然而，到存续的后期，这些债券很可能转换为普通股，因此有一个与股权相联系的资本成本。临近转换的时候，债券市场价值反映的不是赎回价值而是转换获得的普通股的价值。在赎回假设下计算资本成本时用这个市场价值计算权重就不准确了，因为这样做会低估负债的成本。

在计算租赁的 WACC 时也会有此问题。租赁大多是中长期融资来源，因此应包含在WACC 计算之中。虽然确定租赁的支付额相对容易，然而租赁付款可以抵减税收，因此应该考虑税后效应，确定这些与租赁付款相关的资本价值很难。将租赁视为负债融资的另一种方式，意味着可以用抵押担保负债的成本替代租赁的资本成本，因为可以将租赁看作以租赁资产为担保的负债。

此外，另一个关于资本成本的问题是利息支付受到互换协议制约的负债（见本书 12.6.1
节"利率互换"）。负债成本应该反映首次贷款时的利率还是互换协议中约定的利率，这个问
题还没有明确的答案。

最后，计算出的股权成本的准确性在很大程度上取决于所使用模型的可靠性和适用性。
例如，如果一个公司股利增长的速度非常低但稳定，可能是它的股利支付率低，那么使用股
利增长模型会大大低估股权成本。另外，如果一个公司的贝塔系数不稳定而且不可靠，那么
CAPM 计算的股权成本也会不稳定而且不可靠。本书建议用 CAPM 计算股权成本，不仅因为
它比股利增长模型在理论上更合理，还因为它不依赖公司未来股利增长率的人为估计。做到
真实可信地预测股利增长率是非常困难的。

□ 9.5.2　哪些融资来源应包括在 WACC 中?

一个主要的问题是：哪些融资来源应包括在 WACC 中，哪些应排除在外？一般的规则
是，如果融资来源筹集到的资金用于公司长期投资策略，则应该包括在 WACC 中。因此，
股权融资、优先股、中长期负债和租赁都应包括在内。短期负债一般不应包括在 WACC
中，因为它所提供的资金用于短期资产而非长期资产。但是，如果一个短期资金来源，例
如银行透支，被长期使用，就可以认为它为长期资产（如永久性流动资产）提供资金，应
包括在 WACC 中。

□ 9.5.3　资本权重带来的问题

确认证券市场价值的难度会影响不同融资来源的权重，从而也会影响到资本成本。如
前所述，市场价值比账面价值更受欢迎。然而，市场价值可能很难确认，对于银行贷款而
言根本就不存在市价。因此，在实践中计算 WACC 时，市场价值和账面价值都被用来计算
权重。

那些以外币计价的负债将遇到更多的问题。这些负债的价值必须折算成英镑（本币），以
便计入 WACC。这里出现两个问题：第一，用于转换外币负债的汇率难以确定。第二，加权
后的英镑（本币）价值也会随着汇率的变动而变动。

□ 9.5.4　WACC 不是常量

公司的 WACC 不是固定的。证券的市场价值变化，公司的 WACC 也会发生变化。不只
权重会变化，而且不同来源的资本成本也会随着宏观经济条件和投资者偏好及态度的变化而
变化。因此，公司经常重新计算 WACC 以反映这种变化是明智的，也是必要的。在投资评估
中，我们通常假设 WACC 是常量，但这显然是不正确的。虽然这种假设使计算更容易，但这
也是投资评估不能完美反映现实世界的原因之一。

从本节内容可以看出，WACC 在实践中既难以计算又难以应用于投资评估。现实中
WACC 的应用是下一节的主题。

9.6 现实世界中的 WACC

公司会在实务活动中计算 WACC 吗？做出肯定回答的公司越来越多，还有一些公司的财务报表中包括了资本成本的估计。由于 WACC 与经济增加值（见本书 2.4.10 节）等概念密切相关，是与股东财富相关的公司整体绩效的衡量标准，因此受到越来越多的关注。鉴于前面指出的问题，能否准确计算 WACC 是另一回事。显然，法玛和弗伦奇（Fama and French，1997）不这么认为，他们对美国不同行业的资本成本进行调查之后得出结论：准确计算公司 WACC 的机会"相当渺茫"，因为"对股权成本估计的不准确令人不安"。格雷戈里和米楚（Gregory and Michou，2009）在英国进行了类似研究，他们的研究也回应了这一结论。

尽管 WACC 存在诸多问题，但国家监管机构已经越来越多地关注到了它，比如英国竞争和市场管理局（见本书 11.6.1 节"并购监管和控制"），以及 Oftel 和 Ofgem 等——Oftel 和 Ofgem 分别是英国电信和天然气及电力的行业监管机构。在监管过程中，WACC 在确定行业的"公平"利润水平方面起到了至关重要的作用。可以预见的是，许多公司会认为监管当局计算的资本成本低估了它们真实的资本成本。1998 年，垄断与兼并委员会（现为竞争委员会）调查了移动电话的通话收费价格，它估计沃达丰的名义税前 WACC 在 14.9%～17.8%，而沃达丰估计为 18.5%。与此相同，2011 年 5 月，Ofgem 将独立天然气运输商（IGTs）的税前 WACC 设定为 7.6%，与 IGTs 的顾问公司伦敦经济研究所（London Economic）估计的 8.8% 不一致。鉴于计算 WACC 时许多关键变量是主观设定的，因而这些计算差异应该不足为奇。值得称道的是，英国监管机构和公平贸易办公室联合委托编写了一份独立报告（Wright et al.，2003），该报告于 2003 年 2 月发表，它试图建立最佳和一致的方法来确定它所监管的公用事业公司的资本成本。尽管如此，监管机构和公用事业公司之间的冲突仍不断出现，专栏 9-1 的故事也印证了这一点。

专栏 9-1

水务运营商受到水务局新规打击

迈克尔·卡瓦纳（Michael Kavanagh）

水务局（Ofwat）要求英格兰和威尔士的水务运营商在截至 2020 年的 5 年监管期内采用较低的股权资本回报率。

该指导意见是在游说团体向水务消费者委员会投诉以后发表的。投诉称，各水务运营商在去年 12 月份提出的 4.3% 平均回报率的计划，可能为投资者提供了过多的回报而牺牲了客户的利益。

Ofwat 管理的 19 家供水和污水处理服务运营商中，除 2 家外都提出了定价建议：从 2015 年起的 5 年内，费用保持不变或按实际情况降低价格。全国最大的运营商泰晤士河水务公司（Thanmes Water）是个例外，为了给 42 亿英镑的泰晤士河超级下水道项目融资，它的客户面临着费用上涨的情况。而同业的小公司迪谷（Dee Valley）也面临着异常高的项目成本。

尽管对于大多数英国家庭的收费可能保持不变或降低，但 Ofwat 周一表示，这一期间 4.3% 的行业平均资本成本太高了。

监管机构认为，在此期间，公司可接受的债务成本为 2.2%~2.8%。它还将可接受的平均股权成本设定为比公司平均要求的 6.6%低了近 1 个百分点，并指出"目前股权总额的回报率应该低于历史经验值"。

Ofwat 主管索尼娅·布朗（Sonia Brown）说，该指导意见考虑到大多数公司的资产负债率与过去相比有所提高，使运营商有更多的收益来源于历史低利率。

她说："业绩的根源不应该仅仅是拥有一个聪明的财务部门。"

周一的这份指导意见表明，WACC 增加 0.5%——接近 Ofwat 提出的 3.85%的指导值与平均 4.3%的公司设定值之间的差额——相当于在每年的账单上增加了约 10 英镑。

代表运营商的英国水务公司协会（Water UK）表示，各公司可能还需要一段时间才能确定是否接受降低回报率和薄利价格的要求。"Ofwat 已经发布了重要信息，而公司需要时间了解其全部影响。"

德意志银行的分析师在周一的一份报告中将 Ofwat 的指导意见描述为"对上市水务公司明显不利"，认为联合公用事业公司（United Utilities）和塞芬特伦特公司（Severn Trent）可能面临削减未来股利支付的压力。

然而，基于对 Ofwat 的预期，这两家公司的股价周一均小幅上涨。

布朗女士补充说，那些采用了可接受风险回报率的融资项目，其经营计划将最早在 3 月份获得临时批准。在明年 1 月份达成最终定价协议之前实施该项削减计划的运营商，还可以免受 Ofwat 对经营计划的进一步严格审查。

 资料来源：Kavanagh, M. (2014) 'Water operators hit by Ofwat's demands', *Financial Times*, 27 January.

问题：
1. 解释为什么控制公用事业公司的资本成本对于 Ofwat 行业监管具有关键作用。
2. 批判性地讨论为什么两家机构对同一家公司的 WACC 的估计会有所不同。

达莫达兰（Damodaran，2018）对美国公司的资本成本进行了一次广泛的行业调查，对于 7 247 家公司的样本研究发现，平均名义税后 WACC 为 6.69%。金融服务（非银行和保险）公司的 WACC 最低，平均为 2.99%。化工行业的 WACC 最高，平均为 10.78%。

9.7 外国直接投资的资本成本

前面讨论了支持和反对用现有 WACC 或 CAPM 作为投资评估贴现率的观点。在考虑外国直接投资项目的适当贴现率时也有类似观点。关于外国直接投资的资本成本，有以下建议（Stanley，1990）：

■ WACC 应该用在与现有活动风险相似的项目上；否则，应该使用具体项目的资本成本。
■ 适当的资本成本是本地同行业公司的资本成本。

这两个建议表明，需要一个反映个别项目风险和特征的资本成本。这两个建议还意味着，个别的资本成本可以充分考虑资金来源、税收、汇率、外汇管制和风险之间复杂的相互作用，而这正是外国直接投资的一个特点。

相比之下，投资评估的调整现值方法（APV）表明，最简单的投资项目，不考虑税收和融资来源问题，应该按照母公司的无杠杆股权成本进行贴现，税收和融资方面的影响可以用适当的债务成本贴现现金流量作为对这个"简单形式 NPV"的调整。这种投资评估方法的优点是能够处理来自不同资本市场的具体融资方式的项目，但缺点是对简单形式 NPV 的调整及其确定贴现率带来的副作用很难做出估计，这要求具备大量的专业知识。

投资评估中确定股权成本的最佳方法首推 CAPM，但在外国直接投资中用 CAPM 会出现一些问题。

■ CAPM 计算得到的风险调整贴现率考虑了系统性风险或市场风险，但在确定贝塔系数时应该用哪个市场组合？

■ CAPM 对金融市场价格很敏感，这些价格会经常发生变化。应该在哪个时间范围上确定股权成本？

■ 股权风险溢价的值是多少？不同国家资本市场回报率的对比研究虽然提供了一些日益融合的证据，但这些研究也表明融合尚未完成。那么是否应该确定一个全球风险溢价？

这些问题有待于在未来得到解决，巴克利（Buckley，2003）提出了国际资本资产定价模型（ICAPM）来解决这些问题。

关于外国直接投资的资本成本一般应该高于还是低于国内投资的问题，常识认为，尤其是在被视为政治不稳定的国家，外国直接投资应该要求更高的风险溢价。然而，霍兰德（Holland，1990）认为，如果外国投资能为母公司股东提供其他方式无法实现的分散化利益，那么资本成本可能更低。稳妥的做法是，根据每项外国直接投资的资本成本的复杂程度，选择现有的分析技术进行单独计算。德米拉格和戈达德（Demirag and Goddard，1994）、金姆和乌尔弗茨（Kim and Ulferts，1996）以及巴克利（Buckley，2003）总结了国际投资评估的许多实证研究。证据表明，对于大多数跨国公司而言，内含报酬率法是评估外国直接投资的最常用方法。鉴于确定此类投资的适当资本成本的困难，这可能并不奇怪，不过，内含报酬率比较基准的确定问题依然存在。

□ 9.7.1　国际融资决策

国际融资决策的主要目标之一是在可接受的风险水平下将公司的税后资本成本降至最低，因为资本成本的最小化将使公司的市场价值最大化。与国内公司相比，能够进入国际资本市场的跨国公司有更多机会降低其资本成本。以下是融资决策要研究的问题：

■ 母公司和子公司两个角度下的股权融资与负债融资的相对比例；

■ 长期融资与短期融资的相对比例；

■ 不同资金来源的获得能力；

■ 不同资金来源对公司风险的影响；

■ 不同资金来源的直接成本与间接成本；

■ 税收对股权成本与负债成本的不同影响。

□ 9.7.2　影响融资选择与组合的因素

影响国际业务的融资选择与组合的关键因素包括负债比率、税收、政治风险和货币风险。

杠杆比率

母公司的总杠杆比率和每个子公司的杠杆比率都必须考虑。如果母公司为它的子公司负债提供担保，无论是正式的还是非正式的，只要母公司的杠杆比率是可以接受的，那么各个子公司的杠杆比率就可以独立做出融资决定。然后可以酌情考虑当地的利率、税收规则和资金补贴的优势。如果母公司不为它的子公司负债提供担保，则必须单独考虑每个子公司的负债情况，以优化个别资本结构（见本书 9.9 节）。

税收

融资决策可以利用不同税收制度对利润、收益、亏损、利息和股利的不同处理方式。特别是，支付负债的利息可以减税而股利不能，因此存在一种动机，即将负债作为外国子公司的主要资金来源。为了应对这种趋势，一些国家规定了税收上允许的最大资产负债率。

政治风险

有一种政治风险是外国政府征用或扣押资产的风险。如果外国直接投资尽可能使用来自当地的资金，例如当地负债，而且融资计划涉及国际银行和政府机构，那么资产被征用的可能性就比较小。巴克利（Buckley, 2003）引用了 Kennecott 公司在智利铜矿项目投资的实例研究指出，尽管企图无偿征用外国资产的政权上台，但 Kennecott 公司的这个项目还是获得了收益。政治风险将在本书 12.8 节中进一步讨论。

货币风险

为外国直接投资所选择的融资组合可以作为公司管理货币风险的整体战略的一部分。例如，使用地方负债融资将减少折算风险，并允许母公司使用匹配的内部风险管理技术（见本书 12.2.2 节）。

9.8 杠杆比率：计算及意义

在公司财务中，杠杆比率这个概念是指公司的负债融资与股权融资的比例。公司的负债融资额大于股权融资额，则被称为高负债公司，反之亦然。杠杆比率在美国通常被称为资产负债率。杠杆比率可以用财务比率计算，包括：

- 负债/权益比率（长期负债/（股本＋留存收益））；
- 资本负债率（长期债务/资本总额）。

负债/权益比率和资本负债率都可以描述财务状况中杠杆比率的状况（见本书 2.4.6 节）。在计算杠杆比率时，可以包括短期债务，也可以包括长期债务，特别是如果年复一年持续透支时。与 WACC 一样，负债/权益比率和资本负债率都可以使用市场价值和账面价值计算。人们经常讨论，应该使用账面价值而不是市场价值，因为账面价值的波动性较小。问题是在大多数情况下，证券的账面价值，特别是普通股的账面价值，与其市场价值有很大不同。与 WACC 一样，在计算杠杆比率时，市场价值（而不是账面价值）更合适，也更有用。

公司的行业性质是决定市场判定负债恰当程度的主要因素。商业风险水平较低的行业，如公用事业行业，通常比与商业风险较高的行业，如奢侈品零售行业的负债率要高。行业之间的平均杠杆比率差异很明显。我们必须认识到，一个特定行业的杠杆比率不是一成不变的，而是随着经济情况而变化的。这方面的一个典型的例子是，从 20 世纪 90 年代初开始私有化直到 90 年代末，能源行业和水利行业公司的杠杆比率一直在上升。

在讨论杠杆比率的意义时，通常会关注高杠杆比率而非低杠杆比率的影响。下面介绍高杠杆比率的意义。

9.8.1　股权回报率的波动性增大

公司的负债水平越高，其盈利能力和收益对利率的变化就越敏感。如果公司大部分负债是浮动利率的，这种敏感性就会更甚。

如果公司资金中有负债资本，那么它的利润和可分配收益将面临利率上涨风险的影响。这种风险是由股东（而不是债权人）承担的，因为公司可能不得不减少股利以支付到期的利息。这种风险被称为财务风险。公司资本结构中的负债越多，财务风险就越高。

9.8.2　破产的可能性增大

杠杆比率很高时，股东会面临破产风险。破产风险被定义为公司无法履行利息支付的承诺，从而使公司陷入清算的风险。如果利润减少或者浮动利率负债的利息支付增加，都会使利息的支付中断。对于股东来说，破产风险是指由于求偿等级最低而可能使初始投资价值损失的风险。债权人也会面临破产风险，但正如本章后面所说，其风险水平较低。

9.8.3　股票交易所的信誉降低

由于证券交易所要求上市公司披露大量信息，因此投资者计算公司的杠杆比率相对简单。通过计算，投资者也许会觉得公司的负债水平太高，认为公司的财务风险不可接受，甚至认为公司有破产风险。他们可能不情愿购买公司股票或者不再提供进一步的债务。这种不愿为公司提供融资的状况就是公司财务信誉的一个损失，会对股价产生下行压力。

9.8.4　鼓励短期行为

如果杠杆比率很高，那么公司的主要财务目标可能就会从股东财富最大化变为存活下去，也就是要创造足够的现金流量来满足利息支付，从而避免可能出现的破产。因此，管理者关注的是满足利息支付的短期要求，而不是实现财富最大化的长期目标。这种管理行为被称为短期主义。

公司在处理过度负债融资时，显然会受到当时经济情况的影响，从而导致流入来源的不确定性。

9.9　最优资本结构原理

我们研究了如何计算公司各种资金来源的成本，并根据它们的相对权重确定公司的平均资本成本。一个公司的市场价值显然取决于它的 WACC。公司的 WACC 越低，它未来现金流的净现值就越高，因此市场价值也越高。

到目前为止还没有考虑的一个问题是：融资决策是否会影响投资决策，从而影响公司价值？换句话说，公司为资产融资的方式（即相对于股权来说用了多少负债）是否会影响其 WACC，从而影响公司价值？如果存在一个最佳的融资组合（即 WACC 最小），那么公司最大利益就在于锁定它，并趋近于这个最优资本结构。关于各个公司是否存在最优资本结构，学术界已经进行了大量讨论。在继续讨论关于资本结构的不同观点之前，我们首先考虑决定股东和债权人所要求的预期回报率的因素。

□ 9.9.1　杠杆与预期回报率

股东和债权人要求的预期回报率反映了他们所面临的风险。由于股东的风险更高，因此股东的预期回报率始终高于债权人。现在我们需要仔细考虑决定公司负债成本曲线和股权成本曲线的各个因素，也就是这些资本的成本与杠杆比率之间的关系。

首先看股权成本曲线。图 9-4 说明了公司股权成本的决定因素。股东至少需要无风险回报率，无风险回报率可以用短期政府债券（国库券）收益率来近似表示。此外，股东还要取得商业风险溢价，商业风险是指公司的利润和收益受业务部门系统性风险影响而变化的风险。股东面临的商业风险大小因公司而异，因此，要求的溢价也会不同。无风险利率和商业风险溢价加在一起，就是一个完全由股权融资的公司的股权成本。

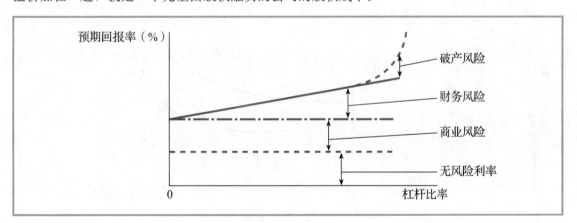

图 9-4　公司股权成本的影响因素

当一家公司开始通过负债融资实现增长时，因为需要支付利息，它的可分配利润将减少，尽管这种盈利能力的减少会因为负债的**税盾效应**（tax shield）有所缓解。支付利息会放大营业利润的任何波动，因为这些支付是一种额外的成本。如果利息都是基于浮动利率而非固定利率负债产生，那么可分配利润的波动会更大，因为支付金额是由当前的市场利率决定的。支付利息而引起的可分配利润的波动，即财务风险，将随着公司负债水平的提高而逐渐升高。股东因为面临财务风险而要求获得风险溢价，而这个溢价随着公司杠杆比率的提高而增加。

最后，在高杠杆比率情况下，由于可能无力支付利息，公司进入清算的可能性会增加。在杠杆比率水平太高时，股东除了要求获得财务风险的补偿外，还会要求补偿破产风险，结果导致股权成本曲线的斜率更大。

谈到负债成本曲线，我们要注意到债权人的情况与股东不同。债权人的回报率不随公司利润的变化而变化，其回报率是固定的。因此，根据定义，债权人不会面临财务风险。然而，在杠杆比率非常高的情况下，他们确实面临着破产风险，但他们面临的破产风险低于股东，因为在求偿权等级中，债权人有优先地位（见图 9-1），并且公司资产可以为负债作担保。

9.10　传统资本结构理论

资本结构的第一个观点通常被称为传统理论。与其他模型一样，这种观点或模型依赖于简化的假设条件：

- 没有对个人或公司的税收；
- 公司只有两种融资方式：永续负债或普通股；
- 公司改变资本结构不产生发行成本或赎回成本；
- 负债的增加（减少）同时伴随着等量股权资本的减少（增加）；
- 公司所有的可分配收益都用来支付股利；
- 随着时间的推移，公司的商业风险不变；
- 公司的收益和股利不会随着时间的推移而增加。

传统资本结构理论认为存在着一个最优资本结构，因此，公司可以通过在资本结构中合理使用负债融资来提高公司整体价值。传统资本结构理论如图 9-5 所示。

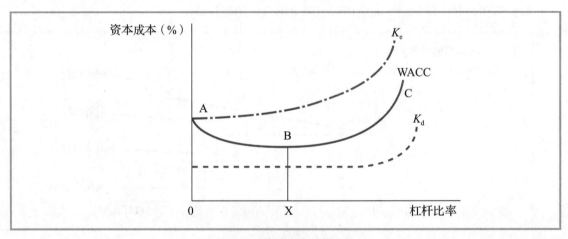

图 9-5　传统资本结构理论

图 9-5 可以解释如下。随着杠杆比率提高，股东面临的财务风险越来越高，因此股权成本曲线（K_e）上升。由于破产风险威胁着股东的投资价值，在高杠杆比率下，曲线上升的速度更快。负债成本曲线（K_d）只会在高杠杆比率情况下才会上升，这是因为破产风险会威胁到债权人的投资价值。一个完全由股权融资的公司描述为图 9-5 中的 A 点。当公司开始用较便宜的负债融资取代更昂贵的股权资本时，股东对引入少量的财务风险并不在意；他们对增加财务风险的反应不是线性的。公司的 WACC 最初会下降，因为更便宜的负债资本带来的好处超过了股权融资成本的增加。公司的 WACC 下降到 B，形成了一个以 X 表示的最优资本结构。如果公司继续提高杠杆比率，超过 X，那么低成本负债融资带来的好处会被股权融资成本的增加所抵消。因此，公司的 WACC 曲线开始上升。在杠杆比率很高时，破产风险导致股权成本曲线以更快的速度上升，负债成本也开始上升。因此，在很高的杠杆比率下，公司的

WACC 曲线将以更快的速度上升。

传统资本结构理论的结论是，对于个别公司来说确实存在一个最优资本结构。因此，公司应该把负债融资和股权融资结合起来，最大限度地降低整体资本成本，从而最大限度地增加股东财富。这种观点与下面要讨论的米勒和莫迪格里安尼提出的观点形成鲜明对比。

9.11　米勒和莫迪格里安尼（Ⅰ）：净利润观点

米勒和莫迪格里安尼关于资本结构重要性的看法，与他们对股利政策重要性的看法（见本书第 10 章）一样，均与传统观念背道而驰。米勒和莫迪格里安尼（Miller and Modigliani，1958）提出的命题是，一个公司的 WACC 在所有的杠杆比率水平上都保持不变，这意味着公司不存在最佳资本结构。他们认为，公司的市场价值取决于预期业绩和商业风险：公司的市场价值和资本成本与资本结构无关。他们的这一结论是基于上一节所提出的假设而得出的，又增加了另外一个假设：资本市场是完美的。完美资本市场的假设是他们的模型的核心，因为它意味着破产风险可以忽略。处于财务困境的公司总是可以在完美的资本市场中筹集到额外资金。他们的模型图如图 9-6 所示。

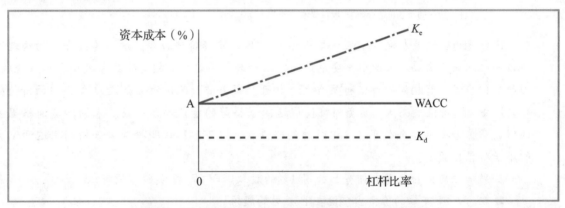

图 9-6　米勒和莫迪格里安尼资本结构理论的净利润观点

图 9-6 中曲线之间的关系可以解释如下：股权成本曲线（K_e）匀速增加，以反映较高的杠杆比率下股东面临的较高的财务风险，因此股权成本与财务风险（杠杆比率）之间存在线性关系。由于债权人不存在破产风险，负债成本曲线（K_d）是水平的，负债成本不会随着杠杆比率提高而增加：债务成本与杠杆比率无关。图 9-6 中的 A 点表示一家完全由股权融资的公司。当公司用等量负债取代股权融资从而提高杠杆比率时，越来越多便宜负债的好处正好被股权成本的增加所抵消。因此，公司的 WACC 保持不变，并且由于净利润或收益被假定为不变，公司的市场价值也保持不变。米勒和莫迪格里安尼指出，一个有负债的公司的 WACC 应该与该公司完全股权融资下的股权资本成本相同。这个股权成本由无风险回报率和公司的商业风险决定，与财务风险（杠杆比率）无关。米勒和莫迪格里安尼用套利理论支持自己的观点，即公司的市场价值和 WACC 与资本结构无关。

9.11.1　资本结构的套利理论

套利理论认为，在同一市场上，相互完全替代的商品不应该以不同的价格出售。米勒和莫迪格里安尼将这一点理论应用于公司，他们认为，两个除了杠杆比率之外各方面都相同的公司应该具有相同的平均资本成本，因此不应该有不同的市场价值。这个论点最好用一个例子来说明。

<hr/>

例题　两个公司演示的套利过程

两个公司 A 和 B，经营净利润（即收入减去经营费用）相等，商业风险也一样。唯一的区别是 A 公司没有负债，而 B 公司有 3 000 英镑的负债，利率为 5%。两个公司的财务数据如下：

	A公司	B公司
经营净利润（英镑）	1 000	1 000
利息（5%×3 000 英镑）	0	150
股东可以获得的收益（英镑）	1 000	850
股权成本	10%	11%
股权的市场价值（英镑）	10 000	7 727
负债的市场价值（英镑）	0	3 000
公司总价值（英镑）	10 000	10 727
WACC	10%	9.3%

注：股权的市场价值＝收益/股权成本，即 850/0.11＝7 727（英镑）

B 公司的股权成本较高，但整体 WACC 较低，市场价值较高。这与传统资本结构理论是一致的。然而，米勒和莫迪格里安尼认为，由于两家公司具有相同的业务风险和净营业收入，因此它们应该具有相同的市值和 WACC。由于情况并非如此，他们会认为 A 公司的价值被低估，B 公司的价值被高估，而套利将使得这两家公司的价值趋于一致。米勒和莫迪格里安尼的假设意味着公司和个人可以以相同的利率借款，以下解释说明投资者如何利用这两家公司的不正确估值获利。

如果一个理性的投资者拥有 B 公司 1% 的股权，即 77.27 英镑，他可以：

■ 以 77.27 英镑的价格出售他在 B 公司的股份。

■ 以 5% 的利率借入 30 英镑。在这里，投资者模仿 B 公司的财务风险，使他个人的杠杆比率等于公司的杠杆水平（30/77.27＝3 000/7 727）。

■ 用 100 英镑购买 A 公司（无杠杆公司）1% 的股份，因此还剩下 7.27 英镑。

比较投资者的利润，结果如下：

最初状态：

投资于 B 公司股票的回报＝11%×77.27 英镑＝8.50 英镑

更新状态：

投资于 A 公司股票的回报＝10%×100 英镑＝10 英镑

减：负债的利息　　　　＝5%×30 英镑＝(1.50 英镑)

净收益　　　　　　　　　　　　　　8.50 英镑

我们可以看到，通过出售 B 公司股票、购买 A 公司股票，投资者获得的年利润相同，并剩下 7.27 英镑的盈余。这个 7.27 英镑的无风险盈余称为套利利润。理性投资者会重复这个过程，直到创造利润的机会消失。重复的结果会出现以下一系列事件：

- B 公司的股价会因为股票出售压力而下跌。
- 由于股东的回报率保持不变，股权成本上升。
- 由于股权成本上升，WACC 将增加。

对 A 公司来说，情况正好相反。当这两个公司的 WACC 相等时，套利过程就停止了。

然而，米勒和莫迪格里安尼的套利论证存在严重缺陷，主要在于那些不现实的假设。首先，个人的借款利率与公司相同的假设就受到质疑。个人负债和公司负债的成本不同，因为公司的信用等级高于大多数的个人。因此，个人借款的风险被认为比公司的更大，从而成本更高。其次，买卖股票没有交易成本的假设显然是不实际的。个人较高的借款利率和交易成本都削弱了投资者从套利中获取无风险利润的能力，从而使同一个公司价值可能被高估或低估。

米勒和莫迪格里安尼的另一个简化假设是不考虑税收。在后续的论文中他们修正了模型，加入了公司税，这是下一节的主题。

9.12　米勒和莫迪格里安尼（Ⅱ）：公司税

在关于资本结构的第二篇论文中，米勒和莫迪格里安尼（Miller and Modigliani, 1963）修改了他们早期的模型，确认了公司税的存在。他们承认存在公司税以及利息的税收减免效用，意味着当公司用负债代替股权提高杠杆比率时，就会有越来越多的利润免征税收。负债融资相对于股权融资的税收优势意味着公司 WACC 会随着负债的增加而降低，表明公司的最优资本结构是 100% 负债。如图 9-7 所示，米勒和莫迪格里安尼第一个模型的负债成本曲线（K_d）向下移动，以反映较低的税后负债成本 $[K_d(1-C_T)]$。随着公司杠杆比率提高，WACC 曲线下降。

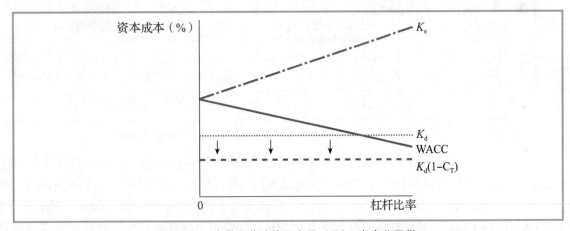

图 9-7　米勒和莫迪格里安尼（Ⅱ）：考虑公司税

9.13　市场不完美

米勒和莫迪格里安尼第二篇论文提出的模型明显有问题，因为实践中并没有公司采用全负债的资本结构。这说明有一些因素破坏了负债融资的税收优势，而米勒和莫迪格里安尼没有考虑到这些因素。现在我们来考虑这些因素。

□ 9.13.1 破产成本

他们第二个模型明显遗漏了破产成本。这源于资本市场是完美的这一假设。在完善资本市场下，公司总是能筹集到资金从而避免破产。在实践中，虽然资本市场被认为是有效的，但不能认为它是完美的。现实中高杠杆比率公司很有可能不能履行利息承诺，从而被宣布破产。那么在更高的负债水平下，如果破产成为一种可能，股东就需要更高的回报率来补偿他们面临的破产风险（见本书9.8.2节）。

破产成本可以分为两种：

■ 直接破产成本，包括向贷方支付更高利率以补偿其更高风险的成本，以及在被迫清算时聘请律师和会计师的管理成本。

■ 间接破产成本，包括公司在极端财务困境中运营而损失的销售额和商誉，以及被迫清算时必须以低于市值的价格出售资产的损失。

如果我们现在把提高杠杆比率的税盾优势与高杠杆比率的破产成本（实际上是修改后的1963年米勒和莫迪格里安尼模型所考虑的破产风险）结合起来，我们将再次得到一个最优资本结构。这与公司价值有关，如图9-8所示。

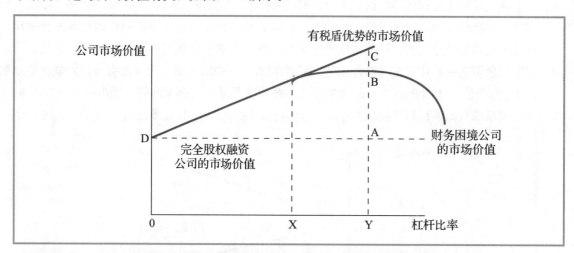

图9-8 米勒和莫迪格里安尼（Ⅱ）：考虑公司破产风险

图9-8可以做如下解释：当一个完全股权融资的公司以负债代替股权提高了杠杆比率时，由于税盾的价值增加，市场价值会随之增加，即虚线DA和线DC之间的垂直距离。当负债水平超过X时，破产可能发生，公司的股权成本开始急剧上升，以补偿股东的破产风险，从而削弱了税盾收益。杠杆比率超过Y时，破产风险下股权资本增加的边际成本完全抵销了税盾的边际收益。因此，最优杠杆比率为Y，其中：

AC＝税盾的价值

BC＝破产风险成本

AB＝杠杆化公司的净利润

负债水平大于Y，税盾的价值增加，但被破产成本的增加抵消，导致公司价值下降。

虽然高负债下存在破产成本是毋庸置疑的，但这种成本的大小与相关的杠杆比率（图9-8中以X点表示）之间的关系却不太清楚。关于破产成本的研究非常少。巴克斯特（Baxter，1967）

对个人和小型美国公司的清算进行了研究，发现破产成本的大小值得考虑。沃纳（Warner，1977）对大型上市公司的破产研究发现，直接破产成本微不足道。阿尔特曼（Altman，1984）对工业公司破产的研究发现，申请破产时，直接的和间接的平均综合成本占公司价值的 16.7%。较近一些的研究，如安德拉德和卡普兰（Andrade and Kaplan，1998）根据 1980—1989 年 31 家高负债美国公司的数据估计，经济状况和财务困境两方面的影响导致公司价值平均损失 38%。财务困境占损失价值总数的 12%。即使考虑到破产发生的概率及发生的时点，这些数字显然是很重要的。

□ 9.13.2　代理成本

除了破产成本外，较高的杠杆比率还会产生与代理问题相关的成本。如果杠杆比率提高，股东在公司的权益就会减少，当公司倒闭时获得的风险资金也减少。因此，管理层会倾向于对高风险/高回报率的项目投资，因为这样能享受到由此产生的高回报率好处。然而，负债融资的提供者分享不到这种高风险项目的高回报率，他们的回报率不取决于公司业绩。因此他们会想办法防止公司对可能使他们面临高风险的项目进行投资。例如，与管理层签订契约（见本书 5.1.1 节）。这种契约可以限制未来的股利支付，限制融资方式，或者规定最低流动性指标。或者，债权人可以强化对管理层的监督，并要求管理层提供公司更高权限的财务活动信息。这些代理成本将进一步蚕食杠杆比率增加所带来的税盾收益。

□ 9.13.3　税收枯竭

公司不采用更高的杠杆比率的另一种解释是，许多公司提高了杠杆比率之后没有足够的利润来获得所有可以享用的税收优惠（通常称为"税收枯竭"）。它们不能享用到高杠杆比率的税盾收益，但仍可能会承担破产成本和代理成本。

破产成本和代理成本的存在，以及公司在高负债下可能出现税收枯竭的事实，解释了为什么公司不采用 100% 负债的资本结构，这与米勒和莫迪格里安尼的第二篇论文是相抵触的。

9.14　米勒与个人所得税

米勒和莫迪格里安尼在 1963 年修改了他们早期的论文，考虑了公司税，而米勒（Miller，1977）随后又将个人所得税的因素纳入了他们的模型中。米勒的复杂模型考虑了杠杆比率、公司税、负债和股权回报的个人所得税税率，以及可供投资者投资使用的负债和股权的数量关系。以下简单解释这一模型。

投资者会选择适合自己税收情况的公司进行投资，选择依据是公司的资本结构以及它和其他公司已经发行的负债融资和股权融资规模。例如，缴纳个人所得税的投资者将倾向于股权投资而不是负债，这是因为与普通股相关的资本利得税有减免，以及与个人所得税相比资本利得税的支付日期较晚。因此，当经济平稳时，所有投资者都会持有适合个人税收情况的投资。为了增加负债融资并利用相关的税收优惠，公司必须说服股东将普通股换成负债类证券。这样就使投资者的个人税收状况变得不太有利，公司将不得不用更高、更具吸引力的新的负债利率"贿赂"他们。根据米勒的模型，这种更高的利率将抵消所增加负债的税收优惠，使平均资本成本保持不变。结果 WACC 形成一条水平的曲线，与米勒和莫迪格里安尼的第一个模型相似（见图 9-6）。与米勒和莫迪格里安尼之前的模型一样，米勒 1977 年的论文没有考虑破产风险。如果考虑高杠杆比率下的破产成本，就会得到如图 9-9 所示的 WACC 曲线。

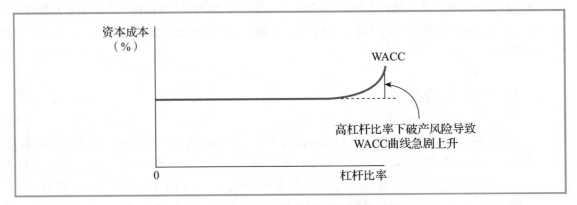

图 9-9　米勒 1977 年模型：考虑破产风险

米勒的 1977 年模型适用于 20 世纪 70 年代美国盛行的税收制度。从那时起，美国的税收制度就发生了变化，与英国一样，现在个人在负债和股权收益的税收待遇上只有很小的差异。这意味着将个人所得税引入资本结构的争议减少，但没有消除提高杠杆比率后公司税的节省。

9.15　啄序理论

啄序理论（Donaldson，1961）反对公司寻求一个特殊的负债和股权组合以使 WACC 最小化。该理论认为，当公司考虑为它的长期投资进行融资时，在选择资金来源上应有一个明确的优先顺序。首选来源是内部资金或留存收益，而不是外部资金来源。如果内部资金不够用，银行贷款和公司债券是外部资金来源的首选。在用尽这些可能性之后，最后的也是最不被偏好的是发行新的股权资本。

对这些偏好的初步解释包括发行成本和获得资金的难易程度。留存收益很容易获得，没有发行成本，也不涉及与银行等第三方的交易或谈判。至于在负债融资和股权融资之间的选择，发行新负债的成本远低于发行新股权的成本；筹集少量的负债是可能的，但通常不可能筹集少量的股权。此外，新发行负债不会有新发行股权所涉及的潜在所有权问题。

迈尔斯（Myers，1984）对啄序现象提出了更加复杂的解释。他认为，顺序偏好源于公司与资本市场之间的信息不对称。例如，假设一个公司想为一个新项目筹集资金，而资本市场低估了该项目的收益。公司的管理者可能借助内幕信息意识到市场低估了公司的价值。因此，他们会选择留存收益为项目提供资金，这样，当市场认识到项目的真正价值时，现有股东将受益。如果留存收益不足，管理者会选择负债融资而不是发行新股，因为新股会被市场低估。相反，公司如果认为资本市场高估了股票的价值，在这种情况下，公司愿意以高估的价格发行新股。

巴斯金（Baskin，1989）研究了利润和公司杠杆比率之间的关系，发现高利润和高杠杆比率之间呈显著负相关关系。这一发现与存在最优资本结构的观点相矛盾，而支持啄序理论的见解。随后的证据各自参半。弗兰克和戈亚尔（Frank and Goyal，2003）在美国进行的研究得出了与啄序理论相矛盾的结论，而沃森和威尔逊（Watson and Wilson，2002）基于他们对英国股票的研究发现支持了该理论。佐帕和麦克马洪（Zoppa and McMahon，2002）基于澳大利亚制造业中小企业的研究支持了啄序理论，尽管形式稍微做了修改。他们建议将负债细分为短期和长期，将新股权分为现有所有者注资和新投资者注资。塔克和斯托贾（Tucker and Stoja，2011）对 1968—2006 年 10 个不同的行业类别中英国上市公司数据的研究发现，公司在长期表现出目标杠杆比率行为，而在短期内则遵循啄序理论。有趣的是，"旧经济"公司遵循传统的啄序理论时，"新经济"公司则遵循一种修正后的偏好，它们在需要外部融资时更喜欢股权而不是负债。德容等人（de Jong et al.，2011）基于 1985—2005 年美国公司的样本数据，发现了一些有趣的现象，需要融资的公司如果杠杆比率高于目标值但还有负债能力的时候，会通过发行负债来弥补资金缺口，这种情况支持了啄序理论；相反，那些杠杆比率低于目标值，又有剩余资金的公司，则是通过回购股权来融资而不是用负债弥补资金缺口，这又否定了啄序理论。

9.16　结论：最优资本结构存在吗？

在本章中我们已经看到，杠杆比率是公司要考虑的一个重要因素。一些学术理论（传统理论，米勒和莫迪格里安尼（Ⅱ）与破产成本）支持最优资本结构的存在。另一些学术理论（米勒和莫迪格里安尼（Ⅰ），米勒）认为资本结构没有优劣之分。市场不完美，例如公司和个人所得税、破产成本和代理成本，都支持最优资本结构的存在。然而在实践中，更可能存在着一系列的资本结构使公司 WACC 最小化（即图 9 - 10 中点 P 和 Q 之间），而不是传统理论所认为的某一个负债和股权的特定组合（最佳资本结构）。这意味着与理论上的 WACC 曲线相比，现实中的 WACC 曲线更加平坦。

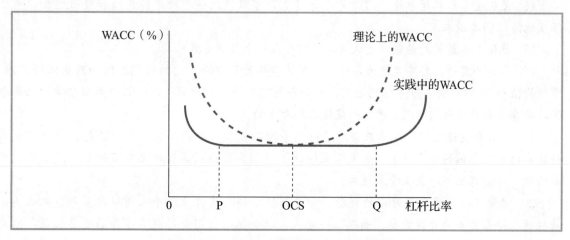

图 9 - 10　理论上与现实中的 WACC 之间的关系

学习要点

1. WACC 是决定公司市场价值的基本因素，因为它在投资评估方法中，如净现值法和内含报酬率法等，是被用作贴现率的。

2. 决定一个公司 WACC 的主要因素是它的股权成本，WACC 的计算模型包括股利增长模型和资本资产定价模型。

3. 优先股和不可赎回债券的资本成本，可以用应付股利或利率除以证券的市场价值来计算。

4. 可赎回债券的成本可以用内含报酬率计算，或者用近似公式计算。

5. 银行贷款没有市场价值，它的成本可以近似地用支付的利率或风险和期限相似的交易性债券的成本来计算。

6. 如果公司正在支付税收，那么负债融资的成本必须考虑利息支付的减税作用而进行调整。

7. 个别资金来源的成本必须按照市场价值或账面价值的权重进行加权。

8. 账面价值是稳定的而且容易得到，市场价值能反映公司证券的真实价值。

9. 公司可以计算当前的平均资本成本或边际资本成本，即增量融资的资本成本。

10. 公司的 WACC 只有在新项目的融资比例与现有资本结构相似，并且与整个公司风险水平相似的时候，才适合用于新项目的评估。

11. 当新项目的风险特征与投资公司的风险特征明显不同时，则 CAPM 可以用来计算项目本身的股权成本，即从适合替代的股权贝塔系数中估计出一个项目股权贝塔系数，在项目本身的贴现率中将它用作股权成本。

12. 在实践中，要计算一个公司的 WACC 是很困难的，包括公司广泛使用的各种不同的资金来源、复杂的金融工具，如可转换债券，以及公司资本成本的变动。

13. 在投资评估中支持和反对使用 WACC 和 CAPM 的观点，也适用于外国投资项目。应该使用反映个别项目风险的资本成本。

14. 外国投资项目在用 CAPM 时存在以下问题：使用哪个市场组合来寻找贝塔系数、如何设定分析的时间段，以及如何计算市场溢价。

15. 国际融资决策寻求在可接受风险水平下使税后资本成本最小化，其中包括一些关键因素，如杠杆比率、税收、政治风险和货币风险等。

16. 最优资本结构所争论的问题是，公司是否可以通过一个特定的负债和股权组合，来最大限度地降低资本成本。

17. 最优资本结构的传统理论认为，确实存在一个最优资本结构。

18. 米勒和莫迪格里安尼认为，一个公司的市场价值取决于它的预期业绩和商业风险。因此，市场价值和 WACC 都与资本结构无关，正如套利理论所揭示的那样。他们的模型在学术上是合理的，是建立在严格限制的且不现实的假设基础之上的。

19. 米勒和莫迪格里安尼后来修改了他们早期的模型，考虑了公司税，认为公司应该提高杠杆比率以利用负债的税盾作用。如果后来的这个模型再考虑到高杠杆比率下的破产成本和代理成本问题，就会得出一个最优资本结构。

20. 米勒又一次修正了他们的模型，考虑了股票和负债收益的个人所得税差异。他认为，要让投资人持有更多的负债需要"贿赂"投资人，这会抵消公司发行更多债务的税盾收益。他的结论是，所有负债和股权的融资组合都是最佳的。

21. 啄序理论认为，公司并非在追求一个最优的资本结构，而是偏好留存收益而不是外部资金、偏好新负债而不是新股权。

22. 在实践中，将合理的负债融资额纳入资产负债表来降低公司的资本成本，似乎是合理的。公司能否确定一个最优资本结构的范围值得商榷。

自测题

1. Gorky 公司发行了面值 1 英镑的普通股 500 000 股，目前，股票的除息市场价格为每股 1.50 英镑。公司刚刚支付了每股 27 便士的股利，预计这一股利支付将持续下去。如果公司没有负债，其加权平均资本成本是多少？

2. Eranio 公司利率为 8%、面值 100 英镑的不可赎回债券目前的交易价格为 92 英镑。如果公司税税率为 30%，那么该债券的税后成本是多少？

3. Pollock 公司发行了 100 万股面值为 25 便士的普通股、100 000 英镑利率为 8% 的不可赎回债券。目前，普通股的除息市场价格为每股 49 便士，面值 100 英镑债券的除息市场价格为 82 英镑。公司刚刚支付了每股 6 便士的股利，预计这一股利支付将持续下去。如果公司按 30% 的税率缴纳公司税，那么公司的加权平均资本成本是多少？

4. 公司在评估新项目的可接受性时，是否应该使用当前的加权平均资本成本作为贴现率？

5. 解释为什么公司的资产贝塔系数总是低于它的股权贝塔系数，除非它是完全股权融资的公司。

6. 一家公司的股权贝塔系数为 1.30，有 25% 的负债和 75% 的股权资本。如果公司将融资比例改为 33% 的负债和 67% 的股权资本，假设公司税税率为 30%，公司新的股权贝塔系数是多少？

7. 若用资本资产定价模型确定外国直接投资项目的贴现率，分析师可能面临哪些困难？

8. 描述影响外国直接投资项目的融资选择和组合的主要因素。

9. Johnson 公司的总市值中 1/3 是成本为 10% 的债券。York 公司在各方面都与 Johnson 公司相同，只是它只有股权融资。York 公司的股权成本为 16%。根据米勒和莫迪格里安尼的观点，不考虑税收和利息的税收减免，Johnson 公司的股权成本是多少？

10. 简述传统资本结构理论。

讨论题

1. Jordan 公司的资产负债表如下：

	（千英镑）	（千英镑）
非流动资产		1 511
流动资产		672
总资产		2 183
股权		
普通股（面值 50 便士）	200	
留存收益	150	350
非流动负债		
7% 的优先股（面值 1 英镑）	300	
9% 的债券（8 年到期）	650	
9% 的银行贷款	560	1 510
流动负债		323
总负债		2 183

其他信息如下：

国库券收益率	7%
权益贝塔系数	1.21
股权风险溢价	9.1%
当前除息普通股每股价格	2.35英镑
当前除息优先股每股价格	66便士
当前除息债券价格	105英镑/100英镑面值
公司税税率	30%

计算 Jordan 公司的 WACC，使用市场价值作为权重。

2. 以下信息摘自 Merlin 公司的报表：

	（千英镑）	（千英镑）
非流动资产		872
流动资产		573
总资产		1 445
股权融资		
普通股（面值1英镑）①	225	
留存收益	150	375
非流动负债		
12%的债券②	500	
9%的可转换债券③	250	750
流动负债		320
总负债		1 445

注：
①Merlin 公司当前的除息普通股每股价格为 3.14 英镑。在可预见的未来，股利和股价预计每年都会增长 7%。
②利率为 12% 的债券可在 5 年后以 100 英镑面值赎回。目前债券的除息市场价格为 114 英镑。
③利率为 9% 的债券可在 3 年内每份债券转换为 40 股普通股，或者在第 4 年转换为 35 股普通股。面值为 100 英镑的可转换债券当前除息市场价格为 119 英镑。如果不转换，债券将在 4 年后以 100 英镑的名义赎回。
④公司税税率为 30%。

（1）计算利率为 12% 的可赎回债券的资本成本。

（2）计算可转换债券的资本成本。

（3）如果刚刚支付每股 35 便士的普通股股利，计算股权成本。

（4）计算 Merlin 公司的税后加权平均资本成本。

3. 批判性地讨论公司将合理负债额纳入资本结构是否可以使加权平均资本成本最小化。

4. Kingsize 公司的财务总监目前正在审查公司的资本结构。她认为公司没有以 WACC 最小化的方式融资。公司融资情况如下：

	（千英镑）
普通股（面值1英镑）	15 000
留存收益	10 000
7%的优先股（面值1英镑）	10 000
10%的债券（7年后赎回）	15 000
	50 000

其他信息：

普通股股价（除息）	2.65 英镑
优先股股价（除息）	75 便士
债券价格（除息）	102 英镑/100 英镑面值
未来 5 年的股利（包括最近一次）	22 便士、23 便士、25 便士、27 便士、29 便士

财务总监认为，发行更多债务能降低 WACC。她建议发行 1 500 万英镑利率为 11% 的债券。这些债券将以 100 英镑面值的 5% 溢价出售，并在 7 年后赎回。筹集的现金将用于回购普通股，然后公司将回购的股票注销。她预计此次回购将使公司股价上涨至 2.78 英镑，未来股利增长率将上升 20%（相对而言）。她还预计 10% 的债券价格不会受到影响，但优先股的价格将跌至 68 便士。公司税税率为 30%。

（1）计算 Kingsize 公司当前的资本成本。

（2）重新计算公司的资本成本以反映拟议的变更，评论财务总监所做的预测。

（3）识别并讨论财务总监的预测可能有哪些不准确之处。

参考文献和推荐阅读

第 10 章

股利政策

■ 10.1　股利：经营和实务的问题

■ 10.2　股利对股东财富的影响

■ 10.3　股利无关论

■ 10.4　股利相关论

■ 10.5　股利相关还是无关?

■ 10.6　股利政策

■ 10.7　非现金股利

■ 10.8　股利政策的实证

■ 10.9　结　论

学习目标：

通过学习本章，可以完成以下学习目标：

- 理解"股利无关论"的观点。
- 了解信息、流动性和税收的影响会使股利与股价相关的观点。
- 能够分析财务经理为什么会忽视股利政策的重要性。
- 了解公司可以采用的股利政策以及它们对投资者的意义。
- 能够描述现金股利的替代形式，例如股票回购、股票股利和非现金收益。

引　言

传统上，公司理财被认为涉及两个不同的决策领域：一是投资决策，评估投资项目并选择合适的项目；二是融资决策，筹集资金使所选项目得以实施。股利政策考虑的是公司保留多少收益和分配多少给股东，与投资和融资决策密切相关。例如，一个没有什么合适投资项目的公司应该增加股利支付，将不用的收益返给股东。如果有多个合适的投资项目而保持高股利支付，公司将不得不从外部寻找资金。

近年来，决定保留多少收益和支付多少股利的决策已越来越重要，因此现在通常认为公司理财有三个决策领域（正如本书第 1 章所述）。管理者在做股利决策时需要考虑股东和其他资本提供者的意见和期望。股东对股利变动的态度必须与内部和外部可用的资金来源及其成本相称（见本书 2.1 节）。

本章将探讨一个关键问题：股利政策是否会影响公司股价，从而影响公司价值。本章还将研究影响公司股利政策的因素。

10.1　股利：经营和实务的问题

股利是指公司每季度或每半年向股东支付现金。它是一种税后利润的分配。大多数英国公司每年支付两次股利，而美国公司通常每季度支付一次股利。英国中期股利在公司会计年度的中期（公布中期业绩之后）支付，比末期股利少。末期股利需要股东在公司年度股东大会（AGM）上批准，因此将于相应的会计年度结束后支付。中期股利相对于末期股利的多少，可以部分解释为公司需要将股利支付与该会计期间的整体盈利能力联系起来，在会计年度结束时，公司能够更充分地评估可以支付多少股利。一般来说，支付股利的机制是由公司章程制定的。

股利公告和实际现金支付的时间差，导致了股票在报价时有带息和除息之分。当宣告股利时，公司的股价会发生变化。这一变化将反映市场对刚刚宣布的股利的态度。在宣告之后的较短时间内，股票继续附带股利，这意味着在此期间购买股票的任何人在公司支付股利时都有权获得股利。当股价变为除息价格的时候，在此日或之后购买股票的任何人都无权获得股利，即使尚未支付股利，获得股利的权利仍属于该股份的前持有人。股票价格将在除息日发生变化，按即将支付股利的价值而下降，以反映股票价值的内在变化。举个例子，假设一只股票的带息**股价**（dividend price）为 3.45 英镑，即将支付的股利为每股 23 便士。当股票除息时，股价将下跌 23 便士至每股 3.22 英镑。

图 10-1 和图 10-2 列示了股利宣告和股利支付的时间，以及相应的带息期和除息期。

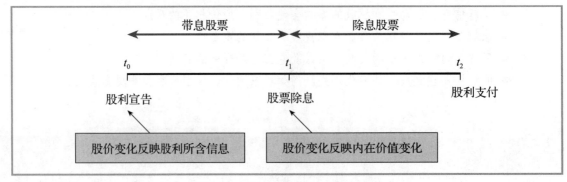

图 10-1　带息股价和除息股价的关系

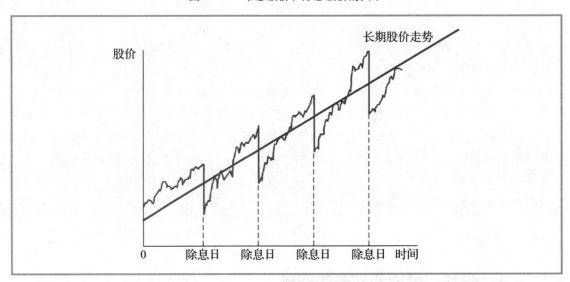

图 10-2　公司股价随时间的变化走势，长期的上升趋势被公司除息日股价的下跌所隔断

在向股东支付股利时，公司必须考虑一些实际的制约。这些制约如下所述。

□ 10.1.1　法律限制

2006 年英国《公司法》规定，公司只能从累积的已实现的净利润中支付股利，包括当年的已实现利润和过去的已实现利润。尽管这一法律没有明确规定应如何计算累积已实现的净利润，但会计机构咨询委员会（CCAB）发布了指导意见，指出用财务报告准则对任何累计亏损进行计算后，可以从利润中支付股利。如果净资产低于公司的法定股本和不可分配留存收益之和，则公司不能支付股利。

英国政府有时会直接限制公司可以支付的股利。其中有一次发生在 20 世纪 60 年代，当时英国政府的价格与收入政策对公司股利支付增长率做出了一些限制。这些限制于 1979 年取消。

公司还必须遵守贷款协议或契约（见本书 5.1.1 节）对股利政策的任何限制，以保护债权人的利益。

☐ 10.1.2 流动性

管理者必须仔细考虑拟议的股利对公司资产流动性的影响，因为股利及相关的税收支付都是现金交易。一个常见的误解是，利润高的公司有能力支付高股利。正如第 1 章所强调的那样，利润并不等同于公司可用的现金，因此支付的股利不仅反映了公司利润，还反映了公司有支付股利的能力。

☐ 10.1.3 利息支付契约

股利是从减去了利息和税负之后剩下来的利润中支付的。因此，公司的杠杆比率和利息承诺是对股利政策的一个主要制约因素。如果整体利润水平相似，那么一个高利息的高杠杆比率公司与低杠杆比率公司相比，可以用来支付股利的利润更少。然而，高杠杆比率公司已发行股份比低杠杆比率公司的要少，它实际上支付的每股股利可能更高。

☐ 10.1.4 投资机会

留存收益是公司的一个主要资金来源。因此，当公司遇到那些有吸引力的项目时，就会有减少股利的压力，尽可能用留存收益为项目融资。公司是否会减少股利支付而为新项目提供资金，将取决于以下因素：

- 股东和资本市场对减少股利的态度；
- 可以获得的外部资金来源和它们的成本；
- 公司需要的投资资金相对于可分配利润有多大。

10.2 股利对股东财富的影响

公司股利政策的目标应与股东财富最大化的总体目标一致。因此，一个公司只有在能使财富增加的情况下才应该支付股利。波特菲尔德（Porterfield，1965）提出了一个分析股利支付的简单模型，他认为只有在以下情况下股利支付才会增加股东财富：

$$d_1 + P_1 > P_0$$

其中：d_1＝向股东支付的现金股利；

P_1＝预期的股票除息价；

P_0＝股利宣告前的市场价格。

考虑影响这些变量的因素是很重要的。例如，d_1 的值受个人股东边际所得税税率的影响，而 P_0 是市场对公司支付股利前业绩的预期。P_1 会受到有关公司未来前景任何新信息的影响，而市场认为这是股利决定发出的信号。波特菲尔德的表述与股利相关论是一致的，下面会考虑到这一点。该表达式可以修改为：

$$d_1 + P_1 = P_0$$

这意味着股利不会影响到股东财富，因此是不相关的。下一节将讨论股利无关论。

10.3　股利无关论

股利对股票价格的影响多年来一直是一个有争议的问题。股利无关学派最早起源于米勒和莫迪格里安尼（Miller and Modigliani，1961）的一篇论文。他们认为，股票的估值是公司收益的函数而不是股利支付率的函数，反映公司投资政策的效益。他们还认为，由于公司的价值不取决于资本结构，投资决策反映在公司未来的盈利能力上，因此是决定市场价值的唯一决策因素。米勒和莫迪格里安尼的结论是，股票估值与公司支付多少股利无关。

要完全理解米勒和莫迪格里安尼的模型，我们必须首先明确它的几个假设：

■ 通过售卖股票将股票转换为现金不产生交易成本；

■ 公司发行股票没有发行费用或交易成本；

■ 公司或个人都不交税；

■ 资本市场是完全有效的（相关特征见本书2.3.1节"完美市场和有效市场"）。

米勒和莫迪格里安尼提出，在这些假设下，理性的投资者（总是做出使自己财富最大化的选择）并不在乎到手的是资本收益还是股利。为了使股东效用最大化，重要的是公司采用最佳投资政策实现最大价值。

最佳投资政策要求公司所有的投资项目都具有正的净现值（NPV），从而使整个公司的净现值最大化。假设资本市场是完美的，不存在资本配给，那么投资政策的实施不会遇到阻力。内部资金不足的公司可以在资本市场上筹集股权资本，为所有理想的项目提供资金。或者，公司已经投资了所有净现值为正的项目，而且内部资金（留存收益）有剩余，可以采用剩余股利政策向股东支付股利。作为投资剩余的股利支付示意图如图10-3所示。图中的这家公司有6个项目可以选择，只有前3个对公司有吸引力，它们的内含报酬率大于股权成本。由此，需要总投资额为OA。如果公司利润为OP，那么OA被保留，AP作为剩余收益可以用来支付股利。然而如果利润只有OP*，则OP*被保留，P*A作为股权资本必须从资本市场上筹集。

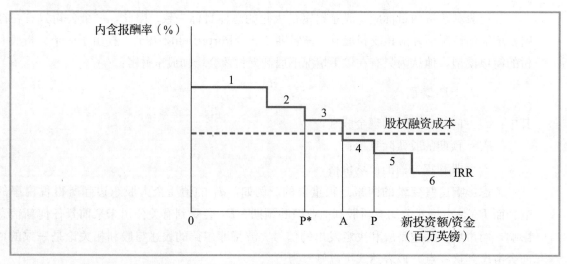

图10-3　剩余股利支付示意图

米勒和莫迪格里安尼并不是在讨论股利就是一种剩余支付。他们认为，只要公司遵循最佳投资政策，其价值就完全不受其股利政策的影响。因此，根据米勒和莫迪格里安尼的观点，投资决策与股利决策是分开的；或者更准确地说，一个公司在它既定的投资政策下对股利政策的选择，实际上是对融资策略的选择。

米勒和莫迪格里安尼没有像人们通常假设的那样，认为投资者并不关心他们收到的是否是股利。相反，他们认为股东不在乎股利支付的时间。如果不支付股利，那么所有收益都投入到公司的最佳投资计划之中，公司的市值就会增加，以反映预期未来股利或投资带来的回报所导致的股价上涨。有人认为，在公司不支付股利的情况下，希望获得现金的股东可以出售部分股份"自制"现金股利。

10.4　股利相关论

与米勒和莫迪格里安尼提出的理论相反的观点是，股利政策与公司股票估值相关。这是在米勒和莫迪格里安尼发表论文时的一种普遍看法，林特纳（Lintner，1956）和戈登（Gordon，1959）提出了股利相关论。他们认为，由于股利的确定性，股东会更在乎股利而不是资本收益。这通常被称为"在手之鸟"理论，也就是说投资者更愿意现在就收到一个数额确定的股利，而不是尚在项目中的未来价值不确定的一个金额。根据这种分析，当前股利是比未来资本收益更为可靠的一种收益。

如果投资者更喜欢股利而不是资本收益，那么股利政策在决定公司市场价值方面就具有至关重要的作用。投资者会持有股利政策更慷慨的那些公司的股票，因此支付低股利的公司股价就会下跌。

其他支持股利相关论的观点如下所述。

□ 10.4.1　股利是向投资者发出的信号

有观点认为，股东将股利政策视为传递公司前景的新信息。这是由于在半强式有效资本市场中，股东和管理者之间存在着信息不对称（见本书 2.3.2 节）。股利增加通常被市场认为是传递了好消息，如公司前景良好等，而股利减少通常被视为坏消息，表明公司前景黯淡。更加充分的信息可以扭转这些看法。股利增加可能是由于公司没有什么有吸引力的投资，这意味着公司的成长和股利的增长不佳。同样，股利减少对投资者来说也可能是一个积极的信号，表明公司有大量有吸引力的项目，未来股利支付的增长前景良好。不幸的是，市场对股利变化的看法往往是短视的，即使打算削减股利的公司向市场清楚地解释了拟议削减背后的原因，以期防止任何市场误解和股价下跌。出于财务谨慎而打算削减股利的公司通常面临股价大幅下跌的状况。专栏 10-1 描述了某公司削减股利的经历。

专栏 10-1

减息后 AA 股价暴跌近 30%

皮特·坎贝尔（Pete Campbell）

AA 的股价下跌了近 30%，此前这家保险公司削减了股利，并警告说随着技术发展，公司利润会进一步下降。该公司制订了一个三年计划，增加使用车辆监控系统，从而可以预先发现故障并提供更广泛的保险业务。今年公司将增加运营支出和资本支出共计 4 500 万英镑，并在未来两年内再增加 5 400 万英镑，专门用于新的服务产品的开发。

随后，公司股利从 9 便士降至 2 便士，还将明年利润总额的预测下调至 3.35 亿～3.45 亿英镑，而 4 月底时，全年利润总额的预期还是 3.90 亿～3.95 亿英镑。首席执行官西蒙·布雷克韦尔（Simon Breakwell）承认，这项投资将降低短期利润，但表示这项投资"对我们的长期业绩至关重要"。摩根士丹利的分析师表示，该计划"是必要的，但并非没有痛苦和风险"。由于董事会的变动扰乱了以前的私募股权业务，AA 的股价自 2014 年以来下跌 28% 至 83.6 便士，公司价值损失 2/3。

去年，AA 前执行总裁鲍勃·麦肯齐（Bob Mackenzie）与一位同事发生争执后被解雇了。布雷克韦尔于 9 月份被任命为总裁，并立誓要将这家有 113 年历史的公司重塑为一家技术及产品营销公司。该公司的目标是让更多客户安装远程信息处理装置监控汽车发动机和其他系统。这样一来，驾驶者可以及时发现问题而避免呼叫 AA 拖车。公司正在 5 000 辆车上试用这些系统，希望最终将装置推广给尽可能多的客户。

布雷克韦尔说，该技术有可能"深刻改变"该公司的运营方式，尽管 AA 预计短期内不会从该服务中获得额外收入或利润。AA 在已经投入使用的 2 100 辆道路救援车的基础上又推出 65 辆，以应对那些无法回应的拖车呼叫，减少对第三方修理厂的依赖，并扩大险种业务范围。

布雷克韦尔说，公司的保险业务利润率可能会略有下降，因为公司的目标是向非 AA 客户销售汽车和家庭保险来实现增长，同时也希望向现有客户销售更多保险产品。股利将继续保持 2 便士，"直到董事会认为利润和自由现金流量可以改变股利政策时为止"。一些分析师曾预计，由于需要更多的投资，股利会被完全取消。

问题：

1. 为什么投资者经常将公司股利支付的减少视为负面信号。

2. 如果一家公司计划削减股利，那么它应该如何做？

米勒（Miller，1986）认为，重要的不是股利变化的方向，而是实际股利支付与市场的股利预期之间的差异。例如，市场可能预期公司的股利支付会下降，但如果实际下降幅度大于预期下降幅度，将导致公司股价下跌。（关于股利信号属性的经验证据将在本书 10.7 节"非现金股利"中讨论。）

 10.4.2　群体效应

有人认为，股东并非不在乎获得股利还是资本收益。对于二者的偏好可能出于两个主要原因。

首先，一些股东需要现金股利作为固定的收入来源，如领取养老金的小股东、养老基金和保险公司的机构投资者，要满足这两类股东的定期负债义务。这种需求由证券交易所的经纪人来平衡，他们在一个较短的持有期内更喜欢资本收益而不是股利。

其次，对股利或资本收益的不同偏好可能源自不同的税收待遇。在英国，投资者一旦用完了年度资本收益津贴（2018—2019 年纳税年度为 11 700 英镑），根据投资者的收入水平，其资本收益需按 18% 或 28% 征税。股利被视为应税收入。2016 年 4 月，新的股利征税规则生效。英国税收减免制度被废除，个人有 5 000 英镑的免税额度。但是这一金额现在已经减少了，投资者目前每年可获得 2 000 英镑的免税额度。其中，支付的税款金额取决于投资者的所得税等级。2018—2019 年纳税年度应税收入 34 500 英镑或以下的英国投资者按 7.5% 的税率纳税，应税收入超过 34 500 英镑且等于或低于 150 000 英镑的英国投资者按 32.5% 的税率纳税，应税收入超过 150 000 英镑的投资者按 38.1% 的税率纳税。因此，英国高收入纳税人如果用完资本收益免税额，往往倾向于以资本收益的形式获得投资收益（按 18% 或 28% 的税率纳税），而不是股利（按 32.5% 或 38.1% 纳税）。

存在股利或资本收益不同偏好的现象，意味着投资者将被那些股利政策符合自己要求的公司所吸引。因此，每个公司都会建立起一个对公司股利政策感到满意的股东群体。公司股利政策的重大变化可能会使股东不满意，从而产生股价下跌的压力。（关于群体效应的经验证据在本书 10.8 节 "股利政策的实证" 中讨论。）

☐ 10.4.3　股利增长模型

股利增长模型是一个数学模型，计算的是一个不断增加的现金流量（永续）的现值，以此预测普通股的价值。模型将股票价值与该股票未来得到的股利支付的现值联系起来，因此支持了股利相关论。该模型认为，股票的市场价格等于该股票未来股利支付的贴现值之和。其代数计算公式如下：

$$P_0 = \frac{D_1}{(1+r)} + \frac{D_1(1+g)}{(1+r)^2} + \frac{D_1(1+g)^2}{(1+r)^3} + \cdots + \frac{D_1(1+g)^{n-1}}{(1+r)^n}$$

其中：P_0 = 现行除息股价；

$\quad D_1$ = 在 t_1 时刻宣告的股利；

$\quad g$ = 预期股利增长率；

$\quad n$ = 持有股票的年数；

$\quad r$ = 股东的预期回报率。

这个公式可以简化，假设长时间持有股份，当 n 趋于无穷大时，有：

$$P_0 = \frac{D_0(1+g)}{r-g} = \frac{D_1}{r-g}$$

这个公式称为股利增长模型。

我们如何得到公式右侧的信息？本年度的股利 D_0 通常是已知的。股东的预期回报率 r（也称为股权成本，K_e）可以用资本资产定价模型（见第 8 章）计算。预期股利增长率 g 难以估计，预测它的一个方法是综合观察历史股利增长率。

例题 ／ 用股利增长模型计算股票价格

一个公司的股东要求股票获得 15% 的回报率，而公司刚刚支付了每股 80 便士的股利。在过去 4 年中，该公司分别支付了每股 68 便士、73 便士、74 便士和 77 便士（最后一次）的股利。用股利增长模型计算股票公允价格是多少。

参考答案：

我们需要估计股利增长率 g。在过去的 4 年间，股利从 68 便士增长到了 80 便士，因此：

$$68 \times (1+g)^4 = 80$$

变形为：

$$1+g = \sqrt[4]{\frac{80}{68}}$$

因此：

$$g = 4.1\%$$

将 D_0、g 和 r 带入股利增长模型：

$$P_0 = \frac{80 \times (1+0.041)}{0.15-0.041} = \frac{83.28}{0.15-0.041} = 764(\text{便士})\ \text{或}\ 7.64(\text{英镑})$$

用股利增长模型对股票估值的相关问题包括：

■ 人们已经注意到，股利实际上并不是稳定增长的，因此历史平均股利增长率只是未来股利增长率的一个近似值。用历史平均股利增长率估计 g 时，必须注意所使用的样本可以显示出稳定的趋势，这个值才是有效的。未来股利增长率与历史平均股利增长率相同的这个假设可能并不正确。将历史股利支付绘制成图表可以帮助分析师确定是否存在一个稳定的股利增长趋势。

■ 模型中如果 D_0 为 0，则意味着股票毫无价值。这不是真正的问题，因为股利应该会在未来的某个时候开始支付。股利增长模型可以应用在有未来股利的情况下，并将未来股利价值贴现为当前的股价。

■ 人们常说，股利增长模型没有考虑资本收益，也就是说，它假设投资者买下股票后会无限期持有。同样这也不是一个真正的问题，因为如果把股票卖掉，收到的支付价格将是出售日期的预期未来股利的现值。股利流及其现值不受所有权变化的影响。

■ 值得注意的是，股利增长模型没有考虑个人税收或其他税收。确实如此，然而可以修改模型将税收因素纳入其中。

应用模型的有利之处是，如果股利一直遵循一种特定的增长模式，就没有理由认为未来会发生变化，特别是当公司遵循公告的股利政策时。当股利保持不变（尤其当贴现率很高时），估算中的小错误随着逐渐提高的贴现率变得不那么重要。

10.5   股利相关还是无关？

谁是正确的？我们可以批评米勒和莫迪格里安尼的一些假设是不现实的，交易成本并非为零，因此卖掉股票"自制"股利的投资者需要付出代价。这意味着资本收益并不是现金股利的完美替代品。税收在现实世界中的公司层面和个人层面都确实存在，并进一步扭曲了股利和资本收益之间必要的等价关系。证券确实会产生发行成本，信息也不一定是免费的，投资者不得不花费时间和金钱来获取和解释信息。

虽然这些不足之处削弱了米勒和莫迪格里安尼的观点，但没有将其完全否定。事实上，自从米勒和莫迪格里安尼的论文发表以来，实证研究倾向于支持股利无关论，例如布莱克和斯科尔斯（Black and Scholes，1974）、米勒和斯科尔斯（Miller and Scholes，1978）的实证研究。（关于股利政策的更多实证证据在 10.8 节"股利政策的实证"中进行了总结。）

最终决定是否派发股利的是股东的态度，因此公司的股利政策是决定公司股票市场价格的一个重要因素。在目前的金融环境下，仅有不到一半的普通股由机构投资者持有，它们对削减股利建议的反应表明它们认为股利支付非常重要。由于机构投资者需要从持有的股票中获得源源不断的股利，因此有时会因向公司施压迫使公司维持无法承担的股利支付而受到指责。具有讽刺意味的是，机构投资者可能会限制用于再投资的留存收益，从而限制了未来的股利。

10.6　股利政策

公司可以采用许多不同的股利政策或股利支付策略。接下来我们将依次讨论这些内容，以及每项政策的相对优势和劣势。

□ 10.6.1　固定股利支付率政策

在这种情况下，公司按一个固定的年度利润百分比支付股利，即保持一个固定的股利支付率（见本书 2.4.7 节）。从公司的角度来看，这种政策的优点是比较容易操作，并向投资者发出业绩的明确信号；缺点是它限制了公司留存于再投资的资金量。这种股利政策不适合利润不稳定、股东要求稳定股利支付的公司。

□ 10.6.2　零股利政策

公司可以完全不支付股利。这种极端的政策很可能对少数投资者非常有利，而对大多数投资者来说则完全不可接受。这样的政策易于操作，不产生与支付股利相关的管理成本。零股利政策下公司可以将所有的利润进行再投资，因此对那些从个人税收角度来看更倾向于资本收益而非股利的投资者具有吸引力。

鉴于大多数普通股股东是机构投资者，它们依赖股利支付所获得的收入，很难接受零股利政策。然而，零股利政策通常被那些在成立后头几年需要大量再投资的新公司所采用。例如，欧洲隧道公司在 1987 年上市时就表示，在 2005 年之前不太可能支付股利，尽管这在很大程度上是由于不能准确预测成本和收入而需支付高额利息。一些知名的美国公司过去曾拒绝支付股利，包括互联网公司 Facebook、谷歌和亚马逊。

□ 10.6.3　稳定增长的股利政策

公司可以选择固定增长或稳定增长的股利政策，以货币计算或者以实际价值计算（即消除通货膨胀影响，见本书 7.3 节"通货膨胀与资本投资决策"）都可以。以货币计算的固定或增长的股利，可能导致实际股利的减少或增加，这取决于通货膨胀（或通货紧缩）水平。

以实际价值计算的固定或增长的股利通常会导致现金股利增加。在这两种政策下，股利增长都与长期可持续收益保持一致。如前所述，对公司来说，避免股利波动是很重要的，因为这样做有助于稳定股价。削减股利，无论是向市场表明其良好状态还是证明其合理性，通常都被看作财务疲软，会导致公司股价下行。

支付固定或稳定增长股利政策的一个缺点是，投资者可能期望股利支付能永久持续下去。当公司希望减少股利支付时，无论是为了再投资还是出于财务上的谨慎，都可能导致重大问题（见专栏 10-1）。市场对股利削减的反应，使利润增长公司对增加股利更加谨慎。20% 的利润增长很少会带来 20% 的股利增长。而事实也印证了这一点：利润很少等同于等量的现金，而现金才是最终支付的。当公司确信新的利润水平可以持续时，它们会随着时间的推移慢慢增加股利以反映这个新的利润水平。

10.6.4　现实中的股利政策

实践中公司的股利政策往往受到三个主要因素的影响。第一个因素是公司所处的行业或商业领域。处于长期需要大量再投资行业中的公司，股利支付率通常较低，以适应较高的再投资水平。此外，处于商业风险高的行业或者利润受大幅周期性波动影响的行业的公司往往股利较低，股利支付率也较低，以避免未来必须减少股利的风险。罗泽夫（Rozeff，1986）在一篇研究公司如何确定股利支付率的论文中支持了这一观点。从表 10-1 中可以清楚地看到不同行业之间股利支付率的巨大差异。然而，请记住，这些比率只是静态值，在业绩不佳的行业中高股利支付率可能是一种短期现象，因为利润很低的公司维持着股利支付，导致股利支付率暂时上升。表 10-1 虽然无法表现出平稳的趋势，但还是可以看到在 2015—2018 年，十个行业中有八个行业的股利支付率出现了增长。平均来看，两个行业（信息技术和制药工业）的公司在 2018 年无法用现有收益支付股利，而采掘工业的股利支付率最低，为 39%。

表 10-1　2012 年、2015 年和 2018 年英国不同行业平均股利支付率（%）

行业	2012 年	2015 年	2018 年
食品零售	47	213	51
银行（零售业务）	35	77	81
电子通信	39	52	87
电气工业	31	51	44
信息技术	41	46	118
一般零售业	42	42	54
化学工业	36	42	48
休闲和酒店	34	41	48
采掘工业	13	36	39
制药工业	56	28	110

资料来源：Adapted from *Financial Times*，2 March 2012，15 July 2015 and 6 July 2018.

影响股利政策的第二个因素是公司的性质及个别特征。例如，一个处在生命周期成熟阶段的公司可能股利支付率较高，因为它的再投资需求较小。此外，相对于同行业其他公司而言，银行贷款较多的公司为了保证利息支付，在利率上升时期会降低股利支付率。

第三个因素是国家的经济状况和全球经济环境。如果一个国家经济蓬勃发展，公司资产的流动性很强，那么股利支付率就有增加的趋势。同理，如果经济衰退，公司资产流动性差，就会支付较低的股利。专栏 10-2 说的就是 2018 年英国股利的支付热潮。

专栏 10-2

英国公司的股利似乎不可持续，投资者受到警告

凯特·贝奥利（Kate Beioley）

据经纪人贝尔（AJ Bell）说，投资者在购买英国公司股票时应谨慎行事，因为它们提供的高额股利可能是不可持续的。预计富时 100 指数公司 2018 年将支付 875 亿英镑的股利，相当于 4.4％的股利收益率——远远高于现金储蓄和债券的平均收益。股利收益率是衡量公司股利支出相对于股价的一个指标。

有几家公司的股利收益率有所上升，主要是由于股价大幅下跌，这意味着未来公司可能难以支付高额股利。Persimmon 和 Centrica 等公司目前股利收益率预计超过 9％，这向投资者传递出潜在高额股利的信号。但是，许多排名靠前的高股利支付公司的股利收益率增加，不是因为股利额增加，而是因为股价大幅下跌。其中的许多股票都无法创造足够的收入额来使支付股利达到 2 倍以上，这是分析师认为的理想的最低水平。也就是说，如果这些股票在今年遇到麻烦，那么投资者还会面临股利被削减。

根据贝尔提供的数据，股利保障倍数在 2018 年第一季度有所提高，但平均仍为 1.71 倍，这意味着公司的预计股利支付不能超过当前收益的 1.71 倍，而在 2017 年底时更差，为 1.63 倍。股利收益率最高的公司的利润看上去更不稳定。在富时指数中股利收益率最高的 10 只股票的平均股利保障倍数仅为 1.42 倍。贝尔说："1.5 倍左右的股利保障倍数不够理想，因为如果某一年利润下降了，那么公司回旋的余地很小。随后就需要决定是否要减少股利、停止对业务再投资或承担更多负债。"

目前预测 Centrica 在 2018 年度的股利收益率为 8.4％，股票交易价格在 2017 年 4 月超过了 220 便士，而目前低于 140 便士。收益只有股利的 1.19 倍。

科技公司 Micro Focus 的股价也在 3 月份下跌了一半。该公司披露其销售额正在下降，并在上个月宣布其首席执行官克里斯·徐（Chris Hsu）离职，这距与惠普公司 66 亿英镑的合并仅过去了两年时间。该公司目前的股利收益率为 7.5％。贝尔说："今年富时 100 指数公司中预计股利收益率排名前十的公司看起来高得可疑。"

投资信托基金中的资产有不少是英国的股权，其股利保障倍数都非常类似，但是根据 Numis 的数据，这些信托基金的投资者得到了更好的保护，因为这类信托持基金持有大量的现金储备。目前，英国股权收益投资信托基金的平均股利保障倍数为 1.1 倍，股利的现金保障倍数是 0.7 倍。

与共同基金不同，投资信托基金可以保留各年的收益，即使收益下降也可以继续支付股利。也就是说，它们每年可以从收益和收益储备中支付股利。Numis 的分析师萨姆·墨菲（Sam Murphy）说："英国股权收益投资信托基金一直相当谨慎。其股利保障倍数为 1.1 倍，

所以它们把收益保存起来以备不时之需。"

就行业平均值而言，信托基金的股利在一年中增长了 5.6%。股利保障最好的信托基金，包括 Diverse Income Trust，它持有的股权包括荷兰皇家壳牌公司和交易平台 IG 集团，这个信托基金 2017—2018 年的股利提高了 7% 以上，收入也增加了。

 资料来源：Beioley, K.（2018）'UK dividends look unsustainable, investors warned', *Financial Times*, 13 April.

问题：

1. 不可持续的股利支付有什么潜在危险？
2. 股利保障倍数和股利收益率对投资者的投资决策有影响吗？

这三个因素共同影响了公司的股利支付决策。J Sainsbury 公司在 2001—2004 年盈利能力提高，公司随之增加了每股股利。然而在 2005 年利润暴跌，公司别无选择只能削减名义股利。在随后的三年中，利润得到了恢复，公司又设法增加了名义股利，同时逐渐降低了股利支付率。自 2006 年以来，该公司还成功连续几年增加了实际股利。然而，2015 年及随后的几年收益减少，名义股利因此而减少。公司现在的目标似乎是 50% 的股利支付率，这一目标使过去四年实际股利下降。

10.7　非现金股利

除了支付现金股利之外，公司还有其他方式回报它们的股东。

10.7.1　股票股利

股票股利作为现金股利的部分替代或全部替代方案，按现有持股比例向股权投资者提供额外的普通股（如每 20 股获得 1 股）。通常情况下，股东可以选择是接受已宣布的现金股利还是接受股票股利，以做出最适合自己的变现状况和税收状况的选择。

支付股票股利的好处是，公司可以把现金保留下来，而这些现金本应用来支付股利。从个人税收的角度来看，获得的股票股利被视为收益，按基本税率缴纳所得税。股票股利对那些免于支付股利税的投资者来说没有吸引力，因为无法追索他们被"视为"已经支付的税款。股票股利有时会非常有利，当股票股利的价值超过现金股利的价值时，它成为对股东更具吸引力的一种选择。但是，如果增加的价值超过现金股利的 15%，股东则可能要支付额外的税款。如果谨慎使用，股票股利还可以为投资者节省大量的税收。

股票股利可能带来的另外一个好处是，公司的杠杆比率会稍微下降。需要注意的还有，如果资本市场是有效的，那么股票股利不会对股价产生下跌的压力，因为它只是现金股利的替代，而现金股利无论如何都会导致股价下跌。

10.7.2　股票回购

在英国，随着一些大公司采用股票回购，股票回购已经成为向普通股股东返还价值的一

种越来越普遍的方式。这些公司包括英国石油公司，它在 2000 年两次股票回购总额达 19.93
亿英镑。时间更近一点的，沃达丰公司曾在 2003 年启动了一项积极的回购计划，到 2012 年
年中已经完成了 68 亿英镑的回购目标。据估计，1995—2000 年，英国有 340 亿英镑的股票回
购，仅 2000 年就有 90 亿英镑。截至 2018 年 1 月的一年内，包括能源和金融服务行业的英国
公司的股票回购总额为 150 亿英镑，几乎与同期的新股发行量相当。专栏 10 - 3 讲的就是英
国股票回购的繁荣景象。

专栏 10 - 3

英国公司股票回购加速，而市场跟随不及

克洛伊·科尼什（Chloe Cornish）

　　英国的股票回购五年来接近新股发行量，但投资者警告说，这对股市无益，英国股市在
过去的一年里一直落后于全球股市。

　　高盛（Goldman Sachs）的研究显示，截至 2018 年 1 月的 12 个月内，股票回购总额接近
150 亿英镑，其中能源和金融服务行业处于领先的位置。相比之下，新股发行量为 170 亿英
镑，打破了过去四年股票回购量下降的趋势。

　　英国石油公司表示，今年已经购买了价值 9 000 万美元的股票，而三年来的第一次回购发
生在 2017 年的 3.43 亿美元。它的竞争对手荷兰皇家壳牌公司曾在去年 11 月份宣布了一项
250 亿美元的股票回购计划，该计划将持续到 2020 年。

　　Janus Henderson 公司的基金经理本·洛夫特豪斯（Ben Lofthouse）说，与全球同行
业相比，英国的一些股票相对便宜，股票回购增加表明一些公司同意这种看法。他说：
"目前英国的股票市场相当不受欢迎。在某些领域——能源、金融、公用事业，折扣显而
易见。"

　　伦敦的蓝筹股指数——富时 100 指数，在过去 12 个月明显落后于全球股市，以当地货币
计算下跌了 3%，范围更大的富时 350 指数下跌了 1.7%。而标准普尔 500 指数同期上涨了
17%。高盛公司欧洲股权战略师沙伦·贝尔（Sharon Bell）说，收益改善和现金回流正在推
动石油和银行业的回购趋势，"从某种意义上说，我认为这是自信的表现。你当然不会看到弱
势公司回购股票"。

　　在经历了几年原油价格下跌而陷入困境后，自 2016 年初以来油价上涨了 1 倍多，这有力
提振了能源行业。然而，安本标准投资公司（Aberdeen Standard Investments）全球战略主管
安德鲁·米利根（Andrew Milligan）提醒说，虽然回购可能是自信的表现，但也可能反映了
对进行重大投资的犹豫。他说："在未来前景相当不确定的情况下……公司可能会认为股票回
购相比资本支出更有利。"

　　在金融服务领域，劳埃德银行集团（Lloyds Banking Group）在 2 月份启动了一项 10 亿
英镑的股票回购计划。保险公司 Aviva 上周宣布计划向投资者返还 5 亿英镑，其中可能包括
普通股，但该公司在提出可能回购优先股后引起了争议。

　　自金融危机以来，伦敦的上市公司股票回购量相对较少，这与美国形成了鲜明对比。在
美国，以科技和制药行业为首的公司股票回购支持了华尔街的牛市。自 2010 年以来，美国公
司已经回购了价值超过 3 万亿美元的股票。

　　在欧洲，安联保险集团和瑞士的苏黎世保险公司最近也宣布了回购计划。洛夫特豪斯说：

"我个人认为，更多的欧洲公司都应该这样做，因为利率如此之低。"但是，尽管他预测在利率上升之前股票回购会一直持续，但数量还不足以"显著推动市场"。

 资料来源：Cornish, C. (2018) 'UK share buybacks accelerate as market lags behind', *Financial Times*, 16 March.

问题：

1. 为什么股票回购往往集中发生在某些行业？

2. 如果公司认为股票被低估而回购股票，对财务理论来说有什么启示？

在美国，股票回购在很长一段时间里是司空见惯的事，并持续流行。2014 年的股东回报超过 9 030 亿美元，其中 3 500 亿美元（39%）为股利，5 530 亿美元（61%）为股票回购。戴尔和苹果等公司深度涉入股票回购，其中苹果公司还于 2018 年 5 月推出了一项 1 000 亿美元的新回购计划。

在英国，1981 年《公司法》首次为英国公司回购自己的股票开辟了通道。现行立法为 2006 年《公司法》。然而，无论进行怎样的股票回购，公司都必须提前获得现有股东及可能有任何认股权证、期权和可转换债券的持有人的批准，并且公司在任何一个 12 个月的周期内最多回购总股本的 15%。

股份回购对股东的主要好处是能更有效地使用从公司获得的剩余资金，对公司的主要好处是提高了公司股票的价值。此外，由于股票回购减少了资本用量，因此资本回报率（ROCE）增加，每股收益（EPS）也将增加。虽然要防止杠杆比率因此而增加，但有人认为，股票回购带来的财务风险增加是可以忽略不计的，由于股权成本没有改变，因此股票价值和公司价值将会增加。

公司股票回购的其他原因是认为股市低估了公司价值。沃达丰 2008 年在英国回购股票 10 亿英镑的理由也在于此。许多评论家认为，20 世纪 90 年代末的股票回购热潮是由于 1997 年取消了股利税抵扣政策，1999 年取消了预付公司税（ACT）。然而，更尖刻的评论家认为，以每股收益作为绩效衡量基础指标的管理者正在把股票回购当作增加每股收益的一种方式，以此来提高高管的奖励。

公司股票回购的方式有三种。第一种方式是要约回购，是指邀请所有股东以公司设定的价格回购他们的股票。这种方式的主要优点是允许所有股东参与回购。第二种方式是公司从个别股东那里协商回购股票。公司通常会雇佣经纪人作代理，从经纪人客户的那些机构投资者手中回购股票。因此，这种回购方式有时被称为代理回购。第三种方式是从股票市场购买，也称为市场回购，比要约回购方式更为灵活，因为无须以唯一的价格来回购所有的股票，此外，需要的文件更少。我们将前两种方式归类为"场外"方式，因为不能在公开投资市场上回购股票。

与股票股利一样，股票回购对公司和投资者的税收都有影响。在要约回购和协商回购的情况下，资本金额（相当于当前每股市价）被当作资本收益征税。由于任何超过股票当前市价的支付金额都被视为净股利支付而承担纳税义务，股东不能向英国税务机关申请免税。市场回购情况下股东获得的全部款额都被视为资本收益而交税。我们可以得出如下结论，具有不同税务状况的股东对公司的股票回购方式有不同偏好。

□ 10.7.3 特别股利

公司偶尔会支付**特别股利**（special dividend）将剩余资金返还给股东，通过这种方式支付的现金远远超过一般的股利支付额。如果一个公司的资金超过了投资需求，可以通过特别股利把这些资金支付出去，股东根据喜好进行再投资。1994 年 10 月，东米德兰电力公司（East Midlands Electricity）采用了一项特别股利计划，将 1.865 亿英镑的剩余资金返还给它的股东。此后特别股利不太常见，而最近它又出现一个高潮。伦敦证券交易所在 2004 年支付了价值 1.62 亿英镑的特别股利。2005 年 De Vere 公司在出售 De Vere Belfry 后宣布了每股 1.59 英镑的特别股利。离目前最近的是在 2018 年 5 月，国家电网公司（National Grid）通过每股 84 便士的特别股利向股东返还了约 32 亿英镑的现金，这些钱来自 40 亿英镑的英国天然气分销业务的出售。

专栏 10 - 4 的主题是关于公司是否应该通过特别股利或股票回购将剩余资金返还给股东。

专栏 10 - 4

公司面对要求现金返还的难题

艾利森·史密斯（Alison Smith）

我们应该如何处理这些现金？每个公司都曾面临过比这更难的问题。然而，即使在这种令人羡慕的"公司向股东派钱，大家都高兴"的描述中，也会包含着艰难决定。当投资者看到最近的季度报告中公司宣告增加股利时一般都很高兴。近几个月来，许多股东一直明确表示，现在正是公司分配一些在不稳定时期甚至利润有起色时期囤积起来的现金的时机。

标准人寿投资公司（Standard Life Investments）英国股权主管戴维·卡明（David Cumming）说："有时你可能会听到一家公司说它需要留下现金，因为它正在筹划一笔大宗交易。作为股东，我们的反应往往是：'在进行收购之前，你为什么不把资产负债表做得像样点呢？'"即便如此，股东通常不希望今天获得的股利是以牺牲可以维持未来业务增长的投资作为代价的。

Wm Morrison 公司上周宣布了一项为期两年的 10 亿英镑的股票回购计划，财务总监理查德·彭尼库克（Richard Pennycook）说，总览该集团资产负债表可以清楚看出，这家食品零售商有能力负担它未来的投资计划，维持其资产负债表评级为投资级，并且还有剩余现金。在过去 6 个月咨询过股东之后，他说："他们当然渴望得到保证，我们正在进行我们想做的所有投资。"公司还要考虑如何将现金在一般股利和特别股利之间进行分配。

摩根士丹利的格拉汉姆·塞克（Graham Secker）说，一般股利的大幅增长表明了一种管理层对集团保持收益增加的自信。这使公司警惕预期升高，不仅对股利政策的预期将会呈现渐进式升高，而且对年增长率的预期也会持续增加。"我知道一些公司今年的股利增长率为 10%~15%，在我看来，这会造成混乱。"Beazley 保险公司的财务总监马丁·布赖德（Martin Bride）说，这家保险公司在 2 月份宣告了 2.5 便士的特别股利。"资本市场不喜欢惊喜，在一个利润波动大的行业里，你需要分清哪些是可持续的，哪些是不可持续的。"他说。

向投资者多返现金的做法如此普遍，以至于上周出现了三种不同的方式：B 股计划、特别股利和股票回购（或股权退休计划）。临时电力公司 Aggreko 表示，它打算通过"节税"的 B 股计划将 1.5 亿英镑返还股东，该计划允许持有其大约 20% 股份的萨尔韦森（Salvesen）

家族将返还的钱作为资本收益而不是利润。其他公司经过考虑则放弃了该方案，有些认为后续的成本过于昂贵，或者认为不得要领，因为它只适用于私人股东，对机构投资者没有好处。

其他两种方式的使用更为广泛。"传统上，英国整个投资者群体普遍倾向于股利而不是股票回购，但我认为这种情况正在发生变化。"塞克说。特别股利具有确定性和即时性的优势：在宣告后几周内就可以支付全部金额。回购计划比较灵活——公司可以选择何时、以什么价格回购股票，如果情况恶化也可以暂停该计划，正如 Anglo American 集团在 2009 年 2 月所做的那样。回购股票还可以提高一些财务业绩指标。布赖德说："如果你买入股票，确实会永久性地改善一些关键指标，例如每股收益。而特别股利的问题在于，人们拿到它、花掉它，然后就忘了它。"这两种方式都不能适用于所有情况，而股票回购会招致一些理论上的反对。Axa Investment Managers 的英国股权主管吉姆·斯特赖德（Jim Stride）说："我们非常反对股票回购，因为股东没有被平等对待，而公司是可以做到这一点的，比如采用额外股利或 B 股计划等方法。我们还认为，股票回购的一个负面影响是诱使更多的股票被抛售。由于股票回购减少了公司的股份数，在一定的时候，指数基金也会被抛售。"

卡明不同意股票回购不公平的说法："股票回购所做的只是在市场上创造了另一个买家。如果是针对某个特定的持有人，那才是不公平的。"无论什么形式的额外股利的宣告，往往都能够立即提振股价。但长期股价上涨则更多地取决于投资者是否相信资本回报率是一个连续计划的一部分。正如卡明所说："看上去像是在胁迫下进行的一次性股票回购，比达到适当的杠杆比率的股票回购的影响要小。如果管理团队能够逃脱处罚的话，他们仍然会在收购上花钱。"

FT 资料来源：Smith, A. (2011) 'Companies face difficult calls on returning cash', *Financial Times*, 17 March.

问题：
股票回购或特别股利是公司将剩余现金返还给投资者的最佳方式吗？

□ 10.7.4　非货币收益

非货币收益也称为股东福利，其形式可以是打折或免费提供的公司商品和服务。所有股东都可以享受优惠，但一般来说要达到最低股份持有量才有资格享受这些优惠。例如，Next 公司向投资者提供 25％的折扣券用于购买大多数公司产品，投资者需持有 100 股及以上的股份。持有 Marston's 公司 500 股及以上股份的股东可以获得 20％的食品和住宿折扣。股东福利的真正价值正是专栏 10-5 讨论的主题。

专栏 10-5

股东福利使投资者增加收益了吗？
露西·沃里克-钦（Lucy Warwick-Ching）

20 年前，股东福利在诱导投资者购买股票方面发挥了重要作用，房屋建筑商的股东购买新建房产时获得数千英镑的折扣是司空见惯的，而零售商股东手持大量的购物券也比比皆是。

然而今天的投资者往往要花费数百甚至数千英镑才能攒足股份，才有资格享受股票附带的福利。过去几年艰难的经济环境使一些公司专注于其他重要活动，如股利支付，而取代了它们提供给股东的福利。

共享中心（The Share Centre）首席执行官加文·奥尔德姆（Gavin Oldham）说："20 世纪 90 年代是这些折扣和奖励计划的高峰期，因为许多公司在将股东转变为客户方面看到了一些好处。股东福利往往使作为股东的客户产生强烈的忠诚度。"

天达财富与投资公司（Investec Wealth & Investment）的英国股权主管盖伊·埃利森（Guy Ellison）对此表示赞同。他说，投资是件熟能生巧的事情。天达公司最近的研究发现，人们更倾向于购买知名公司的股票，许多人说即使这些股票表现不佳，他们也会继续持有这些股票。13％的受访投资者表示，他们持有股票是为了股东福利。

埃利森补充说，公司利用股东福利鼓励人们同时作为消费者和股东来支持它们，这也成为公司处理未使用的存货以及消耗剩余的服务能力的有效方式。

引起投资者注意的是一个主题公园运营商 Merlin Entertainments，它经营的景点包括乐高乐园、奥尔顿塔和杜莎夫人蜡像馆等。最近它提供了一系列股东福利，包括面向私人投资者的，如景点门票折扣等。

财富管理协会（前身为 Apcims）首席执行官蒂姆·梅（Tim May）说："对那些有年幼子女或孙子女的投资者来说，折扣使 Merlin 看起来是一个有吸引力的选择。"持有价值 1 000 英镑股票的投资者可以 30％的折扣价购买售价 356 英镑的 Merlin 家庭年票，尽管这项折扣不保证是永久性的。

毫不奇怪，股票福利在销售"生活方式"商品和服务的公司中，如衣服、汽车、餐饮和旅游等，最为常见。共享中心的投资研究经理谢里登·阿德曼（Sheridan Admans）喜欢马莎百货（Marks and Spencer）、迈宝瑞（Mulberry）和 BT 公司提供的股东福利，他说这些公司都有良好的基本面，也都在共享中心的购买清单上。

持有马莎百货 4.96 英镑的股票，就可以获得优惠券小册子，在购物时享受 10％的一次性折扣，而投资者持有 Restaurant Group 公司 5.62 英镑的股票，就可以在 Chiquitos 和 Frankie & Benny's 等食品店获得 25％的折扣。对于持有设计师零售公司迈宝瑞 20 股股票的投资者（按当前价格计算，约为 2 500 英镑），在任意一年内购买指定商店的产品达到 10 000 英镑的，可享受 20％的折扣。

杨氏啤酒公司（Young & Co's Brewery）的股东只需持有一股股票，价值约 10.10 英镑，就可以获得公司酒店客房价格 50％的折扣。

富达公司（Fidelity）个人投资主管马克·蒂尔（Mark Till）说："一些投资者认为股东福利是一种'投资回报'，与股利类似。选择一下您的购物地点，这些福利有助您获得更高'效率'的投资回报。举个例子，经常旅行的人持有欧洲隧道公司（Eurotunnel）的股票，可以获得折扣班车票，每年为自己省钱。同理，对于那些从马莎百货购买大量衣服并持股的人也是如此。"

那么，这些计划是如何进行的？有的时候，投资者会在年度报告中收到一本优惠券，其中列示了每年的价格折扣。有时股东将得到一张折扣卡，在公司网点购买商品时可以享受一定的折扣。

对于旅游公司来说，投资者需要通过公司的股东热线预订；而股东购买新房时可向开发商的销售谈判代表申请折扣。

奥尔德姆警告说，某些公司规定股东在享受福利之前必须持有最低股份数量。有时还必须持有一定的时间，股东才有权获得福利。这很可能意味着投资者最终会持有大量股票并持有很长一段时间，以获得相对较小的利益。

例如，为了获得服装零售商 Next 公司 25% 的折扣券，投资者需要购买 500 股公司股票——目前的价格是 27 000 英镑。

这些福利的高准入门槛明显表现出一些公司对于利用股东福利计划吸引投资者并无兴趣。"随着股价不断上涨，获得福利的门槛只会越来越高，看看哪些公司降低了这些折扣的准入门槛将是很有趣的。只有这样，我们才能看到谁在真正致力于提供福利。"埃利森说。

对时间的要求也会让投资者望而却步。一些房屋建筑商坚持要求至少有 12 个月的股权持有期才能获得折扣，或者需要在使用折扣之前的一个特定时间持有股份。

省下来的钱可能也没有预期的那么多。一些公司如迈宝瑞规定，折扣只适用于全价或标准价格的商品，或者不能与其他折扣一起使用。但你会发现购买限时特价商品可能更省钱。

虽然一些投资者认为股东福利是类似于股利的资本回报，但还是建议大多数投资者不要只关注折扣。奥尔德姆说："人们的投资要求已经更加复杂，他们关注资本和利润的实际回报。"

麦卡锡泰勒公司（McCarthy Taylor）的董事总经理保罗·泰勒（Paul Taylor）支持这一观点，他告诉投资者在决定往哪儿投资时，不要被股东福利所动摇。"多年来，许多上市公司都提供了股东福利，例如，如果你想获得游轮假日之旅的折扣，那么这些福利就非常有吸引力。我们一直建议委托人在考虑投资的时候忽略这些折扣。"

"就像所有的优惠一样，它们必须从利润中支付，这一定会影响到股利，即使只是很小的程度。此外，一家公司也许是一个很好的投资对象，但你可能并不总是想在它们那里预订游轮或酒店房间。最好保留你灵活选择的空间。"

专家补充说，如果购买一家经营效率低下或跟不上时代的公司的股票只是为了得到一本折扣券或一张特权卡，则没有什么意义。

奥尔德姆还建议权衡购买股票的成本，包括交易费用、印花税，以及股票中任何潜在的福利。在购买股票之前投资者还应确认是否还有优惠，因为这些好处可能会变或完全撤回。

 资料来源：Warwick-Ching, L.（2013）'Do shareholder perks add up for investors?', *Financial Times*, 22 November.

问题：

1. 公司股票附带的股东福利是否应该成为投资该公司的主要原因？
2. 公司向股东提供福利能使股东的财富最大化吗？

10.8 股利政策的实证

股利政策是公司理财的一个领域，也一直是广泛实证研究的主题。这在很大程度上是由于股利支付与公司股价是否相关的辩论一直都在进行，以及公司股利支付的数据随时可以获得。

在米勒和莫迪格里安尼 1961 年发表论文之前，学术界和商业界普遍认为，股利比资本收益更受投资者喜欢，因为股利具有确定性。这种认知的含义是，公司可以通过慷慨的股利政策来提高股价。林特纳（Lintner，1956）对 28 家美国公司的财务经理进行了调查，得出的结论是，股利决策是重要的，股利支付独立于公司的投资决策之外。他发现，随着收益增加，公司逐渐将股利支付向期望的支付率转变，如果收益减少，则减少后续削减股利的需要。后来，法玛和巴比亚克（Fama and Babiak，1968）对 201 家美国公司进行的一项研究也得出了类似的结论。

戈登（Gordon，1959）发现股利支付率高的公司的市盈率也高，这意味着投资者对股利支付率高的公司的估值高于股利支付率低的公司。然而，这项研究的结论已经被否定了。首先，市盈率和股利支付率往往随着收益的波动而一起变动，因为这两个比率都以每股收益作为分母。其次，市盈率和股利支付率之间的关系可以用公司的风险水平来解释，而不是因为股东偏好高股利支付率的公司。收益不稳定的公司往往市盈率较低，因为它们的风险较高；它们通常支付较低比例的收益作为股利，来反映收益的波动情况。

在米勒和莫迪格里安尼 1961 年发表股利政策的论文之后，大量的实证研究集中在股利及其税收影响的问题上。美国的布伦南（Brennan，1970）的开创性工作提出了这样一个假设：无论公司股利政策如何，公司股票的市场价格都会发生变化以便提供相同的税后回报率。例如，如果一家公司要派发高比例的收益，这就增加了公司股东的交税额，股价就会下跌以反映税负的增加。布伦南的假设意味着公司可以通过较低的收益分配比例来提高股价。

布莱克和斯科尔斯（Black and Scholes，1974）通过研究高股利收益率的公司是否有更高的税前回报率来补偿投资者因高股利分配率而带来的不良税收影响，来检验布伦南的假设。结果是不确定，他们未能发现股利收益率与税前回报率之间存在任何正相关关系。相反，利曾伯格和拉马斯瓦米（Litzenberger and Ramaswamy，1979）确实发现股利收益率和税前回报率之间存在统计学上的显著关系。利曾伯格和拉马斯瓦米的发现后来被米勒和斯科尔斯（Miller and Scholes，1982）否定，他们重复了利曾伯格和拉马斯瓦米的分析并得出结论，高股利收益率和高税前回报率之间的关系可以用股利信息效应而不是股利税收效应来解释。

埃尔顿和格鲁伯（Elton and Gruber，1970）通过研究除息日的股价下跌发现了税务委托人的存在。通过观察股价下跌的幅度，推断出股东支付的平均边际所得税率。他们的结论是，高股利的股票与较低的边际所得税率相关，因此支持了存在税务委托人假设。随后，美国的佩蒂特（Pettit，1977）、英国的克罗斯兰等人（Crossland et al.，1991）等的研究进一步支持委托人效应的存在。

米勒和斯科尔斯（Miller and Scholes，1978）的研究表明，美国股东可以适当地利用税收筹划消除与资本收益相比股利较少获得税收优惠的不利，因此支持了米勒和莫迪格里安尼的股利无关论。

然而，费恩伯格（Feenberg，1981）得出的结论是，很少有投资者采用米勒和斯科尔斯的税收筹划建议。某种程度上是因为这样做存在相关的交易成本。更近一些的研究是邦德等人（Bond et al.，1996）针对现在已失效的 ACT 制度对英国公司股利政策的影响。他们的结论是，对于有盈余 ACT（未减免）的公司来说，支付股利的较高税收成本对公司股利产生了巨大的下行压力。

佩蒂特（Pettit，1972）、沃兹（Watts，1973）、阿赫罗尼和斯沃里（Aharony and Swary，1980）以及关（Kwan，1981）就股利信息含量对股价的影响进行了研究。除了沃兹的研究外，所有这些研究都得出结论，股利变化确实向股东传达了新信息。毫不奇怪，贝佐斯等人（Bozos et al.，2011）发现，与经济衰退时期相比，经济稳定时期的股利信息含量更少。哈姆等人（Ham et al.，2018）使用事件窗口方法（event window-based approach）发现，市场对股利变动公告的反应即反映了新的关于未来收益的信息。

布斯和周（Booth and Zhou，2015）研究发现，市场力量对股利决策产生了积极影响，包括股利支付的发生概率和股利支付的金额。贝克和韦根（Baker and Weigand，2015）在他们的文献综述中指出，美国的证据表明，现金股利的重要性已经下降，而股票回购在为股东提供回报方面发挥着越来越重要的作用。

10.9 结　论

近年来，公司股利政策本身已成为一个重要的决策领域。影响股利政策的众多因素包括：个人和公司税收水平、公司相对于可分配利润再投资机会的多少、公司的流动性状况，以及公司股东的特点和构成。从广义上讲，公司可以选择三种类型的股利政策：固定股利支付率、零股利、稳定增长的股利。除现金股利外，公司还可以采用股票股利、股票回购和非货币收益等作为回报股东的方式。

关于股利政策是否影响公司价值的争论仍在继续。虽然米勒和莫迪格里安尼的股利无关论在他们所做的限制性假设中是合乎逻辑的，但公司股利政策的趋势更支持股利相关论。鉴于超过一半的普通股已经被寻找定期收益的机构投资者持有，财务经理应关注公司的股利决策对公司股价的影响。

学习要点

1. 一家公司的股利政策对其投资和融资决策都有重要影响。

2. 英国公司的股利是每半年支付一次，按总额计算。投资者有 5 000 英镑的免税额。在此基础上，基本税率纳税人按 7.5% 的税率纳税，高税率纳税人按 32.5% 的税率纳税，附加税率纳税人按 38.1% 的税率纳税。

3. 出于现金流和财务规划方面的考虑，中期股利通常比最终股利少。

4. 当一只股票从附带股利转为除息时，市场价格下降，以反映股票内在价值的变化，即放弃的股利净值。

5. 关于支付股利的法律包括 2006 年英国《公司法》，它规定股利必须从限制性贷款协议或契约中的"累计已实现净利润"中支付。

6. 限制公司股利政策的其他因素包括公司资产流动性、利息支付义务和有多少具有吸引力的投资机会。

7. 如果股利可以增加股东财富，则应该支付股利，也就是 $d_1 + P_1 > P_0$。

8. 米勒和莫迪格里安尼认为，股利支付与普通股股票估值无关，如果公司采用最佳投资政策，其价值就会最大化。股利应该是接受了所有具有吸引力的投资后的剩余支付。需要股利但没有得到股利的股东，可以出售股票"自制"股利。

9. 虽然米勒和莫迪格里安尼的模型在学术上是合理的，但它的基本假设并不适用于现实世界。

10. 林特纳和戈登认为，投资者更喜欢股利而不是资本收益，是因为股利具有确定性。

11. 股利与股票估值的相关性得到了进一步支持，因为投资者将股利看作是公司未来盈利能力的信号。

12. 个人税收和公司税收的存在，进一步削弱了米勒和莫迪格里安尼的股利无关论。

13. 公司可以选择的股利政策包括固定股利支付率、零股利、稳定增长的股利。

14. 在实践中，大多数公司试图保持股利的平稳增长，当收益暂时下降时提高股利支付率，当收益增加时逐渐增加股利。

15. 股利支付率因行业而异，取决于行业的风险和所需的再投资水平。

16. 股票股利，即用新股作为现金股息的一种替代，使公司能够保留资金用于再投资。

17. 股票回购和特别股利有时可作为公司向股东返给剩余现金的方式。

18. 关于股利重要性的实证研究充满争议，米勒和莫迪格里安尼的模型并没有被完全否定。有大量证据支持税收委托人的存在，并支持如下观点，即投资者将股利看作公司前景新信息的一个信号。

自测题

1. 讨论公司在决定支付多少股利时应该考虑的实际问题。

2. 以下哪些陈述支持了股利无关论而不是股利相关论？

(1) 相比资本收益的不确定性，投资者更喜欢股利的确定性。

(2) 公司因股利政策而建立起股东群体。

(3) 股利被认为是关于公司前景的一个信号。

(4) 税收扭曲了股利相对于资本收益的适宜程度。

(5) 股东可以出售部分股份来赚取股利。

3. XYZ 公司刚刚宣告每股 20 便士的股利，附加股利的股票价格为 3.45 英镑。如果当前股价是公平的，并且股东的期望回报率是 15%，那么股东预期的股利增长率是多少？

4. Chock-stock 公司普通股价格为每股 2.00 英镑，该公司 10 年来一直支付每股 30 便士的股利。公司计划保留未来 3 年的股利去投资一个新项目。项目将从第 4 年产生现金流量，公司将从那时起支付每股 40 便士的固定股利。如果公司实施该计划，那么股价会发生怎样的变化？

(1) 下降 24.7 便士。

(2) 下降 14.2 便士。

(3) 增加 5.8 便士。

(4) 增加 0.2 便士。

(5) 增加 17.6 便士。

5. 对于一家想保留资金同时又想回报股东的公司来说，以下哪项是最佳方案？

(1) 支付特别股利。

(2) 宣告一个股票回购计划。

(3) 支付增长的一般股利。

(4) 发放股票股利。

(5) 宣布股票分割。

6. 鉴于米勒和莫迪格里安尼的股利无关论所做的假设，你认为他们的结论合乎逻辑吗？

7. 讨论米勒和莫迪格里安尼的股利无关论的假设能否反映现实世界。如果你同意它们未能反映现实世界，这是否会使他们的理论无效？

8. 你认为机构投资者增持股份对英国公共有限公司的股利政策有什么影响？

9. 解释以下术语：

（1）剩余股利。

（2）群体效应。

（3）股利信号属性。

（4）"在手之鸟"理论。

讨论题

1. ZZZ公司的普通股目前交易价格为每股80便士。上次股利为每股15便士，股利10年来一直保持不变。该公司计划用留存收益为一个新的投资项目提供资金，因此未来2年的每股股利将下降到10便士。投资项目将从第3年开始获得收益，因此ZZZ公司将从第3年开始每年支付18便士的固定股利。如果股东都知道所有这些信息，那么ZZZ公司股票的公允价格是多少？

2.（1）财务管理涉及投资决策、股利决策和融资决策。批判性地讨论为什么财务管理理论声称只有投资决策才是重要的，而融资决策和股利决策取决于公司的最佳投资决策。

（2）在股利政策的背景下，讨论以下术语的含义：

①信息不对称。

②股票股利。

③股东福利。

（3）讨论不支付股利是否就意味着公司没有价值。

3. BMT是一家在伦敦证券交易所上市多年的公司。机构投资者持有公司约45％的普通股。公司近期财务表现如下。根据这些信息，评论BMT的股利政策，并批判性地讨论这一股利政策能否为机构投资者所接受。

	第6年	第5年	第4年	第3年	第2年	第1年
营业额（百万英镑）	3.3	3.1	2.7	2.6	2.5	2.0
每股收益（便士）	34.2	33.0	29.2	28.6	27.6	25.4
每股股利（便士）	11.4	11.1	9.9	9.6	9.2	8.5
年通货膨胀率（％）	3.1	3.4	3.1	2.4	3.4	2.5

4. 现在是第7年的开始，Dilbert公司的管理层正在考虑改变公司的股利政策。公司第6年的每股收益为22.8便士，财务总监曾表示，他预计第7年的每股收益将增加到每股25便士。每股收益的增长符合市场对公司业绩的预期。最近的股利支付方式，即每年年底支付的股利如下所示：

	第6年	第5年	第4年	第3年	第2年	第1年
每股股利（便士）	11.4	11.1	9.6	9.6	9.2	8.5

总经理提议，将第7年及以后各年收益的70％留存下来用于投资新产品开发。如果这个建议被接受，预计未来的每年股利增长率是8.75％。Dilbert公司股权资本成本估计为12％。

计算在以下情况下 Dilbert 公司的股价：

（1）公司决定不改变目前的股利政策。

（2）公司决定按照总经理的提议改变股利政策，并向市场公告这一变更。

参考文献和推荐阅读

第 11 章

合并与收购

■ 11.1 "合并"和"收购"

■ 11.2 收购的合理性

■ 11.3 收购活动的发展趋势

■ 11.4 对目标公司估值

■ 11.5 收购融资

■ 11.6 战略和战术问题

■ 11.7 剥　离

■ 11.8 私募股权

■ 11.9 收购的实证研究

■ 11.10 结　论

通过学习本章，可以完成以下学习目标：

- 熟悉不同类型的合并与收购。
- 理解合并与收购的合理性。
- 能够使用一系列评估方法对目标公司进行估值。
- 认识合并与收购的融资方式。
- 理解收购公司和目标公司在收购过程中采取的战略和策略。
- 理解为什么一家公司会剥离部分业务，了解剥离业务的不同策略。
- 理解收购对利益相关者的影响。

引 言

合并和收购在公司理财中发挥着至关重要的作用。对许多公司而言，当内部增长不再可能时，合并和收购就成了外部增长的一个来源，但这是对其他公司继续独立存在的一个持续威胁。

收购一家公司是一个比简单地购买机器或者建造一个工厂复杂得多的过程。首先，评估目标公司价值并估计收购它的潜在收益，比评估一个简单的投资项目更困难。其次，收购过程往往因目标公司抵制而变得复杂，因此收购可能成为一场漫长而不愉快的较量。这种较量往往导致收购公司支付的价格远远高于预期。最后，许多收购活动因为交易规模大，收购公司在支付了收购费用后经常发生严重的财务问题。还必须认识到，收购过程占用了高级管理人员大量的宝贵时间。

合并和收购涉及的主题很广泛，有很多关于它的书籍。本章无法详细介绍这个主题，仅介绍与公司理财领域相关的内容。

11.1 "合并"和"收购"

尽管"合并"和"收购"这两个词往往被当作同义词使用，但在实践中这两个词有细微的区别。合并是将资产善意重组为新的组织，即双方股东同意，将 A 公司和 B 公司合并为 C 公司，成为一个新公司。合并多发生在规模相似的公司中，一家公司控制另一家公司的可能性较小。收购是指一家公司获得另外一家公司的普通股股本，可以用现金支付、发行证券（如股票），或两者结合。在这里，收购公司通常比目标公司的规模大。在实践中，获得另一家公司的方式大多是收购而不是合并，因为两方中有一方是主导者。近年来，最接近真正合并的是 2002 年 10 月 Lattice 和国家电网（National Grid）的联合，组成了国家电网公司（Transco）。

收购可以分为以下三种类型：

- 横向收购：在同一行业、生产阶段相似的两家公司的合并。
- 纵向收购：在同一行业、不同生产阶段的两家公司的合并。纵向收购可以包括生产过程在前的为保护销售渠道的前项收购，或生产过程在后的为保护原材料供应的后项收购。

■ 集团收购：在不同业务领域经营的两家公司的合并。

表 11-1 列示了不同类型企业合并的例子，具有国际性质的收购被称为跨国收购。

表 11-1   英国主要收购案的交易额和收购类型

年份	收购公司	目标公司	交易额 （百万英镑）	收购类型
1988	BP	Britoil	2 323	后项纵向收购
1988	Nestlé	Rowntree	2 666	横向收购
1995	Glaxo	Wellcome	9 150	横向收购
1995	Hanson	Eastern Electric	2 400	集团收购
2000	Royal Bank of Scotland	National Westminster Bank	20 700	横向收购
2000	Vodafone AirTouch	Mannesmann AG	101 246	横向跨国收购
2000	GlaxoWellcome	SmithKline Beecham	38 600	横向收购
2002	National Grid	Lattice Group	8 400	横向跨国收购
2004	Morrisons	Safeway	2 900	横向收购
2005	Telefónica SA	O$_2$	17 700	横向跨国收购
2007	Rio Tinto	Alcan Inc	18 542	横向跨国收购
2009	Kraft Foods Inc	Cadbury	11 500	横向跨国收购
2011	Hewlett-Packard Company (US)	Autonomy Corporation	7 091	横向跨国收购
2015	Aviva	Friends Life	5 600	横向收购
2017	BAT	Reynolds	42 000	横向跨国收购
2018	Tesco	Booker Group	3 700	横向收购
2018	Melrose	GKN	8 100	横向收购

11.2   收购的合理性

尽管收购理由很多，但从理论上讲，只有当增加了收购公司股东财富时，收购才是合理的。同样，只有当合并增加了两个公司股东的财富，合并才是财务合理的。收购的合理性或动机，一般包括源于经济、财务或管理方面的。对于这些合理性讨论如下。

11.2.1   经济合理性

收购的经济合理性是股东的财富会因此而增加，因为两家公司价值合在一起比一家公司要高。用代数公式表示为：

$$PV_{X+Y} > (PV_X + PV_Y)$$

其中，PV 指现值，包括 X 公司和 Y 公司。经济收益的产生有如下原因。

经营协同效应

当两家公司的资产或者经营活动相互补充，从而使收购后的总产出超过各自独立产出的总和时，就会产生经营协同效应（synergy）。例如，一家公司可能需要购买自己无法提供的昂贵服务，通过收购，就有可能降低自己的成本。由此引发的问题是，协同效应在公司收购前很难量化，而一旦收购之后又难以实现，因为这种实现取决于收购以后公司的高度整合。

规模经济

规模经济就像协同效应一样，是指收购以后经营规模更大。规模经济最有可能出现在横向收购中，也可能出现在纵向收购中，如生产、分销、营销、管理和财务等领域。生产环节的一个例子是，两家公司用相似的机器生产相同的产品，收购后用一台更大、更便宜的机器生产总产量。分销环节的规模经济的一个例子是，两家公司分别用小货车运输分销它们的产品，收购后用一辆大卡车运输分销它们的所有产品。规模经济的另一个例子是，公司在收购之后，由于经营规模扩大而享受批量购买的折扣。

管理协同效应

一家公司可能被现任经理经营得很差，也许是因为这些经理在追求自己的目标而不是股东的目标。公司股价下跌会吸引潜在的收购公司，这些收购公司相信它们能够更有效地管理公司。在成功收购后，那些能够带来更高绩效的管理人员将取代低效管理人员，或者管理专业知识可能从收购公司转移到目标公司。通过收购撤免效率低下的管理人员被称为管理协同效应，对股东来说，这可能比把这些管理人员赶下台（这在实践中很难实现），或在清算中遭受财富损失更有益。

进入新市场

公司的战略目标也许是希望扩展新的地理范围和业务领域。其通过自身发展会太慢或成本太高，因此收购成为更有效的扩张途径。尤其对于零售业更是如此，从零开始经营既费钱又费时，成本包括购买和装修场地、雇用和培训人员以及扩大市场份额所需的费用。1987 年冰岛公司（Iceland）收购 Bejam 公司就是一个通过收购进入新市场的例子。结果，冰岛公司在英格兰北部建立了零售业务。若冰岛公司从零开始与 Bejam 公司及该地区其他零售商竞争来建立市场份额，其成本会非常昂贵。

满足关键需求

小公司可能会因为规模较小而信用不足，而产品研发和品牌投资越来越重要，收购后公司可以集中提供足够的现金流量来满足这些需求。

提供成长机会

公司一旦进入成熟期就会发现内生增长很困难。收购为实施成长战略的公司提供了一个快速解决方案，使其可以快速成长。

市场能力和市场份额

横向收购可以增加市场份额从而提升公司赚取垄断利润的能力，而纵向收购则增加了公司在原材料市场或销售市场的影响力。英国公司需面对被竞争与市场管理局（CMA）调查的风险，横向收购中这种风险最大。被移送调查可能会使公司付出高昂代价，并有可能损害其声誉。

从增加股东财富的能力来看，收购的经济合理性毫无疑问是普遍成立的。但在特定情况下，经济收益潜力并不能得到保证，即便存在这种潜力，也不能确定在收购以后的整合过程中会实现。（这个问题将在本书11.9节"收购的实证研究"中进一步研究。）

□ 11.2.2　财务合理性

收购的合理性在于它为有关公司的股东带来了财务利益。以下依次讨论这些问题。

财务协同效应

如果公司的资本成本因收购而下降，那么财务协同效应就发生了。产生财务协同效应的方式之一是集团收购，此时不同公司现金流量的相关性很低，这将降低现金流量的波动性。现金流量波动性降低意味着商业风险降低，因此公司的资本成本可能会降低。管理者会宣称股东面临的风险下降了，来证明企业集团收购的合理性。

从股东财富的角度来看，这一风险的降低是不公平的，因为从理论上讲，股东通过分散化的投资组合已经消除了非系统性风险（见本书8.2节"分散投资的概念"）。因此，公司的分散经营对股东的非系统性风险影响不大。

财务协同效应也会因为收购以后规模扩大而发生，因为规模较大的公司可以降低新债务利率，还可以在新的融资发行成本（如经纪人费用）上获得规模经济效益。

目标公司价值被低估

这一收购理由表明一些目标公司可能是被低价收购的，它们的股票价值被市场低估了。这里暗指资本市场没有效率，因为公司价值长期被低估与定价有效性不一致。因此，收购价格是否合理取决于资本市场的效率。虽然证据有力支持了市场有效（见本书2.3节"资本市场有效性"），但在实践中，公司价值难以准确计量，因此公司价值被低估在所难免。

税收原因

用尽了税收优惠的公司收购未用尽税收优惠的公司可能是有益的，可以提前实现税收利益。这可能适用于那些没有足够多的利润来抵减资本免税额和利息的公司。税收倒置收购是指一个公司由于另一国的税收政策较宽松而收购了该国的一个目标公司。通过将公司总部转移到该国，收购公司会减轻税收负担。2016年，美国辉瑞制药公司（Pfizer）试图以1 000亿英镑的价格收购总部位于爱尔兰的艾尔建公司（Allergan），目的正是如此，但由于美国税收规则发生变化，该交易最终被放弃。

增加每股收益

如果收购公司的市盈率高于目标公司而采用置换股份的方式融资，收购公司可以实现其整体收益的增长超过股本的增长。因此，收购后的每股收益（EPS）将高于收购之前：通过收购，EPS 提高。这一提升对公司有利，因为市场分析师认为 EPS 是一个关键比率，而 EPS 提高可能会导致股价上涨。

公司通过收购提高 EPS 的过程被称为**介入**（boot-strapping）。但是从股东财富的角度不能证明这个收购过程是合理的，因为 EPS 的变化并不表明收购能否创造财富。仅用 EPS 作为公司业绩的指标有很多缺点：忽略了现金流量和风险，而且它以会计利润为计算依据，而会计利润受制于会计政策和管理层操纵的双重影响。事实上，介入可能只是一种会计操作。

例题 / 介入

Big 公司正在考虑收购 Little 公司，并希望采用股票置换获得 Little 公司的股票。

	Big 公司	Little 公司
股份数（百万股）	200	25
利润（百万英镑）	20	5
每股收益（便士）	10	20
市盈率	25	5
每股市价（英镑）	2.50	1
市场价值（百万英镑）	500	25

若假设 Big 公司收购 Little 公司需要支付 2 500 万英镑（市场价值），则 Big 公司要发行 1 000 万股新股票。具体细节如下：

总股份数＝200＋10＝210(百万股)

利润＝20＋5＝25(百万英镑)

EPS＝25/210＝11.9(便士)

我们可以看到，Big 公司已经实现了 EPS 的提高。如果市盈率仍为 25，则 Big 公司收购后的市场价值就会增加：

每股收益（EPS）	11.9（便士）
市盈率	25
股票价格＝25×0.119＝	2.97（英镑）
市场价值＝2.97×210＝	623.7（百万英镑）

在实务中，市场是否采用 25 倍市盈率取决于市场对 Little 公司被 Big 公司收购后的业绩预期。如果市场预期 Big 公司将会把 Little 公司的业绩提升到自己的水平，那么市场很可能对 Big 公司的 EPS 采用 25 倍市盈率。不过更可能出现的情况是，市场对扩大后公司的收益采用一些其他的市盈率。然而我们必须认识到，实际上是股票市场价格决定市盈率，而不是相反。

11.2.3 管理合理性

收购也可能是由股东和管理者之间存在代理问题而引发的，管理者更关心实现自己的目标而不是增加股东的财富。从这个角度来看，有些收购背后的真正动机可能是为了增加管理者的薪酬和权利。管理者还可能认为，公司越大，被收购的可能性就越小，因此他们的工作就越有保障。基于这些理由的收购不会增加股东财富，因为管理者很可能会牺牲股东利益来增加自己的财富。

□ 11.2.4 反收购

为了提供反对意见，以下我们探讨与收购实现增长相对立的一些问题。

可能受到竞争与市场管理局的调查

竞争与市场管理局（CMA）的调查可能会严重损害收购公司的形象，也会让收购公司血本无归。CMA的调查可能会将拟议的收购推迟相当长的时间。调查结果甚至可能是不允许收购。

为目标公司支付的价格太高

由于收购溢价通常在30%～50%，因此收购确实是一种昂贵的扩张方式。收购公司通常支付目标公司过高的价格，倘若收购被质疑，则过度支付的可能性就会增加。沃达丰公司在2000年因斥资1010亿英镑收购德国Mannesmann电信公司而注销了452亿英镑的商誉，原因是Mannesmann公司的公允价值溢价了45%。更近的一例是2017年8月，美国在线零售巨头亚马逊以137亿美元的现金收购了全食超市（Whole Foods Market），收购价比公告前股价溢价27%。

合并和收购是有益的吗?

对合并后绩效的研究（见本书11.9节"收购的实证研究"）表明，预期的协同效应和规模经济收益很少能实现。一般而言，收购的唯一受益者是目标公司的股东和收购公司的管理层。

收购资金的资本成本

如果收购资金来自股票置换要约，则收购公司就必须找到资金为新发行的股票支付股利，收购公司的所有权结构也将发生变化。相反，如果收购资金来自负债，则收购公司的负债可能会增加到难以支付未来利息的程度。此外，还必须考虑为了收购而发行证券所产生的手续费和发行费用。

其他困难

收购公司还可能面临其他困难。很可能存在企业文化差异，特别是当两个公司处于不同的行业，或者若为跨国收购则处于不同的国家。从交易和汇率换算两个角度来看，跨国收购也受到汇率风险的影响（见本书12.1.3节"汇率风险"）。收购可能涉及复杂的税务和法律问题，并可能产生大量咨询费用。在某些情况下，购买资产的质量可能会比最初的预期要低。一个典型的例子发生在20世纪80年代初，米德兰银行（Midland Bank）收购了美国克罗克银行（Crocker Bank），收购以后才发现，克罗克银行之前的大量预付款项是坏账而不是资产。

11.3 收购活动的发展趋势

合并和收购活动呈波浪式发展。这些性质各不相同的并购浪潮分别出现在 1972—1973 年，20 世纪 70 年代末、80 年代末和 90 年代中期。就支出额而言，最后一次也是迄今为止最大的一波。

20 世纪 80 年代末，集团公司频繁收购它们认为价格偏低的不同行业的目标公司，多数都进行了公司重组和拆分。相比之下，在始于 20 世纪 90 年代中期至 2000 年达到顶峰的最近这一波收购浪潮中，包括特定行业中的横向收购，如配电、制药和金融服务行业，公司通过收购业务相似的公司，在研发和营销等领域寻求规模经济和协同效应。自 2000 年以来，交易总价值急剧下降，而收购数量仍然相当多。然而 2008 年的经济衰退对英国公司国内外收购活动产生了重大影响。尽管全球经济萧条，但收购活动在 2009 年初出现了复苏的迹象，事后证明这种复苏是短暂的。2008 年后英国国内交易额急剧下降，直到 2014 年一直保持在一个低水平。而 2018 年上半年，美国的收购活动快速增加，具体见专栏 11 - 1。

专栏 11 - 1

全球收购交易额达到 2.5 万亿美元，美国巨额交易数量增加
全球收购交易额比去年同期增长 65%

詹姆斯·丰塔内拉-汗（James Fontanella-Khan），阿拉什·马苏迪（Arash Massoudi）

2018 年上半年，全球收购交易额已达到 2.5 万亿美元，突破了历史最高水平，凸显了尽管在日益加剧的地缘政治紧张局势下，收购活动仍然十分活跃。美国传媒行业和电信行业主导的巨额交易浪潮助力全球交易额比去年同期提高了 65%，按名义价值计算，创下了汤姆森路透社（Thomson Reuters）自 1980 年开始报道收购数据以来的最高纪录。

与创纪录的交易形成鲜明对比的是，美国总统唐纳德·特朗普（Donald Trump）发起的贸易战以及人们对欧元区政治不稳定的担忧，特别是意大利和西班牙，再度引发市场动荡。特朗普政府企业减税政策和更强劲经济增长使美国企业董事会努力达成收购交易，以巩固自己的行业地位或与强大的数字颠覆者竞争。

咨询公司 Centerview Partners 的联合创始人布莱尔·埃弗龙（Blair Effron）说："技术颠覆仍然是大型收购背后的一个重要驱动力。技术的巨大转变正迫使所有行业的公司发挥创造力，建立更多战略组合。加上经济翘尾因素和持续有利的融资环境，形成当前强劲的收购市场不足为奇。"美国有线电视集团 Comcast 和竞争对手迪士尼（Disney）为购买鲁珀特·默多克（Rupert Murdoch）的 21 世纪福克斯公司（21st Century Fox）的大部分股份而陷入 700 亿美元的竞购战，以及同时进行的 220 亿英镑的泛欧广播公司天空广播电台的竞购战。这两家公司认为，传统媒体集团要在亚马逊、谷歌和奈飞（Netfix）等公司面前保持竞争力，这两项资产都至关重要。

上半年的巨额交易还包括日本武田公司以 770 亿美元收购爱尔兰制药商 Shire，以及 T-Mobile 以 590 亿美元与竞争对手美国电信运营商 Sprint 合并。Paul Weiss 律师事务所的合伙人斯科特·巴沙伊（Scott Barshay）说："2018 年上半年收购市场会继续保持非常强劲的态

势，目前的迹象表明这种情况会持续到下半年，尽管如此，贸易战和加息的阴影以及对股票估值的日益担忧仍是主要风险。"

在全球范围内，公司达成了 79 项超过 50 亿美元的收购交易，超过了 2007 年创下的交易纪录，同时还达成了 35 项 100 亿美元以上的收购交易，由于各行各业的大公司都受到了技术的颠覆，它们认为有必要与老对手合并，以便达到足够的竞争规模。Skadden 律师事务所交易业务全球联席主管斯蒂芬·阿尔卡诺（Stephen Arcano）说："利率上升并不是公司主要担心的问题，大多数公司主要关注如何在内生增长有所改善但还不够快的经济环境中增加收益。收购往往仍然是解决这一问题的最佳方法。"

收购交易遍及所有地区：美国交易活动恢复到了 2008 年危机前的高位；欧洲的交易量几乎翻了一番；亚洲的交易量与去年同期相比增长了 29%。摩根士丹利欧洲、中东和非洲收购主管科尔姆·唐隆（Colm Donlon）说，一系列因素共同促成了创纪录的交易量，其中包括欧洲公司对整合的重视，以及中国和日本公司重返该地区交易。"对于收购市场来说，这几乎是完美的风暴。我们从来没有这么忙过。"他说。

巨额收购日益成为常态。埃里克·普拉特（Eric Platt）撰文写道，在今年已达成的 2.4 万亿美元的收购交易中，超过 50 亿美元的占一半以上，创历史最高水平，其中有 35 笔收购交易额至少为 11 位数。

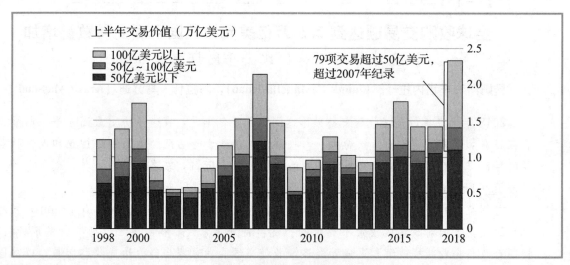

2018 年全球收购交易量激增

资料来源：Thomson Reuters

© *FT*

FT 资料来源：Fontanella-Khan, J. and Massoudi, A. (2018) 'Global dealmaking reaches ＄2.5tn as US megadeals lift volumes', *Financial Times*, 28 June.

问题：

2018 年上半年美国收购活动增加的主要推动力及特点是什么？

为什么合并和收购一浪高过一浪？尽管已经推演出了一些原因，但还没有达成压倒性的共识。证券交易所的蓬勃发展（使公司能够用股票实现收购融资）以及公司流动性和盈利水平的提高，通常被认为是促进收购活动发生的一个因素。然而，与此相反的是 1987 年股市崩盘之后，收购市场曾出现过一次大繁荣。显然有一些因素对收购的融资产生了积极影响。例如，放松对资本市场管制，使负债等外部融资来源更容易获得，而且 20 世纪 80 年代初期公司负债率较低，大大增强了公司为收购而获得负债的融资能力，并且在资产负债表上反映为借款。近期美国收购增加可能是因为政府实施量化宽松政策，推动了利率下降，以及制药行业的一波交易浪潮。从全球范围来看，近期收购活动的推动力主要来自不断增长的跨境交易、私募股权的重要性日益增加以及"技术"交易量的不断增加。

11.4 对目标公司估值

对潜在目标公司进行估值是收购过程中的一个关键阶段。只有确定了目标公司的价值并与预期收购成本比较之后，收购公司的战略可行性才会变得清晰。遗憾的是，对目标公司估值是一个复杂的过程，部分原因是估值方法多种多样。在这个意义上讲，有人认为公司估值与其说是一门科学，不如说是一门艺术。

有两类公司估值方法被广泛采用：基于资产的估值和基于利润的估值。基于资产的估值侧重于公司资产的价值，而基于利润的估值则是考虑获得目标公司控制权后的预期未来收益或现金流量。由于这两类方法中有多种不同的技术，因此有可能对同一个公司进行多重估值。事实上，两个收购公司可以对同一个目标公司做出不同的估值，因为每个收购公司对目标公司的计划都不同。每种估值方法都有相应的优点和缺点，其适用性取决于收购公司对目标公司的收购意图。例如，收购公司是想拆分目标公司，还是想把它整合到自己的经营体系中。

下面我们将依次讨论不同的公司估值方法，并辅以例子进行说明。

例题　收购（Commons 公司和 Hulse 公司）

Commons 公司的可分配收益为 1.2 亿英镑，加权平均资本成本为 7%，市盈率为 18.2 倍。它正在对 Hulse 公司进行收购，具体财务数据如下所示：

Hulse 公司主要财务数据

息税前利润（PBIT）（百万英镑）	77.00
利息费用（百万英镑）	12.30
公司税收（百万英镑）	19.41
可分配收益（百万英镑）	45.29
当前每股股利（便士）	12
过去四年的股利（最近一次在最后）（便士）	10.5、11、11.2、11.5
每股收益（EPS）（便士）	18.4
市盈率（倍）	13.59
普通股市价（英镑）	2.50
股权贝塔系数	1.17
非流动资产重置成本（百万英镑）	305
非流动资产可变现净值（百万英镑）	270

Hulse 公司资产负债表信息

	（百万英镑）	（百万英镑）
非流动资产		290
流动资产		70
总资产		360
股权资本		
普通股（名义价值 50 便士）	123	
留存收益	19	142
非流动负债		
利率为 6% 的债券（10 年后可赎回）		175
流动负债		43
总负债		360

预期由于协同效应，Commons 公司每年可分配收益将保持 2% 的增长。该公司还将在 2 年内以 6 000 万英镑的价格出售多余的非流动资产。估计 Hulse 公司目前的现金流量为 3 800 万英镑，预计未来几年将以每年 4% 的速度增长。无风险收益率为 4.5%，股权风险溢价为 5%。Hulse 公司同行业平均市盈率为 15.5 倍，加权平均资本成本为 9%。

对 Hulse 公司来说：

普通股股份数＝账面价值/名义价值＝123/0.5＝246（百万股）

因此：

股票市场价值＝246×2.5＝615（百万英镑）

☐ 11.4.1　股票市值

目标公司的股票市值或市场资本总额是已发行普通股数量乘以股票市场价格而得。股票市值是否公平取决于股票市场的效率。股票市值为收购公司提供了最低购买价格的参照值。它并不能估算出目标公司对收购公司的价值，不反映收购公司的并购意图。因此，它只是目标公司收购价格估算的一个起点，是目标公司股东所能接受的最低价格，在此基础上还要加上可观的溢价作为说服股东出售股份的补偿。

必须指出的是，一个公司的股票报价并不反映其所有股份的价值。由于在任何时间点都只有一小部分股票进行交易，因此报出的股价仅反映**边际交易价格**（marginal trading）。这样，对股票市值的信赖感就降低了，表明需要观察目标公司股价的长期走势。股票市值的另一个局限性是，如果目标公司的普通股交易不频繁，或者目标公司的股票不在证券交易所上市，那么其适用性就很有限。

☐ 11.4.2　基于资产的估值方法

公司资产通常有三种估值方式。

净资产价值（账面价值）

净资产价值（NAV）最直接的含义即资产负债表中净资产的账面价值。可以定义为：

$$净资产价值（账面价值）＝总资产－流动负债－长期负债$$

用 Hulse 例子中的资产负债表做如下计算：

$$NAV（账面价值）＝360－43－175＝142（百万英镑）$$

这种估值方法的优点在于它使用了历史价值，既符合事实又容易获得，但是也有几个缺点。例如，历史价值不能反映当前的资产估值，而应收账款和存货的价值也不可靠。此外，诸如商誉、人力资本和品牌等无形资产被忽略了。因此，即使在最可靠的情况下，净资产价值（财面价值）也只提供目标公司价值的下限。

净资产价值（可变现净值）

资产估值可以用可变现净值（NRV）而非账面价值。NRV 是指在公开市场上出售目标公司资产扣除清算成本并清偿所有负债后可以获得的现金，通常称为清算价值。从理论上说，一个公司的市场价值应该高于 NRV；如果不是，则意味着该公司价值被低估了，这可能是由于股票市场的低效率，收购公司则可以通过收购该公司并将其清算来获得无风险收益。

然而，计算目标公司的 NRV 并不容易。资产的账面价值不太可能反映其市场价值，因为账面价值主要基于历史成本计算。资产负债表中的财产价值可能低估了真实价值。如果存货需要迅速售出或已经过时，存货的账面价值也可能高估其可变现价值，即使会计准则要求存货按成本和 NRV 两者中的较低者计价。一些公司的资产具有唯一性，这些资产的再出售价值可能无法获得，此类资产的可变现价值只能是估计值。

在大多数收购中，NRV 并不是最合适的估值方法，因为将目标公司完全分解的情况很少。如果收购公司打算卖掉目标公司的一部分，将其余部分整合到现有业务运营中，则这种方法可能很有用。在 Hulse 的例子中，非流动资产的处置价值为：

$$NAV（可变现净值）＝270＋70－43－175＝122（百万英镑）$$

净资产价值（重置成本）

这种估值方法旨在寻找在公开市场上目标公司独立资产的成本。重置成本比账面价值有优势，因为资产价值的重置成本估计比历史成本估计更有意义。但是，重置成本与可变现价值一样，不考虑商誉。收购公司也难以确定目标公司的独立资产并确定其重置成本。Hulse 公司非流动资产的重置成本如下：

$$NAV（重置成本）＝305＋70－43－175＝157（百万英镑）$$

大多数收购公司可以在目标公司公开的报表中找到资产账面价值，但由于缺乏必要的内部信息，很难确定重置成本和可变现价值。

□ 11.4.3 基于利润的估值方法

收购公司如果打算在可预见的未来继续目标公司的业务经营，而不是在收购后清算或出售其中的部分资产（资产剥离），那么以利润为基础对目标公司进行估值是合适的。

收益率估值

这种方法是将公司每年可持续未来收益按合适的期望收益率或投资回报率（ROI）进行

贴现计算。年度可持续预期收益可以通过历史平均收益、历史加权收益，并考虑协同效应或规模经济带来的预期收益增长等方法进行估计。贴现率应反映公司规模和行业特征。该方法估值如下：

$$收益率估值 = \frac{年度可持续预期收益}{期望收益率}$$

在 Hulse 的例子中，其期望收益率按如下计算：

期望收益率 $=$ EPS/股票价格 $=(18.4/250)\times100\% = 7.36\%$

这个数字也是市盈率的倒数：

$(1/13.59)\times100\% = 7.36\%$

我们只有当期的可分配收益，假设该值等于每年可持续的预期收益，则：

收益率估值 $=45.29/0.073\,6 = 615($百万英镑$)$

计算期望收益率的这个方法，与之前计算股票市场价值的方法相同。如果将 2% 的预期收益增长率计入股利增长模型中，结果会更大：

收益率估值(收益稳定增长) $=45.29\times(1-0.02)/(0.0736-0.02) = 828($百万英镑$)$

这种估值方法的优点是它具有前瞻性（使用预期或未来收益），支持对未来业绩的预测。缺点是利润不确定，可能受制于不同的会计政策以及不同于收购公司特殊项目和非常项目的处理方法。

市盈率估值

这种估值方法是将目标公司的未来可分配收益乘以适当的市盈率（P/E），如下所示：

P/E 估值 $=$ P/E $\times$ 可分配收益

这种方法的主要变量是 P/E，可以选择收购公司 P/E、目标公司 P/E、加权平均 P/E 或者行业平均 P/E。如果采用目标公司 P/E，Hulse 公司的结果如下所示：

P/E 估值 $=13.59\times45.29 = 615($百万英镑$)$

这个数字接近收益率估值，因为如前所述，P/E 是收益率的倒数。此外，收购公司如果可以确定将目标公司的业绩提升到自己的水平，则使用自己的 P/E 计算更为合适。在例子中，如果 Commons 公司确信它可以提高 Hulse 公司的业绩，那么：

P/E 估值 $=18.2\times45.29 = 824($百万英镑$)$

如果收购公司和目标公司未来业绩都不变，建议采用两个公司 P/E 的加权平均值。根据 Hulse 公司和 Commons 公司的当前收益计算加权平均 P/E，如下所示：

$13.59\times(45.29/165.29)+18.2\times(120/165.29) = 16.93$

P/E 估值 $=16.93\times45.29 = 767($百万英镑$)$

还有一种做法是，假设目标公司具有行业一般特征，可以采用行业平均 P/E。如下所示：

$15.5\times45.29 = 702($百万英镑$)$

这种方法计算很简单，但计算结果会随着 P/E 的不同而波动很大。因此，这种方法除了难以确定可分配收益以外，还难以估计适当的收购后 P/E。

股利增长模型估值

目标公司的价值可以用股利增长模型（见本书 10.4.3 节）计算未来股利的现值。

公式如下：

$$P_0 = \frac{D_0(1+g)}{r-g}$$

其中：D_0＝当前股利支付总额；

　　　g＝预期股利增长率；

　　　r＝股东的预期回报率。

对于 Hulse 公司，预期股利增长率可以通过计算以前年度股利增长率的**算术平均值**（geometric mean）得出：

$$10.5 \times (1+g)^4 = 12$$

所以：

$$g = \sqrt[4]{12/10.5} - 1 = 3.39\%$$

当前股利支付总额（D_0）等于 Hulse 公司的当前每股股利乘以股份数：

$$0.12 \times 246 = 29.52(百万英镑)$$

现在确定股东的预期回报率（r）。我们使用 Hulse 公司的股权成本，而非收购公司的股权成本，因为目标公司股东被要求出售股份放弃未来股利。可以用 CAPM 及之前提到的数据计算如下：

$$r = 4.5\% + (1.17 \times 5\%) = 10.35\%$$

把这个计算结果代入股利增长模型：

$$公司估值 = \frac{29.52 \times (1+0.033\,9)}{0.103\,5 - 0.033\,9} = 439(百万英镑)$$

这个模型的局限性之前已经讨论过（见本书 10.4.3 节"股利增长模型"）。这里要讨论的是模型对 g（预期股利年增长率）的敏感性。

贴现现金流量估值

从理论上讲，Commons 公司（Y）为 Hulse 公司（X）支付的最大金额应该是它在收购前后现金流量的现值之差：

$$PV_{X+Y} - PV_Y$$

上式应该等于 Commons 公司（Y）收购 Hulse 公司（X）所获得的增量现金流量的现值。确定以上现值需要估计相关的现金流量并算出适当的贴现率。虽然从理论上讲贴现现金流量（DCF）估值方式更好，但在使用之前必须先解决一些问题。包括以下几个方面：

■ 难以量化任何预期的协同效应或规模经济效益并将其纳入现金流量预测，也难以决定其增长率。

■ 确定一个适当的时期来预测未来现金流量，并在期限结束时确定公司的终值。公司通常进行 5 年期的预测，因此 5 年期可能是最合适的。

■ 确定应该用哪个贴现率。收购公司的资金成本可能是最合适的，但必须克服计算上的困难。但是，如果目标公司的风险状况与收购公司有很大不同，那么使用收购公司的 WACC 就不合适。在这种情况下，可以用 CAPM 来确定一个考虑到目标公司系统风险的贴现率。

在我们的例子中，目前估计 Hulse 公司的现金流量为 3 800 万英镑，预计 4% 的年增长速度。Commons 公司预计将在 2 年内以 6 000 万英镑的价格出售剩余资产。使用 Commons 公司的 WACC 作为贴现率，Hulse 公司收购后现金流量现值为：

$$(38 \times 1.04)/(0.07 - 0.04) + 60/1.07^2 = 1\ 370(百万英镑)$$

这一估值采用了调整的股利增长模型，假设只有在收购进行时才会出现现金流量的增长。鉴于 Hulse 公司规模较小，应使用反映相对更高风险的贴现率。已知 Hulse 公司行业 WACC 为 9%，因此如果用 9% 作为贴现率，就有：

$$(38 \times 1.04)/(0.09 - 0.04) + 60/1.09^2 = 841(百万英镑)$$

11.4.4 估值方法小结

我们之前说过，有些人可能认为公司估值是一门艺术而不是一门科学，并且各种估值方法都可以应用于目标公司。在上述例子中，用不同的估值方法计算出的 Hulse 公司的价值从 12 200 万英镑到 137 000 万英镑不等。这些估值的准确性取决于所用数据的可靠性。哪种估值方法最恰当，将取决于收购公司可获得的信息和它对目标公司的意图。

Hulse 公司估值计算结果如下所示：

	（百万英镑）
股票市场价值	615
NAV（账面价值）	142
NAV（可变现净值）	122
NAV（重置成本）	157
收益率估值	615
收益率估值（收益稳定增长）	828
P/E 估值（采用收购公司 P/E）	824
P/E 估值（采用加权平均 P/E）	767
P/E 估值（采用行业平均 P/E）	702
股利增长模型估值	439
DCF 估值（采用收购公司 WACC）	1 370
DCF 估值（采用行业平均 WACC）	841

11.5 收购融资

由于收购规模庞大，因此对相关公司会产生重大财务影响。这些影响取决于收购所需资金的融资方法。总之，收购公司在决定融资方式时必须认识到，要想收购成功，就必须满足双方股东的需求。

随着时间推移，收购的融资方式发生了很大变化。1985—1987 年，很大比例的收购是通过股票置换的方式融资的，主要是由于这一时期的股市看涨。然而，在 1987 年 10 月股市崩盘之后，事实表明现金收购比股票置换收购更受欢迎。到 20 世纪 90 年代末，股票置换的受欢迎程度逐渐恢复，但在 2000 年后，伦敦证券交易所的股价波动以及新世纪第一个十年末的经济衰退，使股票置换又变得无人问津。到 2014 年股票置换的热度略有回升，2016 年它的重要程度超过了现金收购。

11.5.1 现金收购

现金收购是指收购公司用现金购买目标公司的股份。现金收购对目标公司的股东很有吸引力，因为他们在出售股票时得到的是确定的现金。而股票置换则不然，因为收购公司的股价在收购过程中是变化的。现金收购允许目标公司股东调整投资组合而不产生销售成本。这些好处也会带来相应的问题：如果目标公司股东出售给收购公司的股价高于初始买价，他们可能要交资本收益税。显然，这对拥有大量投资组合的英国股东没有吸引力，因为他们更有可能已经用完了英国年度资本收益补偿（见本书 10.4.2 节"群体效应"）。从大型机构投资者的角度看，现金收购更有吸引力，因为养老基金和单位信托基金可以免交资本收益税。私人投资者与机构投资者的不同税收状况有助于解释为什么包括现金和股票置换方案的混合收购越来越受欢迎。（见本书 11.5.5 节"混合出价"）

现金收购也可以为收购公司及其股东带来好处。首先，现金报价确定了支付额。其次，不影响收购公司流通普通股的数量，因此不改变股权结构，也不会稀释每股收益。

现金收购的主要问题是现金从哪里筹集。在大多数情况下，由于交易规模大，收购公司手头没有足够的现金，需要从外部筹集现金，包括向银行借款（通常以**夹层融资**（mezzanine finance）的方式）或发行债券。当借入大量现金进行现金收购时，即为**杠杆收购**（leveraged takeover）。高杠杆收购公司面临的一个问题是，它们可能很难找到足够多的银行或其他金融机构提供它们所需的大量债务。

由于高杠杆比率的不良副作用（见本书 9.8 节），许多收购公司因收购而面临高负债，它们随后会出售部分收购业务，将杠杆比率降至可控的水平。

1988 年，英国债务融资的现金收购数量大幅增加。当时利率相对较低，高杠杆比率不被认为会有问题。20 世纪 80 年代末之后，利率迅速上升，这些高杠杆公司的负债水平令人担忧。因此，一些为收购融资大量借款的公司不得不降低杠杆比率，例如发放股票股利以修复资产负债表。

20 世纪 80 年代，美国也发生了不少杠杆收购。比较常见的是小公司从银行借入大量现金，或者发行无担保、高风险、高回报的**垃圾债券**（junk bonds），去收购比自己大得多的公司。一个典型的引人注目的例子是 1988 年一家小型私人公司 Kohlberg Kravis Roberts（KKR）以 311 亿美元收购了 RJR Nabisco 公司。KKR 通过借款和发行垃圾债券为这次交易融资，随后出售了 RJR Nabisco 的部分股份来降低杠杆比率。

□ 11.5.2 股票置换收购

在股票置换下，目标公司的股东将获得收购公司数量固定的股份，来置换原有公司的股份。对于目标公司的股东来说，股票置换的一个好处是他们仍然拥有最初投资的股权，即使现在成为更大公司的一部分。此外，由于没有收到任何现金进行再投资，因此不产生交易成本，也不会因为出售股份而支付资本收益税（见专栏 11-2）。

专栏 11-2

Altria 为 SABMiller 的交易前景蒙上阴影

林赛·威普（Lindsay Whipp）

啤酒和香烟并不是最健康的组合，但对于万宝路制造商 Altria 来说，拥有酿酒商 SABMiller 27% 的股份已经被证明是有利可图的。

近年来，这 27% 的股份为 Altria 贡献了 10%～19% 的年度税前利润。Altria 的竞争对手 AB InBev 竞购 SABMiller 让投资者们热切关注 Altria 会怎样处理其持有的股票。

Altria 的持股规模对 SABMiller 的收购决策以及交易架构产生重要影响。大多数分析师认为，美国最大烟草公司 Altria 最好的结果是争取在 AB InBev 与 SABMiller 的合并公司中保留股份。

Cowen & Company 的分析师维维恩·阿泽（Vivien Azer）预计，Altria 会利用它的三名董事会成员游说以达成股票和现金各占一半的交易，从而使其在合并后的公司中保持"有意义的"地位。分析师指出，其中的一个原因是出售股份取得现金会产生巨大的税收成本。

评级机构 Fitch 的分析师迈克尔·兹比诺维克（Michael Zbinovec）说，"如果出售股票他们将承担巨额税款"，"他们一再表示对这项业务的收益感到满意"。Morningstar 公司的亚当·弗莱克（Adam Fleck）估计，Altria 持有的 SABMiller 股份在收购中价值约为 240 亿美元，SABMiller 的公允价值为每股 36 英镑。还有人认为价格可能更高。

这接近于 SABMiller 现在的交易价格，周三早盘为 37.22 英镑。然而，其实很难确定该公司的股价没有受到干扰。自 9 月 16 日确认收购之事以来，该公司股价已上涨了近 20%，而在此之前，有关收购的猜测就已经甚嚣尘上并推动了股价上涨。

不管怎么说，任何最终价格都将远远高于目前 Altria 资产负债表上 62 亿美元的资产账面价值。分析师表示，它的收益税率将是 35%。

在 2002 年将 Miller Brewing 卖给 SAB 后，当时的 Philip Morris 也就是现在的 Altria 获得了 SAB 36% 的股份，价值 34 亿美元。根据年度报告，到 2009 年这一比例逐渐被稀释到 27.3%。

但据分析人士称，税收并不是 Altria 持有股份的唯一原因。SABMiller 对 Altria 盈利的巨大贡献为后者提供了稳定的现金流，使其在烟草核心业务长期下滑的情况下提高股东回报。

这也是 Altria 分散化经营的一种形式，该集团大部分利润仍然来自烟草业务，尽管它扩大了"无烟"产品和葡萄酒业务。自从 Philip Morris International 公司分拆出来专注于美国市场以来，该集团的地域分布范围也缩小了。

分析师预期，通过获得合并后的 AB InBev-SABMiller 的股份，Altria 可以分享 3G Capital 交易的收益。3G Capital 是一家采用成本削减方式的巴西私募股权集团，持有 AB InBev 22.7％的股份。

兹比诺维克还指出，AB InBev 3.17％的股利收益率超过 SABMiller 的 2.07％，这表明继续入股可以增加股利收入。

弗莱克指出，Altria 的长期目标是每股收益增长 7％～9％，"这似乎意味着 SABMiller 的股权贡献在不断增加"。

他说："如果管理层想在不增加股权投入的情况下继续实现这些目标，则需要提高定价，并可能加快烟草产品销量的下降。"

Altria 的万宝路品牌几乎贡献了该公司"可吸"卷烟的全部销量，在美国市场上有近 44％的份额——超过了后面十个品牌的总和。该细分市场还包括雪茄，利润率高达 44％。它的无烟产品虽然对利润的贡献要小得多，但也在不断增长，利润率高达 63％。但由于广告限制和监管更加严格，烟草是一个艰难的行业。

在公司收购盛行时期，国内竞争也在加剧。Reynolds American 公司最近完成了对 Lorillard 公司的收购，这两家公司的部分品牌被卖给了 Imperial Tobacco 的美国子公司，而 Japan Tobacco 本周宣布将从 Reynolds 购买 50 亿美元的资产。

可能会有更多的公司合并。市场一直在猜测，Imperial Tobacco 公司本身可能成为 BAT 或 Japan Tobacco 公司的目标。

如果 Altria 通过 AB InBev-SABMiller 保持对酿酒行业的投资，则投资者和分析师关注的一个关键点是它的持股规模有多大。目前，Altria 持有 27.3％的股份和三名董事会成员，使它在会计方面具有"重大影响"，能够使用所谓的权益法会计，并将 SABMiller 的利润份额合并到利润表中。

分析师说，虽然 Altria 持股比例降至 20％以下可能会迫使它改变其计算方式，只计算股利，但对此并没有硬性规定。分析师补充说，Altria 可以通过其他方式证明它继续发挥着重大影响。对于 Altria 而言，保持新成立的 AB InBev-SABMiller 的股份是有益的。

FT 资料来源：Whipp, L. (2015) 'Altria clouds SABMiller deal prospects', *Financial Times*, 30 September.

问题：
为什么持有 SABMiller 大量股份的 Altria 更愿意用股票置换方式获得 AB InBev 的股票？

对收购公司和它的股东来说，一个不利之处是，股票收购往往比现金收购更昂贵。由于股价会随着时间的推移而变化，因此股票置换收购必须让利，以防止在收购期间收购公司股价下跌使其股票失去吸引力。收购公司流通股份的增加也会带来不利影响。对公司股价的影响尚不清楚，并且股价很可能会下跌，这是股东不愿看到的。发行新股也会导致控制权的稀释。更微妙的是，发行股票之后杠杆比率下降会使收购公司偏离其最佳资本结构，从而增加资本成本。不过，如果收购公司负债太多，那么股票置换也会使它反而接近最佳资本成本。

如果目标公司的市盈率较低，股票置换可以提高收购公司的每股收益。在"财务合理性"

（见本书11.2.2节）中已谈到，这样做并不意味着股东财富的任何内在价值或实际价值的增加。

□ 11.5.3　配售股票和发行股票购股权

配售股票，是指收购公司向目标公司股东发出股票出售的要约，让他们选择继续持有股份。但收购公司也同时安排向机构投资者配售新股，并向目标公司股东支付现金。发行股票购股权与此类似，不同之处是股票的去向，股票不是配售给机构投资者，而是发售给收购公司的股东。这些股票购股权被接受之后，取得的现金将支付给目标公司的股东。未被接受的股票购股权则配售给机构投资者。

□ 11.5.4　一揽子证券

用收购公司股票以外的证券来支付目标公司股东的情况很少见。在1972年之前包含债券、可转换债券或优先股的一揽子证券是最受欢迎的融资方式，然而自20世纪80年代中期以来只发挥很小的作用。20世纪70年代石油危机造成的高通胀（以及相应的高利率）严重削弱了一揽子证券的受欢迎程度，从那时起它们就变得不再重要了。

□ 11.5.5　混合出价

混合出价是附带现金支付方案的股票置换要约。在英国，混合出价作为收购融资的一种手段已经变得越来越流行，其中有两个原因。首先，目标公司的股东更愿意接受这种方式，因为他们可以从中选择最适合自己流动性偏好和税收状况的支付方式。其次，《城市收购与合并准则》第九条规定，收购目标公司30％或以上股份的收购公司，应该按照过去12个月内支付目标公司股票的最高价格提出现金报价（或者已经采用股票置换的情况下提供现金方案）。

11.6　战略和战术问题

当公司在寻求收购时，必须考虑将要采用的战略和战术。在涉入收购活动之前，公司必须确信收购是一种比内生增长或独立购买所需资产更有效的方式。一经确认，收购目标公司的战略步骤就可以总结为以下几点：

（1）确定合适的目标公司。

（2）尽可能多地获取目标公司的信息。

（3）用获得的信息对每个目标公司估值，并决定每个备选方案的最高收购价格。

（4）在备选公司中选出最合适的公司。

（5）选择最佳的收购融资方式，同时研究双方股东都能接受的支付方式。

收购公司完成以上步骤之后，就必须决定即将采用的收购策略。策略不当，则可能导致收购公司支付过高费用，或者出现最坏的情况，即完全无法收购目标公司。同时公司还必须了解有关合并和收购的规则和条例。

在更详细地研究有关合并和收购的监管环境之前，有必要确定持股比例在法律和其他方面的重要性。表 11 - 2 列示了不同持股比例的作用。

表 11 - 2 不同持股比例的作用

持股比例	作用及法律责任
90％及以上	有权强行购买剩余的股份
75％及以上	可以更改公司的公司章程，并将其清算
50％及以上	可以影响股利政策、任命董事
30％及以上	对公司进行有效控制，需要发起正式的收购要约
25％及以上	对股利政策和管理有较小的影响，有能力阻止修改公司章程
20％及以上	根据 1981 年《公司法》，表明关联公司的情况
10％及以上	能够阻止全面接管
1％及以上	持有公司股份超过 1％需要正式公告

从收购角度来看，最重要的持股比例是 50％。一旦收购公司持有目标公司 50％以上的普通股，它就有权力解除和任命董事，实际上也就控制了目标公司的决策过程。

□ 11.6.1 并购监管和控制

广义上讲，有两类监管措施制约合并和收购活动，即法律监管和自我监管。法律监管通常被称为反垄断监管，是从公共利益的角度考虑是否允许合并和收购。自我监管侧重于对并购过程本身的监管。

法律监管

2002 年修订的《企业法》是英国反垄断立法的基石。在英国发生的不属于欧共体合并条例（ECMR）范围内的任何收购活动，都由竞争与市场管理局（CMA）负责。CMA 是在 2014 年撤销了公平贸易办公室（OFT）和竞争委员会（CC）后成立的。在 2014 年之前，OFT 对合并和收购进行初步审查。如果审查认为合并的相关事宜可能导致竞争大幅减少（SLC），OFT 会将相关交易提交给 CC 做进一步调查。现在，审查和调查过程由同一个机构管辖，这一变化背后的原因是减少冗余、节省成本。CMA 可以审查营业额超过 7 000 万英镑或新成立合并公司的相关市场份额超过 25％的目标公司。审查由 CMA 主动发起，或者合并公司已经发布了"合并公告"。CMA 的初审阶段（第一阶段）是 40 天。如果存在 SLC 的现实情况，那么 CMA 就有责任启动深度评估（第二阶段）。如果合并各方同意作出"替代承诺"（Undertakings in Lieu，UIL），就可以在第一阶段解决问题。同理，第二阶段调查结果公布后（通常在 24 周之内），如果认为存在 SLC，则在相关企业保证 UIL 后交易可继续进行，交易也可能被 CMA 叫停。

从历史上看，由 OFT 审查的合并和收购交易只有少数被提交，而被 CC 认定为违反公共利益的比例更少。在新制度下的第一年（2014 年 4 月至 2015 年 4 月），共审查了 82 项交易（第一阶段）。其中，63 项通过审查，3 项在有关各方提出豁免的情况下通过审查，而 10 项被认定不符合条件，还有 6 项被提交到第二阶段调查。离现在较近的时段（2017 年 4 月至 2018

年 4 月），共审查了 62 项交易（第一阶段）。所有交易都被认为符合条件，其中 41 项没有问题，12 项通过但需要 UIL，9 项交易被移交第二阶段。从 2009 年 10 月起，OFT 对符合移交条件的合并案收取费用，不论是否移交。CMA 随后也采取了这种做法。专栏 11 - 3 讲的就是英国能源供应商 SSE 与 Npower 拟议合并交易的移交案。

专栏 11 - 3

竞争监督机构对 SSE 和 Npower 的合并进行全面调查
CMA 关注削减六大供应商可能产生的影响
西尔维娅·法伊弗（Sylvia Pfeifer）

家用能源供应商 SSE 和 Npower 未能提供补救措施以缓解 CMA 对两家公司合并会影响竞争的担忧，CMA 已将两家公司的合并提案提交到进一步调查程序。

CMA 表示，该决定是在初步调查之后做出的，该交易可能会导致部分消费者支付更高的价格。关于合并的决定现在由 CMA 工作人员组成的独立小组负责。最终报告的截止日期是 2018 年 10 月 22 日。

CMA 上个月表示，它担心去年 11 月宣布的这一合并可能会影响竞争。两家公司用了七天时间——直到上周四午夜——才承诺要解决这些问题。

在伦敦上市的 SSE 家庭供电业务与德国 Innogy 的子公司 Npower 合并后，将使英国的六大能源供应商减少到五个，新公司将拥有近 1 300 万客户。新公司的电力供应份额将超过市场领导者英国天然气公司，达到 24%，后者仅为 22%。新公司的天然气市场份额仍然远远小于英国天然气公司。

人们可能关注拟议交易对"电价变动标准（SVT）"的影响，这是最常见的一种能源费率定价。政府已承诺要解决能源价格的"暴利"问题，议会正在通过立法对 SVT 进行限制。在六大供应商中，SSE 的 SVT 客户比例最高。

Npower 公司的股东 Innogy 则由德国 RWE 公司控制。合并后的公司将由 SSE 股东持有部分股份，Innogy 持有少数股份。从去年 11 月份宣布合并以来，已经完成了一项独立交易，RWE 公司同意将 Innogy 出售给另一家德国供应商 Eon，后者在英国也有零售业务。

 资料来源：Pfeifer, S. (2018) 'Competition watchdog refers SSE and Npower merger for full probe', *Financial Times*, 8 May.

问题：

你认为 CMA 将合并提案提交进一步调查的主要原因是什么？

英国反垄断立法会受脱欧的影响。很可能存在同时被 CMA 和 ECMR 调查的交易。CMA 花更多时间和资源来调查更多、更复杂的交易。一个有趣的问题是，这两个机构是否能就联合调查得出一样的结论和建议。未来的关键在于 CMA 和 ECMR 之间的合作，以及就联合调查达成一致的补救措施。

自我监管

在英国，竞购程序由收购委员会进行非法定监管，执行《城市收购和合并准则》（以下简称《城市准则》）的规定。《城市准则》基于 6 项一般原则和 38 项具体规定，适用于所有英国属地的上市公司和非上市公司，目的是保护目标公司的股东在竞购过程中得到公正和平等的对待，还设置了所有收购都必须遵守的严格的时间表。虽然《城市准则》的原则和规则不具有强制性，但不遵守准则的公司会受到公开谴责。《城市准则》是由第三方自律组织制定的，包括伦敦证券交易所和英格兰银行，公司必须遵守这一准则才能在英国金融体系中拥有良好信誉。

11.6.2 竞购程序

当一家公司进入竞购程序时，它通常会仔细考虑它的竞购策略并咨询商业银行等财务顾问。在决定了准备支付的最高价格后，收购公司的目标就是支付尽可能低的价格。目标公司股票市价是价格下限，收购公司在此基础上预期支付溢价。詹森（Jensen，1993）发现，从历史上看，那些成功的收购所支付的溢价往往不低于 30%，平均约为 50%。决定最终价格的主要决定因素包括竞购是否存在争议，以及在竞购过程中收购公司是否采用了最合适的策略。

竞购过程必须遵守《城市准则》以保护各方股东的利益，它包括以下程序：

■ 收购公司在持有潜在目标公司 3% 的股份两天后通知目标公司。这减少了"凌晨突袭"（dawn raids）的可能性，即收购公司在目标公司组织好防御之前对其进行偷袭。收购公司可以通过一致行动人规避这一规定，即友好公司联合起来，让自己收购的股份比例略低于告知要求的 3%。

■ 在宣布接洽后，收购公司提出竞购的期限自动设定为 28 天。

■ 一旦持有目标公司 30% 的股份，收购公司必须以不低于 12 个月以来的最高价格向所有剩余股东提出现金要约。

■ 收购公司必须在宣布 28 天后向目标公司股东公布要约条款。

■ 收购公司提出收购要约时，必须先将要约的性质和条件告知目标公司董事会。之后，目标公司董事会须将此信息告知股东。

■ 收到要约后，目标公司董事会应就其可接受程度发表意见。根据证券交易所的规则，收购公司需获得自己的股东批准竞购提议。要约一旦公布，开放期为 21 天。如果最初要约条款有任何修改，则延长 14 天。

■ 当收购公司获得目标公司 50% 以上的股份时，要约就变为无条件。一旦要约成为无条件，现有股东要在 14 天内出售其股份或成为新公司小股东。

■ 部分出价，即出价购买目标公司特定比例的股本，只允许在特定情况下进行，并且需要事先得到收购委员会的批准。通常少于目标公司总股本 30% 的部分出价才会获得批准。

专栏 11-4

Mylan 公司准备好了毒丸计划

阿拉什·马苏迪（Arash Massoudi）

以色列 Teva 公司面临着一场艰苦的战斗，它斥资 400 亿美元收购竞争对手仿制药制造公司 Mylan，这家在美国上市的公司最近正在进行公司治理改革，旨在使对它的收购变得更加困难。

Mylan 公司今年将注册地迁至荷兰，并在 4 月初完成了一项强有力的毒丸计划，允许公司在出现敌意收购的情况下向荷兰基金会发行优先股。此举正好发生在人们普遍猜测 Teva 可能收购 Mylan 之际，而且就在几天前 Mylan 公布了对仿制药生产商 Perrigo 的 289 亿美元的收购要约。Perrigo 在周二拒绝了 Mylan 的报价。自 Teva 公布收购要约以来，Mylan 尚未做出回应，尽管该公司上周已经先发制人地驳回了 Teva 的交易理由。公司不同的法定管辖权使毒丸计划不尽相同，形式多样。

Mylan 在美国上市并在美国经营，去年斥资 53 亿美元收购了 Abbott Labs 的部分仿制药业务，之后将注册地移至荷兰。Mylan 这么做是为了逃避美国公司税。与欧洲其他国家相比，荷兰法律在反收购措施方面有些不同，它允许公司采用毒丸式结构。董事会在收购情况下保持被动的原则在欧洲大多数国家都适用。因此在欧洲不少董事会不能用毒丸计划作为防御措施。

Mylan 已经采用了在荷兰很普遍的毒丸计划，包括成立了一个独立的基金会。根据条款，基金会可以行使它与公司之间签订的看涨期权协议，从而稀释普通股股东的投票权。基金会有权行使这一期权，如果它认为这样做符合公司的最佳利益，并允许公司管理层寻找其他解决方案。

Mylan 任命荷兰皇家航空公司前总裁皮尔特·波（Pieter Bouw）担任基金会主席。波曾经是阻止 Carlos Slim 公司以 72 亿欧元收购荷兰电信公司 KPN 的基金会成员之一。

一位熟悉利用荷兰基金会进行反收购的人士表示，荷兰判例法明确规定，这种方法只能暂时使用，不允许长期用它阻遏收购者。

 资料来源：Massoudi, A.（2015）'Mylan readies its poison pill defences', *Financial Times*, 22 April. © The Financial Times Limited 2015. All Rights Reserved.

问题：

1. 对收购公司来说，毒丸计划如何使得收购更加困难？
2. 为什么很多监管机构试图将毒丸计划定为非法？

11.6.3 收购防御

当收到对本公司股票的收购要约时，管理层必须决定是否提出异议，而理由应该完全是因为不符合股东最佳利益，而不是因为自己不想失去工作。管理层必须把反收购的决定告知股东。如果收购看上去符合股东的经济利益，可能很难说服股东拒绝该收购。管理层可能会试图让股东相信，收购公司的股价被人为抬高，在收购之后就会下跌，或者自己公司的股票目前被市场低估了。不管是收购之前还是之后，都可以开展收购防御策略。

事前防御

最简单和最具建设性的收购前防御策略是首先使公司的接管成本很高。这种建设性的防御策略符合股东财富最大化的目标，实现方法如下：

■ 提高经营效率：理性生产、削减管理费用、提高劳动生产效率都可以提高公司每股收益和股价，使潜在收购成本更大、可能性更小。

■ 检查资产组合进行必要的资产剥离：管理层可以出售非核心、低增长的业务，集中精力于具有相对优势的市场。这同样会带来更高的利润、更高的每股收益和更高的股价。

■ 确保良好的投资者关系：与投资者和分析师保持良好的关系会使收购变得更加困难和昂贵。公司应让投资者充分了解公司的战略、政策和业绩，还应该努力满足投资者的风险偏好。

那些仅仅以增加收购难度和成本为目的的事前防御策略不太可取。这些阻碍性防御策略通常不符合股东财富的最大化，如下所示：

■ 股权结构调整：有一系列方法，例如，公司回购股票使收购公司取得控制地位更加困难，或者提高杠杆比率，降低对收购公司的吸引力。更有意思的是，公司可以将**毒丸**（posion pills）植入资本结构中，如赋予股东购买未来债券或优先股权利的期权。如果收购公司试图在行使期权之前接管公司，那么它就有义务购买证券，从而增加收购成本。毒丸计划在英国是被收购委员会禁止的，欧盟对此已经发起了一场漫长而复杂的取缔运动。

■ 管理层退职条款：其中最著名的是**金色降落伞**（golden parachutes），它为在职的高级管理人员提供了慷慨的离职保障，也增加了接管成本，因为要向这些高级管理人员支付大笔资金。然而，这种收购防御策略越来越不受机构投资者的欢迎。金色降落伞以及它所引发的更广泛的问题是专栏 11-5 的主题。

■ 交叉持股战略防御：确保公司相当大比例的股权由友好公司持有，以相互持股来阻止发生潜在的收购要约。

专栏 11-5

金色降落伞下不幸的投资者
股东有理由对过度奖励失败者不满

萨拉·戈登（Sarah Gordon）

谁知道金色降落伞会带来什么诱惑？有报道称，美国婴儿配方奶粉制造商美赞臣（Mead Johnson）正在与利洁时公司（Reckitt Benckiser）讨论 170 亿美元的收购计划，如果交易成功，美赞臣的高级管理人员可以带走 3 000 多万美元。

据《标准晚报》报道，美赞臣在 2014 年推出了金色降落伞酬金计划，即如果公司的 6 名高管因为收购而在 2 年内走人，他们将获得总共 3 170 万美元。这样一来，人们会曲解美赞臣对潜在交易的态度，如果因为离职就能获得酬金，这看起来确实有点怪异。遗憾的是，在高管薪酬协议的大背景下，美赞臣的例子并不罕见。

意大利保险公司 Generali 首席财务官艾伯特·米纳利（Alberto Minali）上个月离职，拿走了至少 580 万欧元薪酬，这家保险公司正在被 Intesa Sanpaolo 银行收购。这笔钱主要包括遣散费和 220 万欧元"退职金"。其中有 50 万欧元是用于确保他在 6 个月内不要为 Generali 的主要竞争对手工作——这个看起来很合理。但其余部分还有待商榷。

米纳利是负责战略和运营的首席财务官，他似乎一直与首席执行官菲利普·唐尼特（Philippe Donnet）在 Generali 的战略方向上有争论，其中就包括如何应对收购者。高层分歧是正常的，如果双方意见无法达成一致，其中一方就会离开。但是，一个离职首席财务官仅仅因为履行了岗位职责就向他支付巨额酬金是不可理喻的。

意大利还有很多这样的例子。2010 年意大利资深银行家亚历山德罗·普罗富莫（Alessandro Profumo）离开意大利 UniCredit 银行时获得了 4 000 万欧元的离职费，可能创下了高管离职造成股价暴跌、股东不满的纪录。时间更近的例子还有很多，比如马科·帕图安诺（Marco

Patuano）与公司的控股股东 Vivendi 公司的文森特·博罗雷（Vincent Bolloré）发生争执之后，从意大利电信公司带走了 700 万欧元。

也许值得为摆脱绊脚的高管而付出代价。但在大众汽车公司，最近的金色降落伞计划却正好相反。克里斯蒂娜·霍曼-登哈特（Christine Hohmann-Dennhardt）于 2016 年 1 月被任命为合规部门的负责人，以解决公司存在的一些根深蒂固的问题，这家公司在数百万辆汽车的排放测试中作弊。上个月，她仅工作了 13 个月后即离职，带走了 1 000 万～1 500 万欧元。这笔钱包括 3 年的全额工资，尽管她提前 23 个月就离职了。大众公司将此归咎于"愿景分歧"。公司的管理层和工会并不认同她提出的诸多建议，例如聘请美国联邦调查局前局长路易斯·弗里（Louis Freeh）担任独立监察员。

这笔酬金与克里斯蒂娜在合同到期前从戴姆勒离职的"转让费"有关，尽管这最多只占一半。但是，不能不把这笔酬金的金额与克里斯蒂娜试图解决问题的效果联系起来。

这个迹象令人担忧，大众汽车公司对变革的体制阻力根深蒂固。当大众汽车公司的投资者因为公司违规而遭受股价暴跌以及数十亿美元的罚款时，董事会还是认为支付高额酬金是正确的，这表明它的顽疾丝毫没有被攻克。

大多数金色降落伞计划是复杂的薪酬方案和不透明的长期激励计划的结果，必须买断离职的高管人员。高管人员薪酬的复杂性让股东难以理解。即使是薪酬委员会也常对此感到纠结。很少有公司公开声明薪酬方案，即使有披露，细节也被隐藏在年报的小字中。这种缺乏透明度的情况不仅模糊了金额，还模糊了薪酬与业绩之间的联系。

降低这些酬金计划的复杂程度会产生许多好结果，尤其在迫使公司证明薪酬合理性时。在此之前，股东们应该关注金色降落伞计划，不仅是那些看似奖励失败者的计划，也包括对于只是做了本职工作的高管的计划。毕竟，把事情搞大是有效的。两年前，在政界和公众的压力下，阿尔卡特-朗讯公司（Alcatel-Lucent）即将离任的总裁米歇尔·康贝斯（Michel Combes）的金色降落伞被削减了一半。

FT 资料来源：Gordon, S.（2018）'Golden parachutes leave unhappy investors behind', *Financial Times*, 8 February.

问题：

将金色降落伞计划作为一种收购前防御策略的理由充分吗？

事后防御

收购要约事后防御，是指目标公司在竞标开始后采取的抵制收购策略。经常采用的策略如下：

■ 第一时间拒绝要约：当有收购公司提出收购要约时给予回击，以表明目标公司将反对收购。在某些情况下，这可能就足以吓退收购公司。

■ 对股东预先疏导：目标公司向自己的股东呼吁，从逻辑和价格两方面解释收购对他们不利。

■ 拟定反收购文件：目标公司的董事会要准备一份正式文件分发给自己的股东，文件中要赞扬公司的业绩，批评收购公司及其要约。

■ 利润公告和预测：目标公司可以编制一份报告，表明未来利润将远远超于市场预期。

如果这些盈利预测被市场接受，那么公司股价会上涨从而使提议的收购更加昂贵。其中的一个主要问题是，如果目标公司盈利增长没有达到预期，则股价可能会下跌，公司将面临另一次收购要约的风险，而且再次使用这种防御策略不太可能成功。

■ 公告增加股利：公司可以宣布增加当前股利并计划未来支付更多股利。股东回报的预期增加会使他们不愿出售股票。但同时，他们会质疑为什么之前没有增加过股利。

■ 资产重估：在竞购前或竞购后，目标公司可以对资产负债表中的资产重新估值，比如土地及建筑物，或者将商标、商誉等无形资产进行资本化，使公司看起来更强大或更有价值。虽然这可能导致收购公司不得不提高报价，但如果资本市场是有效的，则实际上没有新信息，现有股价是公平的。

■ 寻找"白衣骑士"（white knight）：目标公司可以寻找更合适的公司接手，虽然这种策略往往是最后一招。《城市准则》允许这种策略，但目标公司若向"白衣骑士"透露任何信息，它也必须把信息告知最初的竞购公司。这种策略的一种变形是向"白衣骑士"发行新股以稀释竞购公司的持股。然而，目标公司采取这种防御策略之前必须先获得股东的批准。

■ 反噬防御：目标公司对竞购公司的股票进行反收购。这种防御很难组织，实施成本也很高，但是在美国这种策略一直都有所使用。

■ 收购和剥离：目标公司可以购买与竞购公司业务不兼容的新资产或公司，也可以出售竞购公司特别感兴趣的资产或"皇冠上的明珠"。这种策略在美国比在英国更常见。在英国，一旦提出收购要约，《城市准则》就会限制目标公司出售资产。

11.7　剥　离

到目前为止我们研究了公司实现扩张的交易。在实践中，许多收购完成后都伴随着一段时间的撤资或资产剥离，收购公司会出售被收购公司中被认为多余的部分。近几十年来，有著名的公司集团通过剥离的方式解体，例如 1996 年 Hanson 公司解散。此外，在 20 世纪 80 年代和 90 年代，一些公司剥离外围业务专注于核心业务，以求在竞争日益激烈的商业环境中生存下去。表 11－3 列示了英国主要的剥离案例。

表 11－3　英国主要的剥离案例

年份	剥离公司	被剥离公司	总价值（百万英镑）	剥离类型
1987	Asda	MFI	620	MBO（被 MFI 管理层收购）
1997	British Gas	Centrica	2 900	分拆
2001	Kingfisher	Woolworth	424	分拆
2001	P&O	P&O Princess Cruise	2 000	分拆
2001	BT	各种资产	2 000	出售
2004	Saga	无	1 350	MBO（被在职管理层收购）
2005	Rentokil	Style Conferences	325	出售
2005	GUS	Burberry	1 150	分拆

续表

年份	剥离公司	被剥离公司	总价值（百万英镑）	剥离类型
2008	Akzo	Crown Paints	70	MBO（被私募股权集团收购）
2009	AIG	Hastings Direct	23	MBO
2009	Time Warner	AOL	2 500	分拆
2014	Permira and Apax	New Look	780	分拆
2016	Thomas Reuters Corporation	Intellectual property and sciences division	2 700	分拆

11.7.1　剥离原因

有许多观点解释了公司为什么剥离部分业务：

■ 资产剥离可以带来大量现金，用于改善公司流动性状况或降低负债水平。

■ 资产剥离使公司能够专注于核心业务并扩大之，使其产生规模经济等效益。

■ 剥离的业务可能会产生协同效应，因为剥离的资产在专门从事该业务的管理者手中可能更有价值。

■ 在极少数情况下，公司可能会剥离"皇冠上的明珠"，以阻止不受欢迎的收购公司接管公司。

11.7.2　剥离策略

不同剥离策略具有不同的特征，其对相关各方的影响有着明显不同。

出售

公司将部分业务出售给第三方，通常是为了获得现金。出售最有可能发生在有多种产品的公司。它可能会卖掉一个与主要业务无关的部门或子公司，以筹集现金、缓解管理控制方面的问题。有时也称为交易出售，是公司处置其不需要的资产的最快、最简单和风险最低的方式，因此它也是最常见的剥离策略。出售决定最好以净现值为基础（见本书 6.3 节"净现值法"）。如果出售能带来正的净现值从而增加股东财富，那么公司应该完成拟议的资产剥离。

分拆

分拆又称为**分割**（demerger），它的正式定义是"按比例将子公司的股份分配给母公司股东"。母公司的股本结构发生了改变，但不同于出售的是，资产的所有权仍属于母公司，也不收取现金。以前只有一个公司，现在有两个或更多公司，一个公司持有另一个公司的多数股权。分拆出来的新公司管理层可能与原公司不同，但股东仍是原有股东。分拆的好处如下：

■ 管理结构更清晰，使分拆公司资产和留在原公司的资产得到更有效利用。

■ 有利于分拆后的公司未来进行合并和收购活动。

■ 提升公司整体价值，因为分拆公司的资产在原公司内可能得不到充分升值。在未分拆时，以集团的贴现率来估值，投资者无法看到它的真正价值。一旦分拆出来，这些资产就会独立存在，市场更容易辨识出它们。2008 年严峻的经济状况导致大量分拆计划，到 2011 年夏，分拆活动在全球并购中的占比创下了历史新高。然而，分拆后的公司在最初几年都会面临重大挑战。

专栏 11 - 6 讲述的是 2018 年 Whitbread 集团宣布在 2018 年分拆 Costa 的事情。

专栏 11 - 6

Whitbread 屈从于投资者压力分拆 Costa
对冲基金一直呼吁将咖啡连锁店从 Premier Inn 酒店业务中分拆出来

乔纳森·埃利（Jonathan Eley）

Whitbread 集团曾经表示，在两个对冲基金的压力下它将分拆 Costa 的业务，但这一过程将耗时两年，使一些投资者感到沮丧。对冲基金 Sachem Head 和 Elliott Advisors 一直在呼吁这个富时 100 指数公司将 Costa 的业务分拆出去，该公司还同时拥有 Premier Inn 连锁酒店。

Whitbread 集团首席执行官艾莉森·布里顿（Alison Brittain）此前曾表示对这个想法持开放态度，但她坚持认为这两项业务首先需要更多投资。在周三宣布分拆后，她说："我们总是说，当你拆掉房顶并重新画线修筑时，是不会卖掉房子的——这正是我们目前正在做的事情。"她补充说："我们已经宣布分拆，因为最近我们的系统中出现了太多噪声。"

她说，分拆而非出售，"是实现两个公司最适当估值的最简单、最快捷的方法"。这两个部分已经成为独立的法律实体，拥有各自的高级领导团队。

投资者对这一计划表示欢迎，但表示应该更快地实施。Elliott Advisors 对 Whitbread 集团宣布分拆表示高兴，"在 Elliott Advisors 看来，分拆应该在 6 个月内完成"。另一个股东 Old Mutual Global Investors 的经理埃德·迈耶（Ed Meier）认为 24 个月的时间"比大多数人的预期要长"。

过去十年中分拆完成的时间要短得多：Reckitt 分拆出 Indivior，Punch Taverns 分拆出 Spirit Pub，Cable & Wireless 分拆出 C&W Worldwide，从公布之日到公司股票开始交易之时，花了大约 20 周的时间。然而，Carphone Warehouse 分拆 TalkTalk 用了 49 周，Cadbury Schweppes 分拆 Dr Pepper Snapple 花了一年多时间。

布里顿说，即使没有进一步的投资或重组，分拆业务也需要一年时间。除了分离 IT 和其他职能部门外，Whitbread 集团还是一项 30 亿英镑固定收益养老基金计划的发起者。独立养老基金顾问约翰·拉尔夫（John Ralfe）说，考虑到该基金将由一个较小的未来收益作基础，公司将不得不与基金受托人达成协议。"它可能会寻求英国养老基金监管机构的预先批准。"Whitbread 集团的股价在这个消息发布后小幅下跌。

Bernstein 分析师理查德·克拉克（Richard Clarke）说："一些快钱可能跟随 Sachem Head 和 Elliott Advisors 这两个对冲基金进入该股，而这些资金不会在此逗留两年时间。""看起来管理层希望按照自己的时间表行事。"Shore Capita 分析师格雷格·约翰逊（Greg Johnson）估计 Whitbread 集团的公允价值约为每股 46 英镑，而目前的股价为 41 英镑。他又说，要想升值，就需要对 Costa 进行"重大的重新评估"，或者在酒店业务中更积极地使用债务或房地产售后租回。

目前，大约 3/5 的 Premier Inn 的房产是自有而非租赁，布里顿说分拆之后也无意改变这一点。Costa 正在改变英国的门店设施，将 Costa Express 机器放置在便利店中，并投资 IT 技术以实现咖啡订单点击领取以及可变定价等功能。由于消费者变得更加谨慎，之前令人兴奋的增长率最近会有所放缓。

与分拆公告同时发布的年度业绩显示，其销售额同比增长 1.2%——同比增长率有所提高，但远低于 2017 财务年度报告的 2% 和 2016 年的 2.9%。

Whitbread 集团发出警示："目前英国的消费环境本身就意味着我们近期的利润增长可能低于往年。"克拉克表示，Costa 向食品领域的扩张进展很慢，而且它的门店明显开设在客流量下降的地方，"我认为机场、火车站和高速公路服务区的门店会表现更好"。

Sachem Head 的管理合伙人斯科特·弗格森（Scott Ferguson）本周在纽约举行的一次对冲基金会议上提出 Costa 作为一个独立的企业会更好："当管理上没有什么大佬可依靠时，问题往往会得到解决。"

Costa 和 Premier Inn 都是英国市场上的领导者，它们的息税折旧摊销前利润占 Whitbread 集团的 3/4，现在正开始进入国外市场。Premier Inn 的目标是到 2021 年在德国开设至少 31 家酒店，而 Costa 正在中国发展。布里顿说，国际发展是长期成长的基础。

 资料来源：Eley, J.（2018）'Whitbread bows to investor pressure to spin off Costa', *Financial Times*, 25 April.

问题：

1. 为什么 Whitbread 集团决定分拆而不是出售 Costa？
2. 为什么拟议的分拆要花那么长的时间？

管理层收购

管理层收购（management buyout，MBO）是指现有管理层从母公司购买部分或全部业务，例如，子公司管理层从母公司购买子公司。但有时候，子公司管理者可能技能不足，可能会通过**管理层购入**（management buy in，MBI）将子公司出售给外部管理团队。MBO 是一种普遍存在的现象，以下将进行详细讨论。

□ 11.7.3 管理层收购

MBO 背后的动机通常来自母公司的董事会。它们希望出售子公司的原因，通常与剥离出售的原因一样。然而与出售相比，MBO 可能是一种首选的剥离策略，因为如果采用 MBO 出售，剥离公司更可能得到子公司管理层的合作。此外，如果子公司亏损，当前的管理层可能比外部买家更乐观地认为他们可以扭转局面。另外，MBO 动机也可能来自子公司管理者，因为他们可能发现难以从母公司获得资金，并感到在集团的决策过程中被边缘化。有时是因为卖方没能找到合适的买方才导致 MBO。2015 年 6 月巴克莱银行想出售它的私募股权业务时，就是这种情况（见专栏 11-7）。MBO 从一开始就面临着重大挑战，很多时候都进行不下去。Zavvi 公司的命运就证明了这一点，该公司在 2007 年进行了 MBO，从母公司剥离了 Virgin Megastore 零售连锁店，但一年后就陷入了破产管理。

专栏 11-7

巴克莱银行私募股权业务出售搁置后将进行管理层收购

马丁·阿诺德（Martin Arnold），麦迪逊·马里奇（Madison Marriage）

巴克莱银行在努力为其专门从事能源和大宗商品投资的私募股权业务寻找可接受的买家，已就管理层收购进行了谈判。这笔交易预计将在未来几周内公告，此外巴克莱银行仍在寻求出售私募股权部门大约 10 亿美元的投资组合，然而资本占用的时间比它希望的要长得多。

巴克莱自然资源投资公司（Barclays Natural Resources Investment，BNRI）将由首席执行官马克·布朗（Mark Brown）领导的管理层收购，在未来几个月将从银行分拆出来，并从第三方投资人那里筹集新的资金。

这个部门有 14 名员工，属于巴克莱银行的非核心部门，是一年前宣布的投资银行重组计划的一部分，其中包括退出实物商品交易计划。此番处置是对新法规的回应，包括美国的沃尔克法案（Volcker），这些规定使银行拥有和投资于私募股权业务更为困难。

巴克莱银行曾希望出售 BNRI 的全部投资组合及其管理团队，这个团队在位于伦敦、纽约和多哈的三个银行办事处开展业务。但未能与任何潜在买家达成协议。据天空新闻报道，在管理层收购之后，BNRI 将更名为全球自然资源投资公司（Global Natural Resource Investment），并迁入新的办公地点。它将继续管理银行的 17 项投资组合项目。但由于巴克莱银行不再投入更多的资金，它需要从第三方投资者那里筹集新的资金。而早在 2012 年的一次融资行动被搁置了。第三方投资者与银行共同投资了 10 亿美元。

BNRI 成立于 2006 年，已在 28 家公司投资了 30 亿美元，包括北海石油勘探公司 Chrysador、美国铜矿公司 Cupric Canyon 和风能及太阳能开发公司 Mainstream Renewable Power。巴克莱银行已经剥离、出售或关闭了其他几项私募股权项目，包括巴克莱私募投资公司，在出售给其管理层后已更名为 Equistone；它的基础设施部门已出售给了 3i。巴克莱银行的重组旨在减少 900 亿英镑的加权风险资产并裁员 7 000 人，以提振其业绩。

该部门的首席执行官汤姆·金（Tom King）将于周四在现场董事会会议上进行陈述，这将有助于集团新任主席约翰·麦克法兰（John McFarlane）确定是否需要进行更多的重组。

MBO 融资

第三方融资对于大多数 MBO 的推进都至关重要，因为现有经理人不太可能有足够的资金购买公司。MBO 团队需要一个包括未来现金流量预测的完备的商业计划，作为获得外部资金的一个前期准备。如果没有的话，MBO 团队一般不太可能赢得风险投资等筹资机构的信任。

MBO 通常使用负债和股权的混合融资，尽管有杠杆 MBO（也称为杠杆收购或 LBO）的趋势，使用高额负债，甚至在某些情况下高达 90% 的资金是负债筹集的。在实践中使用多少负债取决于 MBO 可以负担的负债总额，涉及业务范围、预期风险、现有的杠杆比率和资产质量。通常，MBO 的资金有以下来源：

■ 股权：少量发行的普通股往往由管理团队自己购买，不包括风险投资者购买新公司的大量股权。不过，管理团队可能不愿意大量使用股权融资，因为会导致控制权的丧失。风险资本通常希望持有中期股票，在大约 5 年后出售以实现投资回报。因此，许多 MBO 将在选择性投资市场（AIM）上市作为中期目标，为风险资本提供一个退出通道。

■ 负债融资：除了那些专门为 MBO 融资的风险资本之外，还可以从清算银行、商业银行和海外银行等渠道获得负债资本。负债融资形式多样，包括有期贷款和债券。

■ 夹层融资：这是一种无担保负债融资，虽然风险比普通股低，但比有担保负债的风险高，因此这种资本的回报率介于两者之间。

在许多情况下，主要资本提供者要求在董事会设立代表，因为他们拥有大量股份。他们虽然在董事会的长期战略决策中有发言权，但对公司的经营却没有什么兴趣。

MBO 面临的困难

如前所述，资本提供者一定要确认 MBO 会取得成功。因此，他们会研究管理层的素质和专业程度、资产出售背后的原因、公司前景以及管理团队在共同投资的公司中的权益。他们知道哪些类型的公司和产品更适合 MBO，比如现金流良好、技术稳定。

MBO 显然会面临一些问题，管理者要想使他们的公司获得成功，就需要进行谈判。其中一个主要问题是，当 MBO 与母公司断绝联系时，自己怎么解决以前由母公司提供的服务。例如，MBO 可能不得不开发自己的财务管理系统和财务会计系统，因为它们的经理虽然非常了解公司业务的经营领域，但可能不具备这些重要的公司理财领域所必备的知识和经验。以下列示了其他可能面临的问题：

■ 确定 MBO 的公平价格：出售价格将高于资产的清算价值，但最后的价格将由谈判确定；

■ MBO 复杂的税务和法律问题；

■ 保持与以前客户及供应商的关系；

■ 修整或更换资产还需要资金再投资；

■ 维护经理人和雇员的养老金权利；

■ 在实践工作中实现技术变革，彻底扭转公司的不良业绩。

尽管存在问题，MBO 在公司重组战略中确实发挥着重要作用。MBO 活跃程度会受到当时经济状况的影响。例如，2007 年 MBO 活动创下历史新高，在英国完成了 671 笔交易，总金额达 459 亿英镑。2008 年由于全球经济衰退导致信贷紧缩，当年的 MBO 交易减至 549 笔，交易总金额为 191 亿英镑。然而，随着全球经济出现复苏迹象，2015 年上半年英国 MBO 交易有 100 多笔，交易总金额为 105 亿英镑。尽管英国脱欧带来了不确定性，但 2017 年仍有 181 笔 MBO 交易，交易总金额为 230 亿英镑。

11.8 私募股权

近年来，私募股权投资者日益成为收购市场的重要参与者。在 2003—2004 年的顶峰，英国公司收购中私募股权基金占了近 1/3。私募股权投资基金（或金融投资者）通常以有限责任合伙的形式共同出资，由私募投资公司管理，这些公司作为普通合伙人，彼此协调，从各种投资者（包括机构投资者和高净值个人）筹集私募股权基金。然后这些资金与大量的负债融资一起用来购买公司的多数股权，多数股权包括**风险资本投资**（venture capital）和 MBO。之后，目标公司董事会由私募投资公司的经理补充，帮助管理公司以最大限度地产生现金流量，实现 3～5 年内出售公司从而获得资本收益的目标。因此，与**对冲基金**（hedge funds）不同，后者倾向于中短期投资，不直接控制资产和经营活动。

由于高调收购上市公司，私募股权基金常登上新闻头条，这些公司已经离开了股票市场并私有化，目的是在股票市场重新上市。例如，2003 年，包括 CVC Capital Partners 和 Merrill Lynch Global Private Equity 在内的私人财团收购了 Debenhams，随后在 2006 年将其重新上市。2007 年，纽约的私募投资公司 Kohlberg Kravis Roberts（KKR）与 Alliance Boots 公司共同制定了 124 亿英镑的收购报价，从而使 Alliance Boots 成为第一家被私募投资公司收购的富时 100 指数公司。2014 年 12 月，KKR 将 Alliance Boots 卖给了美国的 Walgreens 集团，两者合并成立了 Walgreens Boots Alliance 有限公司。

私募股权基金仍然是收购市场的主要参与者。根据 2017 年的排名，全球最大的私募投资公司是总部在美国的黑石集团（Blackstone Group），总资产为 344 亿美元，管理 4 341 亿美元的资产。随着交易规模的不断扩大，私募股权基金在"俱乐部"交易中组队合作，这也是专栏 11 - 8 的主题。

专栏 11 - 8

私募股权基金发现数量优势

"俱乐部"交易重新流行，投资者并非都乐见

贾维尔·埃斯皮诺萨（Javier Espinoza）

私募股权集团再次联手，在所谓的"俱乐部"交易中购买高价公司，可以让全球投资者分担不断增加的成本以及地区经济周期不确定下资产收购的风险。尽管这一策略对投资经理来说很有意义，但大型机构的客户却开始忧虑。他们说，私募股权合伙企业会因为经理人差异而增加交易的风险，如果出了什么问题，私募投资公司的直接影响力就会降低。

"我们在北美和欧洲进行了私募股权控股投资，"安大略省市政雇员退休系统（OMERS）的全球私募股权主管马克·雷德曼（Mark Redman）说，"为什么要强调控股？作为投资者，你需要保持实际、高效、快速做出重要改变的能力。如果你做的是'俱乐部'交易中的一份投资，就很难做到这一点。"

在金融危机前，"俱乐部"交易很流行，但当投资者在股灾中遭受损失而感到痛苦时，这种方式便不再受欢迎，投资者有不止一个基金来尽量减少风险。价格下降使单一基金交易更容易管理。但是这个行业的一些优势始终很明显，尤其是价格再次上涨至先前高位的时候。根据数据提供商 Preqin 的数据，资产平均支付倍数与金融危机前一样高。

这使近年来两个或更多私募股权的"俱乐部"交易再度兴起。根据 Preqin 的数据，两个或更多私募投资公司进行的交易从 2015 年的 247 起增加到去年的 270 起，今年到目前为止已有 160 起。

"现在的交易规模更大，因此不能把股权支付金额过于集中在单笔交易上。"威嘉律师事务所（Weil，Gotshal & Manges）的高级合伙人马尔科·孔帕尼奥尼（Marco Compagnoni）说，"人们在一起工作会更开心"，"你可以使交易更多样化，可以做更大的买卖"。

高管指出最近的拍卖取得了成功，其中包括德国伟哥非专利制造商 Stada，被两家收购基金 Cinven 和 Bain Capital 买下。经过艰难的接管过程，这个财团在夏天完成了 41 亿欧元的收购，成为欧洲四年来最大的收购案。今年早些时候，Advent International 和贝恩资本（Bain Capital）签署了一项协议，以 7 亿美元的价格收购德国的支付公司 Concardis。

一些拍卖会吸引基金财团前往，彼此相互竞争。GTCR、Charlesbank Capital Partners、Berkshire Partners 和 Stonepeak Infrastructure Partners 联手竞标 CenturyLink 数据业务部门，最终以大约 28 亿美元的价格卖给了 Medica Capital 和 BC Partners 领导的一个集团。

随着私募股权集团对"俱乐部"交易的适应程度再次提高，一些人甚至预测明年还会有三个或更多的财团参与竞购。尽管美国电话电报公司（AT&T）和时代华纳（Time Warner）遇到了特殊困难，但美国反垄断规则的任何放松都可能导致新一轮的巨额交易。

"在危机中有三四个团队进行了合作，"一位伦敦银行家说，他曾在多个拍卖中为私募投资公司提供咨询，"我看到这种情况会继续下去，因为所有资金已经到位，需要配置下去。"收购基金的高管说，在即将到来的高利润、高价位拍卖中，他们的机会将增加，尽管他们也希望分散赌注。

法国制药商 Sanofi 正寻求以大约 30 亿欧元的价格出售它的欧洲非专利制药业务，这让 Cinven 和贝恩资本组成的财团很感兴趣。其预计能在未来几个月决定买家。阿克苏诺贝尔的特种化学品业务也在出售，预计价格在 90 亿欧元左右。知情人士说，鉴于收购规模，KKR 和 CVC 已联手竞购这项资产。公司表示希望在明年 4 月份之前出售这项业务。竞争对手已经成立了财团，竞标联合利华的传媒业务。

然而，建立财团并非易事。私募股权的所有者需要从一开始就表现出联合阵势，否则很可能在交易中失利。孔帕尼奥尼说："如果你们看起来像一群奇怪的人聚在一起，并且开始出现分歧，卖家就可能认为竞标人不可靠。"

"俱乐部"交易过去也曾引起监管部门的审查，指责这些财团联合起来压低资产价格。2006 年美国司法部注意到操纵竞标问题，对私募投资公司财团展开了调查。Carlyle、黑石和 TPG 共同支付了 3 亿多美元解决索赔问题，但它们不承认操纵了竞购。

更令人担忧是，"俱乐部"交易最近出现了一些问题，包括 Toys R US 的破产，这是一家拥有 69 年历史的玩具零售商，由包括 KKR 和贝恩资本在内的财团所拥有。在申请破产时，公司将倒闭部分归因于"过重的负债"和在线零售商与体验零售商的"无情竞争"。破产导致私募股权集团和地产信托公司 Vornado Realty Trust 损失了它们在这家零售商投入的 13 亿美元的股权。然而，3.6 亿多美元的费用补偿了一些损失。据一位知情人士透露，投资者们在出售时机上存在分歧。KKR 和贝恩资本拒绝对此予以置评。

鉴于这些风险，大型机构投资者开始公开反对"俱乐部"交易，它们担心共同所有者结构使它们难以影响经营战略或退出投资计划。顾问说，私募投资公司需要明智地选择合作伙伴，并保证在购买和出售时保持一致行动。一位资深收购基金的顾问说："你必须挑选好合作伙伴。否则，在涉及战略问题和成长计划时可能出现分歧，例如，由于筹集到投资者资金的时间不同，团队在出售时间上可能存在分歧。需要保持利益一致。"

FT 资料来源：Espinoza, J. (2017) 'Private equity funds find strength in numbers', *Financial Times*, 28 November.

问题：

1. 近来"俱乐部"交易越来越多的背后原因是什么？
2. 私募股权联合投资有什么优势和劣势？

11.9 收购的实证研究

收购绩效的实证研究很多是关于对相关利益集团财富的影响，尽管在过去几年中由于世界经济衰退以及收购活动不景气，研究有所减少。在 1971—2001 年，这类研究不少于 130 项。然而很难确定收购是否成功，因为在许多情况下，评估成功或失败涉及一系列主观判断。从理论上讲，参与收购的公司可以获得规模经济和协同效应等好处，但公司能否在实践中实现这些潜在收益却是另一回事，在很大程度上这取决于收购后的规划和管理。

还有大量关于公司增加收购成功机会的信息和研究，以及对收购后整合的研究。德·诺布尔等人（De Noble et al.，1988）列举了一些收购成功的经验，包括产品经理参与收购活动，找出收购的隐性成本，管理层意识到文化差异的存在，并理解公司结构和战略之间的重要联系。

确定收购是否有益的最佳方法是辨识出利益相关者，研究收购对它们的影响。

11.9.1 经济

关键问题是，收购是否能为整个社会带来经济效益。从理论上讲，这个问题的答案是"有可能"。这是因为，如果收购能够将资产从低效管理者手中转移给高效管理者，那么收购创造整体经济收益的可能性确实存在。不幸的是，收购动机往往更多源于管理者的自我利益，而不是对资产的更有效利用。

大量经验证据表明，收购充其量具有中性效应，并不存在卓越的效率增益。考林等人（Cowling et al.，1980）使用成本效益分析法研究了 1965—1970 年发生在英国的 9 起收购案，确认规模经济提高的效率是否超过了产业集中度提高带来的福利损失。他们得出的结论是，不存在真正的效率增益，而且在英国大多数收购是横向收购，效率增益被垄断的增强所抵消。然而，他们确实在一两个案例中发现了高级管理层获得控制权的好处。后续研究与考林等人的结论一致，即收购对经济的影响大体上是中性的。各方共享的经济财富可能不会增加，但是某些方面还是存在以牺牲他人利益为代价的利益空间。

11.9.2 涉及的相关公司股东

可以在公司层面评估收购对收购公司和目标公司股东财富的影响。有以下两种广泛使用的方法：

第一种方法是用会计和财务数据比较公司收购前后的业绩。这类研究，包括辛格（Singh，1971）对英国 1955—1960 年的研究、凯利（Kelly，1967）对美国 1946—1960 年的研究，得出的结论是：从收购公司的角度看，收购是无利可图的。然而，必须指出的是，这些研究结果在很大程度上依赖于所用会计数据的质量和可靠性。

第二种方法是更常用的方法，即用竞价前后的股票价格量化计算收购带给双方股东的好处。这一领域的研究使用资本资产定价模型（见本书8.5节）计算收购要约公布前后收购公司和目标公司股票的预期回报率，将计算结果与实际回报率进行比较，识别收购期间产生的异常收益。

采用这种实证研究方法得出的结论是，目标公司的股东往往获得了显著的正向异常收益，而收购公司的股东则为统计不显著的负向或正向异常收益。此后的研究结果表示，在大多数情况下，目标公司股东的收益大于收购公司的损失。詹森和鲁巴克（Jensen and Ruback，1983）在美国的一项研究表明，收购成功的公司股东平均异常收益率为4%，而收购失败的公司股东损失率为1%。这与目标公司股东的收益形成强烈对比，成功收购中目标公司股东平均获得30%的收益，而在失败收购中损失3%。弗斯（Firth，1980）和弗兰克斯等人（Franks et al.，1988）的研究发现，在英国，收购公司在收购期间很少或没有异常收益。但是，我们不能忽视规模的影响。即使目标公司的业绩提升显著，但是当收益分散在了收购公司更大规模的股份基数上时，按百分比计算，收益总是不那么显著。

目标公司股东获益的一个可能的解释是，必须支付**溢价**（bid premium）才能说服目标公司股东放弃其股份。收购公司股东缺乏收购利益的现象可以用资本市场的效率来解释，即市场早在收购发生之前就预测到了收购的发生，因此在宣布收购前几个月就把收购利益计入了收购公司的股价中。这一解释得到了弗兰克斯等人（Franks et al.，1977）的支持，他们发现有证据表明市场至少在收购宣布前三个月就开始预测到了收购的发生。

现在有一些针对收购公司和目标公司在收购之前一段时间内异常收益的研究。结果表明，收购公司获得了平均正向的异常收益，而目标公司则为负向的异常收益。这个结果可能支持了以下观点，即收购有助于资产和资源从较低效的管理转移到较高效的管理。传统上，竞购溢价为25%～35%。波士顿咨询集团（BCG）在2017年收购报告中称，全球平均竞购溢价为33%。迪莫普洛斯和萨凯托（Dimopoulos and Sacchetto，2014）研究了1988—2006年美国的收购样本发现，平均而言，公司准备支付的最高溢价为81%。他们还得出结论，对股东预先疏导的竞购减少了这种溢价，而目标公司的抵制则增加了这种溢价。

虽然大多数实证研究都得出了大体相同的结论，但也有些研究发现更具体，总结如下：

- 多元化会破坏价值，而对核心活动的关注则会保持价值。这个结论得到了博格和奥菲克等人（Berger and Ofek et al.，1995）的支持。同时，德隆（DeLong，2001）发现，涉及银行的收购尤其如此。
- 埃克波（Eckbo，1992）发现，旨在建立垄断力量的收购不能改善收购公司的业绩。
- 考什等人（Cosh et al.，2006）发现，与CEO持股较少的收购相比，CEO持股比例较大的收购在经营业绩和长期回报方面表现得更好。
- 特拉夫洛斯（Travlos，1987）发现，对收购公司来说，用股票支付收购费用比用现金支付更为昂贵。
- 劳和维尔马伦（Rau and Vermaelen，1998）以及萨德沙纳姆和马哈特（Sudarsanam and Mahate，2003）得出结论，与目标公司业绩不佳相比，"热门收购"的收购公司更有可能面临财富损失。

总结本节内容：实证研究似乎一致认为目标公司股东可以获得大量收利益。对于收购公司股东的收益，意见则不太一致：一些研究发现没有收益，另一些研究发现收益和损失都很小，统计上并不显著。许多研究认为，收购并没有创造财富，只是将财富从收购公司股东转移给了目标公司股东。

11.9.3　收购公司和目标公司的管理层和员工

人们普遍认为，收购公司的管理层会从成功的收购中受益，因为经营一个更大的公司所带来的权力和地位提高往往与更大的财务收益有关。此外，由于规模扩大后的公司更难被收购，管理层的工作变得更有保障。与此相反，目标公司的管理层却失去了很多。他们大多数被解雇，要么是因为被认为效率低下，要么是因为他们不被收购公司需要。目标公司雇员也是如此，因为大多数公司收购后都会裁员。实现规模经济的一个显而易见的方法是减少功能重复的雇员来精减业务运营，并关闭不需要的部分。

11.9.4　金融机构

金融机构，主要是投资银行，作为收购公司和目标公司的有偿顾问参与收购过程。它们在许多方面提供了帮助：从提供竞标价值建议和组织防御策略，到安排收购融资。2008 年，华尔街的摩根大通将高盛挤下了全球收购财务顾问榜首，为 350 项交易提供咨询，总价值为 8 180 亿美元。然而，2014 年高盛又重回榜首，收益略高于 20 亿美元（其最大的竞争对手摩根士丹利的收益为 16 亿美元），到 2017 年仍保持在首位，市场份额刚刚超过五分之一。Malcolm Glazer 于 2005 年以 7.9 亿英镑收购了曼联，获得了 2 200 万英镑的咨询费和银行费用。防御收购也是有代价的，同年，Rentokil 为抵御收购向多家顾问公司支付了 2 000 万英镑的反收购咨询费用。

11.9.5　收购研究综述

收购的赢家似乎就是目标公司的股东，他们得到的股票溢价远高于出价前的股份。从收购中受益的还有投资银行、律师和会计师，他们因提供建议而赚取了大量的费用收入，收购公司管理层的工作和薪酬也得到了保障和提高。有证据表明，收购公司的股东几乎没有或根本没有收益，特别是当收购存在争议、收购公司为目标公司支付超额代价的时候。似乎没有明确的证据表明收购具有任何普遍的经济效益。然而，假如个别收购行为将资产转移到更有效的用途上，社会会最终受益。收购的输家显然是目标公司的管理层和员工，一旦公司被收购，他们很可能会失去工作。

11.10　结　论

本章对收购进行了全面探讨，并购在现代公司理财中仍然是一个备受关注的领域，对公司的股利、融资和投资政策产生影响。人们为收购设计了许多理由，但并非所有的理由都被学术界视为有效。许多公司估值方法的存在说明了这样一个事实：无法准确确定目标公司的价值。收购所涉及的融资问题也并非简洁易懂，并可能对公司的资产负债表产生不良影响。最常用的收购融资方法是股票置换收购、现金收购和混合出价。

收购活动可能需要几个月的时间才能完成，特别是目标公司认为收购具有敌意并试图抵抗时，而一旦完成，收购公司的股东很少能从收购中获益。这不仅是因为支付了大量的竞购溢价，还因为收购公司未能获得预期的收购后收益。由于收购公司面临着整合资产的困难，因此这些预期收益往往无法实现。一般认为从收购中获益的是收购公司的管理层和目标公司的股东。

收购的反面是资产剥离。如果使用得当，公司可以用剥离来增加股东财富。收购公司通常在收购后进行一系列资产剥离，卖掉那些不在它们长期计划中的目标公司的部分资产。有三种主要的资产剥离策略：出售、分拆和管理层收购。

学习要点

1. 并购对公司的资产和财务结构有重大影响。
2. 由于涉及的公司规模相对较大，收购往往比合并更为常见。
3. 收购可分为纵向收购、横向收购或集团收购。
4. 收购动机可以是经济的、财务的和管理方面的。
5. 规模经济和协同效应是最常用来证明收购经济效益的，尤其是横向收购。
6. 当一个公司要进行收购时，重要的是要研究相关成本、弊端以及利益。
7. 收购浪潮往往伴随着经济繁荣和公司流动性与盈利水平的提高。
8. 对目标公司的准确估值是收购成功的关键。
9. 对目标公司进行估值的两大方法是基于公司的资产和利润的估值。
10. 收购融资的最常见方式是股票置换收购、现金收购或混合出价。
11. 研究融资方式对股东财富、负债水平、流动性和股权结构的影响是很重要的。
12. 公司必须了解管理层收购的监管框架。
13. 收购的战略和战术决定着竞购的成败。
14. 在收到敌意收购要约后，目标公司有许多办法保护自己。较好的策略是建设性的事前防御，阻止潜在收购公司出价收购。
15. 考虑周全的资产出售策略可以实现股东财富的增加。
16. 公司应通过分拆、出售或管理层收购来处置表现不佳的业务及非主要业务。
17. 越来越多的收购由私募投资公司提供资金。
18. 经验证据表明，收购对经济的影响是中性的，对目标公司的股东和收购公司的管理层是有利的。

自测题

1. 简要概述收购的经济合理性。
2. 简要概述收购的财务合理性。
3. 为什么通过收购实现的增长可能不符合公司的最佳利益？
4. 解释为什么会出现收购浪潮。
5. 讨论如何使用市盈率和股利增长的方法确定目标公司价值。
6. 解释为什么学术界更喜欢 DCF 估值方法，并指出实际使用中的困难。
7. 简要讨论通过发行可转换债券进行收购融资的利弊。

8. 简要描述公司在收到收购要约后可以采取的防御策略。

9. 解释为什么一个公司可能希望剥离它的部分业务。

10. 简要描述收购公司股东很少从收购中受益的主要原因。

讨论题

1. Hanging Valley 公司的董事会希望收购 Rattling Creek 公司。两个公司的相关财务数据如下所示。

	Hanging Valley 公司	Rattling Creek 公司
息税前利润（英镑）	420 000	200 000
普通股每股股利（便士）	6.9	14.0
公司税税率	35%	35%

资产负债表摘要

	Hanging Valley 公司 （英镑）	Rattling Creek 公司 （英镑）
非流动资产	1 750 000	800 000
流动资产	800 000	500 000
总资产	2 550 000	1 300 000
所有者权益		
普通股（面值 1 英镑）	1 500 000	500 000
留存收益	600 000	400 000
	2 100 000	900 000
利率为 10% 的债券		200 000
流动负债	450 000	200 000
总负债	2 550 000	1 300 000

Hanging Valley 公司的收益和股利增长率为每年 15%，而在同一时间 Rattling Creek 公司的收益和股利则保持不变。Hanging Valley 公司的普通股当前市场价格为 1.60 英镑。Hanging Valley 公司董事会认为，Rattling Creek 公司股东会接受以 Rattling Creek 公司 5 股普通股换 Hanging Valley 公司 4 股股票的置换要约。

（1）使用三种不同的估值方法，确定如果 Rattling Creek 公司股东接受了以上股票置换要约，那么 Hanging Valley 公司股东财富会受到怎样的影响。

（2）批判性地讨论一家公司希望收购另一家公司的经济合理性。

2. Blur 和 Oasis 这两家公司正在考虑合并。两家公司的财务数据如下：

	Blur 公司	Oasis 公司
已发行股份数（百万股）	3	6
税后利润（百万英镑）	1.8	0.5
市盈率	12.0	10.3

两家公司估计，由于存在规模经济，新合并的公司每年将节省 200 000 英镑的成本。

（1）最初建议将 100% Oasis 公司股票都换成 Blur 公司股票，每 3 股 Oasis 公司股票兑换 1 股

Blur 公司股票。从 Blur 公司股东的角度来看，每股收益预期将减少多少？

（2）另一种做法是：Blur 公司股价为 7.20 英镑，Oasis 公司总股本价值为 1 050 万英镑，Oasis 公司的一部分股票可以换成 Blur 公司股票，剩余股份则换成新公司利率为 6.5% 的债券（以 100 英镑面值发行）。假设公司税税率为 30%，债券发行需要筹集多少资金才能使 Blur 公司现有股东的每股收益不会被稀释？

3. Wrack 公司的总经理正在研究 Trollope 公司的价值，他们计划短期内收购这家公司。Wrack 公司股价目前为 4.21 英镑，每股收益为 29 便士，WACC 为 12%。董事会估计，此次收购之后，税后利润将为 500 万英镑，Trollope 公司可分配利润以每年 2% 的速度增长，在一年后可以出售 2 500 万英镑的重复资产，可以扣除公司税（目前为 30%）。Trollope 公司的相关资料如下：

资产负债表摘要

	（百万英镑）
非流动资产	296
流动资产	70
总资产	366
所有者权益	
普通股（面值 1 英镑）	156
留存收益	75
	231
利率为 7% 的债券	83
流动负债	52
总负债	366

利润表摘要

	（百万英镑）
息税前利润	76.0
利息支出	8.3
税前利润	67.7
税费	20.3
可分配收益	47.4

其他信息：

目前每股（除息）价格（英镑）	2.25
最后一次每股股利（便士）	16
过去四年支付的每股股利（便士）	13、13.5、14、15
Trollope 公司的权益贝塔系数	1.15
国库券收益率（%）	5
市场回报率（%）	12

（1）基于上述信息，用以下估值方法计算 Trollope 公司的价值：

①市盈率估值；

②股利增长模型估值；

③贴现现金流量估值。

（2）讨论以上估值方法的特点。你推荐 Wrack 公司的董事会使用哪些方法？

（3）批判性讨论哪些因素会影响公司采用股票置换或发行债券获得现金来进行收购融资。

4. Goldblade 公司即将对 Membrane 公司发起收购。两个公司都属于轻工业制造行业。Goldblade 目前正在考虑该如何为收购融资。两个公司的信息如下所示：

利润表摘要

	Goldblade 公司 （百万英镑）	Membrane 公司 （百万英镑）
息税前利润	122	48
利息支出	49	18
税前利润	73	30
公司税收（税率 30%）	22	9
税后利润	51	21
股利	18	8
留存收益	33	13

资产负债表摘要

	Goldblade 公司 （百万英镑）	Membrane 公司 （百万英镑）
非流动资产	508	228
流动资产		
存货	82	34
交易性应收账款	66	30
现金	59	25
总资产	715	317
权益		
普通股（面值 50 便士）	80	46
留存收益	144	86
	224	132
长期银行借款	353	121
流动负债	138	64
总负债	715	317
目前股价（英镑）	3.65	2.03
年度最低价（英镑）	3.12	1.85
年度最高价（英镑）	3.78	2.47
行业平均负债率*（%）	40	

*负债率等于负债除以负债与所有者权益之和；其中，权益为市场价值，负债为账面价值。

Goldblade 公司预计，要获得 Membrane 公司的控股权，必须提供高出当前 Membrane 公司股价 20% 的溢价。Goldblade 公司长期借款成本为 10%。该公司正在考虑是用股票置换还是现金来为交易融资。

（1）如果采用股票置换，对 Goldblade 公司应采用的要约形式以及发行股份的数量提出建议。

（2）用以上资料，批判性地评估 Goldblade 公司更适合现金要约还是股票置换要约。

5. Magnet 公司正在拟议通过管理层收购（MBO）剥离部分业务。MBO 团队目前正在寻找风险资本为 MBO 提供资金。他们已与 Magnet 公司商定了 2 500 万英镑的价格协议，其中他们个人出资 500 万英镑，其余（2 000 万英镑）由风险投资者以长期无担保夹层融资的形式提供资金。

风险投资者表示，鉴于融资是无担保的，要求负债利率为 11％。MBO 团队的 4 名成员表示，他们打算每人领取 15 万英镑的年薪。MBO 团队刚刚向风险投资者提交了今后 5 年现金流量预测（不包括董事工资），该预测较为保守：

单位：万英镑

	第 1 年	第 2 年	第 3 年	第 4 年	第 5 年
预计销售额	678	682	723	751	802
现金流出	339	334	347	353	384
再投资			150		

新公司将在盈利当年按 20％的税率交纳公司税。第 3 年的 150 万英镑再投资将不能享受资本补贴。

根据以上信息，从现金流量的角度批判性地评估这项拟议的 MBO 是否可行，并考虑双方的财务要求和预测的销售额和成本。需要进行适当的计算。

参考文献和推荐阅读

第 12 章

风险管理

■ 12.1 利率风险与汇率风险

■ 12.2 内部风险管理

■ 12.3 外部风险管理

■ 12.4 期货合约

■ 12.5 期　权

■ 12.6 互　换

■ 12.7 利率风险和汇率风险管理问题

■ 12.8 政治风险

■ 12.9 结　论

学习目标：

通过学习本章，可以完成以下学习目标：

● 理解与利率和汇率风险有关的理论和实践问题。
● 理解管理利率和汇率风险的内部和外部方法。
● 能够根据当前风险的性质选择和评价适当的风险管理技术。
● 辨识风险管理技术的好处和成本。
● 理解政治风险对公司的重要性。

引　言

　　汇率风险管理和利率风险管理对于国际公司或使用负债资本的公司来说至关重要。汇率会发生波动，而借款的规模和复杂程度决定了公司要对利率风险进行对冲。

　　在本章中我们将讨论公司面临的几种不同类型的汇率风险和利率风险，还将讨论不同的风险控制和管理技术，包括越来越复杂的外部利率和汇率风险对冲衍生品。在本章的最后，我们还将讨论政治风险问题以及公司如何管理国际投资中的政治风险。

12.1　利率风险与汇率风险

　　越来越多的公司正在意识到管理或对冲利率和汇率风险具有很多潜在益处。最近发生的全球金融危机和英国脱欧带来的诸多不确定性，让公司财务管理者进一步聚焦风险管理问题。风险对冲管理对于公司的重要性，在很大程度上取决于利率和汇率的不利变动可能导致潜在损失的大小。利率风险敞口的损失取决于利率的波动性、公司杠杆比率和公司浮动利率的负债比例。20 世纪 70—80 年代，短期利率的收益率波动相对较大，公司对利率风险的管理需求也随之增加。利率在 1989—1990 年达到顶峰，到 1993 年有所下降，1993—2008 年稳定在 4%～7%。人们没有意识到**利率风险**（interest rate risk）对公司的重要影响是情有可原的，因为从 2008 年以来，3 个月的伦敦银行同业拆借利率（LIBOR）一直很低，最终低于 0.5%（实际利率为负值）。但是，套用一句老话，凡下降的都会上升！在英国利率问题上一个非常重要的事件是金融行为监管局在 2021 年底之前逐步取消 LIBOR。这是对 2012 年曝光的利率操纵丑闻的回应，利率操纵案表明 LIBOR 不可持续也不可靠。这正是专栏 12 - 1 的主要内容。

专栏 12 - 1

LIBOR 的替代方案开始产生影响
大型机构已经发行 Sofr 和 Sonia 等新基准债券

乔·伦尼森（Joe Rennison）

　　正当美国金融行业处于昏昏欲睡的夏季，交易员正在准备去度假的时候，人们开始感受到全球金融市场的震荡。

金融行业及其监管机构在进行了多年的磋商之后，启动了一个替代现在不光彩的伦敦银行同业拆借利率（LIBOR）的基准利率计划。

7 月份，美国政府抵押贷款机构房利美（Fannie Mae）发行了 60 亿美元的债券，与被称作"有担保隔夜融资利率"（Sofr）的新利率挂钩。随之世界银行在 8 月份发行了 10 亿美元的债券，而瑞士信贷银行成为第一家发行与 Sofr 挂钩的负债的商业银行。美国银行美林证券利率分析师马克·卡巴纳（Mark Cabana）说："最近的发行行为确实刺激了市场，在那些还不能以 Sofr 为基准利率进行交易使自己系统升级的市场参与者座位下点了一把火。如果 Sofr 发行持续增长，这只能进一步推动 LIBOR 退场。"世界银行资本市场总监乔治·理查德森（George Richardson）说得更为直白："转向 Sofr 必将发生。"

全球不同地区也都在跟进此事制定自己的新的利率基准。在欧洲投资银行率先使用改革后的利率基准 Sonia 出售 10 亿美元债券之后，英国劳埃德银行集团也用新基准出售了 7.5 亿美元的负债。

推动基准改革的银行家警告说，要完全摆脱 LIBOR 很不容易。"它存在于潜意识里。"巴克莱银行美国利率现金交易主管克理斯·科内塔（Chris Conetta）说。

在发生操纵丑闻后，LIBOR 名誉扫地，业内银行家们被监禁和罚款。导致操纵案的部分原因是与利率挂钩的实际交易太少了。尽管有数万亿美元贷款、衍生品和其他证券在支付着利息，但利率本身在很大程度上是大银行借贷成本的衡量标准，是银行自己对借入现金所需支付成本的估计，而不是真实交易价格。

Sofr 是一个基于实际交易的广泛用于国库券抵押隔夜现金借贷成本的计量工具。

尽管与 LIBOR 挂钩的交易量持续下降，但该基准仍然与资本市场的基本构造和机构现金借贷方式交织在一起。根据美联储成立的替代参考利率委员会（Alternative Reference Rates Committee）的数据，仅在美国，LIBOR 支撑着价值 200 万亿美元的金融合约——主要是衍生品。

世界银行发行了 Sofr 挂钩的互换合约后，实际上利用衍生品改变了向 LIBOR 支付利息的状况，这种情况非常普遍。法国兴业银行（Société Générale）美国利率战略主管苏巴德拉·拉贾帕（Subadra Rajappa）说："这涉及问题的核心，金融体系的 DNA 最终必须转换为 Sofr。"

尽管业内很多人都这样认为，但障碍依然存在。目前还不清楚 LIBOR 还会存在多久。英国监管机构已经表示，在 2021 年后不再强制银行继续使用 LIBOR。如果有足够多的银行继续采用 LIBOR，那么转向 Sofr 的紧迫性就会降低。相反，它们只是简单地让现有 LIBOR 挂钩的合约到期，然后签订 Sofr 挂钩的合约。

但是如果 LIBOR 消失得更快些，就会出现另一个问题：那些以已失效利率为参考的合约该如何是好呢？行业团体正在研究"备用语言"，以便在 LIBOR 停止发布之后为 LIBOR 合约引入一种新的利率参考方法。

在这些细节敲定之前，金融机构很难确定是现在使用 Sofr 更好，还是等待更有利。卡巴纳说："我认为很多人现在还没有被迫放弃 LIBOR。这些问题一旦得到解决，人们会更好地做出决定。"

但情况还是乐观的。投资者对当前新利率挂钩债券偏爱有加。巴克莱银行成为第二家发行 Sofr 挂钩债券的银行，它还为房利美交易提供了担保，据熟悉这一交易的人士称，该公司计划发行最多 1 亿美元的负债，但由于投资者需求旺盛，最终出售了 5.25 亿美元的负债。

我们已经看到新衍生品合约迅速增加，预计年底前会有进一步发展。拉贾帕说，交易活动带动了更多交易，债券越多则衍生品越多，衍生品数量越大则债券出售越容易。

科内塔也预计 Sofr 会成长。他说："根据我们所看到的投资者对交易的需求，以及这些交易所引发的话题数量，我预计未来它应该是一个非常强大的发行渠道。"

 资料来源：Rennison, J.（2018）'Alternatives to Libor begin to make an impact', *Financial Times*, 1 October.

问题：

1. 为什么金融行为监管局要逐步取消 LIBOR？

2. 取消 LIBOR 对公司利率风险管理会产生哪些影响？

自 20 世纪 70 年代初以来，汇率风险大大增加，当时布雷顿森林体系崩溃导致主要货币彼此相互浮动。世界贸易的持续增长意味着几乎所有的公司现在都涉及以外币计价的交易。英国在外汇活动中发挥着重要作用，2016 年占全球市场的 36.9%（美国为 19.5%）。根据国际清算银行的数据，到 2016 年 4 月，年度的日成交量为 5.07 万亿美元，其中现货交易为 1.65 万亿美元，远期和衍生品交易为 3.42 万亿美元。汇率风险增加和日益增长的世界贸易意味着外汇风险管理对公司来说越来越重要。那些没有被对冲的不利汇率变动会使外汇交易的收益化为乌有，或导致公司陷入财务困境。外汇收益和损失的显性程度也被认为是汇率风险管理日益重要的一个原因（Demirag and Goddard，1994）。

理解利息和汇率管理的一个最简单方法就是把它们当作一种保险形式，即公司对不利的汇率变动和利率变动投保，就像个人为人身伤害或个人财产的损失投保一样。

☐ 12.1.1 利率风险

一个公司最常面临的利率风险来自高占比浮动利率负债。在这种情况下，利率波动的后果之一是使未来现金流量预测和规划变得更加困难。更严重的是，高占比浮动利率负债的公司承担不了利率急剧上升的压力，因为大幅提高利率支付不利于现金流量，也会增加财务风险。在极端情况下，利率急剧上升可能会增加破产的可能性（财务风险和破产风险已在第 9 章讨论）。

固定利率负债占比高的公司也有利率风险，需要关注未来利率会急剧下降的可能。与浮动利率负债多的公司相比，固定的利息支付会使公司丧失竞争优势。浮动利率负债较多的公司可能支付更少的利息，从而增加当期经营活动的盈利能力，而且由于财务风险降低，公司资本成本将下降，未来接受更多有吸引力项目的数量也会增加。

不仅有负债的公司会面临利率风险，有债权的公司也会面临利率风险。比如，一个把闲置现金投资于货币市场浮动利率产品的公司就面临着利率下降的风险，而购买了固定利率债券的公司则面临利率上升的风险。

在现实中，利率风险可能并不像上述例子那么明显。**基准风险**（basis risk）和**期限错配**（gap exposure）风险才是公司可能面临的更微妙的利率风险。

基准风险

假设一个公司拥有相当规模的浮动利率资产及负债，因此将同时收到和支付利息。乍一看公司可能没有什么利率风险。然而，如果这两个浮动利率所依据的基准利率不同（例如，一个与 LIBOR 挂钩，而另一个不是），其变动就不太可能同步：当一边的利率增加时，另一边的利率变化可能会有所不同。

期限错配风险

甚至有更微妙的情况：一个公司拥有规模匹配的资产和负债，浮动利率的基准也相同，例如都以 LIBOR 为参照，如果借款利率每 3 个月调整一次，而资产的利率每 6 个月调整一次，利率风险仍然有可能存在。

12.1.2　即期汇率和远期汇率

在研究不同类型的汇率风险之前，我们先讨论汇率本身。在现实中汇率形式有许多，不仅有不同货币之间的买入汇率和卖出汇率，还有不同时间点上同一种货币的不同汇率。我们用英镑和美元汇率来举例说明：

美元即期汇率	1.736 8～1.737 2
1 个月美元远期汇率	1.744 5～1.745 5
3 个月美元远期汇率	1.758 0～1.759 7

即期汇率是指立即购买或出售某种货币的汇率。较高的即期汇率（1.737 2）是买入汇率（得到 1 英镑所必须放弃的美元），而较低的即期汇率（1.736 8）是卖出汇率（放弃 1 英镑所得到的美元），两者之差被称作价差。频繁交易的主要货币的价差一般很小。

远期汇率，即可以在未来特定的日期以固定的买入价格和卖出价格进行结算和交割。远期汇率实际上是未来即期汇率的市场平均估值，它的准确程度取决于外汇市场对未来即期汇率预测的有效程度。

远期汇率是当前即期汇率的升水（溢价）或贴水（折价）。在上面的例子中，1 个月和 3 个月的远期汇率都高于即期汇率。因为预期美元未来的价值会减少，所以远期汇率相对当前的即期汇率有一个贴水。因此我们可以看到，外汇市场预期英镑对美元升值（也就是说，市场预期未来用 1 英镑可以买到更多的美元）。

12.1.3　汇率风险

汇率风险可以分为**交易风险**（transaction risk）、**折算风险**（translation risk）和**经济风险**（economic risk）。

交易风险

公司由于进口或出口原材料、商品或服务而在未来可能会支付或收到一定金额的外币。交易风险是指这些外币交易中支付或收到本国货币的金额由于汇率变化而发生变化的风险。以下是一个交易风险的例子。

例题 │ 交易风险

一个英国公司向一个德国客户出售一辆 22 000 欧元的汽车，并给客户 3 个月的信用期。即期汇率为 1.124 欧元/英镑，公司预期收到 22 000/1.124＝19 573 英镑。如果德国客户 3 个月后付款，而这一期间汇率变为 1.208 欧元/英镑，则英国公司把欧元兑换为英镑时只有 18 212 英镑。这比目前汇率下的英镑价值少收了 7%。

因此，未来收外币的公司应该关注本币对外币升值的风险，而未来付外币的公司则应该关注本币对外币贬值的风险。

折算风险

在合并财务报表时，外国子公司以外币计价的资产和负债需要折算为本国货币合并计入资产负债表。以外币计价的利润表项目也需要进行折算与合并。折算风险是指母公司把外国资产、负债和利润折算为本国货币时，由于汇率变动而可能出现的损失或收益。此外，财务报表的合并可能导致公司违反贷款契约（如最高负债比率）的风险。虽然折算损失或收益值只是纸面上的数字，实际现金流量不会变化，但是这些数字可能会影响投资者和金融机构对公司财务健康状况的评价和意见。然而，正如巴克利（Buckley，2003）所指出的，折算风险只是对外币资产和负债在合并报表时的一个会计处理，并不表示货币波动对公司价值的实际影响。以下是一个折算风险的例子。

例题 │ 折算风险

假设一个英国公司用 150 万美元的价格在美国收购了一家酒店，以英镑借款融资。按照当时 1.737 美元/英镑的汇率借入 863 558 英镑。一年以后，该酒店价值仍为 150 万美元，但当前汇率为 1.796 美元/英镑。为酒店收购而融资的英镑负债不变（863 558 英镑），但是合并后，酒店的价值已经下降到 835 189 英镑。

经济风险

经济风险是指长期汇率变动对公司国际竞争力或未来现金流量现值可能造成伤害的风险。相比于交易风险和折算风险，经济风险更为常见。虽然公司可以通过避免外币交易和不从事外国经营业务来避免交易风险和折算风险，但经济风险几乎不可能避免。由于这种风险具有持续性，因为也很难被对冲。

例题 │ 经济风险

假设一个英国公司完全在英国经营，在国内市场购买原材料并销售产品。虽然没有任何交易风险或折算风险，但在国内市场上却面临一个美国公司的竞争。如果英镑对美元升值，那么美国公司用美元计价进口产品的英镑成本降低，这家英国公司将失去自己的竞争优势。

现在已经探讨了公司可能面临的一系列的利率风险和汇率风险，以下我们研究公司的风险管理方法。

12.2 内部风险管理

内部风险管理指的是通过构建公司的资产和负债来对冲利率风险或汇率风险。内部风险管理比外部风险管理的成本小，因为外部风险对冲会产生一系列的成本和手续费费用，我们后面会看到这些内容。然而，有几个因素限制了内部风险管理对冲范围。

12.2.1 利率风险的内部管理

一般来说有两种内部对冲方法可以用于管理公司的资产负债表中的利率风险。

利率平滑

利率平滑是指公司借款利率在固定和浮动之间保持平衡。如果利率上升，浮动利率贷款变得相对昂贵的劣势将被固定利率贷款价格较低的优势所抵消。如果利率下降，固定利率贷款变得相对昂贵的劣势将被浮动利率贷款价格较低的优势所抵消。这种对冲方法有一个不足，减少了公司利用固定利率相比浮动利率好的比较优势，反之亦然（比较优势的讨论见本书12.6.1节"利率互换"）。此外，一个公司会发生两种交易，也会发生协议成本。

资产负债匹配

这种对冲方法要用同一个利率对资产和负债进行内部匹配。假设一个公司有两个子公司。一个子公司以 LIBOR 在货币市场进行投资，而另一个子公司在同一个货币市场以 LIBOR 利率借款。如果 LIBOR 上升，一个子公司的借款成本增加而另一个子公司的投资回报增加，资产回报率和负债利率是匹配的。这个方法存在一个问题，对于商业和工业公司来说，可能资产和负债很难在规模和性质上匹配，因为许多公司在支付金融负债利息的同时，很少获得金融资产的收益。银行等金融机构广泛使用匹配方法，因为这些机构可以从预收的利息中获得大量利润。

12.2.2 汇率风险的内部管理

有一些技术可以应用于汇率风险的内部管理。在内部进行交易风险和折算风险对冲比经济风险对冲更容易，因为经济风险较难量化，而且发生时暴露的时间也长。

资产负债匹配

匹配的资产和负债可以降低公司的折算风险或交易风险。例如，为了减少折算风险，公司在购买外币计价资产时，借入相同外币的资金，如果可能的话，还可以将负债期限与资产预期经济寿命匹配起来。当汇率波动时，资产和负债的折算价值同步增减。例如，一个英国公司在美国销售商品，以美元计价，为了减少交易风险，它可以通过一个英国供应商进口原材料，以美元支付货款。

净额清算

利用这种内部对冲技术，公司先将外币交易进行轧差，再对冲轧差净额进行汇率风险对冲。这种技术被拥有外国子公司的跨国公司和分权式金融交易的大型机构所使用。

假设一个英国公司有一个法国子公司。英国公司预计3个月内要向供应商支付500万美元，而法国子公司在3个月内将收到客户的700万美元。如果在集团层面汇集这些信息，就可以确定3个月后有200万美元（700－500）的净敞口，再采用外部方式对冲。这样对冲的成本小于英国公司及其法国子公司各自对冲500万美元和700万美元的货币敞口。

提前或延迟结算

这种技术是指在给予的信用期开始（提前）或结束后（延迟）时结算外币账户的做法。选择提前结算还是延迟结算将取决于公司对未来汇率走势的预期。例如，一个英国公司用美元支付商品货款，若预期英镑兑美元将升值，这样的话应该延迟付款。虽然提前或延迟付款并非是严格意义的对冲，但是当公司存在外币应付账款而面临外币交易风险时，可以使用这种对冲方式。

以本国货币结算

出口商品公司可以用本国货币结算而不采用对方公司的货币结算。这样会将交易风险转移给外国客户。但这种方法可能会将潜在客户挡在门外，因为客户会将订单转给以本币结算的公司。

12.3 外部风险管理

在认识到公司内部的风险管理方法可以对冲有限的风险之后，现在我们来研究公司可以使用的外部对冲方法。对冲利率风险和汇率风险最有效的两种外部管理方式是远期合约和货币市场对冲（在货币市场进行借贷）。公司也可以使用多种衍生工具，包括**期货合约**（futures contracts）、**期权**和**互换**（swaps）。衍生工具可以分为标准化衍生工具和银行创建的**场外**（over-the-counter）衍生工具。

12.3.1 用远期合约对冲

远期合约有两种类型。远期利率合约（FRA）能使公司事先商定在一定时期内基于名义本金的借款利率或存款利率。这个合约本身是有约束力的，但接受FRA的公司不需要获得FRA提供方的贷款。远期汇率合约（FEC）能使公司事先商定某一数量外币未来的汇率，从而在约定日期交付外币或购买外币。远期合约一般与银行签订，是不可转让、具有法律约束力的合约。

远期合约的一个优点是可以定制公司要求的期限和金额。在这一点上不同于其同类产品——金融期货合约。远期合约不是标准化合约，因此不能拿来交易。虽然有初始手续费，但不需要支付金融期货那样的保证金，也没有**交易型期权**（traded options）那样的期权费。

只在合约执行日发生现金流量。虽然可以免受利率或汇率不利变动的损失，但是远期合约的约束力也意味着公司无法获得汇率和利率有利变动所带来的任何可能的收益。

例题 | **远期利率合约**

一家公司想在 3 个月后借款 560 万英镑，期限为 6 个月。目前的利率为 6%，该公司担心 3 个月后利率可能会上升，决定采用远期利率合约（FRA）对冲该风险。银行承诺 3 个月后为该公司提供 6 个月期限名义本金 560 万英镑的贷款，利率为 6.5%（也称为 3 v 9 FRA）。如果 3 个月后利率上升到 7.5%，公司将为 560 万英镑贷款支付 7.5% 的利息，比 FRA 约定的利率高出了 1%。银行将向公司支付 28 000 英镑的补偿金（1%×560 万英镑×6/12），以弥补提高了的公司借款成本。如果 3 个月后利率下降到 5%（低于协议利率 1.5%），公司则必须向银行多支付 42 000 英镑（1.5%×560 万英镑×6/12）。

12.3.2 利用货币市场和欧元市场对冲

公司也可以利用货币市场和欧元市场对冲利率风险和汇率风险。这些对冲交易也称为**现金市场对冲**（cash market hedges）。

假设某公司想在 3 个月以后借入 6 个月期限的 100 万英镑，但公司担心利率会上升。公司现在可以在货币市场借入 9 个月期限的 100 万英镑，并在货币市场存 3 个月。如果在贷款之前的 3 个月内利率上升，公司将支付更高的贷款利息，但也会从货币市场获得更高的储蓄利息。

利用欧元市场对冲汇率风险更复杂一些，需要建立与实际交易现金流相反的一笔外币交易。下面用一个具体的例子来说明。

例题 | **货币市场对冲**

一家公司预计在 3 个月后收到货款 180 000 美元，希望将汇率锁定在当前汇率 1.65 美元/英镑。公司担心英镑对美元升值，为了建立货币市场对冲，现在借入一笔美元负债。按当前即期汇率把美元换成英镑，并将英镑存入货币市场。当美元负债到期时，公司正好收到美元货款并可以用来偿还美元负债。如果美元借款的年利率为 7%，则 3 个月美元借款利率为 1.75%，即 7%×3/12。假设现在借入美元 Z，那么：

$$Z×1.017\,5=180\,000(美元)$$

所以：

$$Z=180\,000/1.017\,5=176\,904(美元)$$

如果按照即期汇率计算，这些美元的英镑价值为：

$$Z=176\,904/1.65=107\,215(美元)$$

如果英镑的年存款利率为 6%，则 3 个月的英镑存款利率为 1.5%，那么 3 个月后这些英镑的价值为：

$$107\,215×1.015=108\,823(英镑)$$

可以与远期合约相比较，从而确定哪种对冲方法收益最大。在比较时应该始终保持时间点的一致性。

12.4 期货合约

期货合约可以定义为在一个确定的未来日期以双方商定的价格购买或出售标准数量的指定金融工具或外汇的协议。

金融期货类似于交易型期权（见本书 12.5.2 节），两者都是标准化合约，但金融期货是一个有约束力的合约，它锁定了一个商定的利率和一个商定的交易规模，买方必须执行合约。当公司签订期货合约时，它必须向期货交易清算所缴纳初始保证金，为合约价值的 1%～3%。例如，3 个月期限 500 000 英镑利率期货合约的保证金为每份 1 500 英镑。期货合约已锁定了利率或汇率，但它们实际上每天都在变化，而这些变化带来的损益计入公司保证金账户，或从保证金账户扣除。保证金账户现金流变动按市值计价。如果初始保证金低于规定的安全水平，清算所就会要求追加保证金以达到安全水平。

金融期货于 1972 年首次在美国的芝加哥商品交易所（CME）进行交易。2007 年，美国国际（Merc）收购了 CME，成立了世界上最大的衍生品交易所 CME 集团。在英国，伦敦国际金融期货交易所（LIFFE）成立于 1982 年，用来交易期货合约。1992 年，LIFFE 与伦敦交易型期权市场（LTOM）合并，形成了一个统一的英国衍生证券市场。LIFFE 在 2002 年被欧洲交易所收购，更名为欧洲交易所 LIFFE，2007 年与纽约交易所合并为纽约欧洲交易所。2013 年，纽约欧洲交易所被美国的州际交易所集团收购，随后该集团在 2014 年通过 IPO 将欧洲交易所分拆出来，保留的 LIFFE 重新命名为 ICE 欧洲期货交易所。

关于利率风险和汇率风险的金融期权对冲机制，举例说明如下。

12.4.1 用期权合约对冲利率风险

在对冲利率风险时，若要防范利率下降，就应该买入期货合约，而防范利率上升则应该卖出期货合约。利率期货合约的周期为 3 个月（3 月份、6 月份、9 月份、12 月份）。英镑利率风险最常用的两种对冲合约是 3 个月 LIBOR 短期利率合约（STIRs）和长期金边债券。前者的名义面值是 500 000 英镑，后者合约规模是 100 000 英镑。期货以名义利率作为定价标示，即 100 减去指定利率（例如：期货合约价格为 93，对应利率为 7%）。期货合约的盈亏根据这个名义价格的变化来确定。合约价格变化以**点**（ticks）为计算单位，一个点即为一个变动基点（basis point）或者合约价格的 0.01%。以 3 个月期限 500 000 英镑的卖空合约为例，一个点的价值相当于 12.50 英镑（500 000×0.000 1×3/12）。

例题 / **使用利率期货**

一家公司计划在 3 个月后借入 500 000 英镑，期限为 3 个月，但是公司预计未来利率会高于目前的利率 10%。为了对冲其头寸，公司以 90（即 100－10）的价格出售了一份 500 000 英镑的利率合约。

假设 3 个月后利率上升了 3%，合约价格也同步上升。合约卖方现在可以买入一份合约轧平自己的头寸合约价格为 87（即 100—13）。合约价格变动为 300 点（3/0.01）。

通过买卖期货而获得的收益＝300×12.50＝3 750（英镑）

这个收益补偿了公司 3 个月后 500 000 英镑借款的较高成本，即 3 750 英镑（1 500 000×0.03×1/4）。由于合约价格变动与利率变动完全一致，因此完全抵消了升高了的借款成本，从而构建了一个完美利率风险对冲。

上面例子的假设不太现实，即利率变动与期货价格的变动一致。在实践中这是不太可能的，因为期货市场像其他金融市场一样都存在定价的非有效性问题。因此期货合约存在着所谓基差风险。例如：3 个月 LIBOR 为 6%，当前 3 个月期限的 LIBOR 期货合约价格为 93.46。假设我们希望期货合约的价格为 94.00。94.00 和 93.46 之间的差就是基差风险，在本例中为 0.54%或者 54 个基点。在未来 3 个月内这一基差风险将逐渐减少（假设为线性下降，则每月下降 18 个基点），直到合约到期时消失。很明显这将影响对冲效率。回到之前的例子，现在假设期货合约的实际定价为 89.54 而不是 90。如果利率上升 3%，期货合约价格下降到 87。那么投资者将获得收益 254 个点（89.54—87），价值 3 175 英镑（12.50×254）。而现货市场的损失为 3 750 英镑，对冲效率为（3 175/3 750）×100＝85%。基差风险也会发生反向作用，使对冲效率超过 100%。

□ 12.4.2　用期货合约对冲汇率风险

由于需求不足，LIFFE 在 1990 年停止了英镑**货币期货**（currency futures）合约。然而，欧洲交易所接管 LIFFE 后，在阿姆斯特丹交易所推出了欧元/美元货币期货。虽然新加坡交易所（SGX）也效仿停止了英镑货币期货合约，但 CME 还有这些合约。

例题　使用美元货币期货

现在是 1 月 1 日，一家英国公司预计将在 3 个月后收到货款 300 000 美元。由于担心英镑对美元升值，公司决定使用 CME 交易型货币期货对冲交易风险。

货币即期汇率（美元）	1.54～1.55
英镑远期价格（4 月 1 日）（美元）	1.535
标准期货合约的规模（英镑）	62 500

首先确定是应该购买还是出售期货合约。鉴于持有期货合约（通常称为**多头**（long position））可以在未来被交付某种外国货币，在本例中外币为英镑，公司应该买入英镑期货（US sterling futures）。这样就能够用预期收到的美元兑换为英镑。期货报价是购买一个单位的外国货币所需支付的美元金额。将预期收到的美元按货币期货确定的汇率折算为英镑，即：

300 000 美元/1.535＝195 440 英镑

所需合约数＝195 440/62 500＝3.13

因此，公司可以购买 3 份合同，用 287 813 美元（187 500×1.535）换取 187 500 英镑（62 500×3）。由于公司将收到 300 000 美元货款，所以还需将剩余的 12 187 美元以远期汇率卖出，或者 3 个月以后以即期汇率卖出。我们可以看到，公司已经锁定了一个指定汇率（1.535 美元/

英镑），并且已确认从未来的美元收入中获得的英镑金额以及剩下（可能）的 12 187 美元。在这个例子中，公司用了 3 个合约对冲了大部分风险，但要实现完美对冲则需要 3.13 个合约才行。

□ 12.4.3　用期货进行风险对冲的优点和缺点

作为一种管理方法，我们应该研究金融期货风险对冲策略的优点和缺点。期货的一个优点是不需要像期权一样先付期权费，尽管也需要先将一笔金额存入保证金账户。另一个优点是不像远期合约一样不可交易，而是可以在二级市场上买卖。这得使得期货价格透明，因为价格是由期货市场而不是由金融机构确定的。最后，由于每日按市价计价，因此利率和汇率变动的收益会立即计入公司的保证金账户。

期货的最大缺点是不能像期权那样使公司受益于利率和汇率的有利变动。期货是标准化合约，因此很难找到一个规模与期限完美契合的对冲工具。这在我们之前的例子里得到了解释说明，用 4 个货币期货合约会对冲过度，而用 3 个货币期货合约则对冲不足。至于成本，虽然不需要支付期权费，但仍需对付初始保证金。当利率和汇率出现不利变动时，要求的保证金可能也会变动。最后要强调的是，如果汇率和利率变动与期汇价格变动不能完全同步，就会存在基差风险，这会反过来影响期货合约的对冲效率。

12.5　期　权

货币期权和利率期权都赋予了其持有人以指定利率借贷，或者以指定汇率买卖外币的权利，但不是义务。这种灵活性使期权持有人能够从利率和汇率变动中受益。然而这个选择权是要付出代价的，就是期权费。这是一笔在取得期权时就要支付的不退还费用。公司可以用来对冲风险的期权有两种：场外期权和交易型期权。

□ 12.5.1　场外期权

场外期权（OTC）从银行等金融机构购买，是为满足公司要求而量身定做的期权。场外期权可以分为**封顶期权**（caps）、**保底期权**（floors）和**领子期权**（collars），均指定本金数额、期限和特定币种或者利率。

对封顶期权来说，如果指定利率超过预设利率，超出的部分由金融机构支付，从而保证或封顶了公司所要支付的利率。此外，如果英国公司想在未来将美元转换成英镑，也可以购买封顶期权。例如，公司指定了一个汇率上限 1.5 美元/英镑，如果汇率升到 1.67 美元/英镑，公司就可以执行该上限，以更优惠的价格 1.5 美元/英镑从银行兑换英镑。

对保底期权来说，如果指定利率低于某个利率，金融机构要向公司支付差额。保底利率能够保证让收取浮动利率收益的公司获得一个最低收益。同理，如果英镑相对某种货币贬值，保底期权也能为在未来购买外币的英国公司锁定一个最低价格。

领子期权是封顶和保底期权的组合，适用于希望将利率或汇率保持在上限和下降之间的公司。与单独使用封顶期权或保底期权相比，领子期权成本较低。例如，一家从事浮动利率业务的公司购买了一个领子期权，利率在 3%～5%。公司支付期权费后从银行购买了 3% 的保底期权，同时向银行卖出一个 5% 的封顶期权并收取期权费。由于任何超过 5% 的利率收益都要支付给银行，所以领子期权比保底期权更便宜。相反，对于希望将公司借款利率保持在上限与下限之间的公司来说，领子期权可以将买入上限和卖出下限结合起来。

□ 12.5.2 交易型期权

交易型期权与场外期权一样，除了本金和指定的到期日是标准化的之外。标准化合约可以在二级市场买卖。世界上最早的期权交易市场是芝加哥期权交易所（CBOE），可以交易股票、利率和货币期权，现在是 CME 集团的一部分。在英国，货币、股票和利率期权在伦敦的 ICE 欧洲期货交易所进行交易。

交易型期权的到期日以 3 个月为一个周期（3 月份、6 月份、9 月份和 12 月份），标准交易规模，以 ICE 欧洲期货交易所为例，3 个月英镑利率期权为 500 000 英镑。交易型期权有两种：一种是看跌期权，具有出售货币或者以固定利率贷款的选择权；另一种是看涨期权，具有购买货币或者以固定利率借款的选择权。看跌期权和看涨期权可以再分为**美式期权**（American options）和欧式期权，前者可以在到期日前和到期日行使期权，后者只能在到期日行使期权。

□ 12.5.3 用交易型期权对冲利率风险

在 ICE 欧洲期货交易所进行交易的利率期权合约的**标的**（underlying）资产是期货合约。因为期货合约的头寸可以通过买入或者卖出合约进行平仓，而现货市场交易需要交割。图 12-1 显示了购买或出售看跌和看涨期权的损益，其中 K 是期货的买入或卖出**执行价格**（strike price），P 是购买期权时支付的期权费或出售期权时收到的期权费。

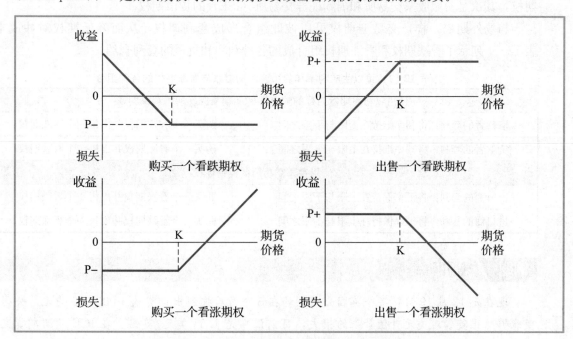

图 12-1　用期货作为标的资产的利率期权损益

图 12-1 显示，出售看涨及看跌期权的下行风险（即损失的风险）是无限的。因此，建议公司在对冲商业交易的风险时，只买入看跌期权和看涨期权（不包括领子期权），因为这样能将公司的下行风险损失限制在初始期权费上。

例题 / **使用利率期权**

现在是 12 月 15 日，一个公司想在 3 个月后借款 2 000 000 英镑，期限为 3 个月。3 个月 LIBOR 的利率为 6%，公司希望防范利率上升的风险。为了保证借款有效利率为 6%，公司购买了 4 份 3 月 15 日到期的 LIBOR 英镑看跌期权，每份合约为 500 000 英镑，执行价格为 94。公司支付每份合约的期权费为 0.17，即每份期权合约的成本是 17 点。一个点的价值为 12.5 英镑，这意味着每份合约的成本为 212.50 英镑（17×12.50）。因此公司 4 份期权合约的成本是 850 英镑。

到 3 月 15 日，如果利率上升到 8%，公司可以行使期权，以 94 出售期货合约。假设没有基准风险（见本书 12.1.1 节），期货价格会跌到 92（即 100－8），那么公司以 92 买入，以 94 卖出，获得收益 2%。这意味着每份合约获得收益 200 点，以一个点价值 12.50 英镑计算，4 份合约的收益为 200×12.50×4＝10 000（英镑）。这正好抵消了增加的借款成本 2%，即 2%× 2 000 000×1/4＝10 000（英镑）。850 英镑的期权费支出保证了以最高 6% 的利率借款。如果在 3 月 15 日利率下降到 5%，该公司应该会让这些期权合约过期，而以较低的市场利率 5% 借款。公司的损失仅限于支付的期权费 850 英镑。

12.5.4 用交易型期权对冲汇率风险

货币期权于 1982 年首次在费城股票交易所进行交易。1985 年，伦敦交易型期权市场开始进行货币期权交易，但由于缺乏人气，在 1990 年停止了交易。最重要的货币期权是 CME 的期权，其次是费城股票交易所和国际证券交易所（ISE）的货币期权。

与场外期权一样，交易型期权可以彼此组合形成套利期权，从而降低期权对冲成本。表 12-1 列示了看跌期权和看涨期权组合成的各种利率和货币的套利合约。

表 12-1 可以生成利率和货币套利的看跌与看涨期权的各种组合

使用以利率期货为标的的 ICE 欧洲期货交易所的利率期权	
借款者的套利：将利率维持在上限与下限之间	购买一个看跌期权并出售一个看涨期权
贷款者的套利：将利率维持在上限与下限之间	购买一个看涨期权并出售一个看跌期权
使用美国交易所的英镑期权	
出口商的套利：将汇率保持在上限与下限之间	购买一个看涨期权并出售一个看跌期权
进口商的套利：将汇率保持在上限与下限之间	购买一个看跌期权并出售一个看涨期权

例题 / **使用汇率期权**

现在是 12 月 19 日，某个英国公司预计在 3 个月后收到出口货款 1 000 000 美元。公司希望能够防止英镑对美元升值带来的损失，目前汇率是 1.65 美元/英镑。在 ICE 欧洲期货交易所没有英镑货币期权，所以公司只能使用美元货币期权。公司决定使用以期货合约为标的的资产的 CME 英镑货币期权。合约规模为 62 500 英镑，要求用货币交割。从美元角度来看，英镑是外币，因此公司将购买看涨期权，使公司具有以 1.65 美元兑换 1 英镑的价格用美元购买英镑的权利，但不是义务。为了计算需要多少份合约，可以把未来收到的美元收入按照期权执行价格换算成英镑，为 606 061 英镑（1 000 000/1.65），然后除以标准合约规模，得到合约份数为 9.7（606 061/62 500）。由于合约规模是标准化的，因此不能实现一个完美的风险对冲。公司要么购买 9 份合约进行部分对冲，要么购买 10 份合约进行过度对冲。行使期权时美元的不足或者超出金额可以通过远期外汇合约或货币现货市场来解决。假设，公司决定购买 10 份合约。

如果执行价格为 1.65 美元，3 个月英镑看涨期权目前的交易价格是 7 美分/英镑，10 份合约的总成本为：

$$62\,500 \times 10 \times 0.07 = 43\,750\,(\text{美元})$$

通过购买执行价格为 1.65 美元的 3 个月英镑看涨期权，在最坏的情况下，公司将以 1.72 美元兑英镑的价格（即 1.65 美元加期权费 7 美分）将美元兑换为英镑。如果 3 个月之后即期汇率低于 1.65 美元/英镑，公司会让期权过期，并在**即期市场**（spot market）将美元兑换为英镑。

相反，如果公司有进口商品而需要在 3 个月内买入美元，它应该购买英镑看跌期权，取得以预设汇率卖出英镑获得美元的选择权。

□ 12.5.5　交易型期权价格的影响因素

期权费的确定是一个复杂的过程，因为影响因素很多。这些影响因素如下所示。

执行价格

在利率期权合约中，规定的执行价格越高，看涨期权的价格就越低，相应的看跌期权的价格就越高。例如，贷款利率 10% 的看跌期权比贷款利率 8% 的价格要高。同样地，以 1.5 美元/英镑的价格出售美元的看跌期权，比 1.3 美元/英镑出售美元的看跌期权价格要低。

利率和汇率的变化

利率上升会增加利率看涨期权的价值，但会减少利率看跌期权的价值。例如，如果利率从 11% 提高到 13%，那么以 12% 利率借款的看涨期权的价值会增加。同样地，如果英镑对美元贬值，那么以 1.5 美元/英镑出售英镑的看跌期权就会涨价。

利率和汇率的波动性

如果利率和汇率不稳定，那么不管是看涨期权还是看跌期权都会有更高的价值，因为波动性越大，意味着期权持有者的潜在收益越大，而期权卖方的潜在损失越大，因此收取越高的期权费。

期权到期时间

期权距离到期日的时间越长，它的价值越大，因为公司能在较长的时间内对冲利率和汇率的不利变动。如同认股权证一样，期权的价值可以分为两个部分：

内在价值＋时间价值＝总价值

期权的内在价值是指立即行使期权时的价值。如果当前美元和英镑的汇率为 1.5 美元/英镑，那么执行价格为 1.7 美元/英镑的英镑看跌期权就具有内在价值，而执行价格为 1.3 美元/英镑的同类期权就没有内在价值。前者是价内期权，后者是价外期权。

如果一个期权成为价外期权，因此没有了内在价值，它可能仍然具有时间价值。例如，执行价格为 1.3 美元/英镑的看跌期权，这个期权没有内在价值，但如果距到期日还有 3 个月的时间，就还有可能发生汇率降到期权执行价 1.3 美元/英镑。因此，时间价值与期权到期前剩余的时间成正比，合约开始生效时期权的时间价值最大，而当合同到期时期权的时间价值最小（为 0）。

□ 12.5.6 期权对冲风险的优点和缺点

期权对冲风险不是最便宜的方法，还要支付期权费。但是期权有一个很大的优点，就是为持有者提供了从汇率和利率的变动中获益的机会。

在两种情况下用期权进行风险对冲应该是有益的。第一种情况是，公司预期会发生某项交易，但不能肯定会发生。例如，公司计划在未来借钱，或者正在投标一个外国合同。如果交易没有发生，公司可以让期权过期，也可以把它出售给别人，如果它还有价值的话。第二种情况是，公司预期利率或汇率会向某个方向变动，但也认为可能会反方向变动。期权可以使公司在利率出现有利变动时获益。

除了成本高之外，期权也很难建立一个与公司风险敞口期限和规模完全匹配的对冲。与期货一样，这个问题是交易型期权合约标准化特征所造成的。在对冲大额非标准风险敞口时，使用场外期权可能更好。

12.6 互 换

货币互换（currency swaps）市场是在 20 世纪 80 年代初发展起来的，以方便跨国公司进入国际资本市场。在国际资本市场，公司以工具货币（它们可以借入相对便宜的但不是所需债务的币种）筹集资金，并以低于直接借款的利率换成所需货币。利率互换紧随于货币互换发展起来，现在利率互换市场在规模和重要程度上都更为显著。利率互换现在是全球场外衍生品市场的最大组成部分，截至 2018 年 5 月，利率互换的未偿还名义金额为 437 万亿美元。

互换合约被公司和银行广泛使用，以其在不同负债市场的相对优势对冲利率风险和汇率风险。互换交易中的交易对手（公司）通常由中间经纪商（通常是银行）撮合。如果不能立即找到互换伙伴，银行可以充当临时互换对手来**保存**（warehouse）互换合约，直到找到合适交易对手为止。银行作为互换经纪人从交易双方收取手续费。

与其他衍生品如交易型期权、远期利率合约和金融期货相比，互换合约的一个主要优势是锁定更长期限的利息和汇率，而且不需要经常跟踪和评价。然而，随着转移到交易所进行交易以遵循新的衍生品交易规则，它的"场外交易"状态正在逐渐改变。专栏 12-2 讲的就是这种变化。

专栏 12 - 2

新规则促进交易量，清算所活动创新高

银行和投资者降低了衍生品风险，LCH 与其他清算所都有受益

菲利普·斯塔福德（Philip Stafford）

为了加强行业风险管理，银行和投资者遵照新的衍生品规则将场外固定收益和外汇互换业务转至集中交易场所，清算所的交易活动随之创下历史新高。

全球最大的互换清算所 LCH 表示，在今年前 3 个月，它处理的利率、通货膨胀和不可交割外币远期合约名义金额创下了历史纪录。据报道，规模较小的清算机构，如德国的 Eurex 清算所，在同一时期也增长强劲。有迹象表明，金融危机后的改革正在重塑庞大的场外交易市场。

结算活动增长凸显了行业的预期，即 3 月 1 日衍生品监管的里程碑条例将从根本上改变数百家资产管理公司、企业、信贷机构和养老金对冲负债风险的场外交易行为。上月初，全球规则要求投资者提供更多保证金或抵押品支持私人互换交易。从历史上看，该行业提供的保证金很少，这意味着如果有一方违约，几乎没有可以弥补损失的保障资金。

新法规曾被预测会提高市场的总体成本而受到决策者的指责，称这会加剧金融危机。由于数百家资产管理公司还没有准备好，当局放弃了强硬政策，转而要求"保证"努力遵守规则。与此同时，清算所的业务也在不断增加，当合约一方违约时，由清算所负责管理可能出现的其他连带信用风险。

"监管机构发布的模糊条款可能在短期内推动了中央清算，"伦敦 Mayer Brown 律师事务所全球衍生品主管埃德蒙·帕克（Edmund Parker）说，"这是不是一个长期趋势还很难确定，最后将取决于对冲协议的成本和质量。"

在截止到 3 月 31 日的 3 个月内，资产管理人和机构等投资者的互换清算推动 LCH 处理了 244 万亿美元名义金额的新的利率互换协议，比 2016 年同期增长了 45%。仅 3 月份的交易名义金额就超过了 100 万亿美元，同比增长了 72%。此外还有超过 330 000 笔名义金额为 24 万亿美元的外汇交易。

资产经理人和养老基金用来对冲通胀和利率上升风险的通胀互换，在今年美国加息预期升温中获益。LCH 第一季度清算的名义金额达到了创纪录的 8 580 亿美元。德国 Eurex 清算所的交易量也增加了 30%，目前的未结名义金额为 12 万亿欧元。

中央清算的推动对场外交易市场产生了其他影响。"数据告诉我们，到目前为止，更多的清算意味着更大的（交易）量。"英国数据提供商 Clarus Financial Technology 的分析师克里斯·巴恩斯（Chris Barnes）上周在博客中说。另外，德国开发银行 KfW 周三表示，它自愿通过 Eurex 清算所清算其欧元利率互换协议。

FT 资料来源：Stafford, P. (2017) 'Clearing houses see record volume as new rules boost activity', *Financial Times*, 5 April.

问题：

1. 为什么监管机构要求互换交易进行集中清算？

2. 如果互换交易进行集中清算，对交易对手来说有何利弊？

□ 12.6.1 利率互换

温斯顿（Winstone，2000）将利率互换定义为：交易双方在约定的期限内以同种货币交换约定数量名义本金的利息负债或收益。利率互换可用来对冲不利的利率变动或构建一个固定利率和浮动利率的混合负债。公司可能会参与互换协议，因为公司借款或贷款的需求与它们固定和浮动利率借贷的相对优势并非一致。最常见的利率互换是单纯利率互换，即基于名义本金的固定利息与基于相同名义本金浮动利息的互换。互换协议具体内容如下：

- 互换开始和结束的日期；
- 互换的名义本金（金额和币种）；
- 确定支付浮动利息并换回固定利息收入的一方，另一方则相反；
- 协议所依据的固定利率及浮动利率基准（例如1个月、3个月或6个月 LIBOR）。

例题 / 单纯利率互换

假设有两个公司 A 和 B，它们可以得到的借款利率如图12-2第一阶段所示。

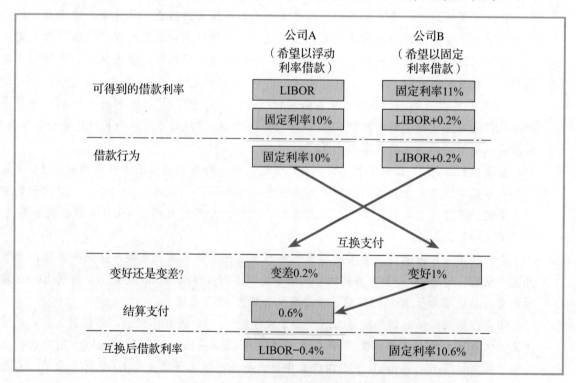

图12-2　A 和 B 两公司单纯利率互换

A 的信用评级较好，可以比 B 以较低的固定利率和较低的浮动利率借款。我们称 A 相对 B 具有绝对优势。然而，B 浮动利率借款有比较优势，因为按比例计算，B 的浮动利率比固定利率便宜。例如，如果 LIBOR 为5%，那么 B 的浮动利率就比 A 的浮动利率贵4%（0.2%/5%）。相比之下，B 的固定利率比 A 的固定利率贵10%（1%/10%）。相反，A 在固定利率借款上具有比较优势。

互换协议的前提条件是两家公司都能从中受益。也就是两家公司都希望以自己所不具有相对优势的利率筹集资金。在本例中即为 A 希望以浮动利率借款，而 B 希望以固定利率借款。

如果 A 以 10% 的利率借入固定利率贷款，B 以 LIBOR 加 0.2% 的利率借入浮动利率贷款，并交换利息支付，那么 B 的情况就会变好 1%，而 A 的情况就会变差 0.2%。如果 B 向 A 支付 0.2%，那么 A 的情况既不会更好也不会更差，而 B 的情况仍会改善 0.8%。如果双方平分互换的收益，那么 B 还需向 A 支付 0.4%。互换后的借款利率如图 12-2 所示，其中 A 公司的最终浮动利率为 LIBOR 减 0.4%，B 的固定利率为 10.6%。

在实践中，由于互换是通过银行作为中介安排的，银行手续费会减少公司的收益。在我们的例子中，如果协议银行收取 0.2% 的费用并由双方平分，那么互换后 A 的利率是 LIBOR 减 0.3%，B 的利率是 10.7%。此外，公司不支付交换的利息，而是由一家公司向另一家公司支付结算余额，即固定利率和浮动利率之间的差额。这个余额将随着浮动利率的变化而变化。

到目前为止，我们只考虑了单纯利率互换。还有更复杂的互换协议。除了单纯利率互换，最常见的是基差互换，即交换两个不同基准的浮动利率。例如，一家银行将其基准利率的利息收入（已获得的）换成由 LIBOR 确定的收入。这样一来，公司就可以用 LIBOR 确定的收入来匹配 LIBOR 相关的筹资成本。

□ 12.6.2 货币互换

货币互换是双方在规定期限内交换不同货币本金和利息的正式协议。货币互换使公司能够获得外币资金，同时避免了本金或服务费的汇率风险（交易风险）。与外币借款相比，公司还可以用货币互换以更低的利率获得某种特定的货币资金。

货币互换的一种方式是，首先按平价汇率（通常是现行即期汇率）交换约定的本金，然后在互换期内交换利息。当互换协议到期时，按先前商定的平价汇率再次交换本金。还有一种方式是，初始本金由交易双方进行现货交易，然后在互换期内交换利息费用，并在到期时再次交换本金。

货币互换协议中的信息与利率互换相似。此外，它还规定支付的币种、接收的币种，以及平价汇率。

货币互换中隐含着一个利率互换。最简单的货币互换形式是固定对固定协议，即两种货币的利息费用都是固定的。如果涉及固定利率与浮动利率互换，则被称为固定-浮动货币互换或附息货币互换。

下面的例子说明了如何利用货币互换来对冲汇率风险。

例题 固定-浮动货币互换

一家英国航空公司正在购买一架新飞机，以美元付款，因此航空公司要从美国银行融资一笔固定利息美元贷款（图 12-3 中的第一阶段）。

由于该航空公司的收入主要是英镑，它已经与另一家银行联系，安排货币互换。在这种互换中会有一个平价汇率，用来将美元现金流转换为英镑。用平价汇率把美元贷款转换为英镑本金，作为航空公司向这家银行支付英镑 LIBOR 利息的基础（第二阶段）。同时该银行向

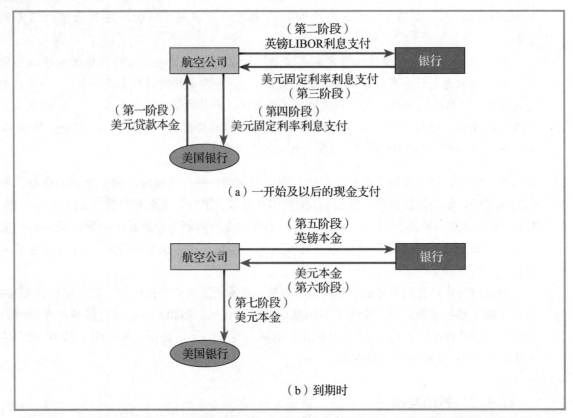

图12-3 货币互换的例子，(a) 为一开始以及以后的现金支付状况，(b) 为互换协议到期时的支付状况

航空公司支付美元利息（第三阶段）。航空公司再将这些美元利息支付给美国银行（第四阶段）。当互换协议到期时，航空公司将向银行支付英镑本金（第五阶段），换回一笔美元（第六阶段），再去偿还到期的美元贷款（第七阶段）。综观整个互换过程，我们可以发现，航空公司偿还的是英镑贷款本金和LIBOR英镑利息，从而避免了汇率风险。

12.6.3 互换期权

顾名思义，**互换期权**（swaptions）是互换和期权的组合。它使持有人有参加互换的选择权，也就是说，它是衍生品的衍生品。互换期权与交易型期权和场外期权类似，但灵活性较差，因为一旦行使了互换期权，公司就被锁定在一个指定的汇率或利率上，不能再从随后的有利变动中获益。互换期权是一种相对便宜的对冲风险方式，它的期权费往往低于期权。

12.6.4 互换合约风险对冲的优势和不足

互换合约的优势在于对冲期限较长。互换合约的手续费通常比期权费少得多，比交易型期权和期货等标准化衍生品本金和期限更灵活。

然而，互换协议并非没有风险。互换协议一旦签订，公司就无法从汇率和利率的有利变动中获益，当然，除非不履行协议。如果互换交易的一方不支付利息，另一方仍需依照当初贷款的法律规定支付服务费。这种利息违约风险称为交易对手风险。由于对此风险无对冲，因此在寻找互换的替代方时，公司将暴露在利率和汇率风险之下。因此，最好与信用良好的对手签订互换协议。

12.7 利率风险和汇率风险管理问题

□ 12.7.1 制定风险管理策略

对冲利率风险和汇率风险是一个复杂而动态的过程。各公司的对冲策略、使用技术和工具都不尽相同，这取决于公司所处市场、风险态度以及对现有技术的认识和理解。在制定对冲策略时，公司必须明确自己的目标，识别和量化其可能面临的风险，并选择适当的对冲技术。正如专栏 12-3 所示，如果公司高级管理层没有正确制定对冲策略，后果可能会非常严重。

专栏 12-3

摩根大通的损失暴露了衍生品的危险性

迈克尔·麦肯齐（Michael Mackenzie），妮科尔·布洛克（Nicole Bullock），
泰利斯·迪莫斯（Telis Demos）

摩根大通因一个复杂的对冲策略而蒙受了至少 23 亿美元的损失，随之，衍生品市场参与者开始担心新交易规则会让他们的处境更加艰难。这次损失也提醒人们，通过最小化对冲成本去谋求更大收益的做法是危险的。虽然创建信用衍生品是为了让贷款人规避借款人违约的损失，但近年来的一些爆雷事件确实与它相关。

其中，2005 年美国汽车制造商丧失投资级别评级使华尔街许多交易账户都受到影响。2008 年美国国际集团（AIG）为大银行抵押债券承担信用保险而遭受了巨大损失，迫使美联储对其进行救助。也是在那个时候，随着金融危机加剧，德意志银行在信用衍生品交易中的损失超过了 10 亿美元。

全球债务管理战略集团 Tempus Advisors 首席执行官埃德·格里贝克（Ed Grebeck）说："这是对风险管理的一种控诉。在过去几年中，每当人们说一切都好时，就会发生同类事件，而且还会越来越多。"虽然还不清楚摩根大通策略的具体细节，但交易员说，该银行创建了一个庞大的债券互换组合，其中包括一个信用指数担保，即所谓 CDX 北美投资级指数系列 9，同时购买了其他合约保险。为指数承保的收入可以用来购买其他指数保险。

这种情况反映出实际上有很多华尔街的对冲活动是建立在不同指数及其关系的未来变化上。这些假设关系严重依赖于旨在节约对冲成本而获利的运营模型。

麻省理工学院教授安德鲁·罗（Andrew Lo）说："所有的金融机构只有在承担风险的情况下才能盈利，如果把所有的风险都对冲掉，就没有回报了。"信用违约互换交易是两个交易对手之间的双边交易。这意味着市场仍不透明，交易双方在私下协商，没有公开记录，聚积了大量头寸的银行和投资者很容易受到所谓"资金困难"的影响。

这就是摩根大通的处境，因为对冲基金感觉到了银行巨额头寸的管理压力，并开始积极与银行进行交易。美林证券前互换合约交易员、新成立的 CDS 电子平台 TeraExchange 联合创始人克里斯蒂安·马丁（Christian Martin）说："在双边谈判的世界里进行大规模交易会将

你置于最糟糕的境地：交易对你不利，而且华尔街都知道。"

大型交易商不喜欢在交易所类型的平台上进行衍生品交易，因为会大大降低它们的利润率。但是，实时交易的公开记录意味着市场更加透明，不太容易被某个参与者所控制。

虽然摩根大通的损失迄今为止只是资产负债表中的一小部分，而且据说这些交易是集中清算的，符合衍生品改革的关键要求，但对行业和互换交易来说仍存在许多利害关系。自2010年签署《多德-弗兰克法案》以来，华尔街一直在抵制衍生品交易改革。业内人士警告说，严厉的衍生品规则可能会损害流动性，削弱银行对于贷款风险和债券风险的对冲能力，最终会提高众多公司的融资成本。

此外，在过去的一年里，随着市场风险降低和银行更高的资本费用，CDS交易量已经下降了1/5。据信已经积累了大量头寸的摩根大通信用衍生品指数在亏损的消息刚刚传出后而走高，这表明实际损失可能高于银行报告（尽管认为该银行已采取了行动降低其头寸）。这就给更大的市场范围带来了风险。摩根大通"是信用衍生品市场的主要参与者，但绝不是管理最差或冒险最激进的"，从衍生品交易员转行做顾问的萨蒂亚吉特·达斯（Satyajit Das）说："如果它减少交易活动，那么流动性的损失可能会影响到其他参与者，并造成其他损失。"

 资料来源：Mackenzie, M., Bullock, N. and Demos, T.（2012）'JPMorgan loss exposes derivatives dangers', *Financial Times*, 15 May.

问题：
1. 摩根大通是如何在对冲风险的过程中蒙受损失的？
2. 像这样的爆雷事件对衍生品市场有什么影响？

对冲策略的目标

公司一定要明确其对冲策略的目标。是否要确保一个利息收入或利息成本？是否要最小化外币支出的本币价值，或最大化或固定外币收入的本币价值？这里的一个决定因素是公司财务部门被认定为成本中心还是利润中心。对于成本中心来说，对冲仅仅是一种降低风险和向公司其他部门提供服务的手段。如果是利润中心，就面临着以更具有投机性的方式使用衍生品的压力。然而，衍生品投机的后果可能是灾难性的。

康奈尔和夏皮罗（Cornell and Shapiro, 1988）认为，汇率风险影响公司运营的各个方面，因此风险敞口管理不应只由财务经理负责，而应纳入公司的总体管理当中。根据这种观点，汇率预测应该为生产、销售和其他经营决策提供信息依据，从而使风险对冲成为一种预期策略。

识别和量化风险敞口

公司应该先识别并量化利率风险和汇率风险敞口，然后施行恰当的对冲策略。还要决定是有选择地对冲风险还是持续对冲风险。这种选择取决于公司对风险的态度以及对未来利率和汇率变化的预期。例如，一家公司在预期利率会发生显著变化时才可能会有选择地对冲利率风险敞口。

对冲策略的时间性

公司在对冲风险时应考虑期限长短。有些公司会在长达12个月或更长时间内对冲风险，而另一些公司的时间较短。

对冲方法选择

公司对冲策略的最后部分是选择适合其风险暴露特征的对冲方法。一个明智的策略是尽可能使用内部方法对冲利率风险和汇率风险。然后，剩余的风险敞口可以使用适当的外部方法进行对冲。可是很多因素都限制了内部对冲的能力，也增加了使用外部方法的需要（见本书 12.2 节"内部风险管理"）。虽然外部工具的选择范围很广，但衍生工具的选择在很大程度上取决于可选衍生工具的成本和收益对公司的相对重要性。以下列示了一些考虑因素：

■ 对规模、期限非标准化的风险敞口来说，量身定制的衍生品（互换、FRA、场外期权）比交易型期权和期货更合适。

■ 期权虽然成本较高，但在不能完全确定是否完成交易或不能完全确定利率或汇率变动方向时是合适的。

■ 银行定制产品更适合小公司，因为小公司财务部门可能缺乏关于复杂交易型衍生品的经验和知识。

□ 12.7.2　风险管理的有利之处

关于公司对冲风险是不是值得，在学术界和实务界一直存在争议。常识告诉我们，当且仅当对冲预期收益大于成本时，才应该对冲风险敞口。近年来财务经理大量使用汇率和利率管理工具，似乎也印证了对冲的重要性和有益性。众所周知，包括 Tate & Lyle 和 Cadbury-Schweppes 在内的大型英国公司已经发现使用这类工具的好处。风险对冲的作用如下：

保持竞争能力

利率和汇率的不利变化可能会降低公司的竞争地位，除了那些杠杆比率较低或汇率风险较小的公司，或采取了汇率对冲措施的公司。

降低破产风险

利率和汇率的不利变动可能会损害公司的持续经营能力。举一个例子，一个有大量浮动利率的高负债公司可能由于利率上升而被迫破产。陈和金（Chen and King，2014）基于1994—2009 年的大量美国公司样本，研究了风险对冲对公司负债成本的影响，发现对冲交易降低了破产风险，减少了代理成本和信息不对称，从而降低了负债成本。

债务重组

利率对冲可以改变公司利息支付的性质从而避免借新债还旧债或发行新证券，可以大大节约催缴费用和发行成本。同时，公司可以获得更广泛的资金来源。

减少公司现金流量的波动

公司减少现金流量波动，可以提高市场评级或信用评级，也可以使前瞻性计划更顺利地开展。

增强负债能力

如果用利率对冲方法来管理利率风险，公司可以提高负债水平或增强负债能力。格拉汉姆和丹尼尔（Graham and Daniel，2002）在美国学术研究中证实对冲对公司确实有利。贝尔吉塔尔等人（Belghitar et al.，2008）在英国的研究支持了这一观点，他们认为汇率对冲和利率对冲（在很大程度上）增强了负债能力，从而创造了股东价值。

对冲的税收利益

格拉汉姆和史密斯（Graham and Smith，1999）在美国的研究表明，如果是税收凸函数，对冲会增加公司价值。在这种情况下，收益波动会使得某些时期的税费较低而在另一些时期税费较高，从而使公司平均税负超过收益稳定时的平均税费。然而，格拉汉姆和丹尼尔（Graham and Daniel，2002）的研究否定了这些结论。

盖耶-克林格贝格等人（Geyer-Klingeberg et al.，2018）的研究使用了元分析法，汇总和分析了以前发表的 132 项关于对冲决定因素研究的经验证据。他们得出的结论是，使用对冲的公司都具有规模大、股利支付率高、流动性水平较低的特征。

□ 12.7.3　风险管理的不利之处

对冲之利需制衡其弊，其中的不利之处可能会阻碍公司进行风险敞口管理。

对冲工具的复杂性质

由于对现有对冲方法不熟悉，再加上认为这些方法很复杂，致使财务人员选择不对冲汇率风险和利率风险。

衍生工具相关成本

与衍生工具相关的各种费用、溢价、保证金要求和交易成本等可能会阻碍公司使用衍生工具。

外部对冲工具的风险

与使用对冲工具相关的风险有时很高，令人望而却步。1995 年 2 月，巴林银行在新加坡 SIMEX 和日本大阪衍生品交易所所做的日经指数期货交易中损失超过 8.6 亿英镑，之后巴林银行被接管。这些巨额亏损是由交易员尼克·利森（Nick Leeson）积累下来的，他既负责交易也负责其交易的后台记录，因此没有有效机制来监督和检查他的衍生品交易。

1998 年，美国对冲基金"长期资本管理公司"（LTCM）濒临倒闭，在它的资产负债表上衍生品接近 14 000 亿美元，然而投资者的资金只有 30 亿美元。LTCM 一直在利用衍生工具过高的杠杆效应对各种金融工具的定价进行投机。2001 年，美国能源巨头安然公司倒闭，再次使衍生品陷入不利境地。虽然安然公司的失败不是因为参与了不受监管的美国场外衍生品市场交易，但它在场外市场的令人生疑的运作凸显了不受监管衍生品交易的危险性。

2008 年 1 月，法国兴业银行交易员杰洛米·科维尔（Jérôme Kerviel）滥用期货合约而造成了大约 49 亿欧元的损失。同年，美国国际集团（AIG）的一个子公司由于在备受批评的信用违约互换（CDS）市场上过度敞口，损失了 180 亿美元。美国联邦储备银行迅速宣布建立一个 850 亿美元的信贷担保机制，成为当时美国历史上政府对私营公司最大的一次救助。

衍生品复杂的财务报告和税务处理方法

从长期行为来看，衍生品市场的动态特性往往使衍生品会计方法和税务处理方法滞后于衍生品发展的步伐。过去的衍生品会计处理的主要问题在于不知道披露什么信息和如何披露。这导致公司只报告表面信息和一般战略，而不披露详细信息。

国际会计准则委员会（IASB）采用了美国财务会计准则委员会关于衍生品和对冲工具会计准则 FAS133，后者影响深远，并将其与自己的国际准则 IAS39 和 IFRS9 相结合，使目前衍生品会计越来越复杂。现在公司必须在利润表中显示衍生品公允价值变动，除非衍生品符合对冲有效性的严格标准。

至于衍生品的税务处理，公司应在参与衍生品市场之前寻求专家意见。这意味着还要支付成本，可能使公司不愿意使用衍生品。如果某项金融工具做了衍生品会计处理，那么英国税务机关也会将其视为衍生品进行税务处理。

股东分散投资可能比对冲更有利

单个公司除了进行对冲外，还有一个办法是股东通过持有多样化的投资组合来分散利率风险和汇率风险，从而节省公司层面对冲的成本。一些评论人士认为，假设股东持有了多样化的投资组合，那么公司的对冲动机纯粹是管理层为了保住他们的工作，而不是为了增加股东财富。

专栏 12-4 讨论了是否应该对冲汇率风险的问题。

专栏 12-4

对冲汇率风险：一个诱人的选择权

丹·麦克拉姆（Dan McCrum）

风险切割是金融系统把自己带入困境的原因之一，但原则是合理的：一些投资者希望挑选他们愿意承担的风险，并剔除其他的风险。因此，当涉及海外投资时就会有对冲汇率波动的意愿，但这是有成本的，从长期看是否有意义还是个问题。从理论上讲，投资的起点是额外的风险应由令人满意的额外回报来补偿。

货币管理公司 Pareto 首席执行官迈克尔·希林（Michael Shilling）说："外币投资的最大不同在于风险得不到回报。外币投资不存在期望回报率，因为没有投资于可以创造财富的资产。"因此，如果货币投资是一场零和游戏，即一个人的收益就是另一个人的损失，那么不进行风险对冲是明智的。事实上，预测货币走势是一项吃力不讨好的任务，专业人士即使做了最大努力也经常会空手而归。

货币交易商 Hathersage 主管莫姆奇尔·波贾利耶夫（Momtchil Pojarliev）和纽约大学 Stern 学院的学者理查德·M. 利维奇（Richard M. Levich）研究了 1990—2006 年货币管理基金的回报。在此期间，该行业创造了每月大约 25 个基点的稳定回报，其中大部分业绩归因于投资的四个因素或称为投资"风格"：趋势跟随（目前最重要的因素）、套利交易、价值和波动性。不到 1/4 的经理人创造了统计意义上的超额回报，或称"阿尔法"超额回报。

业界也倾向于对冲。虽然一些学者可能会认为，随着时间推移货币走势会趋于平缓，但如果在两种货币中连续三年都选错币种的话，那么这种说法不能带给人多少安慰。对于诸如公司养老金计划等必须按市值计价的基金来说，最终总会变好的假设是行不通的。

"就 10 年期来说，从哪里开始确实很重要，"希林说，"你总会发现 10 年后你回到了起点，但有若干个 10 年的时间你就不会这样了。"机构投资者对冲的直接成本很低，价差很小，费用只有一到两个基点。

静态投资货币风险可以使用远期合约实现被动对冲。远期合约到期结算时的现金流将抵消标的资产价值的变化。这种对冲还可以定期滚动，每次展期都能补偿汇率的变动，只是要支付交易成本。

对冲合约期限越长，成本就越高，但每次工具到期时都会产生现金流或者是投资需要，或者是对冲亏损必须出售资产去支付现金。对于有定期现金流入的成长型基金来说，这只是正常投资活动的一部分。但这种持续的管理和现金流确实带来了成本。

还有大量学术研究对货币对冲的"免费午餐"观点提出了质疑。实际收益率自然会受到购买力平价的影响，即商品价格随着时间推移趋于均衡状态，因此有一种观点认为，对于时间跨度若干年的投资者来说，对冲会增加投资组合的波动性。或者更直观地说，对一些投资者来说，货币风险敞口可以在投资组合的架构中防止通货膨胀。例如，许多英国储蓄者习惯于进行海外投资，以对冲货币疲软和通货膨胀。此外，股票市场与货币价值的相关性也意味着对冲是不完美的。

要正确对冲一个分散化的投资组合，可能意味着要计算加拿大市场以及美元相对于欧元的相关性，还需要做相应调整。那么过程会变得更加复杂，成本也会更高。令人惊讶的是结果也许并不明确。由于债券价格的变动往往与货币变动高度不相关，因此债券投资者的对冲理由似乎更充分，他们通常希望避免类似股票一样的风险和波动。越来越多的基金经理向那些希望获得回报但不希望承担外国市场风险的零售客户提供已对冲的债券产品。

投资者可以选择愿意承担的风险，而忽视其余风险。

 资料来源：McCrum，D.（2011）'Hedging exchange rate risk：a tempting option'，*Financial Times*，1 April.

问题：

1. 从实务角度看，对冲汇率风险有哪些困难？

2. 从理论角度看，公司需要对冲汇率风险吗？

☐ 12.7.4 衍生品管理

尽管有诸多缺点，但毫无疑问，如果使用得当，衍生品可以而且确实能给公司带来真正的利益。在前述因为衍生品交易造成公司巨大损失的案例中，问题不在于衍生品本身，而在于衍生品的使用（或滥用）方式。其中一些金融灾难涉及未经授权交易（如巴林银行倒闭），这里存在一种可能性，即许多公司可能没有设置适当的控制程序或监督机制去规范衍生品交易。对这些公司来说教训在于，在以下几个方面不能无视制定明确的风险管理政策的必要性：

- 可用衍生品的类型。
- 衍生品交易数量和本金的限制。

- 需要定期计算公司衍生品头寸的市值。
- 设置防止进行未经授权交易的系统和程序。

禁止将衍生品用于投机的目的也是明智之举。这些政策一旦实施，公司的衍生品交易就会更透明，也更容易理解。

可以说在风险管理方面，公司财务人员实际上处于一种两难境地。如果所做的决策是不对冲某种风险，那么一旦发生了不利变动，就可能被认为是投机。但是如果对冲了风险敞口并锁定了某个价格，而市场却向有利的方向变化，则可能被认为是判断错误。专栏 12 - 5 诠释了这种两难境地。

专栏 12 - 5

大都会人寿保险公司亏损 21 亿美元后重新审视对冲策略
保险公司因衍生品损失公布十年来最差季度业绩

阿利斯泰尔·格雷（Alistair Gray）

大都会人寿保险公司（以下简称大都会人寿）公布了它至少 10 年来最大的季度亏损，唐纳德·特朗普赢得大选引发的金融市场变化使公司衍生品投资组合遭受 32 亿美元的损失。大都会人寿董事长兼首席执行官史蒂文·坎达里安（Steven Kandarian）表示，这家资产规模最大的美国保险公司正在审查它对低利率所采取的保护措施，该公司此前似乎因债券收益率上升而解除了某种防范。

大都会人寿购买对冲产品以减少低利率的影响，因为低利率会减少保险公司的投资收益，从而使保险公司遭受损失。长期以来坎达里安一直持续买入低利率产品。他在今年夏天说，"'持久低利率'不会很快就消失"。但特朗普在 11 月份赢得大选之后，10 年期政府债券的收益率明显上升，大都会人寿的低利率对冲变得不那么有价值了。

该公司周三晚些时候公布，截至 12 月 31 日的 3 个月里净亏损 21 亿美元，而 2015 年同期的利润为 7.85 亿美元。根据彭博社追踪的数据，这个季度的亏损是至少 10 年来最多的一次。大都会人寿第四季度衍生品账面净亏损额为 32 亿美元，公司认为这反映了利率、外汇和股票市场的变化。公司的经营利润，不包括衍生品损失，上升了 3%，为 14 亿美元。

大都会人寿衍生品亏损的原因是公认会计原则（GAAP）要求保险公司将其衍生品以市价入账。坎达里安试图让市场再次相信大都会人寿会从利率上升中受益。债券收益率上升将会降低负债的市值，从而使保险公司受益。然而，会计规则不允许负债以市值入账。这意味着利率上升的成本将显示在 GAAP 下的净收益中，而负债下降带来的收益却不会显示。

坎达里安告诉分析师："尽管第四季度出现了这种会计相关的波动，但从长远来看，利率上升仍然有利于大都会人寿。"坎达里安表示，该公司可能会修正对冲策略。"我们正在研究各种方案。"他补充道。

一些分析师质疑大都会人寿的衍生品投资组合遭受 32 亿美元的损失是否会对公司基本业务产生影响，他们指出，其他几家寿险公司也在本周公布了业绩，但并未出现重大亏损。富国证券（Wells Fargo Securities）的分析师肖恩·达根（Sean Dargan）表示，多年以来低利率的对冲措施使大都会人寿受益匪浅。不过他补充说："现在很多投资人希望大都会人寿解除这些对冲。"在周四纽约时间午间，大都会人寿的股价下跌了 4.3%，公司市值为 572 亿美元。

问题：

鉴于这些关于创纪录损失的报道，是否可以认为大都会人寿的对冲策略是错误的？

12.8 政治风险

尽管大多数公司都应该认识到利率风险和汇率风险的影响，但只有跨国公司直接对外投资时才需要考虑政治风险。这些影响可能是有利的，例如鼓励外资投资，也可能是不利的，例如征用资产或没收资产。

政治风险管理包括两个阶段：第一，评价政治风险及其潜在后果；第二，制定和实施政策，最大限度降低政治风险。

12.8.1 政治风险评估

德米拉格和戈达德（Demirag and Goddard，1994）指出，由于对政治风险或政治事件没有一致的定义，因此制定一个可靠的评估方法并非易事。通常有两种评估政治风险的方法：宏观评估和微观评估。宏观评估是指以国家基础评估政治风险而不考虑公司的具体因素，而微观评估则从投资公司业务的角度审视政治风险。

政治风险宏观评估可以制定风险指数以显示每个国家的政治风险水平。这些指数集中反映政治稳定性，并着眼于一系列政治和社会因素：政治派别的相对权力，语言、种族或宗教的分裂程度，社会条件，内部冲突，官僚基础结构，等等。国家政治风险指数排名和世界政治风险地图由 Marsh、Euromoney 和 AON 定期发布，可以订阅。

对某一特定国家投资的公司可以使用多种方法从微观和宏观的角度评估政治风险，内容如下：

■ 清单核对：对可能导致政治风险的所有因素做出判断，并加权生成政治风险指数。

■ 德尔菲技术：收集专家意见，或使用问卷调查，然后将这些意见进行加权或汇总。Euromoney 分析方法则将以上两种方法进行了结合。

■ 定量分析：敏感性分析和判别分析可以确定一个国家政治风险水平的关键影响因素。

■ 调查访问：也称为实地走访，是指公司员工前往东道国进行实况调查访问。

戈达德（Goddard，1990）发现，英国跨国公司通常使用主观判断而不是系统方法来评估政治风险，并很少使用外部顾问。最近一种对政治风险进行宏观评估的方法是计算一国的隐含波动率（即一国经济价值的波动率），这种技术已被证明是有用的（Clark，2002）。进行宏观评估的同时必须评估政治风险对具体公司的影响，即微观评价，因为对一个公司有利的因素可能会对另一个公司是不利的。例如，进口关税可能对进口商不利，但对东道国制造商却有利。

12.8.2 政治风险管理策略

管理政治风险最简单的方法是不在那些被认为政治风险水平过高的国家投资。然而，这忽略了一个事实，即这种投资的回报可能足以弥补它所产生的风险。

政治风险保险

通过伦敦劳埃德保险公司（Lloyd's of London）和安联保险集团（Allianz SE）子公司裕利安宜信用保险（Euler Hermes）等私有公司可以对政治风险投保，但此类保险大多数是政府部门或机构承保的。在英国，6 个月以上贸易的政治风险由政府机构英国出口金融部承保。

协议谈判

政治风险可以通过与东道国政府进行特许协议谈判来解决，协议规定投资公司开展业务的规则和限制。这种协议可能会被同届政府或下届政府要求重新谈判或否决，在发达国家这种情况不太会发生。

调整金融政策和经营政策

政治风险可以通过适当调整公司经营政策得以降低。经营政策包括：将不同的生产阶段设置在不同的国家；控制成品出口方式；将研发、营销和财务等关键部门设立在东道国之外；避免对任何特定制造设施的依赖。

政治风险也可以通过恰当的金融政策得以降低。如前所述，如果尽可能在当地融资，而且融资计划由国际银行和政府机构参与安排，那么资产被征用的可能性就会降低。另一个可以采用的金融政策是获得东道国政府的无条件担保。

12.9 结 论

在过去的 30 多年里，汇率和利率风险管理的重要性迅速增加，财务人员发现自己花在对冲公司风险敞口的时间越来越多。这种风险管理重要性的提升主要是由于利率和汇率的波动加剧以及风险管理工具和技术的快速发展。

风险管理可以使用内部方法和外部方法。内部方法是指公司通过构建新的资产和负债结构对冲公司资产负债表内风险。外部方法指公司使用一种或多种外部技术，如互换合约、期权、期货和远期合约。这些衍生品为公司的风险管理提供了更大的范围和更强的灵活性，但必须考虑到相关成本及复杂程度。

近年来由于滥用衍生品而使一些公司蒙受了巨大损失。但这并不影响对冲技术所带来的实际利益，无论采用的是内部方法还是外部方法都可以提供适当的对冲工具。

世界经济日益全球化和外国直接投资的增长，意味着越来越多的公司需要理解政治风险对国外投资活动的影响。这要求公司能够识别、量化和管理它们所面临的政治风险。

学习要点

1. 当前不稳定的利率和汇率变动使利率和汇率风险管理在公司理财中发挥着越来越重要的作用。

2. 公司无论是以固定利率还是浮动利率进行贷款或借款，都面临着利率风险。

3. 汇率风险可分为交易风险、折算风险和经济风险。有外币业务的公司才会面临交易风险和折算风险，而所有公司都会面临经济风险。

4. 利率风险和汇率风险可以通过构建资产和负债来进行内部对冲，但公司在内部对冲风险往往是有限的。

5. 外部衍生品可以是交易型衍生品，也可以是场外交易（OTC）衍生品。

6. 在衍生品出现之前，外部对冲采取远期合约和货币市场对冲。这些技术现在仍然流行。

7. 金融期货是购买或出售金融资产的标准化协议。它们在 ICE 欧洲期货交易所等多家交易所进行交易，使公司可以在规定的期限内锁定设定的利率或汇率。

8. 在支付了期权费后，期权可以使持有人具有按预定利率支付或收到利息、出售或购买某种货币的权利，但不是义务。交易型期权的期限和本金是标准化的，而场外期权则个别定制。

9. 利率互换是以指定的本金为基础交换支付利息的协议。它们使公司可以对冲长期利率风险，并以比直接融资更有利的利率筹集资金。货币互换与利率互换类似，也同样涉及本金的交换。货币互换使公司可以对冲折算风险和交易风险，并以比直接借款更便宜的价格获得某种货币。

10. 为了进行有效对冲，公司的风险管理策略非常重要，应该明确对冲目标、确定和量化风险、选择适当的对冲方法。

11. 使用衍生品的有利处是在利率和货币交易方面有更高的确定性。不利之处是这类工具的性质复杂、费用高。

12. 最近的衍生品引发的损失是由于滥用而不是衍生品本身问题造成的。如果公司有明确的规则来控制衍生品使用，而且有必要的专业技术和知识进行监督，那么可以从衍生品使用中获益。

13. 政治风险是指公司价值受东道国政治事件影响的可能性。通过评估政治风险及其后果，并制定政策将其最小化，可以对政治风险进行管理。

14. 公司可以通过清单核对、德尔菲技术、定量分析和调查访问等方法评估政治风险。许多公司则进行主观判断。

15. 政治风险可以通过保险、协议谈判、调整金融政策和经营政策来管理。

自测题

1. 请说明在下列情况中公司面临哪种类型的汇率风险，以及这种风险是有利的还是有害的：

（1）一家英国发电公司从德国进口煤炭，以欧元支付煤炭价格。该公司预计在未来几个月内英镑对欧元贬值。

（2）一家英国玩具公司只供应国内市场。在这个市场上主要的竞争对手是一家美国玩具公司。英镑对美元的汇率预计在未来一年内贬值。

（3）一家英国公司在法国购买了一家工厂，用英镑借款进行融资。在未来一年里，预计英镑对欧元升值。

2. 推荐几个可以让公司降低折算风险和交易风险的内部对冲方法。

3. 场外期权和交易型期权的主要区别是什么？

4. 一家公司准备在 3 个月后借款 600 万英镑，期限为 6 个月。公司担心从现在到获得贷款的这段时间内利率会上升。该公司打算用期货合约来对冲风险。鉴于 3 个月利率期货合约的规模是 500 000 英镑，该公司应该怎样构建期货对冲？

5. 请指出公司对冲利率风险决策的影响因素。

6. 哪些因素会影响公司选择内部方法或外部方法对冲利率风险？如果它决定使用外部工具，那么对冲工具的选择取决于哪些因素？

7. 以下哪些选项不能帮助公司成功对冲利率上升的风险？

（1）出售利率期货合约。

（2）将浮动利率换为固定利率。

（3）购买银行设立的下限利率。

（4）在固定利率和浮动利率贷款之间拆分借款。

（5）购买一个期货合约的看跌期权。

8. 使用互换合约对冲汇率风险的缺点是什么？

9. 以下列示了美元-英镑的货币期权报价单（期限均为 3 个月），当前的即期汇率为 1.55 美元/英镑，你认为以下哪一个期权的市场价值最高？

（1）看跌期权，执行价格 1.55 美元。

（2）看涨期权，执行价格 1.66 美元。

（3）看跌期权，执行价格 1.42 美元。

（4）看涨期权，执行价格 1.55 美元。

（5）看跌期权，执行价格 1.71 美元。

10. 解释进行外国直接投资的公司应该如何评估政治风险及其降低政治风险的策略。

讨论题

1. Goran 是一家从事美国进出口贸易的英国公司。以下不同币种的交易均在 6 个月之内到期：

采购商品，在 3 个月内支付现金	116 000 英镑
销售商品，在 3 个月内收到现金	197 000 美元
采购商品，在 3 个月内支付现金	447 000 美元

相关汇率与利率如下：

汇率	（美元/英镑）
即期汇率	1.710 6～1.714 0
3 个月远期汇率	1.702 4～1.706 3
6 个月远期汇率	1.696 7～1.700 6

利率	借款	存款
英镑	12.5%	9.5%
美元	9.0%	6.0%

（1）讨论 Goran 公司在对外交易中可以采用的四种汇率风险对冲技术。

（2）如果 Goran 公司分别在远期市场和货币市场上对冲汇率风险，预计公司 3 个月和 6 个月交易的英镑净收款/付款是多少。

2. 详细解释期权和互换合约是怎样对冲利率风险的，以及这些对冲方法的优点和缺点分别是什么。

3. 解释怎样用金融期货合约对冲公司的利率风险，并分析这些方法的优点和缺点。

4. HYK 通信公司月度现金预算显示，在 2 个月内公司需要现金 1 800 万英镑，期限为 4 个月。金融市场最近不稳定，财务总监担心短期利率可能会在上升 150 个基点和下降 50 个基点之间波动。LIBOR 目前是 6.5%，HYK 的借款利率可以实现 LIBOR+0.75%。

财务总监希望总支出（包括期权费）不超过 7.5%，但不包括保证金和佣金。

ICE 欧洲期货交易所 3 个月 500 000 英镑期货的价格：一个点价值为 12.50 英镑。

12 月份	93.40
3 月份	93.10
6 月份	92.75

ICE 欧洲期货交易所 3 个月 500 000 英镑期权的价格如下：

交割价格	买入			卖出		
	12 月份	3 月份	6 月份	12 月份	3 月份	6 月份
92.50	0.33	0.88	1.04	—	—	0.08
93.00	0.16	0.52	0.76	—	0.20	0.34
93.50	0.10	0.24	0.42	0.18	0.60	1.93
94.00	—	0.05	0.18	0.36	1.35	1.92

假设当前时间是 12 月 1 日，汇率期货和期权合约在本月底到期。不考虑保证金和佣金。

要求测算在 ICE 欧洲期货交易所进行利率期货对冲和利率期权对冲的结果，假设伦敦银行同业拆借利率（LIBOR）：

（1）上升 150 个基点；

（2）下降 50 个基点；

讨论这些对冲的效果，明确说明其间所做的任何假设。

参考文献和推荐阅读

附　录

现值表

复利现值系数表

现值 $1/(1+r)^n$

期数（n）	贴现率（r）									
	1%	2%	3%	4%	5%	6%	7%	8%	9%	10%
1	0.990	0.980	0.971	0.962	0.952	0.943	0.935	0.926	0.917	0.909
2	0.980	0.961	0.943	0.925	0.907	0.890	0.873	0.857	0.842	0.826
3	0.971	0.942	0.915	0.889	0.864	0.840	0.816	0.794	0.772	0.751
4	0.961	0.924	0.888	0.855	0.823	0.792	0.763	0.735	0.708	0.683
5	0.951	0.906	0.863	0.822	0.784	0.747	0.713	0.681	0.650	0.621
6	0.942	0.888	0.837	0.790	0.746	0.705	0.666	0.630	0.596	0.564
7	0.933	0.871	0.813	0.760	0.711	0.665	0.623	0.583	0.547	0.513
8	0.923	0.853	0.789	0.731	0.677	0.627	0.582	0.540	0.502	0.467
9	0.914	0.837	0.766	0.703	0.645	0.592	0.544	0.500	0.460	0.424
10	0.905	0.820	0.744	0.676	0.614	0.558	0.508	0.463	0.422	0.386
11	0.896	0.804	0.722	0.650	0.585	0.527	0.475	0.429	0.388	0.350
12	0.887	0.788	0.701	0.625	0.557	0.497	0.444	0.397	0.356	0.319
13	0.879	0.773	0.681	0.601	0.530	0.469	0.415	0.368	0.326	0.290
14	0.870	0.758	0.661	0.577	0.505	0.442	0.388	0.340	0.299	0.263
15	0.861	0.743	0.642	0.555	0.481	0.417	0.362	0.315	0.275	0.239
16	0.853	0.728	0.623	0.534	0.458	0.394	0.339	0.292	0.252	0.218
17	0.844	0.714	0.605	0.513	0.436	0.371	0.317	0.270	0.231	0.198
18	0.836	0.700	0.587	0.494	0.416	0.350	0.296	0.250	0.212	0.180
19	0.828	0.686	0.570	0.475	0.396	0.331	0.277	0.232	0.194	0.164
20	0.820	0.673	0.554	0.456	0.377	0.312	0.258	0.215	0.178	0.149

期数（n）	贴现率（r）									
	11%	12%	13%	14%	15%	16%	17%	18%	19%	20%
1	0.901	0.893	0.885	0.877	0.870	0.862	0.855	0.847	0.840	0.833
2	0.812	0.797	0.783	0.769	0.756	0.743	0.731	0.718	0.706	0.694
3	0.731	0.712	0.693	0.675	0.658	0.641	0.624	0.609	0.593	0.579
4	0.659	0.636	0.613	0.592	0.572	0.552	0.534	0.516	0.499	0.482
5	0.593	0.567	0.543	0.519	0.497	0.476	0.456	0.437	0.419	0.402
6	0.535	0.507	0.480	0.456	0.432	0.410	0.390	0.370	0.352	0.335
7	0.482	0.452	0.425	0.400	0.376	0.354	0.333	0.314	0.296	0.279
8	0.434	0.404	0.376	0.351	0.327	0.305	0.285	0.266	0.249	0.233
9	0.391	0.361	0.333	0.308	0.284	0.263	0.243	0.225	0.209	0.194
10	0.352	0.322	0.295	0.270	0.247	0.227	0.208	0.191	0.176	0.162
11	0.317	0.287	0.261	0.237	0.215	0.195	0.178	0.162	0.148	0.135
12	0.286	0.257	0.231	0.208	0.187	0.168	0.152	0.137	0.124	0.112
13	0.258	0.229	0.204	0.182	0.163	0.145	0.130	0.116	0.104	0.093
14	0.232	0.205	0.181	0.160	0.141	0.125	0.111	0.099	0.088	0.078
15	0.209	0.183	0.160	0.140	0.123	0.108	0.095	0.084	0.074	0.065
16	0.188	0.163	0.141	0.123	0.107	0.093	0.081	0.071	0.062	0.054
17	0.167	0.146	0.125	0.108	0.093	0.080	0.069	0.060	0.052	0.045
18	0.153	0.130	0.111	0.095	0.081	0.069	0.059	0.051	0.044	0.038
19	0.138	0.116	0.098	0.083	0.070	0.060	0.051	0.043	0.037	0.031
20	0.124	0.104	0.087	0.073	0.061	0.051	0.043	0.037	0.031	0.026

年金累计现值系数表

现值 $[1-(1+r)^{-n}]/r$

期数（n）	贴现率（r）									
	1%	2%	3%	4%	5%	6%	7%	8%	9%	10%
1	0.990	0.980	0.971	0.962	0.952	0.943	0.935	0.926	0.917	0.909
2	1.970	1.942	1.913	1.886	1.859	1.833	1.808	1.783	1.759	1.736
3	2.941	2.884	2.829	2.775	2.723	2.673	2.624	2.577	2.531	2.487
4	3.902	3.808	3.717	3.630	3.546	3.465	3.387	3.312	3.240	3.170
5	4.853	4.713	4.580	4.452	4.329	4.212	4.100	3.993	3.890	3.791
6	5.795	5.601	5.417	5.242	5.076	4.917	4.767	4.623	4.486	4.355
7	6.728	6.472	6.230	6.002	5.786	5.582	5.389	5.206	5.033	4.868
8	7.652	7.325	7.020	6.733	6.463	6.210	5.971	5.747	5.535	5.335
9	8.566	8.162	7.786	7.435	7.108	6.802	6.515	6.247	5.995	5.759
10	9.471	8.983	8.530	8.111	7.722	7.360	7.024	6.710	6.418	6.145
11	10.368	9.787	9.253	8.760	8.306	7.887	7.499	7.139	6.805	6.495
12	11.255	10.575	9.954	9.385	8.863	8.384	7.943	7.536	7.161	6.814
13	12.134	11.348	10.635	9.986	9.394	8.853	8.358	7.904	7.487	7.103
14	13.004	12.106	11.296	10.563	9.899	9.295	8.745	8.244	7.786	7.367
15	13.865	12.849	11.938	11.118	10.380	9.712	9.108	8.559	8.061	7.606
16	14.718	13.578	12.561	11.652	10.838	10.106	9.447	8.851	8.313	7.824
17	15.562	14.292	13.166	12.166	11.274	10.477	9.763	9.122	8.544	8.022
18	16.398	14.992	13.754	12.659	11.690	10.828	10.059	9.372	8.756	8.201
19	17.226	15.678	14.324	13.134	12.085	11.158	10.336	9.604	8.950	8.365
20	18.046	16.351	14.877	13.590	12.462	11.470	10.594	9.818	9.129	8.514

期数（n）	贴现率（r）									
	11%	12%	13%	14%	15%	16%	17%	18%	19%	20%
1	0.901	0.893	0.885	0.877	0.870	0.862	0.855	0.847	0.840	0.833
2	1.713	1.690	1.668	1.647	1.626	1.605	1.585	1.566	1.547	1.528
3	2.444	2.402	2.361	2.322	2.283	2.246	2.210	2.174	2.140	2.106
4	3.102	3.037	2.974	2.914	2.855	2.798	2.743	2.690	2.639	2.589
5	3.696	3.605	3.517	3.433	3.352	3.274	3.199	3.127	3.058	2.991
6	4.231	4.111	3.998	3.889	3.784	3.685	3.589	3.498	3.410	3.326
7	4.712	4.564	4.423	4.288	4.160	4.039	3.922	3.812	3.706	3.605
8	5.146	4.968	4.799	4.639	4.487	4.344	4.207	4.078	3.954	3.837
9	5.537	5.328	5.132	4.946	4.772	4.607	4.451	4.303	4.163	4.031
10	5.889	5.650	5.426	5.216	5.019	4.833	4.659	4.494	4.339	4.192
11	6.207	5.938	5.687	5.453	5.234	5.029	4.836	4.656	4.486	4.327
12	6.492	6.194	5.918	5.660	5.421	5.197	4.988	4.793	4.611	4.439
13	6.750	6.424	6.122	5.842	5.583	5.342	5.118	4.910	4.715	4.533
14	6.982	6.628	6.302	6.002	5.724	5.468	5.229	5.008	4.802	4.611
15	7.191	6.811	6.462	6.142	5.847	5.575	5.324	5.092	4.876	4.675
16	7.379	6.974	6.604	6.265	5.954	5.668	5.405	5.162	4.938	4.730
17	7.549	7.120	6.729	6.373	6.047	5.749	5.475	5.222	4.990	4.775
18	7.702	7.250	6.840	6.467	6.128	5.818	5.534	5.273	5.033	4.812
19	7.839	7.366	6.938	6.550	6.198	5.877	5.584	5.316	5.070	4.843
20	7.963	7.469	7.025	6.623	6.259	5.929	5.628	5.353	5.101	4.870

图书在版编目（CIP）数据

公司理财：原理与实践：第 8 版 /（英）登齐尔·
沃森，（英）安东尼·黑德著；王静译. -- 北京：中国
人民大学出版社，2024.1

（工商管理经典译丛. 会计与财务系列）

ISBN 978-7-300-32192-9

Ⅰ.①公… Ⅱ.①登… ②安… ③王… Ⅲ.①公司－
金融学－高等学校－教材 Ⅳ.①F276.6

中国国家版本馆 CIP 数据核字（2023）第 172471 号

工商管理经典译丛·会计与财务系列

公司理财：原理与实践（第 8 版）

［英］登齐尔·沃森　著
　　　安东尼·黑德

王　静　译

Gongsi Licai：Yuanli yu Shijian

出版发行	中国人民大学出版社	
社　　址	北京中关村大街 31 号	**邮政编码**　100080
电　　话	010－62511242（总编室）	010－62511770（质管部）
	010－82501766（邮购部）	010－62514148（门市部）
	010－62515195（发行公司）	010－62515275（盗版举报）
网　　址	http://www.crup.com.cn	
经　　销	新华书店	
印　　刷	三河市恒彩印务有限公司	
开　　本	890 mm×1240 mm　1/16	**版　次**　2024 年 1 月第 1 版
印　　张	21.75 插页 2	**印　次**　2024 年 1 月第 1 次印刷
字　　数	580 000	**定　价**　78.00 元

尊敬的老师:

您好!

　　为了确保您及时有效地申请培生整体教学资源,请您务必完整填写如下表格,加盖学院的公章后传真给我们,我们将会在 2-3 个工作日内为您处理。

请填写所需教辅的开课信息:

采用教材			□中文版 □英文版 □双语版
作　者		出版社	
版　次		**ISBN**	
课程时间	始于　年 月 日	学生人数	
	止于　年 月 日	学生年级	□专　科　　□本科 **1/2** 年级 □研究生　　□本科 **3/4** 年级

请填写您的个人信息:

学　校			
院系/专业			
姓　名		职　称	□助教 □讲师 □副教授 □教授
通信地址/邮编			
手　机		电　话	
传　真			
official email(必填) (eg:XXX@ruc.edu.cn)		**email** (eg:XXX@163.com)	
是否愿意接受我们定期的新书讯息通知:　　□是　　　□否			

系 / 院主任: _____（签字）

（系 / 院办公室章）

___年___月___日

资源介绍:

--教材、常规教辅（PPT、教师手册、题库等）资源: 请访问 **www.pearsonhighered.com/educator**;　　（免费）

--**MyLabs/Mastering** 系列在线平台: 适合老师和学生共同使用; 访问需要 Access Code;　　（付费）

100013　北京市东城区北三环东路 **36** 号环球贸易中心 D 座 **1208** 室 100013

Please send this form to: copub.hed@pearson.com

Website: www.pearson.com

中国人民大学出版社　管理分社

教师教学服务说明

中国人民大学出版社管理分社以出版工商管理和公共管理类精品图书为宗旨。为更好地服务一线教师，我们着力建设了一批数字化、立体化的网络教学资源。教师可以通过以下方式获得免费下载教学资源的权限：

★ 在中国人民大学出版社网站 www.crup.com.cn 进行注册，注册后进入"会员中心"，在左侧点击"我的教师认证"，填写相关信息，提交后等待审核。我们将在一个工作日内为您开通相关资源的下载权限。

★ 如您急需教学资源或需要其他帮助，请加入教师 QQ 群或在工作时间与我们联络。

中国人民大学出版社　管理分社

教师 QQ 群： 648333426（工商管理）　114970332（财会）　648117133（公共管理）
教师群仅限教师加入，入群请备注（学校＋姓名）

联系电话： 010-62515735，62515987，62515782，82501048，62514760

电子邮箱： glcbfs@crup.com.cn

通讯地址： 北京市海淀区中关村大街甲 59 号文化大厦 1501 室（100872）

管理书社

人大社财会

公共管理与政治学悦读坊